Cristóbal de Villalón

Viaje de Turquía

Edición de Antonio García Solalinde

Barcelona 2024
Linkgua-ediciones.com

Créditos

Título original: Viaje de Turquía.

© 2024, Red ediciones S.L.

e-mail: info@linkgua.com

Diseño de la colección: Michel Mallard.

ISBN rústica ilustrada: 978-84-9897-4294.
ISBN rústica: 978-84-9816-6644.
ISBN ebook: 978-84-9897-0890.

Cualquier forma de reproducción, distribución, comunicación pública o transformación de esta obra solo puede ser realizada con la autorización de sus titulares, salvo excepción prevista por la ley. Diríjase a CEDRO (Centro Español de Derechos Reprográficos, www.cedro.org) si necesita fotocopiar, escanear o hacer copias digitales de algún fragmento de esta obra.

Sumario

Créditos	4
Brevísima presentación	9
La vida	9
Prólogo. Antonio García Solalinde	11
Al muy alto y muy poderoso, católico y cristianísimo señor don Felipe,	15
Personajes	21
Initium sapientiae timor Domini	23
Las fundaciones de hospitales	40
La cena en casa de Juan de Voto de Dios	47
Las peregrinaciones	48
De cómo Pedro fue hecho cautivo	52
Pedro se hace pasar por médico	67
La vida en las galeras	70
Entrada en Constantinopla	95
Las desdichas del cautiverio	97
Pedro cura a su amo Zinan Bajá	114
Zinan Bajá quiere que Pedro se haga turco	127
Trabajos a que es condenado Pedro	129
La peste entra en los cautivos	149
La enfermedad de la sultana	151
Otras curas de Pedro	165
Disputas con los médicos del Bajá	171
El bajá da libertad a Pedro	204

Muere Zinan Bajá	217
La fuga	233
El viaje por mar	254
Los monasterios del Monte Athos	259
El naufragio	283
Otra vez en la isla de Skiathos	288
En Lemnos	302
En Chíos	309
Hacia Italia	319
En Mesina	335
El viaje por Italia	342
Hacia España	398
La vida en Turquía. La religión	406
La peregrinación a la Meca	425
Las bodas	433
La justicia	438
El sultán	445
El ejército	450
Santa Sofía	467
Costumbres ciudadanas	471
Las armas	473
Las mujeres	478
Los trajes	490
Fiestas	502
Los embajadores	509
El corsario Dragut	516
Las comidas	520
Descripción de Constantinopla	546

Libros a la carta   573

Brevísima presentación

La vida

Cristóbal de Villalón (c. 1505-c. 1588). España.

Se graduó de bachiller en artes en Alcalá. Estudió en la Universidad de Salamanca en 1525 y en su facultad de teología conoció a los más prestigiosos humanistas de su tiempo. En 1530 fue catedrático en Valladolid y en 1532 ejerció como profesor de latín de los hijos del Conde de Lemos. No se tienen noticias de su vida a partir de 1588.

Se dice que profesó la fe luterana. Sin embargo, Marcelino Menéndez y Pelayo lo negó en el libro IV de su *Historia de los heterodoxos españoles* argumentando que el Crotalón contiene duras invectivas contra los protestantes.

Su primera obra es la *Tragedia de Mirrha* (1536), novela dialogada que se inspira en los amores incestuosos entre Mirrha y su padre, el rey Cíniras, tratados por Ovidio en su *Metamorfosis*. Por entonces Villalón también escribió el Scholástico. Su obra más popular fue *Provechoso tratado de cambios y contrataciones de mercaderes y reprobación de usuras*, dedicado a los problemas morales de la actividad de los prestamistas desde una visión teológica y comercial. En 1558 publicó su *Gramática castellana*, más alejada del latín que la de Antonio de Nebrija.

Prólogo. Antonio García Solalinde

Todo viaje, aunque sea en una galera turquesca y bajo el látigo del cómitre, aprovecha al que lo hace; y así, Pedro de Urdemalas, nombre bajo el cual se oculta el héroe de este *Viaje de Turquía*, ha sacado de él —según los interlocutores de este diálogo— mayor temor de Dios, algunos conocimientos médicos, la práctica de ciertos idiomas y una postura crítica ante lo que ha visto por las tierras de su peregrinación y ante los defectos de que adolecían los españoles de su tiempo.

Algo oye de lo que por aquel entonces se decía por el mundo, y a esto obedecen sus preocupaciones en materia religiosa y los deseos de que clérigos y feligreses ajustasen sus prácticas a una disciplina más severa.

Esta crónica minuciosa de la vida que llevaban en Constantinopla los cautivos del siglo XVI llega a interesar vivamente, por ser su autor hombre avisado, que aprovechó cuanto pudo su desventura, y que supo trasladarnos sus impresiones, sin desechar detalle, en un diálogo animado, donde no faltan ni la amenidad ni el «gracioso» de las comedias antiguas.

Desde el momento en que le apresan los turcos, cuando bogaba en la armada de Andrea Doria por aguas italianas, hasta que logra escapar del cautiverio para arrastrar aún su infortunio en una huida cuajada de peligrosos accidentes, va guardando este aventurero en su memoria, como en un diario, no solo cuanto a él atañe, sino cuanto escudriña, valiéndose de su privilegiada y fingida condición de médico de un bajá.

Las páginas del *Viaje de Turquía* están lejos de ser una entretenida novela de aventuras, como la que años más tarde había de darnos Cervantes en su *Persiles y Segismunda*. Son más bien un relato, lleno de veracidad, de útiles observaciones y de noticias curiosas. No podrán ser muy distintas las memorias de un espía de nuestro tiempo un poco dado a la literatura.

Y, en efecto, ya observa su autor, en la dedicatoria, que escribió la obra con fina política: había que enterar al rey de España del poder y de las flaquezas del Turco; de paso convenía ponerle sobre aviso de alguna que otra inmoralidad de sus ejércitos y de la ineficacia del dinero que se gastaba en los rescates. Todo mezclado con episodios de su vida y de la de los turcos, desde la religión hasta las excelencias del caviar o del yogurt.

No faltaban tampoco las noticias literarias; pero hemos de echar la culpa a la Inquisición de la pérdida de unas páginas dedicadas a los libros de caballería, que fueron arrancadas del manuscrito primitivo.

Es lastimoso que el autor y héroe del *Viaje* sea insensible ante las bellezas artísticas que por fuerza contempló en Santa Sofía de Constantinopla y en los monumentos griegos e italianos. Donatello no existe para él, y de las puertas de Ghiberti, del Baptisterio de Florencia, solo se le ocurre decir que son «muy soberbias, de metal y con figuras de bulto».

¿No nos obligaría esta muestra de profunda insensibilidad a dudar de la atribución del *Viaje de Turquía* a Cristóbal de Villalón, autor de la *Ingeniosa comparación entre lo antiguo y lo presente*, en la que se diserta sobre las artes y se describen las obras principales de la arquitectura, de la estatuaria y de la pintura de España y de fuera de España?

El catedrático de Zaragoza don Manuel Serrano y Sanz[1] fue quien primero habló de este *Viaje*, atribuyéndoselo —también desde el primer momento— al bachiller Cristóbal de Villalón. Y ciertamente supo encontrar razones para ello, aunque algunas sean discutibles. Pero no podemos detenernos a rebatir sus argumentos. Baste decir que, aparte de pequeñas coincidencias del *Viaje* con otras obras indudables de Villalón, se funda en las semejanzas que éste tiene con *El Crotalón*, obra asimismo atribuida al citado bachiller. Claro es que nada se opone documentalmente a que Cristóbal de Villalón, estudiante en Salamanca por el año 1525, el preceptor en Valladolid de los hijos de los condes de Lemos desde 1532 hasta 1534, y que todavía permanecía en la antigua corte en 1539, el autor de *El scholástico* y de la *Tragedia de Mirra*, impresa en 1536; de la *Ingeniosa comparación entre lo antiguo y lo presente* (1539), del *Provechoso tractado de cambios y contrataciones de mercaderes y reprobación de la usura* (1541) y de la *Gramática castellana* (1558),[2] nada se opone documentalmente a que éste —y no sus homónimos el Cristóbal de Villalón mercader, ni el borceguilero, ni el que con igual nombre figura como testigo en la información de Argel abierta por Cervantes en 1580—[3] escribiese el *Viaje de Turquía* en 1557, ni a que realizase éste por los años de 1552 a 1555.

---

1 Véase el prólogo a la edición de la obra antes citada, Bibliófilos españoles, tomo XXXIII, Madrid, 1898, y el estudio puesto al frente del *Viaje de Turquía*, en el tomo II de la Nueva Biblioteca de Autores Españoles, Madrid, 1905, páginas CX-CXXIII. (N. del A.)
2 También se le atribuye un *Diálogo de las transformaciones*, aún inédito. (N. del A.)
3 Véanselos importantes artículos de los señores Alonso Cortés e Icaza en el Boletín de la Academia Española, 1914, I, 434-448, y 1917, IV, 32-46, respectivamente. (N. del A.)

Y tendría interés en saber a ciencia cierta quién es el autor del *Viaje de Turquía,* pues éste contiene el relato de tantas hazañas loables, que convendría no regalárselas a un señor que pudo no moverse en esos años de la aldea desde donde escribió su Gramática castellana.

También debemos al señor Serrano y Sanz la identificación de los otros dos interlocutores: Juan de Voto a Dios podría ser Alonso de Portillo, y Mátalas Callando, el clérigo Granada, fundadores del hospital de la Resurrección, de Valladolid.

Al muy alto y muy poderoso, católico y cristianísimo señor don Felipe,

rey de España, Inglaterra y Nápoles, el autor, salud y deseo de sincera felicidad y victoria

Aquel insaciable y desenfrenado deseo de saber y conocer que natura puso en todos los hombres, César invictísimo, sujetándonos de tal manera que nos fuerza a leer sin fruto ninguno las fábulas y ficciones, no puede mejor ejecutarse que con la peregrinación y ver de tierras extrañas, considerando en cuánta angustia se encierra el ánimo y entendimiento que está siempre en un lugar sin poder extenderse a especular la infinita grandeza de este mundo, y por esto Homero, único padre y autor de todos los buenos estudios, habiendo de proponer a su Ulises por perfecto dechado de virtud y sabiduría, no sabe de qué manera se entona más alto que con estas palabras:

Andra moi ennepe Mosua polutropon oz mala polla plagxqh

«Ayúdame a cantar, ¡oh musa!, un varón que vio muchas tierras y diversas costumbres de hombres». Y si para confirmar esto hay necesidad de más ejemplos, ¿quién puede con mejor título ser presentado por nuestra parte que Vuestra Majestad como testigo de vista a quien este virtuoso deseo tiene tan rendido, que en la primera flor de su juventud, como en un espejo, le ha representado y dado a conocer lo que en millones de años es difícil alcanzar, de lo cual España, Italia, Flandes y Alemania dan testimonio?

Conociendo, pues, yo, cristianísimo príncipe, el ardentísimo ánimo que Vuestra Majestad tiene de ver y entender las cosas raras del mundo con solo celo de defender y aumentar la santa fe católica, siendo el pilar de los pocos que le han quedado en quien más estriba y se sustenta, y sabiendo que el mayor contrario y capital enemigo que para cumplir su deseo Vuestra Majestad tiene —dejando aparte los ladrones de casa y perros del hortelano— es el Gran Turco, he querido pintar al vivo en este comentario, a manera de diálogo, a Vuestra Majestad el poder, vida, origen y costumbres de su enemigo, y la vida que los tristes cautivos pasan, para que conforme a ello siga su buen propósito; para lo cual ninguna cosa me ha dado tanto ánimo como ver que muchos han tomado el trabajo de escribirlo, y son como los pintores que pintan a los ángeles con plumas, y a Dios Padre con barba larga, y a San Miguel con arnés a la marquesota, y al diablo con pies de cabra, no dando a su escritura más autoridad del dizque y que oyeron decir a uno que venía de allá; y como hablan de oídas las cosas dignas de consideración, unas se les pasan por alto, otras dejan como casos reservados al Papa. Dice Dido en Virgilio: «Yo que he probado el mal, aprendo a socorrer a los míseros»; porque cierto es cosa natural dolernos de los que padecen calamidades semejantes a las que por nosotros han pasado.

Como los marineros, después de los tempestuosos trabajos, razonan de buena gana entre sí de los peligros pasados, quién el escapar de Scila, quién el salvarse en una tabla, quién el dar al través y naufragio de las sirtes, otros de las ballenas y antropófagos que se tragan los hombres, otros el huir de los corsarios que todo lo roban, así a mí me ayudará a tornar a la memoria, la cautividad peor que la de Babilonia, la servidumbre llena de crueldad y tormento, las duras prisiones y peligrosos casos de mi huida; y no mire Vuestra Majestad el ruin estilo con que va escrito, porque no como erudito escritor, sino como fiel intérprete y que todo cuanto escribo vi, he abrazado antes la obra que la apariencia, supliendo toda la falta de la retórica y elegancia con la verdad, por lo cual no ha de ser juzgada la imperfección de la obra, sino el perfecto ánimo del autor; ni es de maravillar si entre todos cuantos cautivos los turcos han tenido después que son nombrados, me atreva a decir que yo solo vi todo lo que escribo, porque puedo con gran razón decir lo que San Juan por San Pedro en el 18 capítulo de su escritura: «discipulus autem ille erat notus pontifici et introivit cum Iesu in atrium pontificis, Petrus autem stabat ad ostium foris».

Dos años enteros después de las prisiones estuve en Constantinopla, en los cuales entraba, como es costumbre de los médicos, en todas las partes donde a ninguno otro es lícito entrar, y con saber las lenguas todas que en aquellas partes se hablan y ser mi habitación en las cámaras de los mayores príncipes de aquella tierra, ninguna cosa se me escondía de cuanto pasaba.

No hay a quien no mueva risa ver algunos casamenteros que dan en sus escrituras remedios y consejos, conforme a las cabezas donde salen, cómo se puede ganar toda aquella tierra del turco, diciendo que se juntasen el Papa y todos los príncipes cristianos, y a las dignidades de la Iglesia y a todos los señores quitasen una parte de sus haciendas, y cada reino contribuyese con tanta gente pagada, y pareciéndoles decir algo encarecen el papel, no mirando que el gato y el ratón, y el perro y el lobo no se pueden uncir para arar con ellos.

Ningún otro aviso ni particularidad quiero que sepa Vuestra Majestad de mí más de que si las guerras de acá civiles diesen lugar a ello y no atajasen al mejor tiempo el firme propósito de servir a Dios, no menos se habría Solimán con Filipo que Darío con Alejandro, Xerse con Temístocles, Antioco con Judas Macabeo. Esto he conocido por la experiencia de muchos años y de esta opinión son los míseros cristianos que debajo la sujeción del turco están, cuyo número excede en gran cantidad al de los turcos, tienen grande esperanza que su deseo ha de haber efecto, esperan que Vuestra Majestad tiene de ser su Esdra y su Josué, porque semejantes profecías hay no solamente entre los cristianos, más aún entre los mesmos turcos, los cuales entre muchas tienen ésta: «padixa omoz guieliur chaferum memelequet alur, quizil almaalur capçeiler, iedigil chiaur quelezi isic maze, oniquiil onlarum bigligeder, eue yapar, bagi dequier embaglar, ogli quiezi olur, oniqui gilden zora, christianon quielechi chicar, turqui cheresine tuscure»: «vendrá nuestro rey y tomará el reino de un príncipe pagano y una manzana colorada, la cual reducirá en su ser, y si dentro de siete años no se levantare la espada de los cristianos, reinará hasta el duodécimo, edificará casas, plantará viñas y cercarlas ha, hará hijos; después del duodécimo año aparecerá la espada de los cristianos, la cual hará huir el turco». Llámannos ellos a nosotros paganos y infieles. La manzana colorada entienden por Constantinopla, y por no saber desde cuándo se han de comenzar a contar estos doce años y ver ya la ciudad en tanta pujanza y soberbia que no puede subir más, tienen por cierto que el tiempo es venido, y todas las veces que leen esta profecía acaban con grandes suspiros y lágrimas, y preguntándoles yo muchas veces por qué lloraban me decían la profecía; y lo que por muy averiguado tienen los modernos es que brevemente y presto el rey cristiano los tiene de destruir y ganar todo su imperio, y el Gran Turco con la poca gente que le quedare se tiene de recoger en la Meca y allí hacerse fuerte, y después tornará sobre los cristianos y vencerlos ha, y allí será el fin del mundo.

Y no lo tenga Vuestra Majestad a burla, que no hay día que todos los príncipes no hacen leer en sus cámaras todas estas profecías y se hartan de llorar porque el tiempo se les acerca. Verdadero profeta fue Balam fuera de Israel, y entre los paganos hubo muchas Sibilas que predijeron la verdad, y por eso es posible que fuera de los cristianos haya quien tenga espíritu profético, cuanto más que podría ser la profecía que éstos tienen de algún santo y haberla traducido en su lengua. Yo no lo afirmo, pero querría que fuese verdad y ellos adivinasen su mal.

Fuese Dios servido que las cosas de acá dejasen a Vuestra Majestad, y vería cómo todo sucedería tan prósperamente que ninguna edad, ningún seso, ningún orden ni nación desampararía las armas en servicio de Vuestra Majestad. Cada turco tenía en casa un esclavo que le matase y en el campo que le vendiese y en la batalla que le desamparase. Todos los cristianos griegos y armenos estiman en poco la furia del turco, porque le conocen ser fortísimo contra quien huye y fugacísimo contra quien le muestra resistencia.

Levántese, pues, Dios, y rómpanse sus enemigos, huyan delante de él aquellos que le tienen odio. Falten como falta el humo, y regálense delante la cara de Dios como la cera junto al fuego. Plegue a Dios omnipotente, César invictísimo, que con el poder de Vuestra Majestad aquel monstruo turquesco, vituperio de la natura humana, sea destruido y aniquilado de tal manera que torne en libertad los tristes cristianos oprimidos de grave tiranía, pues ciertamente después de Dios en solo Vuestra Majestad está fundada toda la esperanza de su salud.

Alegremente recibió Artaxerxes, rey de Persia, el agua que con entrambas manos le ofreció un día caminando un pobre labrador, por no tener otra cosa con qué servir, conociendo su voluntad, no estimando en menos recibir pequeños servicios que hacer grandes mercedes. Sola la voluntad de mi bajo estilo, con que muestro las fatigas de los pobres cautivos, reciba Vuestra Majestad, pues conoce el mundo ser solo el que quiere y puede dar el remedio y en quien está fundada toda la esperanza de su salud. Por muchos años y con aumento de salud conserve Dios a vuestra cesárea Majestad, para que con felices victorias conquiste la Asia y lo poco que de Europa le queda.

A primero de marzo 1557.

Personajes

Juan de Voto a Dios
Mátalas Callando
Pedro de Urdemalas[4]

---

[4] Los personajes comienzan por tener en el manuscrito mejor, el 3871, los nombres griegos de Apatilo, Panurgo y Polítropo, respectivamente; pero inmediatamente son cambiados por los que arriba se indican. (N. del E.)

Initium sapientiae timor Domini

Juan — La más deleitosa salida y más a mi gusto de toda la ciudad y de mayor recreación es ésta del camino francés, así por la frescura de las arboledas, como por gozar de la diversidad de las gentes, variedad de naciones, multitud de lenguas y trajes que señor Santiago nos da por huéspedes en este su peregrinaje.

Mata — Como todas las cosas que debajo de la Luna están tienen su haz y envés, tampoco ésta se puede escapar, por donde yo la tengo poco en uso.

Juan — Al menos es cierto que aunque Dios la criara perfecta, en vuestra boca no le tiene de faltar un «sino», como es de costumbre; ¿qué tacha o falta tiene?

Mata — No me la iréis a pagar en el otro mundo, así Dios me ayude.

Juan — Si no me habláis más alto, este aire que da de cara no me deja oír.

Mata — Digo que es gran trabajo que por todo el camino a cada paso no habéis de hablar otra cosa sino «Dios te ayude». Verdaderamente, como soy corto de vista, aquel árbol grueso y sin ramas que está en medio del camino todas las veces que paso junto a él, pensando que me pide, le digo: «Dios te ayude».

Juan — Buen remedio.

Mata   Eso es lo que deseo saber.

Juan   Darles limosna y callar.

Mata   A solo vos es posible tal remedio, que como sois de la compañía de Juan de Voto a Dios no pueden faltar, por más que se dé, las cinco blancas en la bolsa; pero a mí que soy pobre, mejor me está demandar que dar.

Juan   Nadie es tan pobre que alguna vez no tenga que dar una blanca, o un poco de pan, o al menos un pedazo de compasión de no tener que dar y dolerse del pobre; pero vos sois amigo de beber la tarja que sobra y no acordar que hay mañana.

Mata   La mayor verdad es que al propósito se puede decir, y por tal no la contradigo, y pues jugamos el juego de decirlas, quiero también yo salir con la mía.

Juan   No de manera que muerda ni queme.

Mata   No dejará señal más que un rayo. Veinte y más años ha que nos conocemos y andamos por el mundo juntos, y en todos ellos, por más que lo he advertido, me acuerdo haberos visto dar tres veces limosna; sino al uno: «¿por qué no sirves un amo?»; al otro: «gran necesidad tenía Santiago de ti»; al otro: «en el hospital te darán de cenar»; y a vueltas de esto, mil consejos airadamente porque piensen que con buen celo se les dice. Pues el «Dios te ayude», ¿yo de quién lo aprendí sino de vos, que en mi tierra a solos los que estornudan se les dice esa salutación? Creo que pensáis que por ser de la casa de Voto a Dios sois libre de hacer bien, como quien tiene ya ganado lo que espera; pues mándoos yo que a fe no estáis más cerca que los que somos del mundo, aunque más hospitales andéis fabricando. Mas dejado esto aparte, en todo el año podíamos salir a tiempo más a vuestro propósito: ¿no miráis cuánto bordón y calabaza?, ¿cómo campean las plumas de los chapeos? Para mí tengo que se podría hacer un buen cabezal de las plumas del gallo de señor Santo Domingo. Bien haya gallo que tanto fruto de sí da. Si como es gallo fuera oveja, yo fiador que los paños bajaran de su precio. ¿Pensáis que si el clérigo que tiene cargo de repartirlas hubiera querido tratar en ellas que no pudiera haber enviado muchas sacas a Flandes?

Juan — Mirad aquel otro bellaco tullido qué regocijado va en su caballo y qué gordo le lleva el bellaco; y esta fiesta pasada, cuando andaba por las calles a gatas, qué voces tan dolorosas y qué lamentaciones hacía. El intento del hospital de Granada que hago es por meter todos estos y que no salgan de allí, y que se les den sus raciones. Para éstos son propios los hospitales, y no los habían de dejar salir de ellos sino como casa por cárcel, dándoles sus raciones suficientes como se pudiesen sustentar.

Mata — Si eso así fuese, presto habría pocos pobres aplagados.

Juan   Claro es que no quedaría ninguno.

Mata   No lo digo por eso, sino porque en viéndose encerrados, todos se ahorcarían y buscarían maneras cómo se matar. ¿Luego pensáis que los más si quisiesen no tendrían sanas las llagas?

Juan   ¿Por qué no lo hacen?

Mata   Porque tenían enfermas las bolsas, las cuales ahora están bien aforradas. No hay hombre de estos que en un librico no traiga por memoria todas las cofradías, memorias, procesiones, letanías y fiestas particulares de pueblos, para acudir a todo por su orden; mas decid, por amor de mí, ¿cuántas ferias habéis visto que en la ciudad ni sus derredores se hagan sin ellos?

Juan   Opinión es de algunos de nuestros teólogos que son obligados a restitución de todo lo que demandan más de para el sustentamiento de aquel día, so pena de malos cristianos.

Mata   Mejor me ayude Dios, que yo no los tengo por cristianos cuanto más por buenos. N precepto de todos los de la ley guardan.

Juan   Eso es mal juzgar sin más saber.

Mata   Ellos, primeramente, no son naturales de ningún pueblo, y jamás los vi confesar ni oír misa, antes sus voces ordinarias son a la puerta de la iglesia en la misa mayor y en las menores de persona en persona, que aun de la devoción que quitan tienen bien que restituir, y no me espantan éstos tanto como el no advertir en ello los que tienen cargo que jamás hubo obispo, ni provisor, ni visitador, ni cura, ni gobernador, ni corregidor que cayese en la cuenta de ver cómo nunca estos que piden por las iglesias oyen misa, y si la oyen, cuándo; al menos yo en todas las horas que se dicen, mirando en ello todo lo posible, no lo he podido descubrir; aun cuando alzan apenas se ponen de rodillas, ni miran allá; en lo que dijisteis de la restitución, querría preguntaros, no cuánto os han restituido, porque no tienen, que pues tampoco les habéis dado, pero cuánto habéis visto u oído que han restituido

Juan — Restituir no les vi jamás; pero vender hartas camisas y pañizuelos que mujeres devotas les dan, infinitas, entre las cuales, por no ir lejos, esta semana vendió unos tres, y se andaba con todo el frío que hacía en vivas carnes.

Mata — ¡Qué bien andada tenía la mitad del camino para los cien azotes que merecía si el corregidor lo supiera hacer! Mas hay algunos ministros de estos que el rey tiene para la justicia, tan hipócritas en estos pequeños negocios, que pensarían que pecaban gravísimamente en ello, aunque más acostumbrados estén a pasar sobre peine casos más graves.

Juan — ¿No es poco grave éste?

Mata	Llamo casos graves, como ellos también, los de importancia que hay en qué ganar y de qué sacar las costas; y estos otros bordoneros, ¿pensáis que en las aldeas no saben cebar las gallinas con el pan del zurrón y tomarles la cabeza debajo el pie? Bien podéis creer que no se dejan morir de hambre, ni se cansan de las jornadas muy largas; no hay despensa de señor mejor proveída que su zurrón, ni se come pan con mayor libertad en el mundo; no dejan, como los más son gascones y gabachos, si topan alguna cosa a mal recado, ponerla en cobro, cuanto entran en las casas a pedir limosna, y cuando vuelven a sus tierras no van tan pobres que les falten seis piezas de oro y mantenidos
Juan	Gran devoción tienen todas estas naciones extranjeras; bien en cargo les es Santiago.
Mata	Más que a los españoles, principalmente a los vecinos de Orense y toda Galicia, que en verdad que tengo por cierto que de mil ánimas no va allá una, ni aun creo que de diez mil.
Juan	¿Qué es la causa de eso?
Mata	Que piensan que por ser su vecino que ya se le tienen ganado por amigo, como vos, que por tener el nombre que tenéis os parece no es menester creer en Dios ni hacer cosa que lo parezca.
Juan	Mira lo que decís y reportaos, porque salís del punto que a ser yo cristiano debéis.

Mata — No lo digo por injuriaros ni pensar que no lo sois; pero, como dicen, una palabra saca otra; dejémonos de mortificar; ahora sepamos...

Juan — Estos clérigos que aquí van, en sus tierras no deben de tener beneficios, que de otra manera no irían pidiendo.

Mata — También a vueltas de éstos suele haber algunos bellacos españoles que hacen de las suyas, y se juntan con ellos, entre los cuales vi una vez que andaban seis confesando, y tomaban el nombre del penitente y escribían algunos de los pecados y comunicábanselos uno a otro. Después venía uno de los compañeros que se trocaban, y tomábale en secreto diciendo que por qué no se enmendaba, que Dios le había revelado que tenía tal y tal vicio, de lo cual quedaba el pobre penitente muy espantado y lo creía, y con esto le sacaban dineros en cantidad.

Juan — ¿Y a ésos qué les hicieron? Que dignos eran de grande pena.

Mata — No nada, porque no los pudieron coger; que si pudieran, ellos fueran a remar con Jesucristo y sus Apóstoles y el Nuncio que están en las galeras.

Juan — También fue la de aquéllos solemne bellaquería.

Mata — Bien solemnemente la pagan. Así la pagarán estos otros, y quizá no hubiera tantos bellacos.

Juan	¿Mas quién se va a confesar con romeros ni forasteros teniendo sus propios curas y confesores?
Mata	Las bulas de la Cruzada lo permiten, que antes a todos los forzaban a confesarse con sus curas; mas hay algunos idiotas y malos cristianos que no han tenido vergüenza de pecar contra Dios, ni de que Dios lo sepa y lo vea, y temen descubrirse al confesor que conocen, pareciéndoles que cuando le encontraren los ha de mirar de mal ojo, no mirando que es hombre como ellos, y buscan éstos tales personas que los confiesen que nunca más las hayan de ver de sus ojos; pues las horas canónicas que estos clérigos rezan, de como salen de sus tierras hasta que vuelvan, se vayan por sus ánimas, que yo no les veo traer sino unas horas pequeñas, francesas en la letra y portuguesas por de fuera con tanta grosura.
Juan	Pues la mejor invención de toda la comedia está por ver; ya me maravillaba que hubiese camino en el mundo sin frailes. ¿Visteis nunca al diablo pintado con hábitos de monje?
Mata	Hartas veces y cuasi todas las que le pintan es en ese hábito, pero vivo, esta es la primera; ¡maldiga Dios tan mal gesto! ¡Valdariedo, saltatrás, Jesús mil veces! El mismo hábito y barba que en el infierno se tenía debe de haber traído acá, que esto en ninguna orden del mundo se usa.

Juan	Si hubieses andado tantas partes del mundo como yo, no harías esos milagros. Hágote saber que hay mil cuentos de invenciones de frailes fuera de España, y éste es fraile extranjero. Bien puedes aparejar un «Dios que te ayude», que hacia nosotros enderece su camino.
Mata	Siempre os holgáis de sacar las castañas con la mano ajena. Si sacáis así las ánimas de purgatorio, buenas están. Abranhucia.
Juan	Deo gracias, padre.
Pedro	«Metánia».
Mata	¿Qué dice?
Juan	Si queremos que taña.
Mata	¿Qué tiene de tañer?
Juan	Alguna sinfonía que debe de traer, como suelen otros romeros.
Mata	Antes no creo que entendisteis lo que dijo, porque no trae aún en el hábito capilla, cuanto más flauta ni guitarra. ¿Qué decís, padre?
Pedro	«O Theos choresi».
Mata	Habla aquí con mi compañero, que ha estado en Jerusalén y sabe todas las lenguas.

Juan	¿De qué país estar vos?
Pedro	«Ef logite pateres».
Juan	Dice que es de las Italias, y que le demos por amor de Dios.
Mata	Eso también me lo supiera yo preguntar; pues si es de las Italias ¿para qué le habláis negresco? Yo creo que sacáis por discreción lo que quiere, más que por entendimiento. Ahora yo le quiero preguntar: «¿Dicatis socis latines?»
Pedro	«Oisque afendi».
Mata	¡Oísteis a vos! ¿Cómo, puto, pullas me echáis?
Pedro	«Grego agio Jacobo».
Mata	Mala landre me dé si no tengo ya entendido que dice que es griego y va a Santiago.
Juan	Más ha de media hora que le tenía yo entendido, sino que disimulaba, por ver lo que vos dijerais.
Mata	¿Media hora decís? Más creo que ha más de veinte años que lo disimuláis; sois como el tordo del ropavejero nuestro vecino, que le pregunté un día si sabía hablar aquel tordo, y respondiome que también sabía el «Pater noster», como la «Ave María».

	Yo para mí tengo que habláis también griego como turquesco.
Juan	Quiero que sepáis que es vergüenza pararse hombre en medio el camino a hablar con un pobre.
Mata	Bien creo que os será harta vergüenza si todas las veces han de ser como ésta; mas yo reniego del compañero que de cuando en cuando no atraviesa un triunfo. Debéis de saber las lenguas en confesión.
Juan	¿En qué?
Mata	En confusión, porque como sabéis tantas, se deben confundir unas con otras.
Juan	Es la mayor verdad del mundo.
Pedro	«Agapi Christu elemosini.»
Juan	Dice qué...
Mata	Dadle vos, que ya yo entiendo que pide limosna. ¿Queríais ganar honra en eso conmigo? Cristo, limosna ¿quién no se lo entiende? Las becerras lo construirán. Preguntadle si sabe otra lengua.
Juan	«¿Saper parlau franches o altra lingua?»
Mata	Más debe saber de tres, pues se ríe de la gran necedad que le parece haber vos dicho con tanta ensalada de lenguas.

Juan	El aire me da que hemos de reñir, Mátalas Callando, antes que volvamos a casa.
Mata	¡Cómo! ¿Tengo yo la culpa de que esotro no entienda?
Juan	Yo juraré en el ara consagrada que no sabe, aunque sepa cien lenguas, otra más elegante que ésta.
Mata	Eso sin juramento lo creo yo, que él no sabe tal lengua, que por eso no responde.
Juan	Pues que estáis hecho un espíritu de contradicción, ¿sabrá ninguno en el mundo, agora que me lo hacéis decir, hablar donde Juan de Voto a Dios habla?
Mata	No por cierto, que en el mundo no se debe hablar tal lenguaje.
Pedro	No pase más adelante la riña, pues Dios por su infinita bondad (el cual sea bendito por siempre jamás) me ha traído a ver lo que mis ojos más han deseado, después de la gloria, ¡oh mis hermanos y mi bien todo!
Juan	Deo gracia, padre, teneos allá, ¿quién sois?
Mata	¡Hi de puta el postre! ¡Chirieleison, chirieleison! Bien decía yo que éste era el diablo. ¡«Per signum crucis», atrás y adelante!

Juan	Esperadme, hermano, ¿dónde vais?, ¿qué ánimo es ése?
Mata	No oigo nada; ruin sea quien volviere la cabeza; en aquella ermita si quisieres algo.
Juan	Tras nosotros se viene; si él es cosa mala, no puede entrar en sagrado; en el humilladero le espero; y si es diablo, ¿cómo decía cosas de Dios?; acá somos todos.
Mata	Agora venga si quiere.
Juan	De parte de Dios nos di quién eres o de qué parte somos tus hermanos.
Pedro	Soy muy contento si primero me dais sendos abrazos. Nunca yo pensé que tan presto me pusierais en el libro del olvido. Aunque me veis en el hábito de fraile peregrino, no es esta mi profesión.
Mata	¡Oh más que felicísimo y venturoso día, si es verdad lo que el corazón me da!
Juan	¿Qué es, por ver si estamos entrambos de un parecer?
Mata	¡Oh poderoso Dios! ¿Este no es Pedro de Urdemalas, nuestro hermano? ¡Por el Sol que nos alumbra, él es! El primer abrazo me tengo yo de ganar. ¡Oh!, que sea tan bien venido como los buenos años.

Pedro	No os lleguéis tanto a mí, que quizá llevaréis más gente de la que traéis con vosotros.
Juan	Aunque pensase ser hecho tajadas, no dejaré de quebraros las costillas a poder de abrazos.
Pedro	Ésos dádselos vos a esotro compañero.
Juan	¡Cuán cumplida nos ha hecho Dios, bendito él sea, la tan deseada merced! A mí se me debían de razón todas estas albricias.
Mata	Es así, porque me trajisteis por este camino; pero con más justa razón las había yo de haber, que con estar tan disimulado le conocí el primero.
Pedro	Ya yo pensé que las hubierais ganado de mi madre Maricastaña, que está diez leguas de aquí. Según el correr que antes llevabais huyendo de mí, no sois bueno para capitán; pues huís de un hombre mejor lo haréis de muchos.
Mata	No me espanté yo de vos en cuanto hombre, sino, para deciros la verdad, como yo jamás he visto de esos trajes otra vez, me parecisteis cual que fantasma; y si no lo creéis, tomad un espejo y a vos mismo pongo por testigo.
Juan	Pues hermano Pedro, ¿qué tal venís?, ¿dónde os preguntaremos?, ¿en qué lengua os hablaremos?, ¿qué hábito es éste?, ¿qué romería?, ¿qué ha sido de vos tantos mil años ha?

Mata	¿Qué diremos de esta barbaza así llena de pajas?, ¿de esos cabellazos hasta la cinta, sin peinar?, ¿y vestido de estameña con el frío que hace? ¿Cómo y tanto tiempo sin haber escrito una letra? Más ha de cuatro años que os teníamos con los muchos, sin haber ya memoria alguna de vos.
Pedro	Una cabeza de yerro que nunca se cansase, con diez lenguas, me parece que no bastaría a satisfacer a todas esas preguntas. Al menos yo no me atreveré, si primero no vamos a beber, a comenzar a responder a nada.
Juan	Tal sea mi vida como tiene razón; mas primero me parece que será bien que Mátalas Callando vaya por un sayo y una capa mía para que no seáis visto en ese hábito, y entre tanto nos quedaremos nosotros aquí.
Pedro	¿Mudar hábitos yo? Hasta que los deje colgados de aquella capilla de Santiago en Compostela no me los verá hombre despegar de mis carnes.
Juan	No lo digo sino por el dicho de la gente. ¿Qué dirán si os ven de esa manera?
Pedro	Digan, que de Dios dijeron; quien no le pareciere bien, no se case conmigo.
Mata	Obligados somos a hacer muchas cosas contra nuestra voluntad y provecho por cumplir con el

	vulgo, el cual jamás disimula ni perdona cosa ninguna.
Juan	No se sufre que hombre os vea así ¡válgame Dios! No eran menester otros toros en la ciudad. Luego los muchachos pensarían que tenían algún duende en casa.
Pedro	Como dijo Pilatos: «quod scripsi, scripsi», digo lo que dicho tengo.
Mata	Yo os doy mi fe no fuese con vos así como vais por la ciudad, aunque me diesen mil ducados. Parecéis capellán de la barca de Charonte.
Pedro	Lo que yo podré hacer es que, pues ya el Sol se quiere poner, esperemos a que sea de noche para no ser visto, y estonces entraremos en vuestra casa, y holgarme he dos días y no más, y éstos estaré secreto sin que hombre sepa que estoy aquí, porque así es mi voto. Después de hecha mi romería y dejado el hábito, haced de mí cera y pabilo; y hasta que esto sea cumplido no cale irme a la mano, porque es excusado. Aun a mi madre, con estar tan cerca, no hablaré hasta la vuelta, ni quiero que sepa que soy venido.
Mata	Por demás es apartarle de su propósito. Esa fue siempre su condición; mejor es dejarle hacer lo que quiere. Es él amicísimo de nuevos trajes e invenciones.

Pedro	Hablemos en otra cosa, y sobre esto no se dé más puntada. ¿Cómo estáis? ¿Cómo os ha ido estos años? Las personas, buenas las veo, gracias a Dios. Verdaderamente no parece que ha pasado día ninguno por vosotros. Lo demás vaya y venga.
Juan	Si los días son tales como este de hoy, no es mucho que no hayan pasado por nosotros. ¿Cómo queréis que estemos, sino los más contentos hombres que jamás hubo?
Mata	Cuan contento estaba antes estoy agora de descontento, en ver que no nos hemos de holgar más de dos días.
Pedro	Más serán de dos mil, con el ayuda de Dios; pero agora tened paciencia hasta la vuelta, no seáis como el otro que se anduvo toda la vida sin sayo y después mató al sastre porque no se le hizo el día que se le cortó.
Mata	Estoy por decir que tuvo la mayor razón del mundo.
Juan	¿Por qué?
Mata	Porque harto bastaba haber sufrido toda su vida sin pasar aquel día también, el cual era mucho mayor que todo el tiempo pasado.
Pedro	¿En qué se han pasado todos estos años pasados después que yo estoy fuera de España, que es lo que hace al caso?

Juan	Yo acabé de oír mi curso de Teología, como me dejasteis en Alcalá, con la curiosidad que me fue posible, y agora, como veis, nos estamos en la corte tres o cuatro años ha, para dar fin, si ser pudiese, a mis hospitales que hago.

Las fundaciones de hospitales

Pedro	¿Nunca se acabó aquél que estaba cuasi hecho?
Juan	Han sido los años, con estas guerras, tan recios, y están todos los señores tan alcanzados, que no hay en España quien pueda socorrer con un maravedí.
Mata	Y también es tanto el gasto que tenemos Juan y yo, que cuasi todo lo que nos dan nos comemos y aún no nos basta.
Pedro	¿Pues la limosna que los otros dan para obras pías os tomáis para vosotros?
Juan	Que no sabe lo que se dice; sino como la obra va tan suntuosa y los mármoles que trajeron de Génova para la portada costaron tanto, no se parece lo que se gasta.
Pedro	De ésos había bien poca necesidad. Más quisieran los pobres pan y vino y carne a basto en una casa pajiza.

Mata	De eso, gracias a Dios y a quien nos lo da, bien abundante tenemos la casa, que antes nos sobre que falte.
Pedro	Bien lo creo sin juramento. No digo yo, sino los pobres. «Oh, vanitas vanitatum, et omnia vanitas»: las paredes de mármol y los vientres de viento.
Juan	Pues qué, ¿decís que es vanidad hacer hospitales?
Pedro	La mayor del mundo universo si han de ser como ésos, porque el cimiento es de ambición y soberbia, sobre el cual cuanto se armase se caerá. Buen hospital sería mantener cada uno todos los pobres que su posibilidad livianamente pudiese sufrir acuestas, y socorrer a todas sus necesidades, y si no pudiese dar a cuatro, contentásese con uno; si vieseis un hombre caído en un pantano que si no le dabais la mano no se podría levantar, ¿nos parece que sería grande necedad, dejando aquél, ir dando la mano a cuantos topaseis en un buen paso, que no han caído ni tienen peligro de caer? ¡Cuántos y cuántos ricos hay que se andan dando blancas y medios cuartos por el pueblo, y repartiendo las vísperas de Pascuas celemines de trigo a algunas viejas que saben que lo han de pregonar, y tienen parientes dentro de segundo y tercero grado desnudos, muriendo de viva hambre detrás de dos paredes!; y si alguno se lo trae a la memoria, luego dice: «¡Oh, señor!, que es una gente de mala garganta, en quien no cabe hacer ningún bien, que todo lo echa a mal; mil veces lo he

probado y no aprovecha». Y esto es porque allí es menester socorrer por más grueso.

Mata — En eso, aunque yo no soy letrado, me parece que hacen mal, porque no se lo dan por amor de ellos, sino de Dios. Después que se les da, que se ahorquen con ello.

Juan — Volvamos a lo de nuestros hospitales, que estoy algo escandalizado.

Pedro — Gentil refrigerio es para el pobre que viene de camino, con la nieve hasta la cinta, perdidos los miembros de frío, y el otro que se viene a curar donde le regalen, hallar una salaza de esgrimir y otra de juego de pelota, las paredes de mármol y jaspe, que es caliente como el diablo, y un lugar muy suntuoso donde puede hacer la cama, si trae ropa, con su letrero dorado encima, como quien dice: «Aquí se vende tinta fina»; y que repartidos entre cincuenta dos panes, se vayan acostar, sin otra cena, sobre un poco de paja bien molida que está en las camas, y a la mañana, luego si está sano, le hacen una señal en el palo que trae de cómo ya cenó allí aquella noche; y para los enfermos tienen un asnillo en que los llevan a otro hospital para descartarse de él, lo cual, para los pasos de romería en que voy, que lo he visto en un hospital de los suntuosos de España que no le quiero nombrar; pero sé que es Real.

Juan	Eso es mal hecho y habían de ser visitados muchas veces. No sé yo cómo se descuidan los que lo pueden hacer.
Mata	Yo sí.
Pedro	¿Cómo?
Mata	Porque aquellos a quienes incumbe hacer esto no son pobres ni tienen necesidad de hospitales: que de otra manera, yo fiador que ellos viesen dónde les daban mejor de cenar las noches y más limpia cama.
Juan	Ya para eso proveen ellos sus provisiones, mayordomos y escribanos y otros oficiales que tengan cuenta.
Pedro	Eso es como quien dice ya proveen quien coma la renta que el fundador dejó y lo que los pobres habrían de comer, porque no se pierda.
Mata	Mejor sería proveer sobre provisiones y sobre oficiales.
Pedro	Vos estáis en lo cierto; pero, volviendo a lo primero, de todos los hospitales lo mejor es la intención del que le fundó, si fue con solo celo de hacer limosna; y eso solo queda, porque las raciones que mandó dar se ciernen de esta manera; la mitad se toma el patrón, y lo que queda, parte toma el mayordomo, parte el escribano; al cocinero se le pega un poco, al enfermero otro; el enfermo come solo el nombre

de que le dieron gallina y oro molido si fuese menester. De modo que ciento que estén en una sala comen con dos pollos y un pedazo de carnero; pues al beber, cada día hay necesidad de hacer el milagro de architriclinos, porque como cuando hacen el agua bendita, así a un cangilón de agua echan dos copas de vino. Lleváronme un día en Génova por ver un hospital de los más suntuosos de Italia y de más nombre, y como vi el edificio, que cierto es soberbio, diome gana de estar un día a ver comer, por ver qué limosna era la de Italia; y sentados todos en sus camas, que serían hasta trescientos, de dos en dos, y las camas poco o nada limpias, vino un cocinero con un gran caldero de pan cocto, que ellos llaman, muy usada cosa en aquellas partes, que no es otra cosa sino pan hecho pedazos y cocido en agua hasta que se hace como engrudo, sazonado con sal y aceite, y comienzan de distribuir a todos los que tenían calentura; y a los que no, luego se seguía otro cocinero con otra caldera de vaca diciendo que era ternera, y daba a sendas tajadas en el caldo y poco pan. El médico, otro día que purgaba al enfermo, le despedía diciendo que ya no había a que estar; y como los pobres entonces tenían más necesidad de refrigerio y les faltaba, tornaban a recaer, de lo cual morían muchos. Dicen los filósofos que un semejante ama a otro su semejante. El pobre que toda su vida ha vivido en ruin casa o choza ¿qué necesidad tiene de palacios, sino lo que se gasta en mármoles que sea para mantenimiento, y que la casa sea como aquella que tenía por suya propia? Mas haya esta diferencia;

que en la suya no tenía nada y en ésta no le falte hebilleta.

Mata — Gran ventaja nos tienen los que han visto el mundo a los que nunca salimos de Castilla. ¡Mirad cómo viene filósofo y cuán bien habla! Yo por nosotros juzgo lo que dice todo ser mucha verdad, que estamos en una casa, cual presto veréis, muy ruin; pero como comemos tan bien que ni queda perdiz ni capón ni trucha que no comamos, no sentimos la falta de las paredes por de fuera, pues dentro ruin sea yo si la despensa del rey está así. Acabad presto vuestro viaje, que aquí nos estaremos todos, y no hayáis miedo que falte la merced de Dios, y bien cumplida. Algunas veces estamos delgados de las limosnas; pero como se confiesan muchos con el señor Juan y comunican casos de conciencia, danle muchas cosas que restituya, de las cuales algunas se quedan en casa por ser muerta la persona a quien se ha de dar o por no la hallar.

Juan — ¡Maldiga Dios tan mala lengua y bestia tan desenfrenada, y a mí porque con tal hombre me junté que no sabrá tener para sí una cosa sin pregonarla a todo el mundo!

Pedro — Esa es su condición, que le es tan natural que le tiene de acompañar hasta la sepultura; no os debéis enojar por eso, que aquí todo se sufre, pues ya sé yo de antes de agora las cosas cómo pasan, y aquí somos como dicen los italianos: Padre, Hijo y pregonero.

Juan	¿Pensáis que hiciera más si fuera otro cualquiera el que estaba delante?
Mata	El caso es que la verdad es hija de Dios, y yo soy libre, y nadie me ha de coser la boca, que no la dejaré de decir dondequiera y en todo tiempo, aunque amargue por Dios agora que acuerda con algo a cabo de mil años. Mejor será que nos vamos, que ya hace oscuro, y yo quiero ir delante para que se apareje de cenar; y en verdad que cosa no se traiga de fuera, porque vea Pedro si yo miento. Vosotros idos a entrar por la puerta de San Francisco, que es menos frecuentada de gente.
Juan	¿No os parece que tengo grande subsidio en tener este diablo acuestas?
Pedro	No, pues ya le conocéis; lo mejor es darle libertad que diga, quizá por eso dirá menos.
Juan	Yo quiero tomar vuestro consejo si lo pudiere acabar con mi condición. Esta es la puerta: abajad un poco la cabeza al subir de la escalera.
Pedro	Bendito sea Dios por siempre jamás, que esta es la primera vez que entro en casa hartos días ha. Buena cuadra está ésta por cierto.
Juan	Para en corte, razonable.

Mata	Pues mejor la podríamos tener sino porque no barrunten nada de lo que pasa.
Juan	Badajear y a ello.

La cena en casa de Juan de Voto de Dios

Mata	Sus, padre fray Pedro, que así os quiero llamar; lo asado se pierde; manda tomar esta silla y ruin sea quien dejare bocado de esta perdiz.
Pedro	«Agimus tibi gratias, Domine, pro universis denis et beneficiis tuis; qui vivis et regnas per omnia secula seculorum».
Juan	¡Válgame Dios!, ¡qué ánimo es ése! ¿Agora os paráis a llorar? ¿Qué más hiciera un niño? Comed y tener buen ánimo, que no ha de faltar la merced de Dios entretanto que las ánimas sustentaren nuestros cuerpos. Bien sabéis que en mi vida yo no os he de faltar.
Mata	Éstas son lágrimas de placer; que no es más en sí de detenerlas que a mí las verdades.
Pedro	¿Qué más comida para mí de la merced que Dios este día me ha hecho?
Juan	Aquel adobado por ventura pondrá apetito de comer, o si no una pierna de aquel conejo con esta salsa.

Pedro	Una penca de cardo me sabrá mejor que todo; con juramento, que ha seis años que no vi otra.
Mata	Eso será para después; agora, si no queréis nada de lo asado, comed de aquella cabeza de puerco salvaje cocida, y si queréis, a vueltas del cardo o de un rábano.
Juan	Ya sabéis que en palacio no se da a beber a quien no lo pide. Blanco y tinto hay: escoged.
Pedro	Probarlo hemos todo, y beberemos del que mejor nos supiere; este blanco es valiente.
Mata	De San Martín y a nueve reales y medio el cántaro, por las nueve horas de Dios; pues probaréis el tinto de Ribadavia, y diréis: ¿qué es esto que cuasi todo es a un precio?
Juan	Ya me parece que habéis estancado. ¿Qué hacéis?
Pedro	Yo no comeré más esta noche; estoy satisfecho.

Las peregrinaciones

Juan	Una cosa se me acuerda que os quise hoy replicar cuando hablábamos de los hospitales, y habíaseme olvidado, y es: si fuese así que no hubiese hospitales, ¿qué harían tantos pobres peregrinos que van donde

	vos agora de Francia, Flandes, Italia y Alemania?, ¿dónde se podrían aposentar?
Pedro	El mejor remedio del mundo: los que tuviesen qué gastar, en los mesones, y los que no, que se estuviesen en sus tierras y casas, que aquélla era buena romería, y que de allí tuviesen todas las devociones que quisiesen con Santiago. ¿Qué ganamos nosotros con sus romerías, ni ellos tampoco, según la intención? Que el camino de Jerusalén ningún pobre le puede ir, porque al menos gasta cuarenta escudos y más, y por allá maldita la cosa les aprovecha pedir ni importunar.
Mata	A fe que fray Pedro, que dice esto, que debe de traer aforrada la bolsa.
Pedro	Yo no pido, por cierto, limosna; y a trueco de no oír un «Dios te ayude» de quien sé que me puede dar, lo hurtaría si pudiese.
Mata	Si no fuese porque favoreceréis a los de vuestro oficio, no os dejaría de preguntar qué tanto mérito es ir en romería, porque yo, por decir la verdad, no la tengo por la más obra pía de todas.
Pedro	Por eso no dejaré de decir lo que siento: porque mi romería va por otros nortes. La romería de Jerusalén, salvo el mejor juicio, tengo más por incredulidad que por santidad; porque yo tengo de fe que Cristo fue crucificado en el monte Calvario y fue muerto y sepultado y que le abrieron el costado con una lanza, y

todo lo demás que la Iglesia cree y confiesa; pues ¿no tengo de pensar que el monte Calvario es un monte como otros, y la lanza como otras, y la cruz, que era entonces en uso como agora la horca, y que todo esto por si no es nada, sino por Cristo que padeció? Luego si hubiese tantas Jerusalenes y tantas cruces y lanzas y reliquias como estrellas en el cielo y arenas en la mar, todas ellas no valdrían tanto como una mínima parte de la hostia consagrada, en la cual se encierra el que hizo los cielos y la tierra, y a Jerusalén, y sus reliquias, y ésta veo cada día que quiero, que es más; ¿qué se me da de lo menos? Cuanto más que Dios sabe cuán poca paciencia llevan en el camino y cuántas veces se arrepienten y reniegan de quien hace jamás voto que no se pueda salir afuera. Lo mismo siento de Santiago y las demás romerías.

Juan   No tenéis razón de condenar las romerías, que son santas y buenas, y de Cristo leemos que apareció en ese hábito a Lucas y Cleofás.

Pedro   Yo no las condeno, ni nunca Dios tal quiera; mas digo lo que me parece y he visto por la luenga experiencia; y a los que allá van no se les muestra la mitad de lo que dicen; porque el templo de Salomón aunque den mil escudos no se le dejarán ver; ni demás de esto a los devotos no faltan algunos frailes modorros que les muestran ciertas piedras con unas pintas coloradas, en el camino del Calvario, las cuales dicen que son de la sangre de Cristo, que aún se está allí, y ciertas piedrecillas blancas, como de yeso, dicen que es leche de Nuestra Señora, y en una de las espinas está también cierta cosa roja en la punta que dicen que es de la misma sangre, y otras cosas que no quiero al presente decir; y éstas, como las sé, antes de muchos días lo sabréis. En lo que decís de la romería de Cristo y los apóstoles es cosa diferente; porque ellos iban la romería breve, y es que no tenían casa ni hogar, sino andarse tras su buen maestro y deprender el tiempo que les cabía; después, enseñar y predicar. Maravíllome yo de un teólogo como vos comparar la una romería con la otra.

Mata — Que tampoco no se mataba mucho para estudiar, sino poco a poco cumplir el curso; para entre nosotros, no sabe tanta Teología como pensáis; mas yo quería saber cuál es la mejor romería.

Juan — Ninguna, si a Pedro de Urdemalas creemos.

Pedro — El camino real que lleva al cielo es la mejor de todas, y más breve, que es los diez mandamientos de la ley muy bien guardados a mazo y escoplo; y esto sin caminar ninguna legua se pueden cumplir todos. ¡Cuántos peregrinos reniegan y blasfeman, cuántos no oyen misa en toda la jornada, cuántos toman lo que hallan a mano!

Mata — De manera que haciendo desde aquí lo que hombre pudiere según sus fuerzas, en la observancia de la ley de Dios, sin ir a Jerusalén ni Santiago, ¿se puede salvar?

Pedro   Muy lindamente.

Mata   Pues no quería saber más de eso para estarme quedo y servir a Dios.

Juan   Quítese esta mesa y póngase silencio en las cosas de acá, que poco importa la disputa. Sepamos de la buena venida y de la significación del disfraz y de la ausencia pasada y de la merced que Dios nos ha hecho en dejarnos ver.

Pedro   Tiempo habrá para contarlo.

Mata   Por amor de Dios, no nos tengáis suspensos ni colgados de los cabellos. Sacadnos de duda.

De cómo Pedro fue hecho cautivo

Pedro   El caso es, en dos palabras, que yo fui cautivo y estuve allá tres o cuatro años. Después salveme en este hábito que aquí veis, y agora voy a cumplir el voto que prometí y dejar los hábitos y tomar los míos propios, en los cuales procuraré servir a Dios el tiempo que me diere de vida; esto es en conclusión.

Juan   ¿Cautivo de moros?

Pedro   De turcos, que es lo mismo.

Juan   ¿En Berbería?

Pedro	No, sino en Turquía.
Mata	Alguna matraca nos debe de querer dar con esta ficción. ¡Por vida de quien hablare de veras, no nos haga escandalizar!
Juan	Aunque sea burlando ni de veras, yo no puedo estar más escandalizado; ni me ha quedado gota de sangre en el cuerpo. No es de buenos amigos dar sobresaltos a quien bien los quiere.
Pedro	Nunca de semejantes burlas me pagué. Lo que habéis oído es verdad, sin discrepar un punto.
Juan	¡Jesús! pues, ¿dónde o cómo?
Pedro	En Constantinopla.
Juan	¿Y dónde os prendieron?
Pedro	En esos mares de Dios.
Juan	¡Qué desgraciadamente lo contáis y qué como gato por brasas! Pues ¿quién os prendió, o cuándo, o de qué manera, y cómo saliste, y qué nos contáis?
Mata	Bien os sabrá examinar, que esas tierras mejor creo que las sabe que vos, Juan de Voto a Dios, que, como recuero, no hace sino ir y venir de aquí a Jerusalén.
Juan	No cae hacia allá; nosotros vamos por la mar de Venecia, y esta postrera vez que vine fue por tierra.

Pedro	Pues ¿cómo os entendían vuestro lenguaje?
Juan	Hablaba yo griego y otras lenguas.
Mata	¿Como las de hoy?
Pedro	¿Cuántas leguas hay por tierra de aquí allá?
Juan	No sé, a fe.
Pedro	¿Por qué tierras buenas viniste?, ¿por qué ciudades?
Juan	Pasado se me ha de la memoria.
Pedro	Y por mar, ¿adónde aportaste?
Juan	¿Adónde habíamos de aportar sino a Jerusalén?
Pedro	¿Pues entrabais dentro Jerusalén con las naves?
Juan	Hasta el mismo templo de Salomón teníamos las áncoras.
Pedro	Y las naves ¿iban por mar o por tierra?
Juan	No está mala la pregunta para hombre plático. ¿Por tierra van las naos?
Pedro	En Jerusalén no pueden entrar de otra parte, porque no llega allá la mar con veinte leguas.

Mata	(Aparte.) Aun el diablo será este examen, cuanto y más si Pedro ha estado allá y nos descubre alguna celada de las que yo tanto tiempo ha barrunto. Quizá no fue por ese camino.

Juan	Ha tanto tiempo que no lo anduve, que estoy privado de memoria, y tampoco en los caminos no advierto mucho.

Mata	Agora digo que no es mucho que sepa tanto Pedro de Urdimalas, pues tanto ha peregrinado. En verdad que venís tan trocado, que dudo si sois vos. Dos horas y más ha que estamos parlando y no se os ha soltado una palabra de las que solíais, sino todo sentencias llenas de filosofía y religión y temor de Dios.

Pedro	A la fe, hermanos, Dios, como dicen, consiente y no para siempre, y como la muerte jamás nos deja de amenazar y el demonio de acechar y cada día del mundo natural tenemos veinticuatro horas de vida menos, y como en el estado que nos tomare la muerte según aquél ha de ser la mayor parte de nuestro juicio, pareciome que valía más la enmienda tarde que nunca, y esa fue la causa por que me determiné a dejar la ociosa y mala vida, de la cual Dios me ha castigado con un tan grande azote que me le dejó señalado hasta que me muera. Dígolo por tanto, Juan de Voto a Dios, que ya es tiempo de alzar el entendimiento y voluntad de estas cosas perecederas y ponerle en donde nunca ha de haber fin mientras Dios fuere Dios, y de esto me habéis de

	perdonar que doy consejo, siendo un idiota, a un teólogo.
Juan	Antes es muy grande merced para mí y consuelo, que para eso no es menester teologías.
Pedro	Así, que pues aquí estamos los que siempre hemos vivido en una misma voluntad, y ésta ha de durar hasta que nos echen la tierra a cuestas, bien se sufre decir lo que hace al caso por más secreto que sea. Yo estoy al cabo que vos nunca estuvisteis en Jerusalén ni en Roma, ni aun salisteis de España, porque «loquela tua te manifestum fecit», ni aun de Castilla; pues ¿qué fruto sacáis de hacer entender al vulgo que venís y vais a Judea, y a Egipto ni a Samaria? Paréceme que ninguno otro sino que todas las veces que venga uno, como agora yo, os tome en mentira.
Mata	Otro mejor fruto se saca.
Pedro	¿Cuál?
Mata	El aforro de la bolsa, que de otra manera perecería de frío; pero a fe de hombre de bien que lo he dicho yo hartas veces, entre las cuales fue una que nos vimos con tres mil escudos de fábrica para los hospitales, y restitución de unos indianos o peruleros. Jamás quiso escucharme, y así y todo se nos ha ido de entre las manos con diez pórfidos y otros tantos azulejos.

Juan	Presupuesta la estrecha amistad y unidad de corazones, responderé en dos palabras a todo eso, como las diría al propio confesor. No ha pocos días y años que yo he estado para hacer todo esto, y parece que Dios me ha tocado mil veces convidándome a ello; pero un solo inconveniente ha bastado para estorbármelo hasta hoy, y es que como yo he vivido en honra, como sabéis, teniendo tan familiar entrada en todas las casas de ilustres y ricos, ¿con qué vergüenza podré agora ya decir públicamente que es todo burla cuanto he dicho, pues aun al confesor tiene hombre empacho descubrirse? Pues si me huyo, ¿adónde me cale parar?; y ¿qué dirán de mí?; ¿quién no querrá antes mil infiernos?
Mata	De esa te guarda.
Pedro	Más vale vergüenza en cara que mancilla en corazón.
Mata	¿Y qué habíamos de hacer de todo nuestro relicario?
Pedro	¿Cuál?
Mata	El que nos da de comer principalmente; ¿luego nunca le habéis visto? Pues en verdad no nos falta reliquia que no tengamos en un cofrecito de marfil; no nos falta sino pluma de las alas del arcángel San Gabriel.
Pedro	Ésas, dar con ellas en el río.

Mata	¿Las reliquias se han de echar en el río? Grandemente me habéis turbado. Mirad no traíais alguna punta de luterano de esas tierras extrañas.
Pedro	No digo yo las reliquias, sino ésas, que yo no las tengo por tales.
Mata	Por amor de Dios, no hablemos más sobre esto; los cabellos de Nuestra Señora, la leche, la espina de Cristo, el dinero, las otras reliquias de los santos, al río, que dice que lo trajo él mismo de donde estaba.
Pedro	¿Es verdad que trajo un gran pedazo del palo de la cruz?
Mata	Aún ya el palo de la cruz, vaya, que aquello no lo tengo por tal; por ser tanto, parece de encina.
Pedro	¡Qué! ¿tan grande es?
Mata	Buen pedazo. No cabe en el cofrecillo.
Pedro	Ese tal, garrote será, pues no hay tanto en San Pedro de Roma y Jerusalén.
Juan	Todo se trajo de una mesma parte. Dejad hablar a Pedro y callad vos.
Mata	Pues si todo se trajo de una parte, todo será uno; ¿y el pedazo de la lápida del monumento?; agora yo callo. Pues tierra santa harta teníamos en una talega, que bien se podrá hacer un huerto de ello.

Juan	El remedio es lo más dificultoso de todo para no ser tomado en mentira del haber estado en aquellas partes. Un libro que hizo un fraile del camino de Jerusalén y las cosas que vio me ha engañado, que con su peregrinaje ganaba como con cabeza de lobo.
Pedro	¡Mas de las cosas que no vio!... ¡Tan grande modorro era ése como los otros que hablan lo que no saben, y tantas mentiras dice en su libro!
Juan	Toda la corte se traía tras sí cuando predicaba la Cuaresma cosas de la Pasión. Luego señalaba cada cosa que decía: «Fue Cristo a orar al Huerto, que será como de aquí a tal torre, y entró solo y dejó sus discípulos a tanta distancia como de aquel pilar al altar; lleváronle con la cruz acuestas al monte Calvario, que es de la ciudad como de aquí a tal parte: la casa de Anás de la de Caifás es tanto»; y otras cosas así.
Pedro	¿De manera que en haber dos pulgadas de distancia de más o menos de la una a la otra parte está el creer o no en Dios? Y ¿qué se me da a mí para ser cristiano que sean más dos leguas que tres ni que Pilato y Caifás vivan en una misma calle?
Mata	Quien no trae nada de nuevo no trae tras sí la gente; y os prometo, con ayuda de Dios, que vos hagáis hartos corrillos.
Pedro	De ésos me guardaré yo bien.

Mata	No será en vuestra mano; y también es bueno tener qué contar.
Juan	Hablemos en mi remedio, que es lo que importa. ¿Qué haré?, ¿cómo volver atrás?, ¿cómo me desmentiré a mí mismo en la plaza? Pues qué, ¿dejaré mi orden por hacerme teatino ni fraile? No es razón; porque allá dentro los mismos religiosos me darían más matracas, porque entre ellos hay más que hayan estado allá que en otra parte ninguna.
Pedro	No hay para qué pregonar el haber mentido, porque Dios no quiere que nadie se disfame a sí mismo, sino que se enmiende.
Mata	Yo quiero en eso dar un corte con toda mi poca gramática y menos saber, que me parece que más hará al propósito.
Juan	No me haríais este pesar de callar una vez en el año.
Pedro	Dejadle diga; nunca desechéis consejo, porque si no es bueno, pase por alto, y si lo es, aposentadle con vos; decid lo que queríais.
Mata	Agora me había yo de hacer de rogar, mas no hay para qué; digo yo que Pedro de Urdimalas nos cuente aquí todo su viaje desde el postrero día que no nos vimos hasta este día que Dios de tanta gloria nos ha dado. De lo cual Juan de Voto a Dios podrá quedar tan docto que pueda hablar donde quiera que le

pregunten como testigo de vista, y en lo demás, que nunca en ninguna parte hable de Jerusalén, ni la miente, ni reliquia ni otra cosa alguna, sino decir que las reliquias están en un altar del hospital, y que nos demos prisa a acabarle, aunque enduremos en el gasto ordinario; y después, allí, con ayuda de Dios, nos recogeremos, y lo que está por hacer sea de obra tosca, para que antes se haga; y quien no quiere hablar de tierras extrañas con cuatro palabras cerrará la boca a todos los preguntadores. Si el consejo no os parece bien tomadme acuestas.

Juan	Loado sea Dios, que habéis dicho una cosa bien dicha en toda vuestra vida. Yo lo acepto así.
Mata	Hartas he dicho, si vos lo hubierais hecho así.
Pedro	Así Dios me dé lo que deseo, que yo no cayera en tanto; bien parece un necio entre dos letrados. El agravio se me hace a mí porque soy muy enemigo de ello, así porque es muy largo como por el refrán que dice: los casos de admiración no los cuentes, que no saben todas gentes cómo son.
Mata	Ello se ha de saber tarde o temprano, todo a remiendos; más vale que nos lo digas todo junto, y no os andaremos en cada día amohinando y haréis para vos un provecho: que reduciréis a la memoria todos los casos particulares.
Juan	Parece que después que éste habla de veras se le escalienta la boca y dice algunas cosas bien dichas, entre

	las cuales ésta es tan bien que yo comienzo de aguzar las orejas.
Pedro	Yo determino de hacer en todo vuestra voluntad; mas antes que comience os quiero hacer una protesta porque cuando contare algo digno de admiración no me cortés el hilo con el hacer milagros, y es que por la libertad que tengo, que es la cosa que más en este mundo amo, sino plegue a Dios que otra vez vuelva a la cadena si cosa de mi casa pusiere ni en nada me alargare, sino antes perder el juego por carta de menos que de más; y las condiciones y costumbres de turcos y griegos os contaré, con apercibimiento que después que los turcos reinan en el mundo jamás hubo hombre que mejor lo supiese ni que allá más privase.
Juan	No hemos menester más para creer eso, sino ver el arrepentimiento que de la vida pasada tenéis, y hervor de la enmienda y aquel tan trocado de lo que antes erais.
Pedro	No sé por dónde me comience.
Mata	Yo sí: del primer día, que de allí adelante nosotros os iremos preguntando, que ya sabéis que más preguntará un necio que responderán mil sabios. ¿En dónde fuisteis preso y qué año? ¿Quién os prendió y adónde os llevó? Responded a estas cuatro, que después no faltará, y la respuesta sea por orden.

Pedro	Víspera de Nuestra Señora de las Nieves, por cumplir vuestro mandato, que es a cuatro de agosto, yendo de Génova para Nápoles con la armada del Emperador, cuyo general es el príncipe Doria, salió a nosotros la armada del turco que estaba en las islas de Ponza esperándonos por la nueva que de nosotros tenía, y dionos de noche la caza y alcanzonos y tomó siete galeras, las más llenas de gente y más de lustre que sobre la mar se tomaron después que se navega. El capitán de la armada turquesca se llamaba Zinan Bajá, el cual traía ciento cincuenta velas bien en orden.
Juan	¿Y vosotros cuántas?
Pedro	Treinta y nueve no más.
Mata	¿Pues cómo no las tomaron todas, pues había tanto exceso?
Pedro	Porque huyeron las otras, y aun si los capitanes de las que cazaron fueran hombres de bien y tuvieran buenos oficiales, no tomaran ninguna, porque huyeran también como las otras; pero no osaban azotar a los galeotes que remaban y por eso no se curaban de dar prisa a huir.
Juan	¿De qué tenían miedo en castigar la chusma? ¿No está amarrada con cadenas?
Pedro	Sí, y bien recias; pero como son esclavos turcos y moros, temíanse que después que los prendiesen,

	aquéllos habían de ser libres y decir a los capitanes de los turcos cómo eran crueles para ellos al tiempo que remaban.
Mata	¿Pues qué, por eso?
Pedro	Cuando así, luego les dan a los tales una muerte muy cruel, para que los que lo oyeren en las otras galeras tengan rienda en el herir. Dos castigaron delante de mí el día que nos prendieron: al uno cortaron los brazos, orejas y narices y le pusieron un rótulo en la espalda, que decía: «Quien tal hace, tal halla; y al otro empalaron».
Juan	¿Qué es empalar?
Pedro	La más rabiosa y abominable de todas las muertes. Toman un palo grande, hecho a manera de asador, agudo por la punta, y pónenle derecho, y en aquél le espetan por el fundamento, que llegue cuasi a la boca, y déjansele así vivo, que suele durar dos y tres días.
Juan	Cuales ellos son, tales muertes dan. En toda mi vida vi tal crueldad; ¿y qué fue del primero que justiciaron?
Pedro	Dejáronsele ir para que le viesen los capitanes cristianos, y así le dio el príncipe Doria cuatro escudos de paga cada mes mientras viviere.
Mata	¿Peleasteis o rendísteisos?

| Pedro | ¿Qué habíamos de pelear, que para cada galera nuestra había seis de las otras? Comenzamos, pero luego nos tiraron dos lombardazos que nos hicieron rendir. Saltaron dentro de nuestra galera y comenzaron a despojarnos y dejar a todos en carnes. A mí no me quitaron un sayo que llevaba de cordobán y unas calzas muy acuchilladas por ser enemigos de aquel traje y ver que no se podían aprovechar de él, y también porque en la cámara donde yo estaba había tanto que tomar de mucha importancia, que no se les daba nada de lo que yo tenía acuestas: maletas, cofres, baúles llenos de vestidos y dineros, barriles con barras de plata por llevarlo más escondido, y aun de doblones y escudos. |

| Mata | ¿Qué sentíais cuando os visteis preso? |

| Pedro | Eso, como predicador, os lo dejo yo en contemplación: bofetones hartos y puñadas me dieron porque les diese si tenía dineros, y bien me pelaron la barba. Fue tan grande el alboroto que me dio y espanto de verme cuál me había la fortuna puesto en un instante, que ni sabía si llorase ni riese, ni me maravillase, ni dónde estaba; antes dicen mis compañeros que lloraban bien, que se maravillan de mí que no les parecía que lo sentía más que si fuese libre; y es verdad: que de la repentina mudanza por tres días no sentía nada, porque no me lo podía creer a mí mismo ni persuadir que fuese así. Luego el capitán que nos tomó, que se llamaba Sactán Mustafá, nos sentó a su mesa y dionos de comer de lo que tenía |

para sí, y algunos bobos de mis compañeros pensaban que el viaje había de ser así; pero yo les consolé diciendo: «Veis allí, hermanos, cómo entretanto que comemos están aparejando cadenas para que dancemos después del banquete»; y era así, que el carcelero estaba poniéndolas en orden.

Juan   ¿Y qué fue la comida?

Pedro   Bizcocho remojado y un plato de miel y otro de aceitunas, y otro, chico, de queso cortado bien menudo y sutil.

Mata   No era malo el banquete; pues ¿no podían tener algo cocinado para el capitán?

Pedro   No, porque con la batalla de aquel día no se les acordaban de comer, y pluguiera a Dios, por quien Él es, que las Pascuas de cuatro años enteros hubiera otro tanto. Llegó luego por fruta de postre a la popa, donde estábamos con el capitán, un turco cargado de cadenas y grillos, y comenzonos a herrar; y por ser tantos y no traer ellos tan sobradas las cadenas, nos metían a dos en un par de grillos, a cada uno un pie, una de las más bellacas de todas las prisiones, porque cada vez que queréis algo habéis de traer el compañero, y si él quiere os ha de llevar; de manera que estáis atado a su voluntad, aunque os pese. Esta prisión no duró más que dos días, porque luego el capitán era obligado de ir a manifestar al general la presa que había hecho. Llegose a mí un cautivo que había muchos años que estaba allí, y preguntome qué nombre era y si tenía con qué rescatar, o si sabía algún oficio; yo le dije que no me faltarían doscientos ducados, el cual me dijo que lo callase, porque si lo decía me tendrían por hombre que podía mucho y así nunca de allí saldría; y que si sabía oficio sería mejor tratado, a lo cual yo le rogué que me dijese qué oficios estimaban en más, y díjome que médicos y barberos y otros artesanos. Como yo vi que ninguno sabía, ni nunca acá le deprendí, ni mis padres lo procuraron, de lo cual tienen gran culpa ellos y todos los que no lo hacen, imaginé cuál de aquellos podía yo fingir para ser bien tratado y que no me pudiesen tomar en mentira, y acordé que, pues no sabía ninguno, lo mejor era decir que era médico, pues todos los errores había de cubrir la tierra y las culpas de los muertos se habían de echar a Dios. Con decir «Dios lo hizo», había yo de quedar libre; de manera que con aquella poca de lógica que había estudiado podría entender algún libro por donde curase o matase.

Mata — Pues qué, ¿era menester para los turcos tantas cosas, sino matarlos a todos cuantos tomarais entre las manos?

Pedro se hace pasar por médico

Pedro — No es buena cuenta ésa, que no menos homicida sería quien tal hiciese que a los cristianos. Cuando fuese en lícita guerra, es verdad; pero fiándose el otro de mí sería gran maldad, porque, en fin, es prójimo. Al tiempo que nos llevaron a presentar delante del general comenzaron de poner a una parte todos los que sabían oficios, y los que no a otra para echar al remo. Cuando vinieron a mí, yo dije liberalmente que era médico. Preguntándome si me atrevería a curar todos los heridos que en la batalla pasada había, respondí que no, porque no era cirujano, ni sabía de manos nada hacer. Estaba allí un renegado genovés que se llamaba Darmux, arráez, que era el cómite real, y dijo al general que mucho mayor cosa era que cirujano, porque era médico de orina y pulso, que así se llaman y quiso la fortuna que el general no traía ninguno para que me examinase, y allá, aunque hay muchos médicos judíos, pocos son los buenos.

Juan ¿Qué quiere decir cómite?

Pedro El que gobierna la galera y la rige.

Mata ¿Y Arráez?

Pedro Capitán de una galera. Quiso también la fortuna que el general se contentó de mí y me escogió para sí. De todas las presas que hacen por la mar tiene el Gran Turco su quinto; pero los generales toman siempre para sí los mejores y que saben que son de rescate, o que tienen algunos oficios que serán de ganancia. Los soldados pobres y lacayos de los caballeros dan al rey, pues que nunca los ha de ver.

Mata ¿Para qué los quiere?

Pedro	Métenlos en una torre, y de allí los envían a trabajar en obras de la señoría, que llaman.
Juan	¿Qué tantos de ésos tendrá?
Pedro	Al pie de tres mil.
Mata	Y cuando os tomó el general, ¿vistioos luego?
Pedro	No, sino calzome, y bien.
Juan	¿Cómo?
Pedro	Lleváronme luego a un banco donde estaban dos remadores y faltaba uno, y pusiéronme una cadena al pie de doce eslabones y enclavada en el mismo banco, y mandáronme remar, y como no sabía, comenzaron de darme de anguilazos por estas espaldas con un azote diabólico empegado.
Juan	Ya los he visto, que muchos cautivos que pasan por aquí, que se han escapado, los traen camino de Santiago.
Pedro	Otra buena canalla de vagabundos. Todos ésos creed que jamás estuvieron allí; porque ¿en qué seso cabe si se huyen, que han de llevar el azote, que jamás el cómite le deja de la mano? Así engañan a los bobos.
Mata	Bien pintadas debéis de tener las espaldas.

Pedro	Ya se han quitado las más ronchas; pero uno me dieron un día que me ciñó estos riñones, que después acá a tiempos me duele. Quiso Dios que, como tomaron tanta gente, y tenían bien quien remase, que acordaron, pues yo les parecía delicado y no lo sabía hacer y era bueno para servir en mi oficio, que entrase cada vez en mi lugar un gitano; pero no me quitaron de la cadena, sino allí me metía donde poca menos pena tenía que si remara, porque había de ir metida la cabeza entre las rodillas, sentado y cuando la mar estaba algo alborozada venía la onda, dábame en estas espaldas y remojábame todo. Llámase aquel lugar en la galera la banda, que es la que sirve de necesaria en cada banco.

La vida en las galeras

Juan	¿Y qué os daban allí de comer?
Pedro	Lo que a los otros, que es cuando hay bastimento harto, y estábamos en parte que cada día lo podían tomar. Daban a cada uno veintiséis onzas de bizcocho; pero si estábamos donde no lo podían tomar, que era tierra de enemigos, veinte onzas y una almueza de mazamorra.
Mata	¿Qué es bizcocho y mazamorra?
Pedro	Toman la harina sin cerner ni nada y hácenla pan; después aquello hácenlo cuartos y recuécenlo hasta que está duro como piedra y métenlo en la galera; las

	migajas que se desmoronan de aquello y los suelos donde estuvo es mazamorra, y muchas veces hay tanta necesidad, que dan de sola ésta, que cuando habréis apartado a una parte las chinches muertas que están entre ello y las pajas y el estiércol de los ratones, lo que queda no es la quinta parte.
Juan	¿Quién diablos llevó el ratón a la mar?
Pedro	Como se engendran de la bascosidad, más hay que en tierra en ocho días que esté el pan dentro.
Mata	Y a beber ¿dan vino blanco o tinto?
Pedro	Blanco del río, y aun bien hidiendo y con más tasa que el pan.
Juan	¿Y qué más dan de ración?
Pedro	¿No basta esto? Algunas veces reparten a media escudilla de vinagre y otra media de aceite y media de lentejas o arroz, para todo un mes; alguna Pascua suya dan carne, cuanto una libra a cada uno; mas de estas no hay sino dos en el año.
Mata	¡Malaventurados de ellos, bien parecen turcos!
Pedro	¿Pensáis que son mejores las de los cristianos? Pues no son sino peores.
Juan	Yo reniego de esa manera de la mejor. Y la cama, ¿era conforme a la comida?

Pedro	Tenía por cortinas todo el cielo de la Luna y por frazada el aire. La cama era un banquillo cuanto pueden tres hombres caber sentados, y de tal manera tenía de dormir allí que con estar amarrado al mismo banco y no poder subir encima la pierna, sino que había de estar colgando, si por malos de mis pecados sonaba tantico la cadena, luego el verdugo estaba encima con el azote.
Mata	¿Quién os lavaba la ropa blanca?
Pedro	Nosotros mismos con el sudor que cada día manaba de los cuerpos; que una que yo tuve, a pedazos se cayó como ahorcado.
Juan	Parece que me comen las espaldas en ver cuál debía estar de gente.
Pedro	A eso quiero responder que, por la fe de buen cristiano, no más ni menos que en un hormigal hormigas los veía en mis pechos cuando me miraba, y tomábame una congoja de ver mis carnes vivamente comidas de ellos y llagadas, ensangrentadas todas, que, como aunque matase veinte pulgaradas no hacía al caso, no tenía otro remedio sino dejarlo y no me mirar; pues en unas botas de cordobán que tenía, por el juramento que tengo hecho y por otro mayor si queréis, que si metía la mano por entre la bota y la pierna hasta la pantorrilla, que era mi mano sacar un puñado de ellos como granos de trigo.

Juan	¿Y todos están así?
Pedro	No, que los que son viejos tienen camisas que mudar; no tienen tantos con gran parte, y lavan allí sus camisas con agua de la mar, atándola con un pedazo de soga, como quien saca agua de algún pozo, y allí las dejaban remojar un rato; cuasi el lavar no es más sino remojar y secar, porque como el agua de la mar es tan gruesa, no puede penetrar ni limpia cosa ninguna.
Mata	Caro cuesta de esa manera el ver cosas nuevas y tierras extrañas. En su seso se está Juan de Voto a Dios de no poner su vida al tablero, sino hablar como testigo de oídas, pues no le vale menos que a los que lo han visto.
Pedro	Yo os diré cuán caro cuesta. Siendo yo cautivo nuevo, que no había sino un mes que lo era, vi que junto a mí estaban unos turcos escribiendo ciertas cartas mensajeras; y ellos, en lugar de firma, usan ciertos sellos en una sortija de plata que traen, en donde está esculpido su nombre o las letras de cifra que quieren, y con éste, untado con tinta, emprimen, en el lugar donde habían de firmar, su sello, y cierto queda como de molde.
Mata	Yo apostaré que es verdad sin más, pues no lo puede contar sin lágrimas.
Pedro	Mas eché allá cuando pasó; y como a mí me pareció cosa nueva, entretanto que cerraba uno las cartas,

como en conversación, tomé en la mano el sello, y como vi que no me decían nada, tomé tinta y un poco de papel para ver si sabría yo así sellar. De todo esto holgaban ellos sin dárseles nada; yo lo hice como quiera que era ciencia que una vez bastaba verla, y contenteme de mí mismo haber acertado; torné a poner la sortija donde se estaba, y como de allí a poco me acordase de lo mismo, quise tornar a ver si se me había olvidado, y así del papel que estaba debajo de la sortija, pensando que estaba encima, porque estaba entre dos papeles, y cáese la sortija de la tabla abajo y da consigo en la mar, que estábamos estonces en Santa Maura. Los turcos, cuando me vieron bajar a buscarla, pensando que no fuese caída, ásenme de las manos presto por pensar que yo la había hecho perdidiza.

Juan   ¿De qué os reís de esto o a qué propósito?

Mata   Porque voy viendo que, según va el cuento, al fin todos lloraremos de lástima, y para rehacer las lágrimas lo hago.

Pedro   Como no me la hallaron en las manos, viene uno y méteme el dedo en la boca, cuasi hasta el estómago, que me hubiera ahogado, por ver si me la había metido en la boca.

Mata   ¿Pues no le podíais morder?

Pedro	Cuando esto fue ya no tenía dientes ni sentido, porque me habían dado dos bofetones de entrambas partes, tan grandes, que estaba tonto.
Juan	¿No podían mirar que erais hombre de bien y que en el hábito que llevabais no erais ladrón?
Pedro	El hábito de los esclavos todo es uno de malos y buenos, como de frailes, y aun las mañas también en ese caso, porque quien no roba no come. Luego llamaron al guardián mayor de los esclavos, que se llamaba Morato, arráez, y dieron como ellos quisieron la información de lo pasado, la cual podía ser sentencia y todo, porque yo no tenía quien hablase por mí, ni yo mismo podía, porque no sabía lengua ninguna. Luego como me cató todo, que presto lo pudo hacer porque estaba desnudo, y no lo halló, manda luego traer el azote y pusiéronme de la manera que agora diré. Como los bancos están puestos por orden como renglones de coplas, pusiéronme la una pierna en un banco, la otra en otro, los brazos en otros dos, y cuatro hombres que me tenían de los brazos y piernas, cuasi hecho rueda, puesta la cabeza en otro.
Juan	Ya me pesa que comenzasteis este cuento, porque me toman escalofríos de lástima.
Pedro	Antes lo digo para que más se manifiesten las obras de Dios. Puesto el guardián en un pie sobre un banco y el otro sobre mi pescuezo, y siendo hombre de razonables fuerzas, comenzó como reloj tardío

a darme cuan largo era, deteniéndose de poco en poco, por mayor pena me dar, para que confesase, hasta que Dios quiso que bastase; bien fuera medio cuarto de hora lo que se tardó en la justicia.

Juan ¿Pues de tanto valor era la sortija que los cristianos vuestros compañeros de remo que estaban alderredor, no lo pagaban por no ver eso?

Pedro Valdría siete reales cuando mucho; pero ellos pagaran otros tantos porque cada día me dieran aquella colación.

Mata ¿Luego no eran cristianos?

Pedro Sí son, y por tales se tienen; pero como el mayor enemigo que el bueno tiene en el mundo es el ruin, ellos, de gracia, como dicen, me querían peor que al diablo, de envidia porque yo no remaba y que hacían algún caso de mí y porque no los servía allí donde estaba amarrado, y lo peor porque no tenía blanca que gastar; últimamente, porque todos eran italianos, de diferentes partes, y entre todas las naciones del mundo somos los españoles los más malquistos de todos, y con grandísima razón, por la soberbia, que en dos días que servimos queremos luego ser amos, y si nos convidan una vez a comer, alzámosnos con la posada; tenemos fieros muchos, manos no tanto; veréis en el campo del rey y en Italia unos ropavejeruelos y oficiales mecánicos que se huyen por ladrones o por deudas, con unas calzas de terciopelo y un jubón de raso, renegando y descreyendo a cada palabra, jurando de contino puesta la mano sobre el lado del corazón, a fe de caballero; luego buscan diferencias de nombres: el uno, Basco de las Pallas, el otro, Ruidíaz de las Mendozas; el otro, que echando en el mesón de su padre paja a los machos de los mulateros deprendió, «bai» y «galagarre» y «goña», luego se pone Machín Artiaga de Mendarozqueta, y dice que por la parte de oriente es pariente del rey de Francia, Luis, y por la de poniente del conde Fernán González y Acota, con otro su primo Ochoa de Galarreta, y otros nombres así propios para los libros de Amadís. No ha cuatro meses que un amigo mío me hizo su testamento, y traía fausto como cualquier capitán con tres caballos. Hizo un testamento conforme a lo que el vulgo estaba engañado de creer. Llamábase del nombre de una casada principal de España. Al cabo murió, y yo, para cumplir el testamento, hice inventario y abrí un cofrecico, donde pensé hallar joyas y dinero, y la mayor que hallé, entre otras semejantes, fue una carta que su padre de acá le había escrito, en la cual iba este capítulo: «En lo que decís, hijo, que habéis dejado el oficio de tundidor y tomado el de perfumero en Francia, yo huelgo mucho, pues debe de ser de más ganancia». Cuando éste y otros tales llegaban en la posada del pobre labrador italiano, luego entraban riñendo: «¡Pese a tal con el punto villano; a las catorce me habéis de dar de comer! ¡Reniego de tal con el puto villano! ¡Cada día me habéis de dar fruta y vitela no más!; ¡corre, mozo, mátale dos gallinas, y para mañana, por vida de tal, que yo mate el pavón y la pava; no me dejes pollastre ni presuto en casa ni en la estrada!».

Mata   ¿Qué es estrada?, ¿qué es vitela?, ¿qué presuto?, ¿qué pollastre?

Pedro   Como, en fin, son de baja suerte y entendimiento, aunque estén allá mil años no deprenden de la lengua más de aquello que, aunque les pese, por oírlo tantas veces, se les encasqueta de tal manera que por cada vocablo italiano que deprenden olvidan otro de su propia lengua. A cabo de tres o cuatro años no saben la suya ni la ajena sino por ensaladas, como Juan de Voto a Dios cuando hablaba conmigo. Estrada es el camino; presuto, el pernil; pollastre, el pollo; vitela, ternera.

Mata   No menos me huelgo, por Dios, de saber esto que las cosas de Turquía, porque para quien no lo ha visto tan lejos es Italia como Grecia. No podía saber qué es la causa por que algunos, cuando vienen de allá, traen unos vocablos como «barreta, belludo, fudro, estibal, manca», y hablando con nosotros acá, que somos de su propia lengua. Este otro día no hizo más uno de ir de aquí a Aragón, y estuvo allá como cuatro meses, y volviose; y en llegando en casa tómale un dolor de ijada y comenzó a dar voces que le portasen el menge. Como la madre ni las hermanas no sabían lo que se decía, tornábanle a repreguntar qué quería, y a todo decía: el menge. Por discreción diéronle un jarrillo para que mease, pensando que pedía el orinal, y él a todos quería matar porque no le entendían. Al fin, por el dolor, que la madre vio que le fatigaba, llamó al médico, y entrando con dos amigos a le visitar, principales y de entendimiento, preguntole que qué le dolía y dónde venía. Respondió: «Mosén, chi so stata Saragosa»; de lo cual les dio tanta risa y sonó tanto el cuento, que él quisiera más morir que haberlo dicho, porque las mismas palabras le quedaron de allí adelante por nombre.

Juan   Lo mismo, aunque parezca contra mí, aconteció en Logroño, que se fue un muchacho de casa de su madre y entrose por Francia. Ya que llegó a Tolosa, toposé con otro de su tamaño que venía romerillo para Santiago. Tomaron tanta amistad que, como estaba ya arrepentido, se volvieron juntos, y viniendo por sus pequeñas jornadas llegaron en Logroño, y el muchacho llevó por huésped al compañero casa de su madre. Entrando en casa fue recibido como de pobre madre, y que otro no tenía. Luego echó mano de una sartén, y toma unos huevos y pregunta al hijo cómo quiere aquellos huevos, y qué tal viene, y si bebe vino. Él respondió que hasta allí no había hablado: «Ma mes, parleu vus a Pierres, e Pierres parlara a moi, quo chi non so tres d'España». La madre turbada, dijo: «No te digo sino que cómo quieres los huevos». Entonces preguntó al francesillo que qué decía su madre. Ella, fatigándose mucho, dijo: «pues, ¡malaventurada de mí, hijo!, ¿aún los mismos zapatos que te llevaste traes, y tan presto se te ha olvidado tu propia lengua?». Así, que tiene mucha razón Mátalas Callando: que estos que vienen de Italia nos rompen, aquí las cabezas con sus salpicones de lenguas, que al mejor tiempo que os van contando una proeza que hicieron os mezclan unos vocablos que no entendéis nada de lo que dicen: «Saliendo yo del cuerpo de guardia para ir a mi trinchera, que era manco de media milla, vi que de la muralla asestaban los esmeriles para los que estábamos en campaña; yo calé mi serpentina y llevele al bombardero el bota fogo de la mano»; y otras cosas al mismo tono.

Pedro   Pues si ésos no hiciesen como la zorra, luego serían tomados con el hurto en la mano.

Mata   ¿Qué hace la zorra?

Pedro   Cuando va huyendo de los perros, como tiene la cola grande, ciega el camino por donde va, porque no hallen los galgos el rastro. Pues mucho mayores necedades dicen en Italia con su trocar de lenguas, aunque un día castigaron a un bisoño.

Juan   ¿Cómo?

Pedro   Estaba en una posada de un labrador rico y de honra, y era recién pasado de España, y como no entendía la lengua, vio que a la mujer llamaban madonna, y díjole al huésped: «Madono porta manjar», pensando que decía muy bien; que es como quien dijese «mujero». El otro corriose, y entre él y dos hijos suyos le pelaron como palomino, y tuvo por bien mudar de allí adelante la posada y aun la costumbre.

Mata	Si el rey los pagase no quitarían a nadie lo suyo.
Pedro	Ya los paga; pero es como cuando en el banquete falta el vino, que siempre hay para los que se sientan en cabecera de mesa, y los otros se van a la fuente. Para los generales y capitanes nunca falta; son como los peces, que los mayores se comen los menores. Conclusión es averiguada que todos los capitanes son como los sastres, que no es de su mano dejar de hurtar, en poniéndoles la pieza de seda en las manos, sino solo el día que se confiesan.
Mata	Ese día cortaría yo siempre de vestir; pero ellos ¿cómo hurtan?
Pedro	Yo os lo diré como quien ha pasado por ello. Cada capitán tiene de tener tantos soldados y para tantos se le da la paga. Pongamos por caso trescientos; él tiene doscientos, y para el día de la reseña busca ciento de otras compañías o de los oficiales del pueblo, y dales el quinto como al rey y tómales lo demás; el alférez da que pueda hacer esto en tantas plazas y el sargento en tantas; lo demás para «nobis».
Juan	Y los generales, ¿no lo remedian eso?
Pedro	¿Cómo lo han de remediar, que son ellos sus maestros, de los cuales deprendieron?, antes éstos disimulan, porque no los descubran, que ellos hurtan por grueso, diciendo que al rey es lícito hurtarle porque no le da lo que ha menester.

Mata	Y el rey, ¿no pone remedio?
Pedro	No lo sabe, ¿qué ha de hacer?
Juan	¿Pues semejante cosa ignora?
Pedro	Sí, porque todos los que hablan con el rey son generales o capitanes u oficiales a quien toca, que no se para a hablar con pobres soldados; que si eso fuese, él lo sabría, y sabiéndolo lo atajaría; pero, ¿queréis que vaya el capitán a decir: Señor, yo hurto de tres partes la una de mis soldados, castígame por ello?
Juan	Y el Consejo del rey, ¿no lo sabe?
Pedro	No lo debe de saber, pues no lo remedia; mas yo reniego del capitán que no ha sido primero muchos años soldado.
Mata	Esos soldados fieros que decíais antes en el escuadrón al arremeter, ¿qué tales son?
Pedro	Los postreros al acometer y primeros al retirar.
Juan	Buena va la guerra si todos son así.
Pedro	Nunca Dios tal quiera, ni aún de treinta partes una; antes toda la religión, crianza y bondad está entre los buenos soldados, de los cuales hay infinitos que son unos Césares y andan con su vestido llano y son todos gente noble e ilustre; con su pica al hombro,

	se andan sirviendo al rey como esclavos invierno y verano, de noche y de día, y de muchos se le olvida al rey y de otros no se acuerda, y de los que restan no tiene memoria para gratificarles sus servicios.
Juan	Y esos tales, siendo así buenos, ¿qué comen?, ¿tienen cargos?
Pedro	Ni tienen cargos, ni cargas en las bolsas. Comen como los que más ruinmente, y visten peor; no tienen otro acuerdo ni fin sino servir a su ley y rey, como dicen cuando entran en alguna ciudad que han combatido. Todos los ruines son los que quedan ricos, y estos otros más contentos con la victoria.
Juan	Harta mala ventura es trabajar tanto y no tener que gastar y estar sujeto un bueno a otro que sabe que es más astroso que él.
Mata	La pobreza no es vileza.
Pedro	Maldiga Dios el primero que tal refrán inventó, y el primero que le tuvo por verdadero, que no es posible que no fuese el más tosco entendimiento del mundo y tan groseros y ciegos los que le creen.
Mata	¿Cómo así a cosa tan común queréis contradecir?
Pedro	Porque es la mayor mentira que de Adán acá se ha dicho ni formado; antes no hay mayor vileza en el mundo que la pobreza y que más viles haga los hombres; ¿qué hombre hay en el mundo tan ilustre que

la pobreza no le haga ser vil y hacer mil cuentos de vilezas?; y ¿qué hombre hay tan vil que la riqueza no ennoblezca tanto que le haga ilustre, que le haga Alejandro, que le haga César y de todos reverenciado?

Juan — Paréceme que lleva camino; pero acá vámonos con el hilo de la gente, teniendo por bueno y aprobado aquello que todos han tenido.

Pedro — Tan grande necedad es ésa como la otra. ¿Por qué tengo yo de creer cosa que primero no la examine en mi entendimiento?; ¿qué se me da a mí que los otros lo digan, si no lleva camino?; ¿soy yo obligado porque mi padre y abuelos fueron necios a ello?; ¿pensáis que sirve nadie al rey sino para que le dé de comer y no ser pobre, por huir de tan grande vileza y mala ventura?

Mata — Razonablemente nos hemos apartado del propósito a cuya causa se comenzó.

Juan — No hay perdido nada por ello, porque aquí nos estamos para volver, que también esto ha estado excelente.

Pedro — ¿En qué quedamos, que ya no me acuerdo?

Mata — En el cuento de la sortija y la enemistad que os tenían los otros mismos que remaban. Veamos: y allí, ¿no curabais o estudiabais?

Pedro	Vínome a la mano un buen libro de medicina, con el cual me vino Dios a ver, porque aquél contenía todas las curas del cuerpo humano, y nunca hacía sino leer en él; y por aquél comencé a curar unos cautivos que cayeron junto a mí enfermos, y salíame bien lo que experimentaba; y como yo tengo buena memoria, tomelo todo de coro en poco tiempo, y cuando después me vi entre médicos, como les decía de aquellos textos, pensaban que sabía mucho. En tres meses cuasi supe todo el oficio de médico.
Mata	En menos se puede saber y mejor.
Pedro	Eso es imposible. ¿Cómo?
Mata	Si el oficio del médico, al menos el vuestro, es matar, ¿no lo hará mejor cuanto menos estudiare?
Juan	Dejémonos de disputas. ¿En la galera hay barberos y cirujanos?
Pedro	Cada una trae su barbero, así de turcos como de cristianos, para afeitar y sangrar. Aconteciome un día con un barbero portugués que era cautivo en la galera que yo estaba, muchos años había, no habiendo yo más de cincuenta días que era esclavo, lo que oiréis. Al banco donde yo estaba al remo me trajeron un turco que mirase, ya muy al cabo; y como le miré el pulso, vi que le faltaba y que estaba ya frío, y díjeles, pensando ganar honra con mi pronóstico, que se moriría aquella noche, que qué le querían hacer los compañeros del enfermo. Como

vieron la respuesta, dijeron: «Alguna bestia debe éste de ser; llamen barbero de la galera que nos le cure, que sabe bien todos nuestros pulsos». El cual vino luego y preguntó qué había yo dicho, y como lo oí dije: «Que se morirá esta noche»; y comencé a filosofar: «¿No veis qué pulso?, ¿qué frío está?, ¿qué gesto?, ¿qué lengua?, ¿y cuán hundidos los ojos y qué color de muerto?» Dijo él: «Pues yo digo que no se morirá»; y comienza de fregarse las manos y decir: «Sus, hermanos, ¿qué me daréis?; yo os lo daré sano con ayuda de Alá». Ellos dijeron que viese lo que sería justo. Respondió que le diesen quince ásperos, que son tres reales y medio de acá, para ayuda de las medicinas, y que si el enfermo viviese, le habían de dar otros cinco más, que es un real.

Juan ¿Pues no ponía más diferencia de muerte a vida de un real?

Pedro Y era harto, según él sabía; luego se los dieron, y fuese al fogón, que es el lugar que trae cada galera para guisar de comer, y en una ollica mete un poco de bizcocho y agua, y hace uno como engrudo sazonado con su aceite y sal, y delante de los turcos tomó una piedrecica como de anillo, de azúcar cande, y metiola dentro diciendo: «Esta sola me costó a mí lo que vosotros me dais». Fue a dar su comida, y engargantósela metiéndole la cuchara siempre hasta el estómago. Yo a todo esto estaba algo corrido de la desvergüenza que el barbero había usado contra mí; y los que estaban conmigo al remo comenzaron a tomarme doblado odio porque yo podía haber ganado aquellos dineros para que todos comiéramos y no lo había hecho, y blasfemaban de mí diciendo que era un traidor poltrón y que maldita la cosa yo sabía, sino que por no remar lo angelín, hacía fingido, y otras cosas a este tenor; y de cuando en cuando, si me podían alcanzar alguna coz o cadenazo con la cadena, no lo dejaban de hacer. El pobre enfermo aquella noche dio el cuerpo a la mar y el ánima al diablo. Este barbero cada día le quitaban la cadena y a la noche se la metían; cuando supo que era muerto, dijo que no le desferrasen aquellos dos días porque tenía muchos ungüentos que hacer, que no estaba la galera bien proveída. Como no había quien curase, mandaron que me quitasen a mí la cadena; y como fui donde el barbero estaba, preguntome cómo me llamaba. Respondí que el licenciado Pedro de Urdimalas. Díjome: «Pues noramala tenéis el nombre, tened el hecho. ¿Pensáis que estáis en vuestra tierra que por pronósticos habéis de medrar? Cúmpleos que nunca desahuciéis a nadie, sino que a todos prometáis la salud luego de mano; porque quiero que sepáis la condición de los turcos ser muy diferente de la de los cristianos, en que jamás echan la culpa de la muerte al médico, sino que cada uno tiene en la frente escrito lo que ha de ser de él, que es cumplida la hora; y demás de esto, sabed que prometen mucho y nada cumplen»; decir os han: «Si me sanas yo te daré tanto y haré tal y tal»; en sanando no se acuerdan de vos más que de la nieve que nunca vieron. Para ayuda de las medicinas coged siempre lo que pudiéredes, que así se usa acá, que no se recepta, sino vos las tenéis de poner, y si tenéis menester cuatro, demandad diez. Yo que antes tenía grandísimo enojo contra él, me quedé tan manso y se lo agradecí tanto que más no pudo ser; y más me dijo: que de miedo no le tornasen a pedir los dineros que le habían dado no había querido que lo desherrasen hasta que se olvidase de allí a dos días. Los turcos que dormían en mi ballestera no dejaron de notar y maravillarse, que nunca habían en su tierra visto tomar pulso, que por tentar en la muñeca dijese lo que estaba dentro y que muriese.

Mata   ¿Qué cosa es ballestera?

Pedro   Una tabla como una mesa que tiene cada galera entre banco y banco, donde van dos soldados de guerra.

Juan   ¿Pues no tienen más aposento de una tabla?

Pedro   Y ese es de los mejores de la galera. ¡Ojalá todos le alcanzasen!

Mata   ¿Y cuántas de esas tiene cada galera?

Pedro   Una en cada banco.

Mata   ¿Cuántos bancos?

Pedro   Veinticinco de una parte y otros tantos de la otra, y en cada banco tres hombres al remo amarrados; y algunas capitanas hay, que llaman bastardas, que llevan cuatro.

Mata	¿De manera que ha menester ciento cincuenta hombres de remo?
Pedro	Y más diez, para no menester cuando los otros caen malos, que nunca faltan, suplir por ello.
Juan	¿Y soldados cuántos?
Pedro	Cuando van bien armados, cincuenta, y diez o doce gentiles hombres de popa, que llaman amigos del capitán.
Mata	¿Y ésos han de ser marineros?
Pedro	No hay para qué, porque los marineros son otra cosa; que van un patrón y un cómite y otro sotacómite, dos consejeros, dos artilleros y un alguacil con su escribano y otros veinte marineros.
Juan	¿Parecerá al infierno una cosa tan pequeña con tanta gente? ¡Qué confusión y hedentina debe de haber!
Pedro	Así lo es, verdaderamente infierno abreviado, que son toda esta gente ordinaria que va, cuando es menester pasar de un reino a otro por mar llevarán cien hombres más cada una con todos sus hatos.
Juan	Buenos cristianos serán todos ésos de buena razón, pues cada hora traen tragada la muerte.
Pedro	Antes son los más malos del mundo. Cuando en más fortuna y necesidad se ven, comienzan de blasfemar

y renegar de cuanto hay del cielo de la Luna, hasta el más alto, y de la falta de paciencia de los remadores no es de tanta maravilla, porque verdaderamente ellos tienen tanto afán, que cada hora les es dulce la muerte; mas los otros bellacos, que lo tienen por pasatiempo, son en fin marineros, que son la más mala gente del mundo.

Juan	¿Pues tan infernal trabajo es remar?
Pedro	Bien dijisteis infernal, porque acá no hay qué le comparar; para mí tengo que si lo llevan en paciencia que se irán todos al cielo calzados y vestidos, como dicen las viejas.
Mata	¿Cómo puede un solo hombre tener cuenta con tantos?
Pedro	Con un solo chiflito que trae al cuello hace todas las diferencias de mandar que son menester, al cual han de estar tan prontos que en oyéndole en el mismo punto cuando duermen, han de estar en pie, con el remo en la mano, sin pararse a despabilar los ojos, so pena que ya está el azote sobre él; dos andan con los azotes, el uno en la mitad de la galera, el otro en la otra, como maestros que enseñan leer niños.
Juan	Con todo eso, puede el que quiere hacer del bellaco cuando ese vuelve las espaldas, y hacer como que rema.

Pedro   Ni por pensamiento. ¿Luego pensáis que hay música ni compases en el mundo más acordada que el remar?; engañaisos, que en el punto que eso hiciese, estorba a sus compañeros y suenan un remo con otro y deshácese el compás, y como vuelve el cómite, si le había de dar uno le da seis.

Juan   Y esos malaventurados, ¿cómo viven con tanto trabajo y tan poca comida?

Pedro   Ahí veréis cómo se manifiesta la grandeza de Dios, que más gordos y ricos y lucios los veréis y con más fuerzas que estos cortesanos que andan por aquí paseando cada día con sus mulas. Tienen un buen remedio, que todos procuran de saber hacer algunas cosillas de sus manos, como calzas de aguja, almilas, palillos de mondar dientes, muy labrados, boneticos, dados, partidores de cabellos de mujeres labrados a las mil maravillas y otras cosillas, así cuando hay viento próspero, que no reman, y cuando están en el puerto; lo cual todo venden cuando llegan en alguna ciudad y a los pasajeros que van dentro, y de esto se remedian, y temporadas hay que suelen comer mejor que los capitanes; y mira cuán grande es Dios, que todos, por la mayor parte, son ricos y hay muy muchos que tienen cien ducados y doscientos, que no los alcanza ningún capitán de Italia, y hombres hay de ellos que juegan cien escudos una noche con algún caballero, si pasa, o con quien quisiere; y si el capitán o los oficiales tienen necesidad de dineros, éstos se los prestan sobre sus firmas hasta que les den la paga.

Mata	¿Nunca se les alzan con ello?
Pedro	No, ni pueden aunque quieran; antes lo primero que el pagador hace es satisfacerles, y tampoco se los prestarán de balde, sino que si le dan quince, que le hagan la cédula de dieciséis. No faltan también inhábiles, como yo, que ni saben oficio ni tienen qué comer; pero éstos sirven a los otros de remojar el bizcocho y cocinar la olla y poner y quitar las mesas, y comen con ellos.
Juan	¡Y qué tales deben de ser las mesas!
Pedro	Una rodilla bien sucia, si la alcanzan, y los capotes debajo; la propia mesa es comer bien; que aunque esté sobre un muradal, no se me da nada.
Mata	¿En qué comen? ¿tienen platos?
Pedro	Una escudilla muy grande tienen de palo, que llaman gaveta, y un jarro, de palo también, que se dice chipichape; esto hay en cada banco; y antes que se me olvide os quiero decir una cosa y es que me vi una vez con quince caballeros comendadores de San Juan, y entre todos no había sino una gaveta en la cual comíamos la carne y el caldo y bebíamos en lugar de taza, y orinábamos de noche si era menester.
Juan	¿Y no teníais asco?

Pedro	De día no, porque con todo eso teníamos ganas de vivir; y de noche menos, porque más de tres meses cenamos a oscuras, y esto era en tierra en Constantinopla, porque viene a propósito de las gavetas.
Juan	¿No os daban siquiera un candil, ni miraban que fuesen caballeros?
Pedro	Antes adrede maltratan más a esos tales, por sacarles más rescate, como a gatos de Algalia.
Mata	No salgamos, por Dios, tan presto de galera. A los soldados y gente de arte, ¿qué les dan de comer?
Pedro	Sus raciones tienen en las de los cristianos, de atún y pan bizcocho y media azumbre de vino, y a tercer día mudan a darles vaca si están donde la puedan haber, y dos ducados al mes razonablemente pagados.
Juan	¿Y pueden sufrir por tan poco sueldo esa vida?
Pedro	Y están muy contentos con ella por la grandísima libertad que tienen sin obedecer rey ni roque; en las de los turcos no les dan nada a los soldados sino cuatro escudos al mes, y ellos se juntan de cuatro en cuatro o seis en seis y meten en la galera arroz y bizcocho, azúcar y miel; que no han menester vino, pues no lo pueden beber.
Juan	Y en las de cristianos, ¿oyen nunca misa y traen quien los confiese?

Pedro	Si bien cada domingo y fiesta, si no navegan, les dicen misa en tierra donde puedan todos ver, y en cada galera traen un capellán, y los turcos también uno de los suyos.
Mata	Vamos adelante con la jornada, que la galera ya está bien entendida.
Pedro	De Santa Maura fuimos a otro puerto de una ciudad, cerca, que se llama Lepanto, y Patrás, que está junto donde San Andrés fue martirizado. Allí estuvimos con esta vida unos veinte días y despalmamos las galeras.
Juan	¿Qué es despalmar?
Pedro	Darles por debajo con sebo una camisa para que corra bien, y que la hierba que hay en la mar donde no está muy honda y la bascosidad del agua no se pegue en la pez de la galera, porque no podría de otra manera caminar; y esto es menester hacer cada mes, para bien ser, o de dos a dos a lo más. De allí caminamos a Puerto León, que es en Athenas, y llámase así porque tiene un grandísimo león de mármol a la entrada.
Juan	¿Llega la ciudad de Atenas a la mar?
Pedro	No; pero hay una legua no más.

Mata	Pues, ¿qué nos diréis de Atenas?, ¿es gran cosa como dicen?
Pedro	No la vi estonces hasta la vuelta, que vendrá a propósito; yo lo diré. De Puerto León fuimos a Negroponto, y de allí pasamos por Sexto y Abido y entramos en la canal de Constantinopla, que es el Hellesponto, y fuimos a Gallipol y a la isla de Mármara, y de allí a Constantinopla, que es metrópoli que llaman, como quien dice cabeza de toda la Turquía, donde reside siempre por la mayor parte el Gran Señor y concurre todo el imperio.

Entrada en Constantinopla

Juan	¡Grande sería la solemnidad de la entrada!
Pedro	Mucho, y de harta lástima. Salió el Gran Turco a un mirador sobre la mar, porque bate en su palacio, y comenzaron de poner en cada galera muchos estandartes, en cada banco el suyo; en lo más alto las banderas de Mahoma, y debajo de ellas los pendones que nos habían tomado, puestos los crucifijos e imágenes de Nuestra Señora que venían dibujados en ellos, las piernas hacia arriba, y la canalla toda de los turcos tirándoles con los arcos muchas saetas; luego, las banderas del Gran Turco, y debajo de ellas también las del emperador y el príncipe Doria, hacia abajo, al revés puestas; luego comenzaron de hacer la salva de artillería más soberbia que en el mar jamás se pudo ver, donde estaban ciento cincuenta

galeras con algunas de Francia, y más de otras trescientas naves, entre chicas y grandes, que se estaban en el puerto y nos ayudaban; cada galera soltaba tres tiros y tornaba tan presto a cargar; duró la salva una hora, y metímonos en el puerto y desarmamos nuestras galeras en el tarazanal, que es el lugar donde se hacen y están el invierno, y no tardamos tres horas en desbaratar toda la armada, y el Gran Señor quiso ver la presa de la gente, porque no los había podido ver dentro de las galeras, y ensartáronnos todos, que seríamos al pie de dos mil, con cadenas, todos trabados uno a otro; a los capitanes y oficiales de las galeras echaron las cadenas por las gargantas, y con la música de trompetas y tambores que nosotros nos llevábamos en las galeras, que es cosa de que ellos mucho se ríen, porque no usan sino clarines, nos llevaron con nuestras banderas arrastrando a pasar por el cerraje del Gran Turco, que es su palacio, de donde ya iban señalados los que habían de ser para él, que le cabían de su quinto, y entre ellos principalmente los capitanes de las galeras; y éstos llevaron a Galata, a la torre del Gran Señor, donde están aquellos dos mil que arriba dije, para sus obras y para remar al tiempo.

Juan	¿Dónde está Galata? Por ventura es la que San Pablo dice «ad galatas».
Pedro	Creo que no, porque ésa es junto a Babilonia. Esta se llamaba otro tiempo Pera, que en griego quiere decir de ese cabo, y llamábanla así porque de Constantinopla a ella no hay más del puerto de mar en medio,

que será un tiro de arcabuz, el cual cada vez que quisiéredes pasar podréis por una blanca; y será de tres mil casas, y en esta hay en la muralla muchas torres, en una de las cuales metieron a todos los que éramos esclavos de Zinan Bajá, el general, que seríamos en todos setecientos, de los cuales presentó obra de ciento, puestos todos en un corral como ovejas. Tornaron a repreguntar a cada uno su nombre y patria, y qué oficio sabía, y ponían a todos los de un oficio juntos; y repartieron a los más, porque para todos no había, sendas mantas para dormir y capotes de sayal y zaragüelles de lo mismo, de lo cual fue Dios servido que alcancé mi parte; y los barberos que habían tomado de las galeras fueron siete, en el número de los cuales fui yo escrito. Diéronnos por superior un cirujano viejo, hombre de bien y codicioso de ganar dineros, por lo cual, como tenía crédito, se entremetía en curar de medicina y todo, y mandáronnos obedecerle en todo lo que él mandase. Como éramos los más cautivos nuevos y la vida ruin, comenzó de dar una modorra por nosotros, que cada día se morían muchos, entre los cuales yo fui uno.

Las desdichas del cautiverio

Mata ¿Qué, os moriste?

Pedro No, sino herido. Dio industria este barbero o médico, o qué era, que nos metiesen los enfermos apartados en una gran caballeriza, adonde, por estar fuera de la torre, había buen aparejo para huir, y por eso nos ensartaban a todos por las cadenas que teníamos con una muy larga y delgada cadenilla, y a la mañana entraba el viejo cirujano con los otros barberos a ver qué tales estaban, y proveía conforme a lo que sabía, que era nonada. Traía un jarro grande de agua cocida con pasas y regaliz, que era la mejor cosa que sabía, y dábanos cada dos tragos diciendo que era jarabe, y al tiempo que le parecía, sin mirar orina ni nada, daba unas píldoras o una bebida tal cual, y en sangrar era muy cobarde, por lo cual entre ciento treinta enfermos que estábamos, cada día había una docena o media al menos de muertos que entresacar.

Juan   Allí, pues estabais en tierra, razonables camas tuvierais.

Pedro Peores que en galera y menos lugar mil veces; estábamos como sardinas en cesto pegados unos con otros. No puedo decir sin lágrimas que una noche, estando muy malo, estaba en medio de otros dos peores que yo, y en menos espacio de tres pies todos tres y ensartado con ellos; y quiso Dios que entrambos se murieron en anocheciendo, y yo estuve con todo mi mal toda la noche cuan larga era, que el mes era de noviembre, entre dos muertos; y de tal manera, que no me podía revolver si no caía sobre uno de ellos. Cuando a la mañana vinieron los guardianes a entresacar para llevar a enterrar, yo no hacía sino alzar de poco a poco la pierna y sonar con la cadena para que viesen que no era muerto y me llevasen entre ellos a enterrar. Y los bellacos de los barberos, con el mayoral, llamábanme el «matto», que quiere decir en italiano el loco, porque les hacía que me sangrasen muchas veces, y eran como dije tan avarientos, que aun mi propia sangre les dolía. Al fin me hubieron de sangrar cuatro veces y quiso Dios que mejorase, lo cual ellos no debían de querer mucho porque no hubiese quien entendiese sus errores.

Juan   Y los muertos, ¿dónde los entierran? ¿Hay iglesias?

Pedro   Sí las hay; pero en la cava de la cerca, y no muy hondo, los echan.

Juan   Esa es grandísima lástima.

Pedro   Antes me parece la mayor misericordia que ellos con nosotros usan. ¿Qué diablos se me da a mí, después de muerto, que me entierren en la cava o en la horca muriendo buen cristiano? Cuando la calentura me dejó al seteno, quedé muy flaco y debilitado y no tenía la menor cosa del mundo que comer, y no podía dormir, no por falta de gana sino porque no me ayude Dios si no me podían barrer los piojos de acuestas, porque ya había cerca de cuatro meses que no me había desnudado la camisa.

Juan   No se le es de agradecer que se haya trocado y no se acuerde del mundo hombre que semejantes mercedes ha recibido de Dios.

Pedro   De veras lo diréis cuando acabare.

Mata — ¿Y qué os daban allí de comer en tan buena enfermería?

Pedro — Una caldera grande como de tinte hacían cada día de acelgas sin sal ni aceite, y de aquéllas aun no daban todas las que pudieran comer, y un poquito de pan. Un hidalgo de Arbealo, hombre de bien, me fue a visitar un día, que había quince años que era cautivo; al cual le dije que bien sabía yo que era imposible y pedir gullerías en golfo, como dicen los marineros, pero que comiera una sopa en vino; el cual luego fue y me trajo un buen pedazo de una torta, y media copa de vino, y comilo; y como ocho días había que no comía bocado, quedé tan consolado y contento, y creedlo sin jurarlo, como si me dieran libertad, y otro día siguiente me tornó a decir si comería dos manos de carnero con vinagre. Respondí que de buena voluntad, aunque pensé que burlaba; él me las trajo. Y como estuviese razonable, luego me metieron en la torre con los demás, y el sobrebarbero me mandó que bajase cada día a servir a los enfermos, de darles de comer; y siempre, como dicen, arrímate a los buenos, procuré tomar buena compañía y procuré de estar con la camarada de los caballeros, que eran, entre comendadores y no, quince; y como me conocían algunos, cayó un genovés allí junto a mí, que tenía dineros, y rogome que le curase; y quiso Dios que sanó, y diome tres reales, con los cuales fui más rico que el rey; porque la bolsa de Dios es tan cumplida, que desde aquel día hasta el que esto hablamos, nunca me faltó blanca. El sobrebarbero, como iba por la ciudad y ganaba algunos escudos, y entre esclavos no nada, probó a ver si se podría eximir del trabajo sin provecho, y mandome que delante de él otro día hiciese una visita general, para probarme, y no le descontenté; descuidose por seis días, en los cuales yo no sabía qué medicina hacer; sino como conocí que aquél sabía poco o nada y morían tantos, hice al revés todo lo que él hacía, y comienzo a sangrar liberalmente y purgar poco, y quiere Dios que no murió nadie en toda una semana, por lo cual yo vi ciertamente al ojo que no hay en el mundo mejor medicina que lo contrario del ruin medico, y lo he probado muchas veces, y cualquiera que lo probare lo hallará por verdad. Fueron las nuevas a mi amo de esto, de lo cual se holgó, y envió su mayordomo mayor a que yo de allí adelante curase a todos, y que no me llevasen al campo a trabajar con los otros. Yo pedí de merced que los barberos me fuesen sujetos, lo cual no querían, antes se me alzaban a mayores. Fueme otorgado, y más hice un razonamiento diciendo que cada cristiano valía sesenta escudos, y que si muchos se morían perderían muchos escudos, y uno que se moría, si se pudiera librar, pagaba las medicinas de todos; por tanto, me hiciesen merced de comprarme algunas cosas por junto. Parecioles tan bien que me dieron comisión que fuese a una botica y allí tomase hasta cuarenta escudos de lo que yo quisiese, y cumpliolo muy bien.

Juan   ¿Pues hay allá boticas como acá?

Pedro	Más y mayores, y aun mejores. En Galata hay tres muy buenas de cristianos venecianos; en Constantinopla bien deben de pasar de mil, que tienen judíos.
Mata	¡Qué buen clavo debisteis de echar en la compra!
Pedro	Y aun dos, porque el boticario me dio dos escudos porque lo llevase de su botica; y yo me concerté con él que llevase cuarenta escudos por aquello a mi amo, y no montaba sino treinta y seis, y me diese los otros cuatro.
Mata	No era mala entrada de sisa esa; mejor era que la del otro pobre barbero que contaste; buen discípulo sacó en vos.
Juan	Harta miseria había pasado el malaventurado antes de coger eso.
Pedro	Pocas noches antes lo vierais; que estábamos quince caballeros y yo una noche entre muchas sin tener que cenar otra cosa sino media escudilla de vino que un cautivo nos había dado por amor de Dios, y dionos otro un cabo razonable de candela, como tres dedos de largo, que fue la primera que en tres meses habíamos tenido. Tuvímosla en tanto que no sabíamos qué hacer de ella. Fue menester votar entre todos de qué serviría. Yo decía que cenásemos con él; otro dijo que se guardase para sí alguno de nosotros estuviese «in articulo mortis»; otro que hiciésemos para otro día con él y con bizcocho migas en sebo; dijo el que más autoridad tenía y a quien todos obede-

cíamos, porque era razón que lo merecía, que mejor sería que le gastásemos en espulgarnos, pues de día en la prisión no había suficiente luz para hacerlo. Yo repliqué que, pues la cena era tan liviana, que bien se podría todo junto hacer, y así se puso la mesa acostumbrada, y puesta nuestra cena en medio, que ya gracias a Dios teníamos pan fresco, aunque negro pero ciertamente bueno, y destajamos que ninguno metiese dos veces su sopa en la escudilla de vino, sino que, metidas dentro tantas cuantas éramos, cada uno sacase la suya por orden; y luego echábamos un poco de agua para que no se acabase tan presto; y esto duró hasta que ya el vino era hecho agua clara; y con esto hubo fin la cena, que no fue de las peores de aquellos días. Tras esto cada uno se desnudó, y comenzamos de matar gente, de cada golpe no uno sino cuantos cabían en la prensa.

Juan   ¿Qué prensa?

Mata   ¿No eres más bobo que eso?; las uñas de los pulgares. ¿Y bastó la candela mucho?

Pedro   Más de quince horas en tres noches.

Mata   Ésa, hablando con reverencia, de las de Juan de Voto a Dios es; ¿tres dedos de candela quince horas? Venga el cómo; si no, no lo creeré. ¿Son las horas tan grandes allá como acá?

Pedro   Por tanto como eso soy enemigo de contar nada; más, pues lo he comenzado, a todo daré razón.

Hubo un acuerdo de consentimiento de todos, que cada uno el piojo grueso le pusiese en aquel poco sebo derretido que está junto a la llama para que se quemase. Comenzó cada uno de poner tantos, que tuvo la llama para gastar todo este tiempo que dije.

Mata   Desde aquí hago voto y prometo de creer cuanto dijéredes, pues tan satisfecho quedo de mi duda.

Juan   Ya cuando bullía el dinero de la sisa debíais de comer bien.

Pedro   Razonablemente; hicimos un caballero cocinero que lo hacía lindamente.

Mata   ¿Dónde lo había deprendido, siendo caballero?

Pedro   Había sido paje, y, como son golosos, nunca salen de la cocina. Éramos ya señores de sendas cucharas y una calabaza y olla. Comíamos muchas veces a las noches; entre día no quedaba nadie en casa.

Juan   ¿Qué se hacían?

Pedro   En amaneciendo, los guardianes, que son en aquella torre treinta, dan voces diciendo: «Bajá bajo tuti», y abren la puerta de la torre, y todo el mundo baja por contadero al corral, y en el paso está uno con un costal de pan, dando a cada uno un pan que le basta aquel día; cada oficio tiene su guardián, que tiene cargo de llevar y traer aquéllos; luego dicen: «Fuera carpinteros; quien no saliere tan presto, siéndolo, llevará veinte palos bien dados»; luego, «afuera herreros», lo mismo; y serradores, lo mismo; y así de todos los oficios; éstos, que se llaman la maestranza, van al tarazanal a trabajar en las obras del Gran Turco, y gana cada uno diez ásperos al día, que es dos reales y medio, una muy grande ganancia para quien tiene esclavos. Tenía mi amo cada día de renta de esto más de treinta escudos, y con uno hacía la costa a seiscientos esclavos. Los demás que no saben oficio llaman «ergates», los cuales van a trabajar en las huertas y jardines, y a cavar y cortar leña y traerla acuestas, y traer cada día agua a la torre, que no es poco traer la que han menester tanta gente; y con los muradores o tapiadores y canteros que van a hacer casas, para abrir cimientos y servir, y por ser en Constantinopla las casas de tanta ganancia, no hay quien tenga esclavos que no emprenda hacer todas las que puede; y con cuanta prisa se hagan yo lo contaré, cuando viniere a propósito, de unos palacios que hizo Zinan Bajá, mi amo. Suélense al salir a trabajar muchos esconder debajo de las tablas y mantas; algunos les aprovecha, a otros no, porque cada mañana con candelas andan a buscarlos como conejos. Un esclavo de los más antiguos es escribano y es obligado a dar cuenta cada día de todos; y así entrega a cada guardián tantos; y pone por memoria: Fulano llevó tantos a tal obra; y al venir los recibe por la misma cuenta.

Juan   ¿Tanto se fían del esclavo que le hacen escribano?

Pedro	Más que del turco en caso de guardar cristianos; antes son de mayor caridad en eso que nuestros generales cristianos para con ellos. Ordinariamente hacía Zinan Bajá y cada general, cada pascua suya, siete u ocho los más antiguos, o por mejor decir los mayores bellacos de dos caras, parleros, que entre todos había, guardianes de los mismos cristianos, a los cuales dan libertad. De esta manera permítenles andar solos adonde fueren, y danles una carta de libertad con condición que sirvan lealmente sin traición tres años, y al cabo de ellos hagan de sí lo que quisieren; y en estos tres años guardan a los otros, y son bastantes ocho para guardar cuatrocientos, lo cual turcos no bastan cincuenta.
Juan	¿Cómo puede eso ser?
Pedro	Como ellos han primero sido esclavos, saben todas las mañas y tratos que para huir se buscan, y por allí los guardan, de lo cual el turco está inocente. También, como están escarmentados de la prisión pasada, desvélanse en servir por no volver a ella.
Juan	¿Cómo lo hacen ésos con los cristianos?
Pedro	Peor mil veces que los turcos, y más crueles son para ellos; tráenlos cuando trabajan ni más ni menos que los aguadores los asnos; vanles dando, cuando van cargados, palos detrás si no caminan más de lo que pueden, y al tiempo del cargar les hacen tomar mayor carga acuestas de la que sus costillas sufren, y cuando pasan cargados por delante el amo, por

parecer que sirve bien, allí comienza a dar voces arreándolos y dando palos a diestro y a siniestro; y como son ladrón de casa, ya saben, de cuando estaban a la cadena, cual esclavo alcanza algunos dinerillos, y aquél dan mejores palos, y no le dejan hasta que se los hacen gastar en tabernas todos, y después también los maltratan porque no tienen más que dar; si algún pobre entre mercaderes tiene algún crédito para que le provean alguna miseria, éstos los llevan a sus casas para que negocien, pero no los sacarán de la torre si primero no les dan algunos reales, y después de lo que cobran la mitad o las dos partes; ni los dejan hablar con los mercaderes en secreto por saber lo que les dan y que no se les encubra nada; y si ven que tiene buen crédito de rescate, luego se hacen de los consejeros, diciendo que digan que son pobres, y que ellos serán buenos terceros con el señor, y que por tal y tal vía se ha de negociar, y vanse al señor y congraciándose con él, le dicen que mire lo que hace, que aquél es hombre que tiene bien con qué se rescatar.

Juan   ¿Esos guardianes no se podrían huir si quisiesen con los otros cautivos?

Pedro   Facilísimamente, si los bellacos quisiesen; pero no son de ésos, antes les pesa cuando se les acaba el tiempo de los tres años, por no tener ocasión de venirse en libertad.

Mata   ¿Pues quieren más aquella vida de guardar cristianos que estar acá?

Pedro	Sin comparación, porque acá han de vivir como quienes son, y allá, siendo como son ruines y de ruin suelo, son señores de mandar a muchos buenos que hay cautivos, y libres para emborracharse cada día en las tabernas y andarse de ramera en ramera a costa de los pobres súbditos.
Mata	¿Hay putas en Constantinopla?
Pedro	De esas nunca hay falta donde quiera.
Mata	¡Mira qué os dice, Juan de Voto a Dios!
Juan	Con vos habla y a vos responde.
Pedro	Y aun bujarrones son los más, que lo deprenden de los turcos. Finalmente, ¿queréis que os diga?, sin información ni más oír había el rey, en viniendo alguno que dijese que por su persona le habían dado los turcos libertad y había sido allá guardián de cristianos, de mandarle espetar en un palo y que le asasen vivo; porque aquel cargo no se le dieron sino por bellaco asesinador y malsín de los cristianos; que nunca hacen cuando están entre ellos antes que les den libertad sino acusarlos que se quedan a las mañanas escondidos, que son de rescate, que tienen dineros, que tienen parientes ricos; y cuando están trabajando con ellos, que van a andar del cuerpo muchas veces por holgar, y otras cosas así semejantes, por donde se rescatan pocos; porque el pobre que tenía cien escudos ya le han levantado que tiene

mil, y que si no los da, que no saldrá, y como la pestilencia anda muy común allí, de un año a otro se mueren todos; no se entiende que a todos los que ellos dan libertad sin dineros les habían de hacer esta justicia, porque hay muchos que caen en manos de turcos honrados particulares, que no tienen sino dos o tres y los traen sin cadenas en la Notolia, que propiamente es la Asia, junto a Troya, y andan en la labranza, y como les han servido muchos años, danles libertad y dineros para el camino, sino a los que han sido guardianes, pues por parleros les dieron el cargo.

Mata   A esa cuenta cada día habría acá hartas justicias de esas si a los malsines y parleros hubiesen de asar; porque no hay señor ninguno que no se deleite de tener en cada pueblo personas tales cuales habéis pintado; veo guardianes que les van a decir qué dijo el otro paseándose en la plaza cuando vio el corregidor nuevo, y qué trato trae, y cómo vive, y el trigo que compra para revender, sin mirar la costa que el otro tiene en su casa; y que le oyó decir que era tan buen hidalgo como su señoría, no mirando en toda la viga lagar de su ojo, sino la mota del ajeno, de donde nacen todas las disensiones y pleitos entre señores y vasallos; porque como creen las parlerías, cuando van a aquellos pueblos luego mandan: a Fulano echádmele doblados huéspedes, y a Fulano, dadle a ejecutar por la resta de la alcabala que me debe, y al otro quitadle el salario que le doy, y comienza a no se querer quitar la gorra a nadie, y mirarlos de mal rostro y detenerse allí mucho tiempo para más molestar, y traer un juez de residencia que castigue las cosas pasadas y olvidadas, y los acusadores que acusaren lleven la mitad de la pena.

Pedro   Esa les daría yo muy bien; porque a los parleros, que fueron la causa, daría la pena que los guardianes merecen, y a estos otros la mitad de ella, y aun los señores que se pagan de parleros no se me irían en salvo.

Mata   No hayáis miedo que se le vayan a Dios tarde o temprano.

Juan   Harto los pico yo sobre eso en las confesiones, aunque no aprovecha mucho.

Pedro   También los confesores servís algunas veces de pelillo y andáis a sabor de paladar con ellos, por no los desabrir; para mi santiguada que si yo los confesara, que les hiciera temblar cuando llegaran a mis pies; y que si en dos o tres confesiones me confesasen un mismo pecado, sin enmienda, yo los enviase a buscar el Papa que los absolviese, y a los parleros absolvería con condición que fuesen aquel que tienen robada la fama y le dijesen: «Señor, pídoos perdón que he dicho esto y esto de vos, en lo cual he mentido mal y falsamente»; y por no lo ir a hacer otra vez, procurará de enmendar la vida, ya que no mire la ofensa que a Dios hace.

Mata   ¡Por Dios, gentil consejo era ése para tener nosotros de comer!; bien podríamos desde luego tomar nuestro hato y caminar al hospital, porque podría bien tocarse la vigüela sin segunda, que nadie volvería.

Pedro   Querría más un cuarto; mayor es la bolsa de Dios, que me los pagará mejor, y si todos los confesores hiciesen así, ellos volverán aunque no quisiesen.

Mata   ¿Quién pensáis que volvería segunda vez?; que andan pretendiendo y echando mil rogadores una infinidad de confesores por quitarle los perrochanos de lustre a Juan de Voto a Dios. ¡Más sobornos trajo el otro día uno para que le diesen un domingo el púlpito de la reina, por procurar alguna entrada como contentar, para si pudiese alcanzar a confesarla, revolvió toda la corte hasta que lo alcanzó, y si fuera con buen celo no era malo; mas creo que lo hacen por estas mitras, que son muy sabroso manjar, y para favorecer a quien quisieren.

Pedro   De creer es; porque si por otra vía lo hiciesen no tendrían que rogar más a los ricos que a los pobres, y ellos harían que los fuesen a rogar y huirían de ellos; pero con su pan se lo coman, que este otro día vi en un lienzo de Flandes el infierno bien pintado, y había allí hartas mitras puestas sobre unas muertes y algunas coronas y bastones de reyes sobre otras. Plega Dios que no parezca lo vivo a lo pintado. ¡Mas qué pensado debía de ir aquel sermón, y qué de extremos tendría buscados por no parecer que decía lo que los otros!

Mata	En eso lo vierais: que no predicó del Evangelio de aquel día, sino tomó el tema de una lección que decía que había rezado a la mañana en las laudes, y entró declarando el Evangelio, y al cabo que le dijo todo en romance mandó le prestasen atención, porque aquello que había dicho era la corteza del sermón, y entró por unas figuras del Testamento viejo, sin más acordársele de tema ni Evangelio, con ciertas comparaciones, y dio consigo en la Pasión de Cristo, y acabó con unas terribles voces diciendo que se acercaba el día del juicio.
Pedro	Buena estaba la ensalada, por mi vida. En Italia, donde son gente de grande entendimiento, en viendo el predicador que se mete en cualquiera de esas cosas, luego ven que es idiota y trae cosas de cartapacio, si no es día que la Iglesia hace mención de ellas. ¿Y supo acabar?; porque la mayor dificultad que semejantes predicadores tienen es ésa.
Mata	Allá predicó sus dos horas o cerca, por si otra vez no le dieran el púlpito.
Pedro	Una cosa veo, hablando con reverencia de la teología de Juan de Voto de Dios, la más recia del mundo, en los predicadores de España y es que tienen menester ser los púlpitos de acero, que de otra manera todos los hacen pedazos a voces; paréceles que a porradas han de persuadir la fe de Cristo.
Juan	¿Qué es la causa de eso?

Pedro — La retórica, que no les debe de sobrar; en tiempo de los romanos los retóricos como Cicerón, y de los griegos, Demóstenes y Esquines, eran procuradores de causas que iban a decir en los senados, lo que ahora los juristas dan por escritos, y procuraban con su retórica persuadir, y esta es la cosa que más habían de saber los letrados; de la cual no se hable, porque están llenos como colmenas de letras bárbaras y no saben latín ni romance, cuanto más retórica; los médicos, algunos hay que la saben, pero no la tienen menester; de manera que toda la necesidad de ella ha quedado en los teólogos, de suerte que no valen nada sin ella, porque su intento es persuadirme que yo sea buen cristiano, y para hacer bien esto han de hacer una oración como quien ora en un teatro, airándose a tiempos, amansándose a tiempos, llevando siempre su tono concertado y muy igual, así como lo guardan muy gentilmente en Italia y Francia, y de esta manera no se cansarían tanto los predicadores.

Juan — Algunos de los que han pasado allá han traído esa costumbre y de decir la misa rezada a voces, y todo se lo reprehenden porque dicen que no se usa.

Pedro — ¿Qué se me da a mí de los usos si lo que hago es bien hecho? En verdad que lo de decir alto la misa que es una muy buena cosa, porque el precepto no manda ver misa, sino oírla, y es muy bien que aunque haya mucha gente todos participen igualmente.

Mata   Allá se avengan; determínenselo ellos; ¿cómo fue después con vuestros enfermos y las medicinas que tomaste?

Pedro cura a su amo Zinan Bajá

Pedro   Bien, por cierto; que luego di a un barbero la llave de la caja en donde estaban y que él fuese el boticario, y sabía hacer ungüentos, que era grande alivio; en fin, todos sanaron, y de allí en adelante no caían tantos. Esto duró seis meses, que yo tenía toda la carga y el cirujano viejo curaba los turcos que en casa de Zinan Bajá había, con alguna ganancia, y no tanto trabajo como yo tenía. Al cabo de estos seis tenía yo ya algunas letras y experiencia, que podía hablar con quien quiera, y fama que no faltaba, y veníanme a buscar algunos turcos allí, y yo pedía licencia para salir de la torre al guardián mayor, y éste me la daba con condición que le diese parte de la ganancia, y dábame otro hombre de guardia, que iba conmigo, el cual también quería la suya; y entre muchos curé a un privado de Dargute, el cual me dio un escudo, que vino a buen tiempo porque no había tras qué parar; y los turcos que curaba, como me había dicho el barbero al principio, prometían mucho y después no cumplían nada cuando estaban buenos. Zinan Bajá, mi patrón, tenía una enfermedad que se llama asma, doce años había, el cual no había dejado médico que no probase, y a la sazón estaba puesto en manos de aquel cirujano viejo, que le daba muy poco remedio, y los accidentes crecían.

Dijéronle que tenía un cristiano español médico, que por qué no le probaba; luego me envió a llamar, y andaba siempre con mi cadena al pie, de seis eslabones, rodeada a la pierna, como traen también en tierra todos los cautivos, y cuando llegué adonde él estaba, hice aquel acatamiento que acá hiciera a un príncipe, llamándole siempre de excelencia, y cuando le llegué a tomar el pulso, hinqueme de rodillas y besele el pie y tras él la mano; y mirando el pulso, torné a besarle la mano y retireme atrás. Los renegados que estaban presentes refiriéronle todo lo pasado, como entendían la una y la otra lengua y lo que acá y allá se usa; y muy contentos de lo que había hecho tuvieron en mucho la buena crianza, la cual los otros cristianos que hasta allí habían hablado con él no habían usado, pensando que por ser turco no lo entendiera, y no había necesidad de ello, o por no lo saber hacer, antes le trataban de tú, y si le daban alguna medicina, llevábanla sin ninguna reverencia en unas vasijas de a blanca, sin hacer más caso. Él dijo a los gentiles hombres que estaban con él: «Bien parece éste haberse criado entre gente noble»; y a mí me comenzó a contar su enfermedad por uno de los intérpretes y díjome si me bastaba el ánimo a sanarle. Yo le respondí que no, porque Dios era el que le había de sanar y otro no; pero que lo que en mí fuese estuviese cierto que no faltaría. Ellos son amigos que luego el médico diga que le dará sanidad, y tornome a replicar que en cuántos días le daría sano. Yo dije que no sabía y que aplicaría todos los remedios posibles, de tal manera que lo que yo no hiciese no lo haría otro médico, y en lo demás dejase hacer a Dios y él se dispusiese a hacer cuanto yo mandase, porque de otra manera no se podía hacer nada. A esto respondió que a él le parecía haber hallado hombre a su propósito, y desde luego comenzase. Yo fui presto a la botica y tomé unos jarabes apropiados en un muy galán vidrio veneciano, y llevéselos con aquella solemnidad que a tal príncipe se debía, y holgose en verlos tan bien puestos y preguntome cómo los había de tomar. Mandé que me trajesen una cuchara y tomé tres cucharadas grandes y comímelas delante de él, y dije: «Señor, así». Luego él tomó su cuchara y comenzó a comer, dando gracias a Dios de que le hubiese dado un hombre a su propósito, no estimando en menos la salva que la crianza pasada; y echó mano a la faldriquera y sacó un gran puñado de ásperos, que serían tres escudos, y diómelos, mandando que prestamente me quitasen los vestidos de sayal y me diesen otros de paño. Diéronme una sotana que ellos usan, que llaman «dolaman», y una ropa encima hasta en pies; la sotana, de paño morado aforrada en bocací; la otra, de paño azul, aforrada en paño colorado; mas no me quitaron la cadena ni la guardia, antes me la dieron doblada de allí adelante. Acabados sus jarabes, dile unas tabletas para la tos, y habiéndole de dar una tarde cinco píldoras, no supe cómo hacer de ellas la salva, porque siempre iba con cautela como quien estaba entre enemigos. Hice seis y cuando se las di le dije que había de tomar aquella noche cinco. Preguntado cómo, porque no pensase que la que yo había de tomar llevaba señalada y le daba a él algún veneno, díselas todas seis en la mano

	y pedile una. Diómela, y traguémela delante de él. Tomolas y obró bien con ellas, y hubo mejoría.
Mata	El ardid fue, por cierto, como de Pedro de Urdimalas. ¿Y él usaba entonces curarse a fuer de acá, o hay médicos como acá?
Pedro	Médicos y boticarios no faltan, principalmente judíos; hay médicos muchos, los cuales para ser conocidos traen por divisa una barreta colorada, alta, como un pan de azúcar.
Juan	¿Son letrados?
Pedro	Muy pocos hay que lo sean, y ésos han ido de acá; pero allá no hay estudios, sino unos con otros se andan enseñando, y cuasi va por herencia, que el padre deja la barreta y un libro que dice en romance: «para curar tal enfermedad, tal y tal remedio», sin poner la causa de donde puede venir; algunos hay que saben arábigo y leen Avizena, pero tampoco entienden mucho. Turcos y griegos no saben letras, sino los médicos que hay todos son hechiceros y supersticiosos. Era tan bueno mi amo, que porque los otros que le habían curado no se desabriesen me decía: «Si te preguntaren a quién curas, di que a un camarero mío». Era valentísimo hombre, de cuerpo como un gigante, colorado y cierto lindo hombre. Yo determiné de sangrarle si él se dispusiese a ello, y fue tan contento, que se dejó sacar de los brazos dos libras de sangre en dos veces, y aquel día, como lo supo un judío médico que antes llevaba su salario,

quedó atónito, porque son cobardes en el sangrar, y vino a la cámara del bajá, que se holgaba siempre con él, y venía cargado con una alforja, dentro de la cual traía un libro grande como de iglesia, escrito en hebraico, y dijo a mi mano que me quería probar que las sangrías habían sido mal hechas. Yo fui llamado, y sentámonos en el suelo sobre una alfombra, que así se usa, y trajeron un escañico sobre que poner el libro, y díjome a lo que venía. Yo no dejé de temer un poco, pensando que sabía algo, y preguntele que en qué lengua. Díjome que en fina castellana, pues era común a entrambos. Yo dije que no, sino latina o griega. Respondió que no sabía ninguna de aquéllas, de lo cual me holgué mucho y comenzó de abrir el libro y preguntarme que qué enfermedad era aquella. Yo díjele que me lo dijese él a mí, que había tantos años que la curaba. Dijo que le placía, que él me la mostraría allí en el libro. Quiso Dios que yo tenía un librico dorado como unas horas, que había habido de medicina y traíale siempre en la fratiquera, y díjele: «Si vos sois médico, este libro habéis de leer, que en hebraico ningún autor hay que valga un cuarto; mas yo reniego del médico que ha de estudiar cada cosa cuando es menester, que mucho mejor sería tomarlo en la cabeza y traerlo dentro»; que yo tenía entendido que él no lo sabía, pues nunca le había dado remedio, y porque no se cansase supiese que era asma y la definición era aquélla y se había de curar de tal y tal manera; y comencé de decirlo en latín y declarárselo en romance. El bajá se hacía decir todo lo que pasaba, de los intérpretes, y estaba tan regocijado cuanto el judío de confuso. Dijo: «No busco en este libro sino que le habéis sacado mucha sangre, porque el cuerpo del hombre no tiene sino dieciocho libras», y comenzó de leer hebraico. Yo cuando esto vi dije ciertos versos griegos que en Alcalá había deprendido de Homero, y declároselos en castellano al propósito contrario de lo que él decía; y cuanto a lo de las sangrías, que ellas estaban muy a propósito y bien; y que lo de las dieciocho libras de sangre era gran mentira, porque unos tenían poca y otros mucha, según eran gordos o flacos, y la grandeza del cuerpo, y dado que fuese verdad que todos los hombres tenían dieciocho libras, que el bajá tenía cincuenta, porque no era hombre sino gigante. Moviose gran risa en la sala, y sabido el bajá de qué se reían, les ayudó. El judío acabó los argumentos diciendo que lo que había hecho era para tentarme si daría razón de mí, y que él hallaba que mi amo tenía buen médico, y encargole al bajá que no excediese en nada de lo que yo mandase, y departiose el torneo. Con las sangrías y beber cada día aguamiel, quedó tan sano que no tosió más por aquellos dos años.

Juan   ¿Nunca os quitó la cadena en sanando?

Pedro   Luego, estando un día con sus renegados, les mandó que me tomasen juramento solemne, como nosotros usamos, de no me huir ni hacerle traición, y me quitaría la cadena. Hízolo así uno que se llamaba Amuzabai, valenciano, y aún de buena parte, y tomome sobre una cruz mi juramento bien en forma, a lo cual dijo el bajá que no estaba satisfecho, porque los cristianos tenían un Papa en Roma que luego los absolvía de cuantos pecados cometían en la ley de Cristo; mas que él lo estaría si, puesta la mano sobre el lado izquierdo, prometía en fe de buen español de no hacer traición. Yo lo hice como él lo mandó y volviose a sus gentiles hombres y díjoles: «Sabed que agora éste está bien ligado, porque el rey de España todas sus fortalezas fía de éstos y de ninguna otra nación, y antes se dejarán hacer piezas que hacer cosa contra esta jura»; y digo mi pecado: que por aquel buen concepto que de nosotros tenía, yo quedé tan atado que primero me atreviera a quebrar tres juramentos como el primero, que aquél, aunque fuera más pecado. Llegó de presto el herrero con su martillo y quebrantome la cadena y dejáronme andar sin ella.

Mata   ¿Solo y a do quisieseis?

Pedro   Solo no; antes traía doblada guarda; pero adonde quisiese, sí, con condición que a la noche fuese a dormir a la torre con los otros esclavos y a curarlos; mas del tiempo que me sobraba buscaba de comer para mí y para mis compañeros.

Juan   Mucho os debía de querer después que sanó ese bajá.

Pedro   Tanto, que me andaba él mismo acreditando y buscando negocios y aun forzando algunos, por poco mal que tuviesen, porque yo ganase algo, que se curasen conmigo; y muchas veces me llamaba aparte y me decía: «Mira, cristiano, yo de ti estoy muy satisfecho, y no quiero que pierdas honra; hágote saber que estos turcos son una gente algo de baja suerte, que unos creen y otros no; cuando vieres que la enfermedad es tal que no puedes salir con ella, déjala y no vuelvas más allá aunque yo te lo mande, porque soy muchas veces molestado».

Juan   ¡Palabras, por cierto, de grande amor y dignas de tan gran príncipe! Y ese tiempo ¿qué os daban de comer?

Pedro   Ninguna cosa más que antes, sino dos panecillos al día, porque sabían que yo me ganaba qué gastar, y él también me daba de cuando en cuando algunos dineros para vino.

Mata   ¿Y no os pagaban mejor los que curabais después de haber echado fuera los cascabeles y el pelo malo?

Pedro   Todos me tenían ya harto de prometerme libertad si los sanaba, y montes de oro; después no hacían más caso que si nunca me hubieran visto; cuando mucho, el cocinero mayor del Gran Turco me dio, teniéndome prometida libertad y dos ropas de brocado, cuatro reales, de lo cual yo quedé tan corrido y escarmentado, que de allí adelante me valió harto porque comencé, acordándoseme del consejo del barbero portugués, a urdir algunas y vínome a la mano un caballero que tenía un gran cargo, que se llamaba el «aman», y es como proveedor de las armadas, hizo a mi intérprete que yo me traía que me dijese que le sanase y me darían libertad y montes de oro como los pasados. Yo le dije: «Dile que no soy esclavo suyo, sino de Zinan Bajá; que me pague y yo le daré sano si Dios quisiere». Preguntáronme cuánto quería. Respondí que un escudo al día, y que yo me pondría las medicinas. El dolor que le acusaba me fue favorable a que se le hiciese poco, y así duró una o dos semanas, lo que había que gastar con los compañeros.

Juan ¿Vuestro patrón os dio intérprete o era menester buscarle cada vez?

Pedro Uno de los que me guardaban servía de eso y de eso otro, que por la gracia de Dios y nuestros pecados hartos hay allá que sepan las dos lenguas. No duró muchos días que no entrase Satanás en el corazón del bajá con el grande amor que me tenía, para persuadirme que fuese turco, y comenzó de tentarme con el «hec omnia tibi dabo», mostrándome una multitud de dineros y de ropas de brocados y sedas, diciendo que me haría uno de los mayores de su casa y protomédico del Gran Señor, y otras cosas al tono, con las cuales a otros vencen; a todo lo cual, y a otros que me echaba que me lo rogasen, Dios, que jamás faltó en tales tiempos si por nosotros no quiebra, particularmente proveyó todo lo que había de responder, fortificándome para que no me derribasen, y díjele que suplicaba a su excelencia no me mandase tal cosa ni me hablase sobre ello, porque yo era cristiano y mi linaje lo había sido y tal había de morir; y que si me quería para médico, que yo le serviría estando cristiano con más fidelidad y amor que de otra manera, como lo había visto por la obra y lo vería de allí adelante, y si fuese turco luego me había de procurar huir; así, por entonces, vista la osadía, se resfrió por quince días que más no se habló sobre ello.

Mata — Gran deseo tenía de preguntar sobre eso; porque han venido por acá algunos renegados diciendo que por fuerza los han hecho ser moros o turcos; otros que han estado cautivos cuentan milagros de los grandes martirios que les daban porque renegasen; tambien se dejan decir otros que al que reniega luego le hacen uno de los principales señores. A todo esto deseo ser satisfecho.

Pedro — No hay más satisfacción de que todos mienten como Judas mintió; porque cuanto a lo primero, mi voluntad, con todo su poderío ni todos los tormentos del infierno, no me la pueden forzar a que diga de sí donde no quiere; y los que dicen que por fuerza se lo hicieron hacer, son unos bellacos, que porque les dijeron que los matarían o les dieron cien palos luego dan su sí.

Juan — Eso es gran maldad, porque obligados son a morir mil muertes por Cristo y recibir martirio como hicieron tantos mártires como ha habido.

Pedro — Cuanto más, que no lo pueden hacer conforme a su ley; sino que todos ésos, por miedo de los otros cris-

	tianos que están con él, no le corran, avisan a los turcos que le tomen y le aten y le circunciden.
Mata	Como algunas damas que dan voces y dicen que las fuerzan y huelgan de ello.
Pedro	Es verdad; yo vi por estos ojos dos casos de esos mismos a dos entalladores muy primos, y vinieron a tomar consejo conmigo; yo les dije que aunque los matasen tuviesen firme, que bienaventurados ellos si aquel día morían; y de allí a cuatro horas ya habían usado aquella maña de que por fuerza los habían cortado. La segunda mentira es de los que se rescatan o se huyen, que dicen que recibían allá porque renegasen muerte y pasión. No pueden, como dicho tengo, hacerles más de persuadirles tres veces, y si no quisieren, dejarlos, si no es que algunos los amenazan; pero estos tales ya van contra su ley. Allende de esto no se les da un cuarto que sean turcos; antes, porque los han menester dejar andar solos y que no remen más, les pesa que nadie diga que los hiciesen turcos y muy muchos vi yo que andaban a rogar que los hiciesen turcos y no querían, sino echábanlos con el diablo, diciendo que lo hacían porque quitándoles la cadena y prisión tendrían mejor aparejo para huir, y el bajá me dijo un día, hablando en eso conmigo, que si quisiese abrir tienda a circuncidar todos los que quisiesen, que muy pocos quedarían en las torres que no lo hiciesen por salir de ellas, lo cual andando más el tiempo vi claramente ser así.
Juan	Cuando esos tales reniegan, ¿quedan libres?

Pedro	No, sino más esclavos; porque primero tendrían solamente el cuerpo y después ánima y todo; acontece como acá; si uno tiene un moro que ha comprado y se bautiza en su poder, ¿no se queda como de primero por su amo?
Mata	Así se me entiende.
Pedro	¿Y hácenle acá cuando se cristiana grande señor?
Mata	Cuanto a Dios, sí, si sabe perseverar; mas cuanto al mundo, con su mismo sayo y capa se queda.
Pedro	Pues no le falta punto a lo de allá; solamente a los que son buenos artesanos, digo que saben algunos buenos oficios y pulidos, como son aquellos dos que arriba dije y algún eminente artillero, o cerrajero, o armero, o médico, o cirujano, o ingeniero. Estos tales son rogados y cásanlos, y danles alguna miseria de paga con que pasen entretanto que hacen hijos y se van al infierno. Después que se han hecho turcos, ninguna palabra oyen de los superiores buena, sino a dos por tres les llaman hombres sin fe, bellaco, que si tú fueras hombre de bien no dejaras tu fe, aunque fuera peor, y otras palabras que los lastiman; mas el diablo, con el almagre que los tiene ya señalados por suyos, les tiene amortecidos los sentidos a que no sientan al aguijón. De los muchachos ninguno se escapa que no circunciden sin mirar su sí ni su no. De las mujeres, las viejas, porque no se lo ruegan, no suelen ser turcas; pero las mozas, como hay entre

ellos hombres como acá, presto las engaña el diablo, como ya son amigos de tiempo inmemorial acá.

Mata   ¿Tornó a calentarse el rogaros que fueseis turco?

Pedro   Pasados aquellos quince días que se calló, tuvo el bajá necesidad de ir con diez galeras a Nicomidia, que agora se llama Ezmite, para hacer traer por mar ciertos mármoles que aquella provincia da de edificios antiguos que allí había, para una grande mezquita que el Gran Señor hace, lo cual incumbe traer al general de la mar, que es de Constantinopla distancia de treinta leguas. Llevome consigo y armamos sesenta tiendas en aquel campo, que era por mayo, adonde estuvimos un mes, y en este tiempo yo conocía algunas hierbas y tenía un libro donde están dibujadas, de medicina, que se llama «Herbario», y tomaba algunas de ellas e íbame al pabellón del bajá y mostrábaselas vivas y pintadas juntas, de lo cual estaba el más contento hombre del mundo, por ser cosa que nunca había visto, ni allí se usa, y muchas veces, saliendo por aquellas huertas, cogía cuantos no conocía, y venido a la tienda luego mandaba llamar al cristiano y preguntaba de cada una qué cosa fuese, y decíaselo mostrándosela siempre pintada, el cual se tenía el libro allá para mirar entre sí.

Juan   ¿Pues qué, tanto sabíais vos de conocer hierbas?

Mata   Todo aquello que no podía dejar de saber siendo hijo de partera, primo de barbero y sobrino de boticario.

Pedro	Mátalas Callando dice bien todo lo que hay.
Mata	Cuanto más que él haría como los herbolarios de por acá, que en no conociendo la hierba, luego le dan, para quien no las entiende, un nombre francés: la «gerba de Notro Señora» y la «gerba de Sant Juan» y de «Santhaque», y si entiende francés dice que el griego la llama alchorquis, y el vocablo latino no se le acuerda.

Zinan Bajá quiere que Pedro se haga turco

Pedro	Acabaré mi cuento. Ya que estaba contentísimo de mí, diole alarma Satanás otra vez, y en achaque de que fuésemos a buscar hierbas, tomome por la mano solo con un intérprete y llevome un bosque adelante, rogando como solía que fuese turco. Respondí que no quería. Llegamos a unas matas, donde estaban dos renegados amigos suyos. El uno era Amuzabai, aquel valenciano que arriba dije; el otro, el cómite real Darmuz Arráez, con un verdugo. Díjome que aquella era mi hora si no lo quería hacer, porque me haría cortar la cabeza; a lo cual yo respondí que era su esclavo y podía hacer de mí lo que quisiese; mas yo no había de hacer lo que él quería en aquel caso; dijo al verdugo: «Baxi chiez», que quiere decir: córtale la cabeza. El otro desenvainó una cimitarra, que es alfanje turquesco, y fue para mí. Llegó uno de aquellos dos renegados, y túvole, mandándole esperar, y echáronse entrambos a los pies del bajá

pidiéndole de merced que esperase a que ellos me hablasen. Otorgóselo, y comenzaron de predicarme, reprehendiéndome, diciendo que para qué quería perderme, un mancebo tan docto como yo, que mirase qué amor tan grande me tenía mi amo y qué mercedes tan soberbias me haría; y el otro decía: «Di de sí, aunque guardes en tu corazón lo que quisieres, que nosotros, aunque nos ves en este hábito, tan cristianos somos como tú». Díjeles: «¿No basta, señores, haber perdido vuestras ánimas, sino querer perder la mía también? ¿Cómo podéis vosotros servir dos señores? ¿Pensáis engañar a Dios? Sabed que dijo Cristo en el Evangelio: Qui me negaverit coram hominibus, negabo illum coram patre meo, qui in celis est: El que me negare delante los hombres, negarle he yo delante de mi padre, que está en el cielo». Así, que vana es vuestra cristiandad, y no me habléis más sobre ello. El bajá preguntó qué decía, y, referido, con ira dijo otra vez que cortase. Hicieron lo mismo los renegados, y respondí lo mismo segunda vez, y volvime al verdugo, alumbrado del Espíritu Santo, que ya era la muerte tragada, y díjele: «Haz lo que te han mandado». Vino para mí el bajá, atribuyéndolo a soberbia, y díjome: «Pues, perro traidor, ¿aun de la muerte no tienes miedo?» Respondí: «No tengo de qué, porque mi madre tiene otros cuatro hijos mejores que yo con que se consuele». Entonces escupió sobre mí diciendo: «¡Oh, mal viaje hagas, perro enemigo de Mahoma! Espérame un poco, que yo te haré que me vengas a rogar, y no querré yo». Y fuese el bosque adelante, y el verdugo envainó su espada y lleváronme a la tienda.

Mata — Con ningún cuento me habéis hecho saltar las lágrimas como con éste.

Juan — Grande merced os hiciera Dios en que os mataran entonces, que la muerte no es más del trago que pasaste. ¿Y después en qué paró la amenaza?

Trabajos a que es condenado Pedro

Pedro — Había determinado de hacer unos palacios muy suntuosos en una plaza de Constantinopla que se dice «Atmaitán», que quiere decir «plaza de caballos», para lo cual compró trescientas casas pequeñas que allí había para sitio, y por el cuento de esta obra entenderéis cómo son los cristianos tratados en tierra, para refrigerio de la pena que en galera se pasa; y como de esta diré entenderéis de todas las otras obras que los otros con el sudor de los pobres cautivos hacen. Todo el mundo pensó que para solo derribar tantas casas y sacar la tierra y abrir cimientos serían menester siete u ocho meses, y por Dios os juro que dentro de seis estaban hechos los palacios y era pasado el bajá a vivir a ellos, que tienen de cerca poco menos de media legua.

Mata — Si os sabe mal el iros a la mano, dad el cómo sin que os le pidan; porque «a prima facie» no se puede hacer sin negromancia.

Pedro	Andaban cada día mil quinientos hombres entre maestros y quien los servía, los cuales eran guardados de doscientos guardianes, que los guardaban y los arreaban dando toda la prisa y palos que podían; y porque puedo también hablar de experiencia, quiérome meter dentro y hablar como quien lo vio, y no de oídas. Aconsejaron al bajá ciertos renegados que, pues yo no había querido ser turco, ninguna mejor venganza podía tomar de mí que mandarme echar dos cadenas, en cada pie la suya, y enviarme a trabajar con los otros; porque él sabía que los españoles éramos fantásticos, y como antes me había visto en honra sin cadena, y bien vestido, y como rey de los otros cautivos, sería tanta la afrenta que recibiría en verme caído de aquello, que de pura vergüenza de los otros yo haría lo que él quisiese y renegaría mil veces. Tomó el acuerdo de tal manera, que en llegando a Constantinopla mandó fuese todo esto ejecutado, y lleváronme con mis dos cadenas, estando él allí mirando en qué andaba la obra, y en entrando comenzaron aquellos turcos de darme prisa que tomase una «cofa» que dicen, como espuerta, y acarrease con los demás tierra. Yo lo obedecí, sin mostrar más flaqueza que antes, y para más me molestar tenía el bajá dado aviso que todos los guardianes tuviesen cuenta conmigo, y hacíalos poner en una escalera por donde habíamos de subir tantos a una parte como a otra y cuando yo pasase alzasen todos sendos bastones que tenían y cada uno me alcanzase poco o mucho; y más: que, para que no descansase entre tanto que se hinchían las

	espuertas, a mí se me tuviese una siempre aparejada llena, para trocar en llegando.
Mata	¿Y mudasteis el hábito, como los otros cautivos o andabais con vuestros fandularios doctorales?
Pedro	No quise dejar la sotana, sino arremanguela como fraile, y así andaba, y mi amo el bajá estaba en unos corredores mirando y sonriéndose en verme, y enviome un truhán que me dijese, como que salía de él, que me quitase aquel hábito y le guardase para cuando estuviese en gracia. Al cual yo respondí de manera que el bajá lo oyese: «Guarde Dios la cabeza de mi amo, que cuando éste se rompiere me dará otro de brocado». Sentí que respondió el de arriba: «Más sabe este perro de lo que yo le enseñé». Mas no obstante esto, como vio que los primeros días no se me hacía de mal y cuán perdida tenía la vergüenza al trabajo dándoseme poco, caíle en desgracia por ver que no pudiese con todo su poder contra un su esclavo, y disimuló el hacerme trabajar, que yo pensaba que lo hacía para tentar, como el cortar de la cabeza; pero hasta el poner de las tejas y el barrer de la casa después de hecha no me dijo: «¿qué haces ahí?», sino siempre trabajaba como el que más.
Juan	Con tanta gente, ¿cómo se podían dar manos a la obra? ¿No se confundían unos a otros?
Pedro	Antes andaba mejor orden que en un ejército. Los principales maestros de cada oficio, que llaman «cabemaestros», no eran esclavos, sino griegos libres

o turcos, y éstos tomaban a cargo cada uno los esclavos que hay de aquel oficio para mandarles lo que han de hacer. Dormíamos en un establo doscientos, allá en la misma obra, y los otros venían de la torre del Gran Turco y la del bajá, que estaban en Galata, y era mes de junio, cuando el Sol está más encumbrado; y dos horas antes que amaneciese salía una voz como del infierno, de un guardián de los cristianos, cuyo nombre no hay para qué traer a la memoria, y decía: «¡Viste ropa, cristianos!» Desde a un credo decía: «Toca, trompeta». Salía un trompeta, esclavo también, y sonaba de tal manera que cada día se representaba mil veces el día del juicio. Allí vierais el sonar de las cadenas para levantarse todos, que dijerais que todo el infierno estaba allí. Tercera voz del verdugo, digo del guardián, era: «Fuera los del barro, los otros reposá un poco». En saliendo los que hacían el barro, decía: «Fuera todos y no se esconda nadie, que no le aprovecha». Y tenía razón: era tan de mañana, que los maestros no verían trabajar, pero no faltaba qué hacer hasta el día. Llevábamos a la mar, que estaba de allí un tiro de ballesta, donde descargaban la madera, piedra y ladrillo y otros materiales que eran menester, y traíamos dos caminos entre tanto que era de día, y no se permitía tomar acuestas poca carga ni caminar menos de corriendo, porque iban detrás con los bastones dando a todos los que no corrían, diciendo: «Yurde, yurde», que quiere decir: «Camina, camina». Cuando era hora del trabajo, metíamosnos todos dentro de un patio, puestos por orden todos, los que no sabíamos oficio a una parte, y los oficios todos, por sí cada uno. Subíase el maestro de toda la obra, y decía: «Vayan tantos canteros y parederos a tal parte y tantos a tal». Luego los tomaba un guardián que había de dar cuenta de ellos aquel día, y preguntábales: «¿Cuántos esclavos habrán menester de servicio?» Y los que pedían les daban del montón donde yo estaba, con otro guardián que anduviese sobre ellos. De cada uno de los otros oficios repartía por esta misma orden toda la gente que había, y sobre los mismos guardianes había otros sobrestantes, que les daban de palos si no arreaban a los cristianos para que trabajasen mucho.

Juan   ¿Qué os daban de comer, que con tanto trabajo bien era menester?

Pedro   Sonaba el trompeta a comer, que llaman «faitos», y dábannos por una red cada sendos cuarterones de pan.

Mata   ¿No más?

Pedro   Y aun esto tan de prisa, que cuando los postreros acababan de tomar ya sonaban a manos a labor.

Juan   Yo me estuviera quedo.

Pedro   No faltara quien os quebrara la cabeza a palos si no respingabais en oyéndola. Guisaban también una grandísima caldera de habas o lentejas; pero como dijo Sant Filipo a Cristo: «¿Quid inter tantos?» Por mí digo que maldita la vez las pude alcanzar; todo

	mi remedio era —que sin él me muriera— copia de agua fresca, que estaba allí cerca una grandísima fuente y buena, que trajo Ibraim Bajá a unos sus palacios.
Juan	¿Nunca les daban nada a esos oficiales, siquiera para que no dijesen: «Nunca logres la casa?».
Pedro	De cuando en cuando nos daban a todos sendos reales, con que a las noches hacíamos nuestras ollas; mas como el día era tan largo cuanto la noche de corta y no tocaban la trompeta a recoger hasta que veían la estrella, cuando llegábamos a la caballeriza donde era nuestro aposento, más queríamos dormir, según andábamos de alcanzados de sueño y molidos de los palos que aquel día habíamos llevado, juntamente con el infernal trabajo. No me ayude Dios si no me aconteció algunas veces hallarme cuando nos levantábamos al trabajo la tajada de vaca en la boca, que así me había quedado sentado como cenaba.
Mata	¿Sin desnudar?
Pedro	¿Ya no os tengo dicho la cama de galera?; pues así es la de tierra; demás de los piojos, que nos daban de noche y de día música, llevaban los tiples la infinidad de las pulgas, que nos tenían las carnes todas tan aplagadas como si tuviéramos sarampión.
Juan	No me maravillo, si doscientos hombres estabais en solo un establo; y ¡qué hedentina hubiera!

Pedro — Peor que en galera, porque como estábamos todos cerrados no estaba desavahado como en la mar; estando cenando, unos y otros se sentaban en unos barrilazos grandes que había en lugar de necesaria y refrescaban el aposento. Para hacer trabajar mucho a todos los que íbamos a la mar a traer los materiales, usaba de esta astucia: que ponía premio al que más carga trajese acuestas, dos pares de ásperos, que cuasi es un real; al que primero llegase en casa, otros cuatro. Había unos bellacos que en su vida acá habían sido sino peores y más malaventurados que allá estaban, que sin pasión por ganar aquellos dos premios corrían con unas cargas de bestias, y era menester, so pena de palos, seguirlos en la carga y en el paso, diciendo que también teníamos brazos y piernas como ellos.

Mata — Gran cosa fue con ninguna de esas cosas no perder la paciencia; a Juan de Voto a Dios, y os aseguro que no le sobrara.

Pedro — Una o dos veces, a la mi fe, ya tropecé; habíanme hecho un día cargar dos ladrillos que eran de solar aposentos, de un palmo de grueso y como media mesa de ancho, de los cuales era uno suficiente carga para un hombre como yo; y yendo tan fatigado que no podía atener con los otros, ni vía, porque el grande sudor de la cabeza me caía en los ojos y me cegaba y los palos iban espesos, alcé los ojos un poco y dije, con un suspiro bien acompañado de lágrimas: «¡Perezca el día en que nací!» Hallose cerca de mí un judío, que como yo andaba con barba y bien vestido y los otros no, traía siempre infinita gente de judíos y griegos tras mí, como maravillándose, diciendo unos a otros: «Esto algún rey o gran señor debe de ser en su tierra»; otros: «Hijo o pariente de Andrea de Oria». En fin, como tamboritero andaba muy acompañado y no sé qué me iba a decir.

Mata — Lo que os dijo el judío cuando se acabó la paciencia.

Pedro — ¡Ah!, dice: «¡Ánimo, ánimo, gentilhombre, que para tal tiempo se ven los caballeros!» Y llegose a mí y tomome él un ladrillo y fuese conmigo a ponerle en su lugar. Respondile: «El ánimo de caballero es, hermano, poner la vida al tablero cada y cuando que sea menester de buena gana; pero sufrir cada hora mil muertes sin nunca morir y llevar palos y cargas, más es de caballos que de caballeros». Cuando los guardianes que estaban en la segunda puerta de la casa vieron dentro el judío, maravillados del hábito, que no le habían visto trabajar aquellos días, preguntáronle que qué buscaba; díjoles cómo me había ayudado a traer aquella carga porque yo no podía; respondieron: «¿Quién te mete a ti donde no te llaman? ¿Somos tan necios que no sabemos si puede o no?» Y diciendo y haciendo, con los bastones, entre todos, que eran diez o doce, le dieron tantos, que ni él ni otro no osó más llegarse a mí de allí adelante.

Mata — En verdad que he pensado reventar por las ijadas de risa si no templara la falta de paciencia pasada. Pero

	por lo que decíais de barba, ¿los otros cautivos no la traen?
Pedro	Ni por favor que tenga no se lo consentirán; cada quince días les rapan cabello y barba, así por la limpieza como por la insignia de esclavo que en aquello se ve; y si eso no fuese, muchos se huirían.
Juan	¿No es mejor herrarlos en el rostro como nosotros?
Pedro	Eso tienen ellos a mal y por pecado grande; también en las galeras de cristianos rapan toda la chusma cada semana por la misma causa.
Mata	A mí me parece que ser esclavo acá es como allá y así son de una manera las galeras, aunque todavía querría yo más remar en las nuestras que en las otras.
Pedro	Estáis muy engañado; por mejor tendría yo estar entre turcos cuatro años que en éstas uno. La causa es porque en éstas estáis todo el año, y allá no más del verano; en éstas no os dan de comer bizcocho hasta hartar, aquello todo tierra; en las turquescas muy buen bizcocho, y mucho, si no es algunas veces que falta; que sobre Bonifacio, en Córcega, cuando la tomamos, treinta habas vendían por un áspero, que es un cuartillo, y en Constantinopla, estando en tierra, no falta mucho y buen pan y la merced de Dios, que es grande. Sola una cosa tenéis buena si estáis en las de acá, y es el negociar, que cada día pasan gentes que os pueden llevar cartas y rogar por vos, que aprovecha bien poco, y aun ¡ojalá!, después

de haber cumplido el tiempo por que os echaron, con servir otros dos años de gracia, os dejen salir; pues azotes, yo os prometo que no hay menos que en las otras; la ventura del que es esclavo es toda las manos en que cae; si le lleva algún capitán de la mar, haced cuenta que va condenado a las galeras; si en poder de algún caballero o particular, allá lejos de la mar, trátanlos como los que acá los tienen en Valladolid, sirviéndose de ellos en casa y dándoles bien de comer de lo que en casa sobra, y a éstos también, cuando los amos mueren, quedan en los testamentos libres.

Mata   ¿Qué oficios os mandaban hacer a vos en ese trabajo?

Pedro   Mejor os sabría decir qué no me mandaban. Los primeros días servimos un capitán y yo a cuatro maestros que hacían un horno, de traer la tierra y amasar el barro y servíselo; otros, después, con unas angarillas, que llaman allá «vayardo», entre otro y yo traíamos la argamasa que gastaban muchos maestros; cuando me querían descansar un poco, porque faltaba ripia, con una gran maza de hierro me hacían quebrar cantos grandes, y si me volvía a rascar la oreja, el sobrestante me tocaba con el bastón, que no me comía allí más por aquellos días. Sobre la cabeza en unas tablas, acarreaba muchos días de la argamasa, que me hacía debilitar mucho el cerebro, hasta tomarlo en costumbre. Un día de San Bernabé, que es el día que el Sol hace cuanto puede, me acuerdo que en donde mejor reverberaba nos hicieron a tres capitanes y a mí cerner una montañuela de tierra para amasar barro, y quedaron por aquellos días las caras tan desolladas, que no se les olvidó tan presto.

Mata   ¿Para qué querían tanto barro?

Pedro   No quieren los turcos hacer perpetuos edificios, sino para su vida, y así las paredes de la casa son de buena piedra y lodo, y por la una y la otra parte argamasa, que no es mal edificio. Usó el bajá con los oficiales otra segunda astucia de premios: puso a los albañiles y canteros, encima las paredes que iban haciendo, una pieza de diez varas de brocado bajo, que valdrían cincuenta escudos, diciendo que el que aquel día hiciere más obra, trabajando todos aparte, que fuese suyo el brocado; a los cerrajeros: al que más piezas de cerrajas y bisagras y esto hiciese, aquel día serían dados treinta escudos, y cincuenta al carpintero que más ventanas y puertas diese a la noche hechas. Ya podéis ver el pobre esclavo cómo se deshiciera por ganar el premio; pareció hecha mucha obra a la noche, y cumplió muy bien su palabra, como quien era; pero dijo al que llevó la pieza de brocado: «Tomad vuestro premio, y en verdad que sois buen maestro; no os descuidéis de trabajar, porque me quiero pasar presto a la casa; tantos pies de pared habéis hecho hoy; el día que hiciereis uno menos que hoy os mandaré dar tantos palos como hilos tiene la ropa que llevaste; y los que no han llevado el premio, a cada uno doy de tarea igualar con la obra de hoy». Un entallador, con solo un aprendiz que labraba lo tosco, hizo doce ventanas, al cual, uno sobre otro, dio los cincuenta escudos, pero con la misma salsa; y consiguientemente a todos los demás oficiales hizo trabajar ejecutando la pena, de modo que le ahorraron lo que les dio. Si se comenzaban a la mañana los cimientos donde había de haber una sala, a la tarde estaba tan acabada que podían vivir en ella.

Mata   Dos dedos de testimonio querría ver de eso, porque de papel aun parece imposible.

Pedro   Soy contento dároslo a entender: en el instante que se comenzaba, venía el entallador por la medida de la ventana que habían de dejar, y de la puerta, y ponía luego diligencia de hacerla en el aire; llegaba el cerrajero con sus hierros todos que eran menester, y antes que se acabase la pared ya las ventanas y puertas estaban en su lugar el pedazo de pared que estaba hecho de obra gruesa iban otros maestros haciendo de obra prima; y así venía todo a cumplirse junto.

Juan   Dios os guarde de tener muchos oficiales y que los podéis mandar a palos. Está Mátalas Callando acostumbrado de las mentiras de los oficiales de por acá, que de día en día nos traen todo el año. ¿Cuál fue la segunda vez que se quebró la paciencia?

Pedro   Como trataba con la cal, habíame comido todas las yemas de los dedos por dentro y las palmas, que aun el pan no podía tomar sino con los artejos de fuera; y mandáronme un día que se hacía el tejado, para más me fatigar, que subiese con una de estas garruchas tejas y lodo, y la soga era de cerdas. ¡Imaginad el trabajo para las manos que el pan blando no podían tomar! Y después de subidas era menester subir al tejado a darlas a la mano a los retejadores. Hacía razonable Sol, y vime tan desesperado, que si no fuera porque sabía cierto irme al infierno, no me dejara de echar allí abajo de cabeza, posponiendo toda la ley de natura y orden de no se aborrecer a sí mismo. Aquella misma tarde me mandaron en una herrada traer un poco de argamasa para el alar del tejado; y cuando la hinchí, con el peso, queriéndola cargar, quitósele el suelo y vime el más confuso que podía ser, porque me daban prisa. Tomé el mismo suelo y llevé un poco, porque no holgasen los maestros. Cuando el guardián lo vio, preguntome: «Perro, ¿qué es eso?», y en hablando yo la disculpa, diome tantos palos con su bastón, corriendo tras mí, que se me acuerda hoy de ellos para contároslos, y por despecho me hizo ir a traer más en un cesto como de sardinas, para que se me ensuciase bien la sotana, y caíame cuando venía, como era líquido, por las espaldas y todo lo quemaba por donde pasaba, hasta que me deparó Dios un capacho, el cual me defendía puesto en la cabeza.

Mata — ¿No había en todo ese tiempo nadie de los que habíais curado que rogase por vos, siquiera que no os mataran?

Pedro — Más holgara yo que alcanzaran que me ahorcasen. Todavía uno vino este mismo día, acarreando yo lodo, que jamás le había visto ni le vi sino aquella vez; creo que debía de ser muy privado del rey, y estando yo hinchendo la espuerta de lodo, púsose detrás de mí, mirándome, con una sotana de terciopelo verde y una juba de brocado encima, que bien parecía de arte, y díjome: «Di, cristiano, aquella filosofía de Aristótil y Platón, y la medicina del Galeno y elocuencia de Cicerón y Demóstenes, ¿qué te han aprovechado?» No le pude responder muy de repente, así por la prisa del guardián y miedo de los palos como por las lágrimas que de aquella lanzada me saltaron, y en poniéndome la espuerta sobre los hombros, volví los ojos a él y díjele: «Hame aprovechado para saber sufrir semejantes días como éste».

Juan — ¿Y en qué lengua?

Pedro — En esta propia. Satisfízose tanto de la respuesta que arremetió conmigo y quítame la espuerta, y cárgasela sobre sí, y vase a donde estaba el bajá mirando la obra, y entra diciendo: «Señor, yo y mi mujer y mis hijos queremos ser tus esclavos, porque no mates semejante hombre, que hallarás pocos como éste, en lo cual contradices a Dios y al rey». Atónito el bajá de verle así, fue para abrazarle diciendo que se hiciese todo lo que mandase; y mandome que no trabajase más y me fuese a casa, y aquel turco diome unos no sé cuántos ásperos. Ya podéis contemplar el gozo que yo llevaría yéndome a casa libre del trabajo.

Mata	Como quien sale del infierno, si no duró poco.
Pedro	Hasta la mañana cuando mucho, que me quedé muy repantigado, cuando los otros se fueron, en la cama, y el sobrestante de toda la obra echome menos, y habiéndole mandado el bajá que me hiciese volver al trabajo, envió por mí y diome la estada de la cama, y volvimos al mismo juego de principio.
Juan	¿No caía alguno malo, entre tanto, que fuera privado?
Mata	Buena fuera una poca de asma de cuando en cuando y no la haber desarraigado.
Pedro	Uno cayó y me hicieron irle a ver, que tenía mucha fe conmigo, y dejábanme le ir a ver dos veces cada día; no dejaba de ser prolijo en la vista y decir que era menester estar yo viendo lo que el boticario hacía, porque no lo sabría hacer, por alentar siquiera un poco. Gocé tres días razonables, pero, en fin, no le supe curar.
Juan	¿Cómo? ¿Muriose o no le conocisteis la enfermedad?
Pedro	No, sino que sanó muy presto: que cuando menos me caté, queriéndole ir una mañana a ver, le veo pasar a caballo.
Mata	Tiene razón, que a estos tales era bien alargar la cura, como suelen los médicos hacer a otros.

Pedro   Los cirujanos diréis, que el médico es imposible.

Mata   ¿Qué más tiene lo uno que lo otro?

Pedro   Mucho, porque el médico es coadjutor de natura, y si él se descuida viene naturaleza, dale un sudor, o una cámara o sangre de narices, que le hace dar una higa al médico; mas el cirujano, cuando quiere, ahonda la llaga, cuando quiere la ensucia, principalmente si no se iguala o no le pagan. Todos son crueles en eso; apenas hallaréis quien haga rectamente su oficio; demás de eso son tiranos; al pobre no curan de gracia; los más, como lo tienen jurado, no es más en su mano dejar de ensuciar la llaga cuando sienten dineros, que en el sastre dejar de hurtar puestas las manos en la masa.

Mata   ¿Por qué decís de hurtar?; buen aparejo teníais, siendo médico, de hacerlo, pues entrabais donde había qué.

Pedro   No me lo demandará Dios eso, porque jamás me pasó por el pensamiento como fuese pecado que si se sabía perdía toda la honra y crédito. Cuando trabajábamos, es la verdad que a la noche quitábamos los mangos a la pala de yerro o azadas que podíamos coger y rebujábamos con el capote para vender a los judíos que compran por poco dinero; todavía nos daban tres o cuatro ásperos por cada una, que había para una olla, y esto hacía cuasi por vengarme del trabajo que aquel día pasaba con ello.

Mata — ¿Pues tantas palas y azadas eran que había para todos qué hurtar?

Pedro — Donde andaban tantos obreros, menester eran herramientas, cuanto más que los herreros no servían de otro sino de hacerlas, que ya los sobrestantes tenían por cierto que hurtábamos las que podíamos, pero no lo podían remediar: que éramos tantos que no sabía qué hacerse; la maestranza que va al tarazanal a trabajar en las obras del Gran Señor, a la noche siempre trae algo hurtado que vender para su remedio, como los que hacen remos, plomo; los carpinteros, clavos; algunos, ya que otro no pueden, alguna tabla o maderuelos para bancos. Quisiéronles poner grande estrecheza una vez que supieron que había hombres que llevaban valía de su ducado, cada noche, y hacíanlos pasar por contadero y catábanlos a todos de manera que al que topaban algo le azotaban y se lo quitaban; pero supiéronles la maña, porque hicieron sendos barriles como pipotes de aceitunas, colgados de una cadenilla, para llevar agua, que otros lo usaban, y el témpano se quitaba y ponía, y al salir metían lo que habían hurtado dentro, y tomaban su barril acuestas y salíanse, que nadie lo imaginaba; hasta que un bellaco, por envidia y hacer mal a los compañeros, lo descubrió; mas, no obstante eso, siempre buscan buenas y nuevas invenciones como se remediar. Traen los turcos unas cintas muy galanas a manera de toallas de tafetán muy labrado y largas que les den tres vueltas, que cuesta dos o tres escudos; hay algunos esclavos que no hacen sino comprar una, la más galana que pueden haber, y métenla dentro de una bolsa de lienzo muy cogida; traen juntamente otra bolsa ni más ni menos que aquella con unas rodillas o pedazos de camisa viejos, y cuando van por la calle y ven algún turco que les parece bisoño que viene a comprar algunas cosas, de los cuales cada día hay una infinidad, dícenle si quiere comprar aquella «cujança», que así se llama, y muéstransela con recelo mirando a una parte y a otra, dándole a entender que la trae hurtada, y lleva avisado el guardián que le dé prisa, y demanda por ella poco, como por cosa que no le costó más de tomarla; como el otro ve que es esclavo y le parece no la haber podido haber sino hurtándola, luego se acodicia y va recatadamente regateando tras él, y el guardián dándole prisa; cuando se concierta dícele quedico que la tome y no la torne a descoger, por que no le vean, y dale sus dineros, y el esclavo le da la otra bolsa en que van los pedazos, con que va muy ufano, hasta que ve el engaño en casa.

Juan   El mejor cuento es que puede ser, pero no se podrá hacer muchas veces porque ese engañado avisará a otros y cuando topare con el esclavo procurará vengarse.

Pedro   No se puede hacer eso ni esotro; ¿pensáis que Constantinopla es alguna aldea de España, que se conocen unos a otros?; que no hay día, como tiene buen puerto, que no haya tanta gente forastera como en Valladolid natural; pues conocer más el cautivo, vueltas las espaldas, es hablar en lo excusado, porque aun unos compañeros a otros no se conocen. Lo mismo suelen hacer con unas vainicas de cuchillos muy galanes, guarnecidos de plata, que ellos usan; moneda falsa se bate poca menos entre esclavos que en las casas de la moneda; diez pares de ojos habéis menester cuando compráis o vendéis; a doce ásperos os darán el ducado falso, que le pasaréis por bueno, que vale sesenta: ¡tanto es de bien hecho!; y os le venderán por falso.

Juan   ¿Y eso no se castiga?

Pedro   ¿Qué les han de hacer? ¿Echarlos a las galeras? Ya ellos se están; ninguna cosa aventuran a perder.

Mata   ¿Pues quién se los compra?

Pedro   Mil gentes, para pasarlos por buenos. Tesoreros de señores, para cuando les mandan dar cantidad de dineros de alguna merced; entre los buenos ducados dan algunos de éstos, porque saben que a quien dan, como dice el refrán, no escoge ni han de ir a decir éste es falso. También los pasan los cautivos comprando algunas cosas de comer, y los que más pulidamente lo hacen son ciertos esclavos fiados que andan sin guardianes, y se van a la calle de los cambiadores, que son judíos los más, y es oficio que mucho se corre.

Mata   ¿Pues tanta moneda corre allá?

Pedro	Tanta, por cierto de oro, cuanta acá falta, que no os trocarán un ducado si no pagáis un áspero; y si queréis comprar el ducado habéis de pagar otro áspero.
Mata	Vámonos allá, compañero, a hacer hospitales, que lo de acá todo es piojería; mas con todo, bien tenemos este año que comer. ¿Y qué hacen ésos con los ducados falsos en la calle de los cambiadores? ¿Por ventura engañan a los judíos?
Pedro	De eso están bien seguros, que no son gentes que se maman el dedo. Tienen uno en la boca y aguardan los bisoños que van a trocar algún buen ducado; y como cuando no es de peso el cambiador no le quiere si no se escalfa lo que pesa menos, vase a otra tienda, y entonces el esclavo le llama, haciéndosele encontradizo, diciéndole que qué había con aquel puto judío. Luego él dice: «Es verdad, hermano, quiéreme quitar de un ducado bueno tantos ásperos»; responde: «Has de saber que éste es un bellaco y muy escrupuloso; ¿el ducado es bueno?» El otro se le da simplemente para que le vea, y toma el ducado y llévale a la boca para hincarle el diente, a ver si se doblega, y saca el otro falso que tenía en la boca y dáselo y dice: «Miente, que éste es muy fino y bonito ducado; por tanto, vete aquél, que es hombre de bien, y él dará todo lo que vale sin pesarle», y señálale uno cualquiera de los cambiadores; y en volviendo las espaldas, él se va por otro camino y se desaparece.
Mata	¿Pues qué más harían los gitanos?

Pedro	Tan hábiles son los esclavos como ellos, porque tienen el mismo maestro, que es la necesidad, enemiga de la virtud.
Mata	El fin sepamos del trabajo. ¿Cómo se acabó la casa?

La peste entra en los cautivos

Pedro	Fue, como tengo contado, hasta que vino la pestilencia y entró en nuestro establo algo enojada y comenzó de diezmarnos de tal manera, que de cuatro partes murieron tres, y yo fui herido entre ellos, y fue Dios servido que quedase, habiéndose muerto en tres días, de nueve que comíamos juntos, los siete.
Juan	Nunca he visto pestilencia tan aguda como es ésa.
Pedro	Viene un carbunchico como un garbanzo, y tras él una seca a la ingle o al sobaco; a esto suceden sus accidentes y calentura, de tal suerte, que o muere o queda lisiado para siempre de algún miembro menos o tal que cosa; cuando viene la seca sin carbuncho, es muy pestilencial; por maravilla escapa hombre; y cuando es con el grano, muchos escapan. Estaba yo herido en una pierna, e híceme sacar dos libras de sangre de una vez, abiertos juntamente entrambos brazos, y purgueme sin jaropar, y estuve cincuenta días malo sobre un pellejo de carnero que por grande limosna había alcanzado. Harto peor servido que en

	la primera enfermedad os conté, porque como tenía la landre, todo el mundo huía de mí.
Juan	Y qué, ¿tan continua es allí esta mala cosa?
Pedro	Jamás se va en invierno ni en verano, salvo que menos gente muere en invierno.
Juan	¿Y no la aciertan a curar los médicos de aquella tierra?
Pedro	Ni ellos la curan ni la entienden; la mayor cura que le hallé yo allá, que por acá tampoco la había visto, es sangrar mucho y purgar sin jaropar el mismo día.
Mata	¿No era mejor poco a poco?
Pedro	Si doce o quince horas os descuidabais luego se pintaba y perdona mucho.
Juan	¿Qué llamáis pintar?
Pedro	Cuando se quiere morir les salen unas pintas leonadas, y cuando aquéllas están, aunque le parezca estar bueno, se muere de tal arte, que jamás se ha visto hombre escapar después de pintado, si las pintas son leonadas o negras; si son coloradas, algunos escapan.
Mata	¿Y ésa no podría remediarse que no la hubiese?

Pedro	Dificultosamente, porque los turcos no se guardan, diciendo que si de Dios está no hay que huir, y así, acabado de morir, uno se viste la camisa del muerto, y otro el jubón, y otro las calzas, y luego se pega como tiña.
Juan	¿La casa se debió de acabar entre tanto que tuvisteis la enfermedad?
Pedro	Es así, y no fue mi amo a posar en ella con poco triunfo; porque demás que era general de la mar, el Gran Turco se partió para Persia contra el Sofí, y dejole por gobernador de Constantinopla y todo el Imperio.
Mata	¿Llevaba mucha gente el Turco en campo?
Juan	No mezclemos, por amor de Dios, caldo con berzas, que después nos dirá la vida y costumbres de los turcos; agora, como va, acabe de contar la vida suya. ¿Qué fue de vos después de sano de la pestilencia?

La enfermedad de la sultana

Pedro	Luego me vino a la mano la cura de la hija del Gran Señor, que había dos meses que estaba en hoy se muere, más mañana; y ya que había corrido todos los protomédicos y médicos de su padre, vinieron a mí a falta de hombres buenos en grado de apelación, y quiso Dios que sanó.

Mata ¿Pues una cosa la más notable de todas cuantas podéis contar decís así como quien no dice nada? ¿A la misma hija del Gran Señor ponían en vuestras manos?

Pedro Y aun que es la cosa que más en este mundo él quiere.

Mata ¿Pues qué entrada tuvisteis para eso?

Pedro Yo os lo diré: su marido era hermano de mi amo, y llamábase Rustán Bajá; y como no aprovechaba lo que los médicos hacían, mi amo mandome llamar, que había cuatro meses que no le había visto, para pedirme consejo qué le harían, y el que me fue a llamar díjome: «Beato tú si sales con esta empresa, que creo que te llaman para la sultana, que así la llaman». Yo holgueme todo lo posible, aunque iba con mis dos cadenas. Y cuando llegué a mi amo Zinan Bajá, que estaba en su trono como rey, díjome que qué harían a una mujer que tenía tal y tal indisposición. Yo le dije que viéndola sabríamos dar remedio. Él dijo que no podía ser verla, sino que así dijese; a lo cual yo negué poderse por ninguna vía hacer cosa buena sin vista, por la información, dando por excusa que por ventura la querría sanar y la mataría, y que no permitiese, si era persona de importancia, que yo la dejase de ver, porque de otra manera ningún beneficio podría recibir de mí, porque el pulso y orina eran las guías del médico. Como él me vio firme en este propósito y los que estaban allí les parecía llevar camino lo que yo decía, que verdaderamente andaba porque me viera para que me hiciera alguna merced, mandome sentar junto a sus pies, en una almohada de brocado y dijo a un intérprete que me dijese que por amor de Dios le perdonase lo que me había hecho, que todo iba con celo de hacerme bien, y con el grande amor que me tenía, y que estuviese cierto que él me tenía sobre su cabeza, y me hacía saber que la enferma era una señora de quien él y su hermano y todos ellos dependían; de tal arte, que si ella moría todos quedaban perdidos; por tanto, me rogaba que, no mirando a nada de lo pasado, yo hiciese todo lo que en mí fuese, que lo de menos que él haría sería darme libertad; a lo cual yo respondí que besaba los pies de su excelencia por la merced y que mucho mayor merced había sido para mí todo lo que conmigo había usado que darme libertad, porque en más estimaba yo ser querido de un tan gran príncipe como él que ser libre, pues siendo libre no hallara tal arrimo como tenía siendo esclavo, y en lo demás me dejase el cargo, que en muy poco se había de tener que yo hiciese lo que podía, sino lo que no podía; y así me envió a casa del hermano. El cual comenzó a parlar conmigo, que era hombre de grande entendimiento, para ver si le parecería necio, y procuraba, porque son muy celosos, que le diese el parecer sin verla, lo cual nunca de mí pudo alcanzar; y, como diré cuando hablaré de turcos, siempre están marido y mujer cada uno en su casa, envió a decir a la sultana si tendría por bien que la viese el médico esclavo de su hermano, y entre tanto que venía la respuesta comenzome de preguntar algunas preguntas de por acá, entre las cuales, después de haberme rogado que fuese turco, fue cuál era mayor señor, el rey de Francia o el emperador. Yo respondí a mi gusto, aunque todos los que lo oyeron me lo atribuyeron a necedad y soberbia, si quería que le dijese verdad o mentira, díjome que no, sino verdad. Yo le dije: «Pues hago saber a Vuestra Alteza que es mayor señor el emperador que el rey de Francia y Gran Turco juntos; porque lo menos que él tiene es España, Alemania, Italia y Flandes; y si lo quiere ver a ojo, mande traer un mapa mundi de aquellos que el embajador de Francia le presentó, que yo le mostraré». Espantado, dijo: «Pues ¿qué gente trae consigo?; no te digo en campo, que mejor lo sé que tú». Yo le respondí: «Señor, ¿cómo puedo yo tener cuenta con los mayordomos, camareros, pajes, caballerizos, guardas, acemileros de los de lustre?» Diré que trae más de mil caballeros y de dos mil; y hombre hay de éstos que trae consigo corte como la suya: «¿Que, el rey da de comer y salarios a todos? ¿Pues qué bolsa le basta para mantener tantos caballeros?» «Antes —digo— ellos, señor, le mantienen a él si es menester, y son hombres que por su buena gracia le sirven, y no queriendo se estarán en sus casas, y si el emperador los enoja le dirán, como no sean traidores, que son tan buenos como él, y se saldrán con ello; ni les puede de justicia quitar nada de lo que tienen, si no hacen por qué». Cerró la plática con la más humilde palabra que a turco jamás oí, diciendo: «Bonda hepbiz cular», que quiere decir: acá todos somos esclavos. Yo le dije cómo la diferencia que había, porque el Gran Turco era más rico, era porque se tenía todos los estados y no tenía cosas de iglesia, y que si el emperador todos los obispados, ducados y condados tuviese en sí vería lo que yo digo. En esto vino el mapa, e hícele medir con un compás todo lo que el Turco manda, y no es tanto como las Indias, con gran parte, de lo que quedó maravillado. Y llegó la licencia de la sultana que la fuese a ver, y fuimos su marido y yo al palacio donde ella estaba, con toda la solemnidad que a tal persona se requería, y llegué a su cama, en donde, como tengo dicho, son tan celosos, que ninguna otra cosa vi sino una mano sacada, y a ella le habían echado un paño de tela de oro por encima, que la cubría toda la cabeza. Mandáronme hincar de rodillas, y no osé besarle la mano por el celo del marido, el cual, cuando hube mirado el pulso, me daba gran prisa que bastaba y que nos saliésemos; a toda esta prisa yo resistía, por ver si podría hablarla o verla, y sin esperar que el intérprete hablase, que ya yo barbullaba un poco la lengua, díjele: «Obir el vera, zoltana», que quiere decir: «Deme Vuestra Alteza la otra mano». Al meter de aquella y sacar la otra descubrió tantico el paño para mirarme sin que yo la viese, y visto el otro, el marido se levantó y dijo: «Anda, cavamos, que aun la una mano bastaba». Yo, muy sosegado, tanto por verla como por lo demás, dije: «Dilinchica soltana». «Vuestra Alteza me muestre la lengua». Ella, que de muy mala gana estaba tapada, y aun creo que tenía voluntad de hablarme, arrojó el paño cuasi enojada y dijo: «¿Me exium chafir deila?»: «¿Qué se me da a mí? ¿No es pagano y de diferente ley?», de los cuales no tanto se guardan; y descubre toda la cabeza y brazos, algo congojada, y mostrome la lengua; y el marido, conociendo su voluntad, no me dio más prisa, sino dejome interrogar cuanto quise y fue menester para saber el origen de su enfermedad, el cual había sido de mal parir de un enojo, y no la habían osado los médicos sangrar, que no había bien purgado, y sucediole calentura continua. Yo propuse que, si ella quería hacer dos cosas que yo mandaría, estaría buena con ayuda de Dios: la primera, que había de tomar lo que yo le diere; la segunda, que entre tanto que yo hacía algo ninguna cosa había de hacer de las que de los otros médicos fuesen mandadas, sino que, pues en dos meses no la habían curado, que probase conmigo diez o quince días, y si no hallase mejoría, ahí se estaban los médicos; y que esto no lo hacía por no saber delante de todos sustentar lo que había de hacer, sino porque yo era cristiano y ellos judíos, y dos turcos también había, y podíanle dar alguna cosa en que hiciesen traición por despecho o por otra cosa, y después decir que el cristiano la había muerto; los judíos ya yo sabía que sin haberme visto, de miedo que si yo entraba descubriría su poca ciencia, andaban diciendo que yo no sabía nada y que era mozo y otras calumnias muchas que ellos bien saben hacer, con las cuales perdieron más que ganaron, porque me hicieron soltar la maldita; y la sultana me dijo que lo aceptaba, pero que si se había de poner en mis manos también ella quería sacar otra condición, y era que no la había de purgar y sangrar, porque le habían dado muchas purgas; tantas, que la habían debilitado, y para la sangría era tarde; yo, como vi cerrados todos los caminos de la medicina: «Señora —digo—, yo no soy negromántico que sano por palabras; pero yo quiero que sea así, mas al menos un jarabe dulce grande necesidad hay que Vuestra Alteza le tome». Ella dijo que de aquello era contenta, y se disponía a todo lo que yo hiciese; y fuímonos su marido y yo a su aposento, donde tenía llamados todos los protomédicos y médicos del rey, y como comenzaron a descoser contra mí en turquesco y yo les dijese que me diesen cuenta de toda la enfermedad cómo había pasado, tuviéronlo a pundonor, y mofaban todos diciendo que qué gravedad tenía el rapaz cristianillo; y dicen a Rustán Bajá, en turquesco, que ya me han tentado y que no sé nada, ni cumple que se haga cosa de lo que yo le dijere, cuanto más que soy esclavo y la mataré por ser su enemigo. Un paje del Rustán Bajá, que se me había aficionado y era hombre de entendimiento, que había estudiado, díjome, llegándose a mí, todo lo que los médicos habían dicho. A los cuales, yo: «Señores —digo—, que no pensé, para derribaros en dos palabras de todo vuestro ser y estado, que soy venido a enmendar todos los errores que habéis hecho en esta reina, que son muchos y grandes»; y digo al intérprete: «Decid ahí a Rustán Bajá que los médicos que primero curaron esta señora la han muerto, porque cuanto le han hecho ha sido al revés y sin tiempo, y la mataron, al principio por no la saber sangrar, y con cualquiera de las purgas que le han dado me espanto cómo no es muerta». «¡Oh, por amor de Dios, señor, tened quedo; no digáis nada —dijeron al intérprete—, que lo creerá Rustán

Bajá y nos matará a todos». «Decidle —digo también— que los haga que no se vayan de aquí hasta que les haga conocer todo lo dicho ser verdad». Esto fue otro «ego sum» para derribarlos en tierra, y muy humildemente dijeron: «Hermano, no pensamos que os habíais de enojar; nosotros haremos todo lo que vos mandáis, y no se le diga nada al bajá, que sabemos que sois letrado y tenéis toda la razón del mundo; sabed que pasa esto y esto, y se le ha hecho esto y esto otro». Yo lo iba todo contradiciendo y venciéndolos.

Mata   ¿Y a los médicos del rey vencíais vos? Yo ya tenía conocido lo poco que sabían.

Pedro   ¿Luego pensáis que los médicos de los reyes son los mejores del mundo?

Mata   ¿Y eso quién lo puede negar que no quiera para sí el rey el mejor médico de su reino, pues tiene bien con que le pagar?

Pedro   Y aun eso es el diablo, que los pagan por buenos sin sello. Si la entrada fuese por examen, como para las cátedras de las Universidades, yo digo que tenéis razón; pero mirad que van por favor, y los privados del rey le dan médicos por muy buenos que ellos, si cayesen malos, yo fiador que no se osasen poner en sus manos, no porque no haya algunos buenos, pero muchos ruines; y creedme que lo sé bien como hombre que ha pasado por todas las cortes de los mayores príncipes del mundo. Así como en las cosas de por acá es menester más maña que fuerza, para entrar casa del rey, más industria que letras. Yo me vi, por acortar razones, como el aceite sobre el agua con mis letras, que aunque pocas eran buenas, sobre todos aquellos médicos en poco rato, y prometiéronme de no hablar más contra mí para el Dios de Abraham, sino que hiciese en la cura como letrado que era y ellos me ayudarían si en algo valiesen para lo que yo mandase; y fuime a la torre con mis compañeros, que ya me habían quitado las cadenas, y di orden de hacerle un jarabe de mi mano, porque de nadie me fiaba, y llevándoselo otro día topé un caballero renegado, muy principal al parecer y díjome: «Yo he sabido, cristiano, quién tú eres y tenido gran deseo de te conocer y servir por la buena relación que de ti hay». Yo se lo agradecí todo lo posible. Pasó adelante la plática, diciendo cómo sabía que curaba a la sultana, y si quería ganar libertad que él me daría industria. Yo le hice cierto ser la cosa que más deseaba en el mundo. Dice: «Pues pareces prudente, hágote saber que este tu amo, Zinan Bajá, y su hermano Rustán Bajá, son dos tiranos los más malos que ha habido, y dependen de esta señora, la cual si muriese, éstos no serían más hombres. Yo soy aquí espía del emperador; si tú le das alguna cosa con que la mates, yo te esconderé en mi casa y te daré 400 escudos con que te vayas, y te pondré seguramente en tierra de cristianos y darte he una carta para el emperador, que te haga grandes mercedes por la proeza que has hecho». Fue tan grande la confusión y furor que de repente me cayó, que me parecía estar borracho; y si tuviera una daga yo arremetía con él, y díjele: «No se sirve el emperador de tan grandes traidores y bellacos, como él debía de ser», y que se me fuese luego delante ni pasase jamás por donde mis ojos le viesen, so pena que cuando no le empalase Rustán Bajá, yo mismo lo haría con mis manos, porque mentía una y dos veces en cuanto decía, y no era yo hombre que por veinte libertades ni otros tantos emperadores había de hacer cosa que ofendiese a Dios ni al próximo, cuanto más contra una tan grande princesa.

Mata   Que me maten si ese no era echado aposta de parte de la misma reina para tentaros.

Pedro   Ya me pasó a mí por el pensamiento, y conformó con ello que cuando llegué con el jarabe, entre tanto que habían ido por licencia para entrar, el Rustán Bajá comenzó de parlar conmigo y darme cuenta de la sujeción que tenía a su mujer, y diciendo que una esclava que la sultana mucho quería le ponía siempre en mal con ella, y que deseaba matarla, que le hiciese tanto placer le dijese con qué lo podría hacer delicadamente; respondile que mi facultad era medicina, que servía para sanar los que estaban enfermos y socorrer a los que habían tomado semejantes venenos, y si de esta se quería servir yo lo haría, como esclavo que era suyo; pero lo demás no me lo mandase, porque no lo sabía, y los libros de medicina todos no contenían otra cosa sino cómo se curará tal y tal accidente. No obstante eso, dice: «Te ruego que, pues te conozco que sabes mucho en todo, me digas alguna cosa, que no me va en ello menos que la vida». Concluí diciendo: «Señor, la mejor cosa que yo para eso sé es una pelotica de plomo que pese una drama, y hará de presto lo que ha de hacer». Él, algo contento, pensando tenerme cogido, preguntome el cómo; digo: «Señor, metido en una escopeta cargada y dándole fuego, y no me pregunte más Vuestra Alteza en eso, que no sé más, por Cristo». Y fuímonos a dar el jarabe a la princesa, la cual le tomó de buena gana, creo que por lo que había precedido.

Juan   Por fe tengo que si en aquellos tiempos os moríais, que ibais al cielo, porque en todo esto no se apartaba Dios de vos.

Mata   Yo lo tengo todo por revelaciones.

Pedro   Yo os diré cuánto, para que me ayudéis a loarle, que no lo habían apuntado a hacer cuando estaba al cabo del negocio, y de allí adelante me comencé a recatar más, y todas las medicinas que eran menester las hacía delante de Rustán Bajá yo mismo junto al aposento de la sultana. Llevándome en la fratiquera los materiales que yo mismo me compraba en casa de los drogueros; y para más satisfacción mía, por si muriese, hacía estar allí los médicos y dábales cuenta de todo lo que hacía, lo cual siempre aprobaban, así por el miedo que me tenían como por no saber si era bueno ni malo; quejáronse una vez a mi amo de mí que era muy fantástico y para ser esclavo no era menester tanta fantasía; que cuando se hacía alguna cosa de medicina para la sultana, sin más respeto, a unos mandaba majar en un mortero raíces o pólvoras, a otros soplar debajo la vasija que estaba en el fuego, porque no podían decir de no estando delante el bajá, haciéndole entender que era gran parte para la salud ir majado de mano de médicos, y él no hacía nada sino buscar qué majar y fuesen piedras. Llamome mi amo y cuasi enojado dice: «Pero, ¿parécete bien estimar en tan poco los médicos del rey, que se me han quejado de esto y esto, y que tú no haces nada sino mandar?» «Mayor trabajo —digo—, señor, es ése que majar; Vuestra Excelencia, aunque no rema en las galeras, ¿no tiene harto trabajo en mandar? Pues manden ellos, que yo majaré, y pues no saben mandar, que majen, que yo no soy más de uno y no lo puedo hacer todo». Diose una palmada en la frente y dijo: «Yerchev vara»; «Verdad dices: anda vete y abre ojo, pues sabes cuánto nos va». Como vi la calentura continua y la grande necesidad de sangrar que había, determiné usar de maña y díjele: «Señora, entre sangrar y no sangrar hay medio; necesidad hay de sangría; mas pues Vuestra Alteza no quiere, será bien que atemos el pie y le meta en un bacín de agua muy caliente para que llame la sangre abajo, y esto bastará»; y holgó de ello, para lo cual mandé venir un barbero viejo y díjele lo que había de hacer, y tuviese muy a punto una lanceta para cuando yo le hiriese del ojo, picase. Todo vino bien, y ella, descuidada de la traición, cuando vi que parecía bien la vena asile el pie con la mano y el barbero hirió diestramente. Dio un grande grito, diciendo: «Perro, ¿qué has hecho, que soy muerta?» Consolela con decir: «No es más la sangría de esto, ni hay de qué temer; si Vuestra Alteza quiere que no sea, tornaremos a cerrar». Dijo: «Ya, pues que es hecho, veamos en qué para, que así como así te tengo de hacer cortar la cabeza». Sintió mucho alivio aquella noche, y otro día, cuando me contó la mejoría, abrile las nuevas diciendo cómo del otro pie se había de sacar otra tanta; por tanto, prestase paciencia, lo cual aceptó de buena voluntad, y mejoró otro pedazo. Había tomado dos jarabes, y quedaba que había de tomar otros dos; pero purga era imposible. Yo hice un jarabe que llaman «rosado», de nueve infusiones, algo agrete, y dile cinco onzas que tomase en las dos mananas que quedaban, el cual, como le supiese mejor que el primero, tomó todo de una vez y alborotola de manera que hizo trece cámaras y quedó algo desmayada y con miedo. Rustán Bajá, espantado, enviome a llamar y díjome: «Perro cornudo, ¿qué tóxico has dado a la sultana que se va toda?» A mí es verdad que me pesó de que lo hubiese tomado todo, y preguntele cuántas había hecho, y cuando respondió que trece, consolele con que yo quisiera que fueran treinta, y fuimos a verlas, y era todo materia, como de una apostema. Llamados allí los médicos, díjeles: «Señores, esto habíais de haber sacado al principio, y no eran menester tantas purgas, porque no hay para qué sacar otro humor sino el que hace el mal». Quiso Dios aquella noche quitarle la calentura.

Mata — ¿Qué os dieron, que es lo que hace al caso, por la cura?

Pedro	A la mañana, cuando fui, antes que llegase sacó el brazo y alzó el dedo pulgar a la francesa, que es el mayor favor que pueden dar, y díjome: «Aferum hequim Baxa»; «Buen viaje hagas, cabeza de médicos»; y llegó un negro eunuco que la guardaba y echome una ropa de paño morado, bien fina, aforrada en cebellinas, acuestas. Cuando le miré el pulso y la hallé sin calentura alcé los ojos y di gracias a Dios. Díjome que ella era tan grande señora y yo tan bajo, que cualquiera merced que me hiciese sería poco para ella; que aquella ropa suya trajese por su amor, y que ya sabía que lo que yo más quería era libertad, que ella me la mandaría dar. De manera que dentro de doce días ella sanó con la ayuda de Dios, y envió a decir a Zinan Bajá que me hiciese turco y me asentase un gran partido, o si no quería, que luego me diese libertad. Respondió que lo primero no aprovechaba, porque me lo había harto rogado; que mi propósito era venirme en España; que él me traería cuando saliese en junio la armada, y me pondría en libertad.
Juan	¿En qué mes la curaste?
Pedro	Por Navidad.
Mata	Y el marido ¿no os dio nada?
Pedro	Todavía me valdría dos docenas de escudos: que allá, cuando hacen merced los señores, dan un puñado de ásperos y que sea tan grande que se derramen algunos.

Juan   No son muy grandes mercedes ésas.

Pedro   No son sino muy demasiado de grandes para esclavos. Bien parece que habéis estado poco en galeras de cristianos, para que vierais qué tales las hacen los señores de acá; que con los que no son cautivos tan largos son en dar como los de acá y más, y aun con los cautivos pluguiese a Dios que acá se hiciese la mitad de bien que allá.

Juan   Fama y honra, a lo menos, harta se ganaría con la cura.

Otras curas de Pedro

Pedro   Tanta, que cuando a la mañana iba a visitar desde la torre en casa de Zinan Bajá, si en todas las casas que me llamaban quisiera entrar, no llegara hasta la noche allá.

Mata   ¡Qué! ¿Tan lejos será?

Pedro   Aunque habláis con malicia, será media legua. Yo me deshice luego de curar los cautivos de la torre, remitiéndolos a los otros barberos, si no fuese algún hombre honrado, porque cuando me hicieron trabajar, con haberles yo hecho mil servicios y regalos a todos, se holgaron tanto de verme allá como si les dieran libertad; y también como lo más que corría era pestilencia, yo me guardaba cuanto podía de ella. En casa de Zinan Bajá nunca faltaban enfermos; como la casa era grande y el tiempo que sobraba gastaba en curar gente de estofa, principalmente mujeres de capitanes y mercaderes, que unas querían parir y otras que les viniese su regla, otras de mal de madre viejo, y a todos prometía a dos por tres en cualquier enfermedad de darlos sanos, y no visitaba a hombre más de una vez al día, y aquélla a la hora que yo quisiese, por no los poner en mala costumbre. Al principio siempre cogía para las medicinas dos o tres ducados, y si no me pagaban luego les decía que no iría más allá y siempre daban algo.

Mata ¿Andabais ya sin guardia?

Pedro Aún no; que si eso fuera, yo fuera rico, que aquélla me destruía. Tenía con un boticario hecho pacto que me había de dar las medicinas a un precio bueno, que él ganase, pero no mucho, como con otros, porque yo le gastaba doscientos escudos en dos meses, y algunas también me hacía yo.

Mata Cierto hacíais bien en visitar pocas veces; que yo lo tengo por chocarrería esto de España visitar dos veces a todos, aunque no sea de enfermedad peligrosa.

Pedro La mayor del mundo, y señal que saben poco.

Mata Son como las mujeres, que en no siendo hermosas son virtuosas para suplir lo que naturaleza faltó en hermosura con virtud. Así, los médicos idiotas suplen con visitar muchas veces su poca ciencia; pero ¿cómo osabais prometer salud a todos? ¿Todos sanaban? ¿Todas las estériles se empreñaban? ¿A todas les venía su tiempo cuantas tomabais entre manos? ¿A todas se les quitaba el mal de madre?

Pedro — No por cierto; pero algunas con hacerles lo que por vía de medicina se sufre, alcanzaban lo que deseaban; a otras era imposible.

Mata — Y las que no sanaban, ¿no os tomaban a cada paso en mentira? ¿Cómo os eximíais? Ahí no solo era menester urdir, pero tejer.

Pedro — La mejor astucia del mundo les urdí. Hice una medicina en cantidad, que tenía en un bote, que llaman los médicos «gerapliga logadion», que es compuesta de las cosas más amargas del mundo; y ella lo es de tal modo, que la hiel es dulce en su comparación de ella; y cuando veía que no podía salir con la cura, habiendo hecho todos los remedios que hallaba escritos, procuraba de recibir todos los dineros que podía para ayuda de hacer la principal medicina, que era aquélla, y dábale un botecito muy labrado lleno de ella, que serían dos onzas, mandándoles cada mañana tomasen una dragma desatada en cocimiento de pasas; y esto habían de tomar diez y nueve mañanas arreo al salir el Sol, de tal arte que no interpolasen ninguna. Ello era tan amargo, que no era posible hombre ni mujer pasarlo, y la que con el deseo de parir porfiaba tomaba algunos días, mas no todos.

Mata	¿Y si porfiando los tomaba todos o la mayor parte?
Pedro	Nunca faltaba achaque: o que dejó uno, o que interpoló alguno, o que no lo tomó siempre a una hora, y que era menester comenzar de principio.
Juan	¿Y a todos curabais de ese arte en cualquier enfermedad?
Pedro	Nunca Dios tal quiera: que los que estaban de peligro curábanse como era razón; pero los males viejos e incurables han menester maña. Cuando me tomaban en la calle algunos que por amistad querían que les curase males viejos, de septiembre adelante, luego les preguntaba, para escabullirme, de cuánto tiempo había que tenían aquella enfermedad; en respondiendo tantos años, le decía: «Pues yo quiero muy de propósito curarte; pero es menester que como has sufrido lo más sufras lo menos y tengas paciencia desde aquí a marzo, que vendrán las hierbas buenas y podremos hacer medicinas a nuestro propósito», y con esto los enviaba muy contentos; y esto acostumbraba tanto, que el guardián mío, que era intérprete, cuando me veía que oía de mala gana, luego me decía: «Éste, ¿remitirle hemos a las hierbas?»; y aun algunas veces respondía sin darme a mí parte.
Mata	Y venidas las hierbas, ¿nunca os pedían la palabra?
Pedro	Hartas veces; pero para ellos y para los que pedían remedio en verano había otro achaque, que era la

	Luna; aunque fuesen dos días no más de la Luna, les decía que se aparejasen, que a la entrada de la que venía los quería sanar, y como la ciudad es grande no podíamos siempre toparnos.

Juan   ¿Pagaban los que sanaban después cuando andabais de reputación mejor que antes?

Pedro   Todo se iba de un arte. Un mercader turco venía de Alejandría y cayó malo, y viéndose con calentura continua, me prometió diez escudos si le sanaba. Yo pedí para las medicinas dos, y diómelos, y en tres días sanó con sangrarle y purgarle bien; y a tiempo después diome un ducado y díjome que aún le quedaba cierta tos, y en sanando de ella me daría la resta. Comencé de hacerle remedios para aquello, que le costaron dos ducados otros. Ya como el bellaco iba engordando, no podía disimular la salud; por no me pagar, nunca decía que había mejoría de la tos. Díjome un paje suyo renegado que no estaba muy bien con él: «Mira, cristiano: no te mates por venir más acá, que en verdad nunca tose sino cuando te siente subir». Fui a él, y preguntado cómo estaba, respondió que malo de su tos. Díjele: «¿Tú quieres sanar de tal manera que jamás padezcas tos ni romadizo aunque vivas mil años?» Él dijo: «Ojalá tú me dieses tal remedio, que no ando tras otro». Digo: «Pues hágote saber que para Zinan Bajá he mandado hacer un letuario de mucha costa, y el boticario creo que guardó un poco para sí; hagamos que te lo dé, y envía un paje, que yo seré intercesor; tres escudos le daban por ello para un arráez, mas no lo quiso dar; yo te lo haré dar por lo que fuere justo». De vergüenza de ciertos turcos que estaban con él, no pudo dejar de enviar conmigo el paje, el cual trajo el botecico de la «gera logadion», más labrado que otros la solían llevar, y fue menester rogar harto al boticario que se lo diese por los tres ducados, de los cuales hubo medio y yo la resta.

Mata	Pues sé que aquél no estaba de parto ni quería parir, ¿para qué le dabais medicinas de mal de madre?
Pedro	Para que pariese aquellos tres ducados y no volver más allá, perdonándole la resta.
Mata	No había mucho que perdonar, porque me parece que os entregasteis de todos diez.
Juan	¿Qué tanto haría de costa de las medicinas en todo?
Pedro	Más en verdad de medio escudo.
Mata	No era mala cabeza de lobo la «gera pliega», que no costaría toda un escudo.
Pedro	Uno, y aun dos costó, pero bien se sacaron de ella.
Mata	Con pocos botes de esos se acabaría nuestro hospital.
Juan	¿Tuvisteis más conquistas con los médicos del rey?
Pedro	La mayor está por decir, que fue con Zinan Bajá.

| Juan | ¿De qué estuvo malo? ¿Tornole la asma? |

Disputas con los médicos del Bajá

| Pedro | No, sino como había quedado por gobernador de Constantinopla, de rondar de noche la ciudad resfriose e hinchósele el vientre y estómago de ventosidades, que quería reventar, y los judíos, como son tan entremetidos, fuéronle todos a ver, y yo, que fui el primero, quísele decir que tomase una ayuda, y no se lo osaba el intérprete decir, porque lo tienen por medio pulla, y todos, aunque bujarrones, son muy enemigos de ellas. Yo pregunté cómo se llamaba, y dijéronme que «hocna», y díjeselo, y admitiolo y recibiola; pero los judíos no dejaron, estando picados, aunque no lo mostraban, de tornar a sembrar cizaña, y también por ser hombres de respeto mi amo hacía lo que mandaban, y era todo como una jara derechamente al revés. Dábanle a comer espinacas, lentejas y muchos caldos de ave y carnero y leche, que la quería mucho, y en fin, concedíanle comer lo que quería para ganarle la boca y tenerle contento. El protomédico principal, que se llamaba Amón Ugli, y tenía cada día de salario más de siete escudos, pareciéndole que había un poco el bajá mejorado, teniendo presentes los otros médicos y algunos de los privados que tenían sobornados, dijo que por algunas causas en ninguna manera le cumplía curarse con el español cristiano; la una, porque era mozo y podría ser que en su tierra él fuese buen médico, |

pero que allá eran otras complexiones y otra diversidad de tierras, que yo no podía alcanzar, dando ejemplo del durazno que mataba en Persia, y no en Egipto; lo otro, porque yo era su esclavo, y por cualquier cosa que algún enemigo suyo me prometiese podría darle con que muriese, por ser libre, y esto no podía haber habido efecto en la sultana porque en la muerte de ella no ganaba como en la suya; a esto ayudaban todos de mala, de tal suerte que le persuadieron, y yo veía que andaban muy ufanos dándole mil brebajes y no hacían caso de mí. Un paje de la cámara, amigo mío, díjome lo que había pasado, y queriendo el bajá tomar un jarabe díjele que le dejase si no quería morir por ello, hasta que, venidos allí todos los médicos, les probase ser tóxico. Púsele tanto miedo, que los envió a llamar, y yo procuré que se hallasen allí turcos principales de mi parte, y venidos, comencé con muchas sofísticas razones a dar los inconvenientes de ello, diciendo que él, estaba lleno de viento, y que aquel jarabe era frío y se convertiría todo en puro viento, y el dar de la leche era gran maldad, porque, tomado el ejemplo acá fuera, cuando poca leche cuece en un caldero se alza de tal modo que no cabe, y lo mismo hacía tocado del calor del estómago; y ya yo comenzaba a hablar turquesco sin intérprete; como ellos vieron que el ejemplo era palpable, y que tenía razón, dijéronme: «Habla la lengua que entendemos. ¿Para qué habláis la que no sabéis? ¿Pensáis por ventura que los turcos os entienden?»

Mata	Por que no lo entendiesen lo hacían; porque dando voces muy altas, todos contra vos, quienquiera que no entendiera pensara que ellos vencían.
Juan	Costumbre y remedio de quien tiene mal pleito.
Pedro	Dije a mi amo y a los otros que estaban allí, en turquesco: «Señores ¿entendéis esto?» Todos respondieron de sí; y cierto milagrosamente me socorría Dios con vocablos, porque ninguno ignoraba. Satisfízole mucho el ejemplo de la leche al bajá y a los demás que estaban allí, y dijeron que yo tenía razón. Cuando vi la mía sobre el hito pedí de merced me oyesen las satisfacciones que a ciertas cosas que de mí decían quería dar. Hízolo el bajá de buena voluntad y comencé por la primera: «Cuando a lo primero que estos médicos me acusan, que aunque en mi tierra yo sea buen médico acá no es posible ni puedo alcanzar, como ellos, las complexiones, digo que es al revés, que yo soy bueno para acá y ellos para España, porque la medicina que yo sé es de Hipócrates, que fue cien leguas de aquí no más, de una isla que se llama Coo, y de Galeno, que fue troyano, de Pérgamo, una ciudad que no es más de treinta o cuarenta leguas de aquí, y de Aecio, y Paulo Egineta, no más lejos de Constantinopla que los otros. La que estos señores saben, que es poca o nada, es de Avicena y Averroes, que el uno fue cordobés y el otro de Sevilla, dos ciudades de España; así que la mía es propia para acá, y la suya para allá; y si fuese que Vuestra Excelencia, para vengarme de mis enemigos los españoles, yo los enviaría allá, porque verdade-

ramente en pocos años matarían más que todo el ejército turco». Y para probar esto tenía allí un cocinero mayor del bajá, alemán muy gentil, latino y muy leído, e híceselo leer en un rimero de libros que allí tenía aposta yo traídos, y otro de junto a Venecia, que siendo teólogo renegó, también se halló presente.

Juan — La satisfacción estuvo muy aguda, como de quien era, y aunque el bajá fuera un leño no podía dejar de entenderla y quedar satisfecho. ¿Qué decían los judíos a eso?

Pedro — El bajá, reír, y ellos, callar y hacerme del ojo que callase; y yo no quería mirar allá por no los ver guiñar. Cuando a lo que era mozo y no tenía experiencia, aunque era poca la que yo tenía, era mil veces más que la suya, porque con letras y entendimiento y advertir las cosas se sabía la experiencia, que no por los años, que a esa cuenta las mulas y asnos que andaban en las norias y tahonas sabrían más que ellos, pues eran más viejas, y las comadres y los pescadores viejos; y tras esto una parábola, pues la otra les había contentado: «Si Vuestra Excelencia parte en amaneciendo en una barquilla —que estábamos en la ribera del mar— para ir de aquí allí —señalando un trecho—, y no lleva sino dos remos y desde a dos o tres horas parto yo en un bergantín bien armado con muchos remos, ¿cuál llegará primero?» Respondió: «Tú». Preguntele el porqué. Dice: «Porque llevas mejor barco». Digo: «¿Pues Vuestra Excelencia no partió primero tres horas?» «No hace, dijo, eso al caso». Pues tampoco le hace, digo, al caso a estos judíos haber nacido tantos años antes que yo, porque van caballeros en asnos, que son sus entendimientos, y yo corriendo a caballo en el mío, y con ver yo una vez la cosa la sé, porque estudio, y ellos, aunque la vean mil veces, no. Lo mismo acontece en el camino, que uno le va mil veces y no va advirtiendo, y cada vez ha menester guía, y otro no le ha ido más de una y da mejor cuenta que él y le podría guiar; que no hay senda ni atajo que no sabe, ni casa, ni pueblo en medio que no os diga por nombre.

Mata No menos bueno es todo eso que lo primero, y es cierto que también concluiría; ejemplos son que cada día veréis acá, que andan unos mediconazos viejos con las chinelas y bonetes de damasco y mangas de terciopelo raso pegadas al sayo, tomando morcillas y todo si les dan, en unos caballazos de a tres varas de pescuezo, y tienen sumidos los buenos letrados y metidos en los rincones, con ir a visitar sin que los llamen, diciendo que por amigo le visitan aquella vez; y cuando saben que el doctor tal le cura, luego con una risa falsa dice que, aunque es mozo, será bonico si vive; y comienza luego a dar tras los mancebos diciendo que son médicos del templecillo y amigos de setas nuevas. Y como tienen canas, pensando que saben lo que dicen, los cree el vulgo. Como la verdad sea que si los mozos son griegos y los otros bárbaros saben más durmiendo que ellos velando, y tienen más experiencia, verdad es que si el viejo tiene tan buenas letras, lo mejor es: que las canas con buenas letras y trabajo más saben.

Juan	¿No os acordáis cuando fuimos a Santorcaz a holgarnos con el cura, que topamos una mañana un médico de la misma manera como los habéis pintado y salía de una casa donde le habían dado una morcilla que llevaba en la fratiquera?
Pedro	Sé que yo también me hallé ahí cuando le hicimos ir a jugar con nosotros a los bolos; y cuando jugaba, un galgo del cura, como olía la morcilla, siempre se andaba tras él del juego a los bolos y de los bolos al juego, hasta que una vez tomó la bola para sacar siete que le faltaban, y tomó la halda derecha, que como era tan larga le estorbaba, y púsola sobre la otra, y como acortó, descubriose la fratiquera; el perro como la vio, pensando que aquella era la morcilla, arremete y hace presa en fratiquera y todo, que todos juntos no le podíamos hacer que la dejase, de lo que quedó el más corrido del mundo.
Mata	Cada vez que se me acuerda, aunque esté solo me da una risa que no me puedo valer; como dijo después: «Era una pobre que no tenía qué dar, y había matado un lechón, y presentómela para mi huéspeda, que está preñada y no puede comer cosa del mundo ni verla». La tercera satisfacción sepamos.
Pedro	Cuanto a lo que decían que era esclavo y no guardaría fidelidad, yo era cristiano y guardaría mejor mi fe que ellos su ley; de esto era el bajá buen testigo, y en la fe de Cristo tanto pecado era matarle a él como a un príncipe cristiano; y demás de esto, los

españoles guardamos más fidelidad en ley de hombres de bien que otras naciones; y ya que todo esto no fuese, ¿a quién importaba más su vida que a mí? ¿Dónde hallaría yo otro padre que tanto me regalase ni príncipe que tantas mercedes me hiciese? No había yo de ser homicida de mí mismo, ni ganaba yo para Dios en ello, nada más de irme al infierno; ni para mi rey, pues muerto él, que no era más de un hombre, luego le sucedería otro; y desde entonces comenzase a recatarse y traer la barba sobre el hombro, porque lo que se piensa y negocia de día es lo que de noche se sueña, y aquellos judíos debían de urdirle alguna muerte; y no se fiase en que era más poderoso que ellos, que a Cristo, con ser quien era, ellos le mataron, porque muy presto se conforman en lo que han de hacer. Y con esto quedó por mí el campo; mas como habían pasado algunos días que ellos le habían curado y hartado de leche, teníanle cuasi hidrópico, y los remedios que yo le comencé a hacer no pudieron sanarle del todo en dos días, y luego tornaron a estudiar, con el grande odio que me tenían, sobre lo de la leche que yo le había quitado, que por aquello no había ya sanado. Quisiéronme argüir que la de la camella, al menos, fuese buena.

Juan ¿Por qué autoridad se guiaban? ¿No les podíais hacer traer allí los autores, que no es posible que hombre del mundo fuera tan necio que escribiera tal contrariedad?

Pedro No me acotaban otro autor, sino todos los libros. Dicen todos los libros esto; dicen todos los libros estotro. Y desvivíame acotando del Galeno autoridades y llevándoles libros allí e intérpretes turcos que fuesen jueces. Al cabo, concluían con que la del camello era buena. Como no había en aquellos dos días sanado y los turcos son amigos de primera información que se vuelven a cada viento, ni más ni menos que una veleta, acordaron de ponerme perpetuo silencio, en que, so pena de cien palos, en ninguna cosa les contradijese ni hablase con ellos aunque viese claramente que le mataban, porque él estaba determinado de acudir a la mayor parte de pareceres.

Juan   Pues con cuanto os había visto hacer y en él mismo lo del asma, ¿no se persuadía a creer más a vos que a los otros?

Pedro   No; porque el diablo en fin los trae engañados. Sé que más cosas vieron hacer los judíos a Cristo, y con todo siempre estuvieron pertinaces y están; y los turcos no ven, si quieren abrir los ojos, el error en que están. Yo determiné de callar y estar a la mira; y ellos comenzaron de curarle unos días y acabar lo que habían comenzado, de hacerle del todo hidrópico. Y ensoberbeciéronse tanto, que determinaron pagarme el majar de la sultana en la misma moneda; y estábamos en un jardín que se dice «Vegitag», legua y media de Constantinopla, porque era verano, y cada hora me enviaba por unas cosas y por otras; y el pobre Pedro de Urdimalas, algo corrido de las matracas que todos los otros le daban,

	sin osar hablar, y también buscaban cosas que majar a costa de mis brazos.
Mata	Al menos cuando os enviaban por esas cosas, ¿no había algo que sisar?
Pedro	Más bellacos eran: que tanto que cuando se había de tocar dinero ellos enviaban a uno de ellos, que partía la ganancia con todos; hicieron un día, por malos de sus pecados, una recetaza de un pliego, toda de cosas de poca importancia, para ayudas y emplastos, muchas redomilas de aceites, manadillas de hierbas secas, taleguillas de simientes y flores secas, y preguntáronles cuánto costarían; dijeron que quince escudos podrían todas valer, mas que era bien que viniese todo junto. Despachábame a mí el «chiaya», que es mayordomo mayor, que fuese por ello; dijo el Amon Ugli: «Mejor será que vaya uno de éstos, que a ése no entenderán, ni lo sabrá escoger; y denle también dineros, que pague lo que ha traído el cristiano». Fue tan presto hecho como dicho, y valioles la burla más de diez y siete escudos.
Mata	¿No podíais descubrir vos esa celada?
Pedro	¿Qué tenía de descubrir, que valía más su mentira estonces que mi verdad? Era tarde, y el judío que fue por ello no había de venir hasta otro día; yo, como les dolían poco mis pies, fui a traer recado para una ayuda y venir presto; y Rustan Bajá entre tanto vino a visitar a su hermano, que estaba bien fatigado, y de lástima saltáronsele las lágrimas, y a mi amo, de

miedo, pensando que lo hacía por haberle dicho los médicos que se moría. Retrájosele el calor adentro y desmayose, y estuvo así un rato, hasta que medio tornó en sí. Fuese el Rustan Bajá, porque no usan hacer visitas más largas de preguntar cómo está y salirse.

Mata   ¿Pues cómo siendo hermanos?

Pedro   Porque son tan recatados que pensarían, si mucho hablasen, que urdían traición al rey. Vierais los judíos huir, como no le hallaron pulso, en una barca con todos sus libros, que se estaban ya en el jardín de propósito, y el camino se les hacía bien largo; y topelos, y díjeles dónde iban; dijéronme cómo mi señor era muerto y que la ayuda bien la podía derramar. En llegando al jardín vi que todos lloraban; y entré de presto a tomarle el pulso, y hallele sin calentura y como un hombre atrancado que no podía hablar, y apretele la mano diciendo: «¡Qué ánimo es ése! Vuestra Excelencia no tema, que la mejor señal que hay para que no se morirá es de que los judíos van todos huyendo y le dejan por muerto sin saber la causa del accidente». Y mandé traer presto dos cucharadas de aguardiente, e híceselas tomar, y díjele que si de esta moría me cortasen la cabeza. Estuvo bueno y regocijado aquella noche, que estaba propio para hacer mercedes, y estimó mi consejo en mucho y el ver cuán firmemente tenía yo que no era nada. Sabiendo aquella noche los judíos la mala nueva de que por el presente no quería morirse, helos aquí a

	la mañana con todo su ajuar, así de libros como de medicinas.
Mata	¿Y osaron parecer entre gente? Bien dicen que quien no tiene vergüenza todo el mundo es suyo.
Pedro	Como si no hubiera pasado cosa por ellos; ¡tan hechizado tenían ya a mi amo con su labia!
Mata	¿De dónde decían que venía?
Pedro	De buscar mil recados que para sanarle traían, y tener acuerdo con los libros que tenían en casa, para mejor le curar.
Juan	¿Y creyolos?
Pedro	Como de primero.
Juan	¿Pues qué diablo de gente es? Mayor pertinacia me parece esa que la de los judíos, pues lo que tantas veces veían creían menos.
Pedro	Siempre cuando se quejan dos gana el primero, y en cosa de estos pareceres el postrero; y como los bellacos sabían tan bien la lengua siempre hablaban a la postre; aunque le tuviese de mi parte le mudaban luego. Comienzan de sacar drogas de una talega y mostrar al bajá, y los manojuelos de poleo y mestranzos y calamento y otros; así decían: «¿Ve Vuestra Excelencia esto?; viene de Chipre, estotro de Candia, aquello de tal India, estotro de Damasco»;

y sin vergüenza ninguna de mí; yo, algo enojado, dije al bajá al oído que me hiciese merced de pues era cosa que le iba la vida, mandase que yo hablase allí y me diesen atención; lo cual hizo de buena gana, porque la noche antes había cobrádome un poco de crédito, y díjeles: «Señores...»

Mata	¿En qué lengua?
Pedro	En turquesco, que nunca Dios me faltaba; no por vía de disputa ni de contradecir cosa que haréis, sino para saber: «¿esas hierbas no serían mejores y de más virtud frescas que secas?» Dijo el Amón: «Bien habéis estado atento a lo que hemos dicho. ¿No oísteis que ésta viene de doscientas leguas, y estotra de mil; aquélla de Indias, la otra de Judea? ¿Pensáis que estáis en vuestras Españas, que hay de estas?» «Ya lo tengo —digo—, señores, entendido, y no digo sino si las hubiese, por si Dios me lleva en mi tierra, que decís que las hay, sepa alguna cosa de nuevo». Respondieron todos a una: «No hay que dudar sino que si se hallasen sería mil veces mejores». Pregunté al bajá si había entendido lo que decían, y él dijo que sí; y tornóselo él mismo a preguntar, y refirmáronse en sus dichos; estonces yo digo: «Pues, señor, mande Vuestra Excelencia poner la caldera en que se han de cocer al fuego, con agua, y si antes que hierva no trajese todas estas hierbas frescas y algunas más, en llegando quiero que se me sea cortada la cabeza; porque Vuestra Excelencia vea cómo éstos no saben nada más de robar». Respondió el Amon: «Si vos trajéredes ésta, mostrándome un poco de centabra,

yo os daré un sayo de brocado, si no vais a España por ella». El bajá prestamente mandó ser puesto todo por la obra, y voy con mis guardianes y un azadón a una montañuela que estaba del jardín un tiro de ballesta pequeña, donde yo algunas veces cuando curaba a la sultana había ido por todas las hierbas y raíces que había menester, y donde sabía claramente que estaban todas, y comienzo de arrancarlas con sus raíces y todo, y tomo un grande haz de ellas y otras que ellos no habían traído, y entro cargado con mi azadón y todo en la cámara del bajá, donde estaba toda la congregación, y arrojé junto a mi amo el haz, bien sudando, y que no me alcanzaba un huelgo a otro, y comencé de tomar un manojuelo de secas y una rama de verdes, y juntábalas y mostrándoselas a mi amo decía: «¿Soltan buhepbir della?»: «¿Señor, esto no es todo uno?» A lo cual respondía, como no lo podía negar: «ierchec»: «es grande verdad»; y tomaba otra y decía lo mismo; hasta que no había más de las secas, y comencé de mostrar otras que también hacían al propósito, y eché la centabra sobre la cabeza del judío y díjele: «Dadme un sayo de brocado, y tomá esta hierba».

Mata   Él os diera dos por no la ver. ¿Y qué dijo a eso? No faltara allí confusión; maravíllome no alegar el texto del Evangelio: «in Belzebut principe demoniorum ejicit demonia».

Pedro   Antes respondieron lo mejor del mundo, que el diablo que los guía, como yo después les dije, les faltó al tiempo que más era menester. Salió Amon

Ugli y dijo: «Señor, yo, en nombre de todos, te juro por el Dios de Abraham y por nuestra ley, enviada del cielo, que tienes en casa al que has menester, y que si ése no te cura, nadie del mundo baste a hacerlo; y como ya sabe Vuestra Excelencia, nosotros, por la grande sujeción que os tenemos, no osamos salir al campo a buscar si hay estas cosas, porque nos matarían por quitarnos las capas; no pensábamos que tal cosa hubiese, y así con las naves que van a esos lugares que dije enviamos a proveernos de todo». Salida allá fuera en conversación, yo les dije: «Señores, pídoos por merced que no os toméis conmigo, que maldita la honra jamás ganéis, porque por virtud del carácter del bautismo, sé las lenguas todas que tengo menester para confundiros, y ganaréis conmigo más por bien que por mal».

Juan — Razonablemente de contento quedara vuestro amo.

Pedro — Como si le dieran otro estado más como el que tenía; y os diré que tanto, que aquel mismo día hizo testamento muy solemne y la primera manda es dejarme libre si se muriese; y mandome venir delante de él con mis guardianes y diome una sotana de muy buen paño, morada, y a ellos sendas otras de un paño razonable y cada cuatro escudos; y díjoles: «Yo os agradezco mucho la buena guarda que de este cristiano me habéis tenido hasta agora, pues Dios le ha hecho libre; de aquí adelante dejadle andar, y vosotros idos a mi torre a guardar los otros cristianos, que éste guardado está»; y desde aquel día adelante comencé de gozar alguna libertad y servir con tanta afición y amor, que no me hartaba de correr cuando me mandaban algo, y comedíame tanto, que si veía que el bajá mandaba alguna cosa a uno de sus criados, yo procuraba ganar por la mano y hacerla. Vino la privanza a subir tanto de grado y estar todos en casa tan bien conmigo, como ya sabía la lengua, que un día, estando purgado el bajá algo fatigado, levantose al servidor, y cierto en aquella tierra ni saben servir ni ser servidos; y como yo vi que ningún regalo hacían a la cama, ni siquiera igualarla, dejo caer mi capa en tierra y abrazo toda la ropa y quítola de la cama y hago en el aire la cama bien hecha, de lo que quedó el bajá tan espantado y contento, que mandó que sirviese yo en la cámara, y dende a pocos días proveyó al camarero un cargo y mandome que yo fuese camarero suyo, lo cual acepté con grande aplauso de toda la casa; y de tal manera, que no se levantara por ninguna vía ni se revolviera si yo no lo hacía. Cada mañana había yo de ir a la cocina y ordenarle la comida; y cuando quería comer era menester que yo sirviese de maestresala, y en ninguna manera se le llevara la comida si yo no iba con una caña de Indias en la mano a decir que la trajesen; y venía delante de ella y yo por mi mano se lo cortaba y daba de comer, y me comía delante de él los relieves.

Pedro   Más, al menos, que los judíos.

Juan   ¿Pues no son liberales en el ordenar la comida?

Pedro	Yo os diré: un día que el bajá se purgaba fueron a la cocina y dijeron al cocinero que cociese media ave y diese del caldo sin sal media escudilla, y después la sazonase porque había de comerla el bajá. Yo, como los vi mandar aquello, atestelos de hijos de puta, bellacos, y mandé poner cuatro ollas delante de mí y en cada una echasen dos aves. En la una se cociesen sin sal, con garbanzos; en la otra, con raíces de perejil y apio; en la otra, con cebollas y lentejas; la última, con muchas hierbas adobadas, y asasen otras dos también por si quisiese asado. Ellos luego dijeron: «¿Ut quid perditio hec?» Digo: «Por que sepáis que nunca curasteis hombre de bien; ¿cómo?, ¿a un tan gran señor tratáis como se había de tratar uno de vosotros?; cómanse estas gallinas después los mozos de cocina». No dejé de ganar honra con mi amo cuando lo supo.
Juan	Con los cocineros creo que no se perdió.
Mata	¿Pensáis que es mala amistad en casa del señor? No menos la querría yo que la del más principal de casa.
Juan	Y de allí adelante, ¿mejoraba o empeoraba?
Pedro	Ora mejoraba, ora se sentía peor, como la hidropesía estaba ya confirmada.
Juan	¿Era sujeto a medicina? ¿Tomaba bien lo que le dabais?

Pedro — Por lo que pasó con el caldo sin sal de la primera purga que le di lo podréis juzgar; porque le dejé un día ordenado, habiendo tomado las píldoras, que media hora antes de comer tomase una escudilla de caldo sin sal; pensando que para cada día se lo mandaba, le duró cuarenta días, que lo tomaba cada día, hasta que, como le sabía tan mal, un día me rogó que si podía darle otra cosa en trueco de aquello lo hiciese, porque estaba ya fastidiado. Venido a saber qué era, contome cómo cada día tomaba aquel brebajo. Yo le desengañé con decir que era muy bien que le hubiese tomado, mas que yo no lo había ordenado más de para el día de las píldoras.

Juan — En propósito he estado mil veces de preguntar esto del caldo sin sal a qué propósito es, o si se puede excusar, porque a mí y aun a muchos es peor de tomar que la misma purga. Paréceme a mí que cuatro granos de sal poco hacen ni deshacen.

Pedro — Es como la necedad común del refrán de la pobreza que no es vileza; que se van los médicos al hilo de la gente sin más escudriñar las cosas a qué fin se hacen. No se me da más que sea con sal que sin sal, ni que sea caldo que agua cocida. El fin para que los que escribieron lo dan es para lavar la garganta y tripas y estómago, y en fin todas las partes por donde ha pasado, porque no quede algún poquillo por allí pegado que después haga alguna mordicación y alborote los humores. Esto tan bien lo hace con sal como sin ella.

Mata	A mí me cuadra eso; y un médico muy grande, francés, que pasó por aquí una vez, curando a ciertos señores les daba el caldo con sal, y agua con azúcar otras veces.
Pedro	Eso mismo se usa en todo el mundo, sino que muchas cosas se dejan de saber por no les saber buscar el origen; sino porque mi padre lo hizo, yo lo quiero hacer.
Mata	¿Qué se hizo de los judíos? ¿Nunca más aparecieron?
Pedro	Yo hice que los despidiesen a todos, sino a dos, los principales que estuviesen allí.
Mata	¿Para qué?
Pedro	Eso mismo me preguntó mi amo un día; que pues no se hacía más de lo que yo mandaba, ¿para qué tenía allí aquellos médicos a gastar con ellos? Díjele: «Señor, ésos yo no los tengo para Vuestra Excelencia, sino para mi satisfacción; si Dios quiere llevar de este mundo a Vuestra Excelencia, no digan que yo le maté, y también para que un príncipe tan grande se cure con aquella autoridad que conviene, pues tiene, gracias a Dios, bien con qué lo pagar».
Juan	¿Contradecíanos en algo?
Pedro	Antes estábamos en grande hermandad, y decían mil bienes de mí en ausencia al bajá; y cuando le

venían a ver, primero hablaban conmigo, preguntándome cómo había estado, y lo que yo les respondía, aquello mismo decían dentro.

Juan   No entiendo eso.

Pedro   Si yo decía que tenía calentura, ellos también, si que no la tenía, ni más ni menos; ya no me osaban desabrir ellos.

Mata   ¿Y otros?

Pedro   Cada día teníamos médicos nuevos en casa, a la fama que tenía de ser liberal.

Mata   Sé que ya no los creía.

Pedro   Como si no hubiera pasado nada por él; pero eran médicos de las cosas de su ley con palabras y sacrificios, a lo cual ni los judíos ni yo osábamos ir a la mano, y ninguno venía que no prometiese dentro de tres días darle sano, y a todos creía. Dijéronle los letrados de la ley de Mahoma que los médicos no entendían aquella enfermedad ni la sabrían curar; que era la causa de ella que algunos que le querían mal habían leído sobre él, que es una superstición que ellos tienen, que si quieren hacer a uno mal leen cierto libro sobre él, y luego le hacen o que no hable y que no ande, o le ciegan, o semejante cosa; y el remedio para esto era que buscase grandes lectores y que leyesen contra aquéllos, y de este modo sanaría. Costole la burla más de siete mil ducados.

Mata	¿De solo leer? ¿Maravedís diréis?
Pedro	No, sino ducados, y aun de peso; porque hizo poner un pabellón muy galán en medio el jardín, que podían caber debajo de él cincuenta hombres, y de día y noche por muchos días venían allí muchos letrados a leer su Alcoran y otros libros, y velaban toda la noche, y a la mañana se iban con cada cuatro piezas de oro y venían otros tantos, de manera que nunca se dejase de leer; tras esto, mil hechiceros, unos hincando clavos, otros fijando cartas, otros dándole en la taza que bebía una carta para que se deshiciese allí.
Juan	¿Y todos ésos prometían a tres días la salud?
Pedro	Todos, y nadie salía con ella; vino una mujer que a mi gusto lo hizo mejor que nadie, y tenía grande fama entre ellos, que cada día la primera cosa que veía por la mañana hacía que fuese una cabra negra, y tras esto pasaba tres veces por debajo de la tripa de una borrica, con ciertas palabras y ceremonias, y era la cosa que más contra su voluntad hacía, porque era un hombrazo y con una tripa mayor que un tambor: ya podéis ver la fatiga que recibiría. Entre éstas y éstas le daba un letuario lleno de escamonea, que le hacía echar las tripas. Dijo que era menester hacer un pan en un horno edificado con sus ceremonias, y proveyose que en un punto fuesen los maestros con ella y la obreriza necesaria, y que juntamente le llevasen cuatro carneros. Yo fui a ver lo que pasaba,

por el deseo que de la salud de mi amo tenía, y en una parte de la casa, donde era buen lugar para el horno, tomó una espada, y con ciertas palabras, mirando al cielo, la desenvainó y comenzó de esgrimir a todas las partes, y puso en cuadro los carneros maniatados donde el horno había de estar, y dio al cortador el espada para que los degollase con ella, y después de degollados mandoles dar a unas hijas suyas arriba, y sobre la sangre comenzaron a edificar su horno con toda la prisa posible, de suerte que en un día y una noche estaba el mejor horno que podía en Constantinopla haber, y allí echó un bollo con sus ceremonias, y llevósele al bajá, diciendo que comiese aquél, con el cual había de ser luego sano, y no dejase para que se cumpliesen los nueve días hacer lo de la cabra y la asna. Ella se fue a su casa, y dejose a mi amo peor que nunca.

Juan Ella lo hizo muy avisadamente, porque no quería más de tener horno y carnero para cecina, y merecía muy bien ese bajá todas esas burletas, pues lo creía todo.

Pedro Vino tras ésta otro que dijo que veinticuatro horas podía tener el mal, y no veinticinco, si luego le daban recado; y pidió una mesa allí delante y tras esto cinco ducados soldaninos que llaman, que tienen letras arábigas, y que fuesen nuevos. No fue menester, por la gracia de Dios, irlos a buscar fuera de casa. Cuando los tuvo sobre la mesa dice: «Tráiganme aquí un clavo de un ataúd de judío, y una manzana de palo (que tienen los ataúdes de los turcos, en que llevan el tocado del muerto), y la tabla de otro ataúd de cristianos». Todo fue con brevedad traído, y puso la tabla sobre la mesa y los ducados sobre la tabla, y tomó la manzanilla con una mano y el clavo en la otra; y alzados los ojos arriba, no sé qué murmuraba y daba un golpe en el ducado y agujereábale, y tornaba a decir más palabras y daba otro golpe; en fin, los agujereó todos, y dijo que aparejasen el almuerzo porque a la mañana no habría más mal en la tripa que si nunca fuera, con lo que había aquella noche de hacer en las letras de los ducados, y tomó sus ducados en la mano y fuese hasta hoy aunque le esperaban bien.

Mata	¡Dios, que merecía ése una corona, porque hizo la cosa mejor hecha que imaginarse puede, porque sepan los bellacos a quién tienen de creer y a quién no!
Juan	De allí adelante, al menos, bien escarmentado quedara.
Pedro	Maldito; lo más que si ninguna cosa hubiera pasado por él de éstas; porque otro día siguiente vino otro que le hacía beber cada día media copa de agua de un pozo, y cada día leía sobre el pozo una hora; y mandó al cabo de ocho días que fuesen a buscar si por ventura hallasen algo dentro; y entró un turco y sacó un esportillo, dentro del cual estaba una calavera de cabrón con sus cuernos, y otra de hombre y muchos cabellos, y valióle un vestido al bellaco del

hechicero, no considerando que él lo podía haber echado.

Juan   ¿Pues qué decía que significaba?

Pedro   Que el que lo echó causó el mal, y había de durar hasta que lo sacase; mas no curó de esperar más fiestas. Diéronle dos ducados, con los cuales se fue y sin pelo malo. Tras todo esto vino un médico judío de quien no rezaba la Iglesia, que se llamaba él licenciado, y prometió si se le dejaban ver que le sanaría. El bajá, por ser cosa de medicina, cuando vino remitiómelo a mí rogándome que si yo viese que era cosa que le podría hacer provecho, por envidia no lo dejase. Yo se lo prometí, y cuando vino el señor licenciado comenzó de hablar de tal manera que ponía asco a los que lo entendían. Yo le dije: «Señor, ¿en cuántos días le pensáis dar sano?» Dijo que con la ayuda del Dios en tres. Repliqué si por vía de medicina o por otra. Él dice que no, sino de medicina; porque aquello era trópico y le habían de sacar, que era como un gato, y otros dos mil disparates; a lo cual yo le dije: «Señor, el grado de licenciado que tenéis, ¿hubístele por letras o por herencia?» Dijo tan simplemente: «No, señor, sino mi agüelo estudió en Salamanca e hízose licenciado, y como nos echaron de España, vínose acá, y mi padre fue también médico que estudió en sus libros y llamose así licenciado, y también me lo llamo yo». Digo: «¿Pues a esa cuenta también vuestros hijos, después de vos muerto se lo llamarán?» Dice: «Ya, señor, los llaman licenciaditos». No pude estar sin reírme, y el bajá preguntó que qué cosa era, si cumplía o no. Respondile que no sabía; reprehendiome diciendo que cómo era posible que no lo supiese. Digo: «Señor, si digo a Vuestra Excelencia que no sabe nada, luego me dirán que le destierro cuantos médicos hay que le han de sanar; si le digo que sabe algo, será la mayor mentira del mundo, y hanme mandado que no mienta; por eso es mejor callar». Ayudáronme de mala los protomédicos que allí estaban, y tuvimos que reír unos días del señor licenciado con sus licenciaditos.

Juan De reventar de risa era razón, cuanto más de reír. ¿Y en estos medios hacíaisle algunas medicinas o dejabais hacer a los negrománticos?

Pedro Siempre en el dar de comer asado y bizcochos y tomar muchos jarabes y letuarios apropiados a la enfermedad continuábamos nuestra cura, hasta que quiso Dios que se le hinchó la bolsa de tanto grado que estaba mayor que su cabeza, y comencé de ponerle mil emplastos y ungüentos, que adelgazaron el cuero y comenzó de sudar agua clara como del río, en qué manera, si pensáis que le agujereé la cama para que cayese en una bacía lo que destilaba, y hallé pesándolo que cada hora caían tres onzas y media de agua, por manera que si no me fueseis a la mano os diría el agua toda que salió cuánto pesó.

Mata Como sea cosa de creer, ¿quién os tiene de contradecir?

Pedro	Pues no lo creáis si no quisiéredes, mas yo os juro por Dios verdadero que pesó once ocas.
Juan	¿Cuánto es cada oca?
Pedro	Cuarenta onzas; en fin, cuatro libras medicinales.
Mata	¿Qué es libra medicinal?
Pedro	De doce onzas.
Mata	¿De manera que son cuarenta y cuatro libras de esas?
Pedro	Tantas.
Mata	Porque vos lo decís yo lo creo, pero otro me queda dentro.
Juan	Yo lo recreo, por el juramento que ha hecho, y sé que no está agora en tiempo de mentir, cuanto más que qué le va a él en que sean diez ni ciento.
Mata	Ello por vía natural, como dicen, ¿podíase convertir el viento en agua?
Pedro	Muy bien.
Mata	De esa manera yo digo que lo creo, que se engendraba cada día más y más.

Pedro No menos hinchado quedó siendo salida tanta agua que si no saliera nada, porque la parte sutil salió y quedose la gruesa, por no haber por dónde saliese; lo cual fue causa de romper toda nuestra amistad, porque viendo yo que se tornaba de color de plomo y dolía terriblemente y se canceraba, fui de parecer que luego le abriesen, y los protomédicos, que no en ninguna manera: ¡tanto es el miedo que aquellos malaventurados tienen de sangrar y abrir postemas! Yo dije, como era verdad, que si esperaban a la mañana, el fuego no se podría atajar; por tanto, luego mandasen hacer junta de todos los cirujanos y médicos que hallasen, los cuales vinieron luego, y propuesto y visto el caso no había hombre que se atreviese sino solo aquel mi compañero viejo de quien arriba he dicho, y llegueme a la oreja a un cirujano napolitano judío que había estado en Italia y se llamaba Rabi Ochana, y díjele: «Si tú quieres ganar honra y provecho, ven conmigo en mi opinión, que todos estos son bestias, y yo haré que quedes aquí en la cura». Él fuese tras el interés y dijo que estando él con el marqués del Gasto, había curado dos casos así y ninguno había peligrado; no sabía por qué aquellos señores contradecían tanto. Yo hablé el postrero de autoridad y digo: «Contra los que dicen que se abra no tengo qué argüir, porque me parece tienen gran razón; pero los que dicen que no, ¿cómo lo piensan curar?» Dijo el Amon Ugli: «Con empastos por de fuera y otros ungüentos secretos que yo me sé». Digo: «Pues ¿por qué estos días no los habéis aplicado?» Respondiome: «Porque no han sido menester». Digo: «¿Pues no veis que mañana estará hecho cáncer, y lo que está dentro, que es materia gruesa, si no le hacéis lugar, por dónde ha de salir?» El bajá, visto el dolor mortal, envió a decir a su hermano Rustan Bajá el consejo de los médicos, y cómo la mayor parte decía de no y qué le parecía que hiciese. La sultana le envió su eunuco a mandar expresamente que ninguna otra cosa hiciese sino lo que el cristiano español mandase, y lo mismo el hermano, y a mí que me rogaba que mirase por la salud de mi amo y no consintiese hacerle cosa que a mí no me pareciese ser buena y probada. Despidieron y pagaron los médicos todos, que no quedó sino uno, yerno del Amon, que se llamaba Josef, y el cirujano Rabi Ochana; y otro día por la mañana mandeles a los cirujanos se pusiesen en orden y le abriesen, lo que pusieron por obra y salió infinita materia; pero porque no se desmayase yo lo hice cerrar y que no saliese más, por sacarlo en otras tres veces.

Juan	¿No era mejor de una, pues era cosa corrompida? ¿Qué mal le tenía de hacer sacarle la materia toda?
Pedro	Podíase quedar muerto, porque no menos debilita sacar lo malo que lo bueno.
Juan	El por qué.
Pedro	No es posible que a vueltas de lo malo no salga grande cantidad de bueno; y como iba saliendo, él sentía grandísima mejoría, y cuanto más iba, más; y de aquella vez quedó muy enemigo con todos los

médicos que no le querían abrir, diciendo que claramente le querían matar.

Mata — ¿Y vos entendíais algo después de abierto de su mal?

Pedro — ¿Cómo si entendía?

Mata — Dígolo porque ya era caso de cirugía y los médicos no la usan.

Pedro — No la dejan por eso de saber, antes ellos son los verdaderos cirujanos.

Mata — Pues acá, en viendo una herida, o llaga, o hinchazón, luego lo remiten al cirujano y él comienza a recetar muy de gravedad.

Pedro — Esa es una gran maldad, y mayor de los que lo consienten; porque ni puede purgar ni sangrar más que un barbero sin licencia del médico, sino que los malos físicos han introducido esa costumbre, como ellos no sabían medicina, de descartarse; y los confesores no los habían de absolver, porque son homicidas mil veces, y pues no escarmientan por el miedo de ofender a Dios, que la justicia los castigase.

Mata — Pues, ¿qué es el oficio del cirujano, limpia y cristianamente usado?

Pedro — El mismo del verdugo.

Mata — No soy yo cirujano de esa manera.

Pedro   Hanse el médico y el cirujano como el corregidor y el verdugo, que sentencia: a éste den cien azotes, a éste traigan a la vergüenza, al otro corten las orejas; no lo quiere por sus manos él hacer, mándalo al verdugo, que lo ejercita y lo hará mejor que él, por nunca lo haber probado, pero ¿claro no está que el verdugo, pues no ha estudiado, no sabrá qué sentencia se ha de dar a cada uno?

Mata   Como el cristal.

Pedro   Pues así el médico ha de guiar al cirujano: corta este brazo, saja este otro, muda esta bizna, limpia esta llaga, sangradle por que no corra allí la materia, poned este ungüento, engrosa esa mecha, dadle de comer esto y esto, en lo que mucho consiste la cura.

Mata   Y si ese tal ha estudiado, ¿no lo puede hacer?

Pedro   Ése ya será médico y no querrá ser inferior un grado.

Mata   Pues muchos conozco yo y cuasi todos que se llaman bachilleres y aun licenciados en cirugía.

Pedro   ¿Habéis visto nunca graduado en ahorcar y descuartizar?

Mata   Yo no.

Pedro   Pues tampoco en cirugía hay grados.

Mata	¿Pues en qué Facultad son éstos que se lo llaman?
Pedro	Yo os diré también eso: ¿nunca habéis visto los que tienen vacadas guardar algunos novillos sin capar, para toros, y después que son de tres años, visto que no valen nada, los capan y los doman para arar, y siempre tienen un resabio de más bravos que los otros bueyes, y tienen algunas puntas de toros que ponen miedo al que los junce?
Mata	Cada día, y aun capones que les quedan algunas raíces con que cantan como gallos.
Pedro	Pues así son éstos, que estudiaban súmulas y lógica para médicos, y como no valían nada quedáronse bachilleres en artes de «tibi quoque»; sus padres no los quieren más proveer, porque ven que es coger agua en cesto, y otros, aunque los provean, de puros holgazanes se quedan en medio del camino, y luego compran un estuche, y alto, a emplastar incordios, quedándose con aquel encarar a ser médicos.
Juan	Está tan bien dicho, que si me hallase con el rey le pediría de merced que mandase poner en esto remedio, como en los salteadores, porque deben de matar mucha más gente.
Mata	Y aun robar más bolsas.
Pedro	Pues los barberos también tienen sus puntas y collares de cirujanos, pareciéndoles que en hallándose con una lanceta y una navaja, en aquello solo con-

siste el ser cirujano. Una cosa os sé decir, que donde yo estoy no consiento nada de esto, si lo puedo estorbar.

Juan   Sois obligado, so pena de tan mal cristiano como ellos.

Pedro   Así, tenía aquellos cirujanos del bajá, que ninguna cosa hacían si no la mandaba yo primero. El judío era algo fantástico y quísoseme alzar a mayores porque se vio favorecido; mas yo luego le derribé tan bajo cuan alto quería subir; en fin, determinó mudar costumbre e hízose medio truhán, que decía algunas gracias.

Juan   ¿Y era buen oficial?

Pedro   Todo era palabras: que yo, a falta de hombres buenos le tomé. Siempre el otro lo hacía todo, y éste, por parecer que hacía algo, tenía la candela al curar y estaba tentando y geometreando porque pensasen que enseñaba al otro viejo; los sábados, comenzando del viernes a la noche, no alumbraba, porque conforme a su ley no podía tener candela en la mano, pero todavía parlaba. Tenía yo un día la candela, y son tan hipócritas, que por ninguna cosa quebrantarán aquello, y hacen otros pecadazos gordos; y fue necesidad que yo fuese a no sé qué y dábale la candela que tuviese entre tanto, y él huía las manos, y yo íbame tras ellas con la llama y quemábale, lo cual movió al bajá a grandísima risa, y más cuando supo la ceremonia y la hipocresía de guardarla delante de él. Aquel día habían traído un cesto de moscateles presentado de Candia, porque en Constantinopla, aunque hay grande abundancia de uvas, no hay moscateles, y pidió el bajá que se los mostrasen, y trajeron un plato grande de ellos, y tomó unos granos, pidiéndome licencia para ello, y después tomó el plato e hizo merced de ellos al judío, que no era poco favor, y diómele a mí que se le diese; cuando se le daba extendió la mano y asió el plato; yo tiré con furia entonces, y no se le di y dije: «Birmum tut maz emtepzi tutar». «¡Hi de puta! ¿no podéis tomar la candela y tomáis el plato, que pesa como el diablo? A fe que no los comáis». El bajá, harto de reír, mandome, movido a compasión de cómo había quedado corrido, que se los diese y muy de veras; al cual respondí que no me lo mandase, que por la cabeza del Gran Turco y por la suya grano no comiese, y senteme allí delante y comime todas mis uvas, con gran confusión del judío, que siempre me estaba pidiendo de ellas cuando las comía, y de allí adelante vio que no se habían de guardar todas las ceremonias en todo lugar, y tomaba ya los sábados candela, con propósito de hacer penitencia de ello.

Juan	¿Y vos, guardabais allí ceremonias?
Pedro	Cuanto a los diez mandamientos, lo mejor que podía, porque nadie me lo podía impedir; mas las cosas de «jure positivo» ni las guardaba ni podía; porque si el viernes y cuaresma no comía carne sentándome a la mesa de los turcos, que siempre la comen, yo no tenía otra cosa que comer, y fuera peor, según el

grande trabajo que tenía de dormir en suelo, junto a la cama de mi amo, y aun ojalá dormir, que noventa días se me pasaron sin sueño, dejarme morir, cuanto más que se me acordaba de San Pablo, que dice que «si quis infidelis vos vocaverit et vultis ire, quidquid apponet odite, nihil interrogantes propter conscientiam; Domini si quidem est terra et plenitudo eius». No os lo quiero declarar, pues lo entendéis.

Mata   Yo no.

Juan   Dice San Pablo que si algún infiel os convidare y queréis ir, comed de cuanto delante se os pusiere sin preguntar nada por la conciencia: que, como dice David, del Señor es la tierra y cuanto en ella hay. Pero mirad, señor, que se entiende cuando San Pablo predicaba a los judíos para convertirlos, y después acá hay muchos Concilios y Estatutos con quien hemos de tener cuenta, que la Iglesia ha hecho.

Pedro   Ya lo sé; pero estando yo como estaba y en donde estaba, me parece estar en aquel tiempo de San Pablo cuando esto decía, no teniendo qué comer sino lo que el judío o el turco me daban, y mayor pecado fuera dejarme morir. El oír de la misa no lo podía ejecutar, porque con el oficio que tenía de camarero no era posible salir un punto de la cámara, y otras obras así de misericordia, aunque la de enterrar los muertos bien me la habían hecho ejecutar, haciéndome llevar el muerto acuestas a echar en la cava.

Mata   ¿Pues hay quien diga misas allá?

Juan	Eso será para cuando hablemos de Constantinopla; agora sepamos en qué paró la cura del bajá.

El bajá da libertad a Pedro

Pedro	A lo primero respondo, por que Mátalas Callando no quede preñado, que quien tiene libertad oirá misas todas las que quisiere cada día, y todos los oficios como en Roma, y de esto no más, hasta su tiempo y sazón. Quiso Dios que el bajá sanó de su enfermedad de hidropesía y de la abertura de la bolsa, y la pascua suya tienen por costumbre dar de vestir a toda su casa y hacer aquel día reseña de todos, que le vienen uno a uno a besar la mano; y como aunque sano estaba en convalescencia, mandome que le vistiese como yo quisiese, y púsele todo de tela de plata y brocado blanco y saquele a una fuente muy rica que tenía en una sala, en donde tardó con grandísima música gran pieza el besar de la mano; y cuando todos se hubieron ya con sus ropas nuevas hecho, vino el mayordomo mayor y echome una ropa de brocado acuestas porque veáis la magnificencia de los turcos en el dar, y el tesorero me dio un pañizuelo con cincuenta ducados en oro, y cuando me hinqué de rodillas para besar la mano a mi amo, tenía la carta de libertad hecha y sellada, reboltada como una suplicación y púsomela en la mano y comenzaron de disparar mucha artillería y tocar músicas, y tornando a porfiar para besarle el pie, asiome por el brazo y abrazome, y diome un

beso en la frente, diciendo: «Ningunas gracias tienes que me dar de esto, sino a Dios que lo ha hecho, que yo no soy parte para nada. Aunque agora te doy la carta, no te doy licencia para que te vayas a tu tierra hasta que yo esté en más fuerzas; ten paciencia hasta aquel tiempo, que yo te prometo por la cabeza del Gran Turco de te enviar de manera que no digas allá en cristiandad que has sido esclavo de Zinan Bajá, sino su médico». Yo le respondí, inclinándome a besarle otra vez el pie y la ropa, que besaba las manos de su excelencia y no me tuviese por tan cruel que le había de dejar en semejante tiempo hasta que del todo estuviese sano, antes de en cabo del mundo que me hallara tenía de venir para servirle en la convalescencia, donde más necesidad hay del médico.

Juan	Estoy tan aficionado a tan humano príncipe, que os tengo envidia el haber sido su esclavo, y no dejaría de consultar letrados para ver si es lícito rogar a Dios por él.
Pedro	Después de muerto tengo yo el escrúpulo que en vida ya yo rogaba mil veces al día que le alumbrase para salir de su error.
Mata	Y la carta, ¿qué la hicisteis? ¿Traíaisla con vos o confiábaisla de otro?
Pedro	El mayordomo mayor, aquel que me dio la ropa de brocado, con temor de que estaba en mi mano y me podría venir cuando quisiese, sin que nadie me lo pudiese estorbar, me la pidió para guardár-

mela hasta que me quisiese venir, y entre tanto, para entretenimiento, me dio una póliza por la cual me hacían médico del Gran Turco con un ducado veneciano de paga cada día, de ayuda de costa.

Juan   ¿Cuánto es el ducado veneciano?

Pedro   Trece reales.

Mata   No dejara yo mi carta por cien mil ducados venecianos del seno.

Pedro   Hartos necios me han dicho esa misma necedad. ¿Luego pensáis que si yo no viera que el bajá lo mandaba así que no la supiera guardar? No pude hacer menos: que si por malos de mis pecados dijera de no o refunfuñeara, luego me levantaran que rabiaba, y me quería ir, y fuera todo con el diablo, rocín y manzanas.

Juan   A usadas, mejor consejo tomasteis vos cuanto más que la honra y provecho de médico del Gran Turco valían poco menos que la libertad. ¿Y qué dio a los judíos?

Pedro   Cada cien ducados y sendas ropas de brocado. ¡Mas los triunfos que cada día hacíamos por Constantinopla me decid! El primer día que fue a Duan, que es a sentarse en el Consejo Real en lugar del Gran Señor, iba en un bergantín dorado por la mar, todo cubierto de terciopelo carmesí, y ninguna persona iba dentro con él sino yo, con mi ropa de brocado;

y en otro bergantín iban los gentiles hombres y los médicos judíos, y no había día que no repartiesen dineros para vino a todos, cada tres o cuatro escudos. Fue grandísima confusión para los médicos mis contrarios que al cabo de cuatro meses hubiese salido con la hidropesía curada, y de tal manera pesó al Amón Ugli, que cayó malo y dentro de ocho días fue a ser médico de Belcebut, y los que quedaron, grandísima envidia de verme médico del rey y con más salario del primer salto que ellos o los más en toda su vida.

Mata   ¿Y sabíaislo representar?

Pedro   Era como águila entre pájaros yo entre aquellos médicos; todos me temblaban.

Mata   ¿Pues tan para poco eran que no podían un día mataros o hacerlo hacer?

Pedro   No podían lo uno ni lo otro, porque mi cabeza era guardada con las suyas; más sujeta gente es que tanto ni aun alzar los ojos a mirarme no osaran, porque no tenían mayor enemigo en el mundo que a mi amo; a ellos y a sus casas y linajes pusiera fuego.

Mata   Qué, ¿no faltara un bocadillo para que nadie lo supiera?

Pedro   Bobo es el mozo que tomara colación ni cosa de comer en sus casas. Convidábanme hartas veces, pero yo siempre les decía que ya sabían que mi fe lo tenía vedado, por tanto no me lo mandasen.

Mata   Y al cirujano viejo aquel cristiano, ¿no le dieron nada o no sirvió?

Pedro   También, que todo lo que de cirugía se hizo se había de agradecer a él, que el judío no estaba más de para lo que os dije. Le dieron su carta de libertad, y la depositó en la misma parte diciendo que nos habíamos de venir juntos. No penséis que no se tornó otra vez de nuevo a perder la amistad de los judíos, que le vino una erisipela que se paró como fuego, y yo, aunque estaba flaco, fui de parecer de sangrarle, en lo cual fui contradicho de todos los médicos, que no menor copia había mandado venir que al tiempo del abrir, los cuales decían que un hombre que había pasado lo que él y estaba tan flaco, juntamente con la sangre echaría el ánima. No me aprovechando dar voces diciendo que se encendía en fuego de la gran calentura y mirasen tenía tanta sangre que le venía al cuero, y que por estar flaco no lo dejasen, que cuanto más gordo es el animal tiene menos sangre, como claramente vemos en el puerco, que tiene menos que un carnero, entreme dentro en la recámara y díjele el consejo de todos los médicos, y como ni por pensamiento le consentían sangrar; que de la sangre ajena eran tan avarientos, ¿qué hicieran de la suya propia? Díjome: «¿pues qué te parece a ti?» Entonces tomele a solas por la mano y apretándosela como de amistad, digo: «Señor, por Cristo, en quien creo y adoro, que lo que alcanzo es que si no te sangras te mueres, sin aprovecharte nada tan gran peligro como has huido, de la hidropesía, y soy de parecer que entre tanto que ellos acaban de consultar el cómo te han de matar, entre el cirujano cristiano y yo cerremos la puerta y saquemos una escudilla de sangre». Él lo aceptó, extendiendo el brazo y diciendo: «Más quiero que tú me mates que no ser sano por sus manos; pero ¿qué diremos, que querrán entrar al mejor tiempo?» Digo: «Señor, para eso buen remedio: decir que estás en el servidor». Y quedamos a puerta cerrada un gentil hombre que se llamaba Perbis Aga, tesorero suyo y el más privado de toda la casa, que me tenía tanta y tan estrecha amistad como si fuéramos hermanos y el que jamás se apartó de la cama del bajá en toda su enfermedad, y el barbero y yo y un paje. A puerta cerrada le saqué cerca de una libra de sangre, la más pestilencial que mis ojos vieron, verde y cenicienta, y abrimos la puerta que entrasen los que quisiesen, escondida la sangre, y allí estuvimos en conversación una hora, en la cual el bajá sintió notable mejoría, y muy contento les preguntó el inconveniente de la sangría, certificándoles estar cuasi bueno con haber hecho dos cámaras. Ellos respondieron que no había otro sino que no podía escapar si lo hiciera. No pudo sufrirlo en paciencia, y airadamente, mostrándoles la sangre, les mandó que se le quitasen delante, llamándolos de homicidas, y que si más le iban a ver, aunque los llamase, a todos los mandaría ahorcar. Fuéronse, bajas sus cabezas, a quejar al hermano y a la sultana, y disculparse que si se muriese no les echasen culpa ninguna. El hermano le envió a visitar y reprehender porque hubiese así refutado su consejo; y él le envió la sangre que la viese, la cual vio también la sultana, y andaba entre señores mostrándose como cosa monstruosa; y a la tarde yo le saqué otra tanta, con que quedó sano del todo.

Mata — ¿Qué os decían después los judíos?

Pedro — Que no se maravillaban de que hubiese sanado, pero la temeridad mía los abobaba. Un hombre que había salido con tantas cosas y con victoria y estaba ya libre, y si moría su amo con el parecer de todos quedaba más libre y con mucha honra, atreverse a perder todo lo ganado en un punto, ya que si moría en sus manos la mayor merced que le hicieran fuera atenazarle; lo mismo me dijo un día el Rustan Bajá, al cual respondí: «Señor, cuando yo voy camino derecho a solo Dios temo, y a otro no; mas cuando voy torciendo, una gallina pienso que me tiene de degollar, aunque esté atada». Y a los judíos dije también: «Sabed que la mejor cosa de la fortuna es seguir la victoria».

Mata — Al menos hartas cosas había visto, por donde, aunque le pesase, ese vuestro amo os había de creer más que nadie.

Pedro — Eso fuera si estuviera bien con Dios; pero como le traía el diablo engañado, habíale de dejar hasta dar con él en el infierno; dos meses más le dio de vida.

Juan — ¿Cómo?

Pedro	Andaba en el mes de diciembre, al principio, con una caña en las manos, como si no tuviera ni hubiera tenido mal, y al cabo que había caminado una legua se me quejaba que le dolían un poco las piernas y que le curase. Yo lo echaba por alto, diciéndole: «¡Señor, un hombre que seis meses ha pasado lo que Vuestra Excelencia se espanta de eso! Las piernas aún están algo débiles y no pueden sustentar como de primero tan grande carga como el cuerpo, sin hacer sentimiento, hasta que tornen del todo en su ser. Guárdese Vuestra Excelencia del diablo y no haya medicina ninguna, que le matará». Vino a él un judío boticario que se hacía médico y todo, el más malaventurado que había en Judea y más pobre, que se llamaba Elías, y como sabía que pagaba bien, díjole en secreto: «Yo, señor, he sabido que Vuestra Excelencia ha estado, mucho tiempo ha, malo, y mi oficio es solamente de un secreto de hacer a los flacos que por más que anden no se cansen. Podréte servir en ello, pero ha de ser con condición que este cristiano español no sepa nada, porque luego hará burla y dirá que no sé nada y no quiero que deprenda por mil ducados mi secreto». El bajá, que estábamos de camino para Persia al campo del Gran Turco, túvolo en mucho, y no solo le prometió que yo no lo sabría, mas jurole todos los juramentos que en la ley de Mahoma más estrechamente ligan, y luego comenzó de esconderse de mí y tomar ciertos bocados que aquél le daba, llenos de escamonea, que le hacía echar las tripas, purgole once días mañana y noche, que al menos le hizo hacer ciento y ochenta cámaras, y da con él en tierra.

Mata — ¿Pues él no se sentía peor?

Pedro — Sí; pero el otro le hacía creer que aquello que salía era de las piernas y que no debilitaba nada, y que él ponía su cabeza que se la cortasen si no saliese con la cura. Ya que se vio muy decaído, acordó de mandarme dar parte de todo lo pasado, y cuando lo supe, que aquellos días yo me andaba paseando por la ciudad como no le hacía ninguna medicina, hallele cuasi muerto, debilitado y con una calenturilla, y reñile mucho el error pasado. Y como vino allí el judío, quísele matar, y los privados del bajá, entre los cuales era el mayordomo mayor y el tesorero, que debían de estar concertados con él que le despachasen, no me dejaron que le hablase mal ni le reprehendiese cosa de cuantas hacía. Yo vime perdido, y estando la sala llena de caballeros y dos bajás amigos suyos, que le habían venido a ver, como quien toma por testimonio le protesté y requerí que no hiciese más cosa que aquél le mandase, porque si lo hacía no llegaría a nuestra Pascua, que era de allí a veinte días, y me maravillaba de una cabeza como la suya, que gobernaba el imperio todo por mar y por tierra, igualarla con la de un judío el más infame de su ley. Si quería por vía de medicina judíos, había honrados y buenos médicos; llamáselos y curásese con ellos, y no les diese aquella higa a todos los médicos. «Gran venganza —digo— será que después de muerto corten la cabeza del judío.

Pregunto: ¿Qué gana Vuestra Excelencia por eso?» A todos les pareció bien y de allí en adelante cada día a cuantos me preguntaban cómo estaba mi amo les respondía: «Muérese». El judío no dejó de perseverar su cura, con decir que ya él había dicho que yo le había de contradecir; mas por voces que diese no deprendería el secreto y que tomase lo que le daba y callase. No dejó de mejorar un poco, porque cesó de darle purgas, y reíase mucho de que yo le dijese cuando le tomaba el pulso que se moría. Como no sanaba dentro del plazo constituido, díjole: «Señor, yo hallo por mis escrituras que contra el mandado y voluntad de Dios no se puede ir; hágote saber que si no vendes una nave que tienes, por la cual te ha venido el mal, que ningún remedio hay». Manda luego sin ninguna dilación se diese por cualquier precio, porque él se acordaba que del día que aquella nave se cayó en la mar tenía todo su mal.

Juan — ¿Qué nave? ¿Qué tenía que hacer el mal con la nao?

Pedro — Tenía una muy hermosa nao, la cual un día, dentro el puerto, dándole careña, que es cierto baño de pez que le dan por debajo, cargáronla sobre unas pipas, y por no la saber poner se hundió toda en la mar; a sacarla concurrió infinita gente, que casi no quedó esclavo en Constantinopla. Con muchos ingenios, en ocho días, a costa de los brazos de los cristianos, sin lesión ninguna la sacaron. Decía agora aquel judío que la nave causaba el mal. Hízosela vender en cinco mil ducados, valiendo ocho mil, con la agonía de sanar.

Juan	¿Y no había otra causa más para echar la culpa a la nave? ¿Qué decíais vos a eso?
Pedro	Cuando yo lo vi, concedí con el judío que desde entonces tenía el mal, y el caerse la nave había sido la causa de la enfermedad; mas que ni el judío ni él no sabían el por qué como yo, y si me perdonaba yo lo diría. Diome luego licencia y asegurome; digo: «¿Vuestra Excelencia tiene memoria que aquel día crucificó un cristiano y le tuvo delante de los otros más de cuatro horas crucificado? Pues Dios está enojado de eso».
Juan	¿Crucificar cristiano?
Pedro	Sí en verdad.
Juan	¿En cruz?
Pedro	En cruz.
Juan	¿Vivo?
Pedro	Vivo.
Juan	¿Y así aspado?
Pedro	Ni más ni menos que a Cristo.
Juan	¿Pues cómo o por qué? ¿Vos visteis tan gran crueldad?

Pedro		Con estos ojos. Hay dos o tres galeras en Constantinopla que llaman de la piedra.
Mata		¿Son hechas de argamasa?
Pedro		No, sino como las otras; mas porque sirven de traer de contino, invierno y verano, piedra para las obras del Gran Turco, las llaman de la piedra. En respecto de la de éstas, es paraíso estar en las otras; traen sin árboles ni velas, salvo una pequeñita que está en la proa, que se dice trinquete, y los que han hecho de los turcos tan graves delitos que merecen mil muertes, por darles más pena los echan allí, donde cada día han de cargarla ante él y descargar, como si también cuando faltan malhechores meten cristianos cautivos.
Juan		¿Por qué no tiene árbol ni velas?
Pedro		Porque como es tan infernal la vida, los que aran dentro se irían con la misma galera, que aun sin velas se huyó tres veces estando yo allí, entre las cuales fue ésta cuando un garzoncito de éstos concertó con todos los que con él remaban que matasen los guardianes y se huyesen; vinieron a ejecutar su pensamiento, y levantáronse contra los que estaban dentro y rindiéronseles, matando alguno, e huyéronse. Aquel húngaro, no contento con esto, ya que estaban rendidos estaba mal con el arráez porque le azotaba mucho, y cuando se vio suelto arremete a él y dale de puñaladas, y ábrele el pecho y sacó el

corazón, el cual se comió a bocados, y otro compañero suyo tomó al canite y a un hijo del arráez e hizo otro tanto. No fue Dios servido de darles buen viaje. Volvió el viento contrario, y dieron al través cincuenta leguas de Constantinopla, y fueron descubiertos de la gente de la tierra y presos todos y llevados a Constantinopla cuando esta nave se sacaba. Cuando se huyen cristianos, los turcos, a los capitanes que los ponen en que se huyan, castigan, que a los demás no los hacen mal, sino dicen que los otros los engañaron y lo han de pagar. Como la bellaquería que aquel húngaro y su compañero habían usado era tan grande, Zinan Bajá, como virrey, mandó que aquel día, que todos los cautivos estaban sacando, juntos en la nave fuesen crucificados, vivo el que mató al capitán, y el otro empalado después de cortados brazos y orejas y narices; éste luego murió, mas el que estaba en la cruz bien alta, entre una nave y otra, estuvo con gran calor medio día, hasta que yo con mi privanza fui a besar el pie del bajá, que muchos habían ido y no habían alcanzado nada; hízome la merced de que yo le hiciese cortar la cabeza, con la cual nueva fui tan contento como si le hiciera la merced de la vida.

Juan Grande lástima es ésa. En mi vida oí decir que fuesen tan crueles; por mayor merced tengo aquélla que el alcanzar la vida. ¿Murió cristiano?

Pedro Yo no entendí su lengua; pero a lo que dijeron todos los que le oían y entendían, como un mártir.

Juan	Bienaventurado él, que no sé qué más martirio del uno y del otro. ¿Y los cristianos qué decían?
Pedro	Ayudarle con un pésame. ¿Qué queréis que hiciesen? Lástimas hartas; y los mercaderes venecianos y griegos todos estaban mirándole y animándole.
Mata	Y al bajá, ¿pesole lo que le dijisteis? Porque yo, por fe tengo que esa fue la causa.
Juan	¿No os parece que era bien suficiente?

Muere Zinan Bajá

Pedro	Echolo en risa y díjome: «Mucho caso hace Dios de vuestro cristiano en el cielo con toda su mejoría y vender de nao». El día de Santo Tomé pidiome, estando sentado, un espejo y un peine, y preguntome, estándose mirando, cuándo era nuestra pascua. Yo le respondí que de allí a cuatro días. Díjome: «Gentil pronóstico has echado si no he de vivir más de hasta allá». Con mucha risa yo le dije: «Vuestra Excelencia, que no hay cosa en el mundo que yo más deseo que mentir en tal caso; pero como yo veía el camino que este malaventurado de judío trae, procuraba apartar a Vuestra Excelencia de que no muriese a sus manos». Díjome: «Pues si es hora de comer, tráeme la comida y vaya el diablo para ruin, que yo no he tenido mejor apetito muchos meses ha». Tomé mi caña de Indias, como tenía de costumbre, y fui a la cocina y mandé que llevasen la comida; yendo

yo delante de los que la llevaban, vi un negro que a grande priesa bajaba la escalera diciendo: «Yulco, yulco»: «agua, agua rosada». Salté arriba por ver quién estaba desmayado, y hallé al pobre Zinan Bajá con el espejo en la mano y el peine en la otra, muerto ya y frío; y por sí o por no, y de miedo que algún turco no me diese algo que no me supiese bien, pues parecen mal los médicos en las cámaras de los muertos, retrájeme a mi aposento, que era bajo del del bajá y cerreme por dentro.

Mata   Yo me huyera.

Pedro   Gentil consejo; agora os digo que habéis borrado cuanto bueno toda esta noche habéis hablado. ¿Paréceos que era bueno, donde no tenía culpa, hacerme homicida y donde era libre tornar a ser cautivo? Antes gané la mayor honra que en todas las curas ni de sultana ni príncipe ninguno; porque con la protesta que le hice y el pronóstico, todos quedaron señalándome con el dedo diciendo el «vere filius Dei erat iste». Si a éste creyera, nunca muriera. Desde mi cámara vi toda la solemnidad y pompa del enterramiento, y llantos, y lutos, lo cual, si queréis, no os diré agora, si no remitirlo he para su lugar.

Mata   ¿Qué más a propósito lo podéis decir en ninguna parte que aquí?

Juan   Dicho se estará.

Pedro Pues presuponed que en su casa tenía muchos gentiles hombres y criados que se pusieron luto y le lloraban por orden y compases, diciendo uno la voz y respondiendo todos llorando. El luto es sobre la toca blanca que traen, que llaman turbante; se ponen la cinta que traen ceñida de manera que el tocado se cubra y parezca o todo no blanco, sino entreverado, o negro o de otro color como es la cinta. No hay más luto de este ni dura sino tres días; y con éste llevan los vestidos que quieren, que aunque sea brocado, es luto. La voz del llanto decía: «¡Hei, Zinan Bajá!» «¡Hei!», respondían todos. «¡Hei, hei bizum afendi!» «¡Hei, hei!», respondían siempre. «¡Hei denis beglerbai; hei, hei, Stambol bezir! ¡Hei, hei andabulur birguile captan anda!» A esto todos: «¡Vhai, vai, vai!» Quiere decir: «¡Ay! Zinan Bajá, ¡ay!, nuestro patrón y señor, almirante de la mar, gobernador del imperio, ¿dónde se hallará un capitán como éste? ¡Guay, guay, guay!» Yo, cerradas mis ventanas, en mi cámara me eché de hocicos sobre una arca, y apretaba los ojos fuerte, y tenía muy a mano un jarro de agua, con que los mojaba, y el pañizuelo también, para si alguno entrase que no pareciese que no le lloraba; y a la verdad, entre mí holgábame porque Dios le había matado sin que yo tuviese en qué entender con él; y como en la muerte del asno no pierden todos, quedaría libre, y me podría venir; lo cual si viviera, siempre tenía temor que por más cartas de libertad que me diera nunca alcanzara licencia.

Mata	No me parece que dejó de ser crueldad no os pesar de veras y aun llorar, que en fin, aunque era pagano, os había hecho obras de padre a hijo.
Pedro	Yo a él de Espíritu Santo; bien parece que nunca salisteis de los tizones y de comer bodigos, que de otra manera veríais cuánto pesa la libertad y cómo puesta en una balanza y todas las cosas que hay en el mundo, sacada la salud, pesa más que todas juntas. No digo yo Zinan Bajá, pero todo el mundo no se me diera nada que se muriera, por quedar yo libre. No dejé, con todo esto, de meter bastimento para si no pudiese salir aquellos dos días, de una calabaza de vino que siempre tenía, y queso y pan, pasas y almendras. Luego le pusieron sobre una tabla de mesa y con mucha agua caliente y jabón le lavaron muy bien todo.
Mata	¿Para qué?
Pedro	Es costumbre suya hacer así a todos los turcos. Y metiéronle en un ataúd de ciprés, y tomáronle entre cuatro bajás, con toda la pompa que acá harían al Papa, que no creo que era menor señor, y lleváronle a una mezquita que su hermano tenía hecha, que se llama Escutar, una legua de Constantinopla, y para la vuelta había muchos sacrificios de carneros, y mucho arroz y carne guisado, para dar por amor de Dios a cuantos lo quisiesen. Otro día que le habían enterrado yo salí a la cocina, a requerir si había qué comer, muy del hipócrita, puesto el pañizuelo, en los ojos, mojado, con lo cual moví a grandísima

lástima a todos cuantos me vieron, y decíanse unos a otros: «¡Oh, cuitado, mezquino de este cristiano, que ha perdido a su padre!» En la cocina me dieron un capón asado. Envolvile en una torta, sin quererle comer allí, por fingir más soledad y dolor, y fuime a la cámara, harto regocijado dentro. Como informaron al mayordomo mayor y al tesorero de mi gran dolor y tristeza, fueron, que no fue poco favor, con otros diez o doce gentiles hombres a visitarme a mi cámara, y por hacerme más fiesta quisieron que allí se hiciese un llanto como el otro y llevase yo la voz, por el ánima del bajá. Fui forzado a hacerlo, y con llorar todos como una fuente, yo digo mi culpa, no me pudieron hacer saltar lágrima; digo de veras, que del cántaro harto más que ellos. No veía la hora que se fuesen con Dios: ¡tanto era el miedo que tenía de reírme!

Mata — ¿Qué se hizo de la hacienda? ¿Tenía hijos?

Pedro — Quedó la sultana por testamentaria o albacea, y lleváronle allá todo cuanto había, que no fueron pocas cargas de oro y plata. Estad ciertos que eran en dinero más de un millón y en joyas y muebles más de otro; dejó dos hijas y un hijo; y después que yo vine he sabido que el hijo y la una hija son muertos; en fin, todo le vendrá al Gran Turco, poco a poco; día de los Reyes fue el primero que sacaron a vender por las calles en alta voz los esclavos, no menos contentos que yo; porque dice el italiano: «chi cangia patron, cangia ventura»: Quien trueca amo, trueca ventura. Como era tan grande señor y tan poderoso, no se le daba nada por rescatar cristianos; antes lo tenía a pundonor, y así muchos, aunque tenían consigo el dinero, estaban desesperados de ver que estuvieran en manos de quien no tuviese necesidad de dineros. Comenzaron a sacar a todos mis compañeros, y aunque eran caballeros andaban tan baratos, por no tener oficios, los rescates dudosos y la pestilencia cada día en casa, que nadie se atrevía a pasar de doscientos ducados por cada uno, entre los cuales muchos habían rogado con seiscientos a Zinan Bajá y podían dar mil. Yo quisiera aquel día más tener dineros que en toda mi vida, porque los daban a luego pagar como si fueran nada, y como no tenía, andaba estorbando a todos los que veía que tenían gana de ellos y se alargaban en la moneda, diciendo, como amigo que mirase lo que hacía, que yo le conocía de España, y que aunque decía que era caballero, lo hacía porque no le hiciesen trabajar tanto como a los otros; mas en lo cierto era un pobre soldado que no tenía sino deudas hartas acá, y por eso se había ido a la guerra. Siendo cosa de interés, todos tomaban sospecha ser verdad lo que yo les decía y nadie los quería comprar.

Mata   ¿Pues ellos, ¿qué ganaban en eso? ¿No fuera mejor que los comprara algún hombre de bien que los tratara como caballero?

Juan   ¿No veis que acaba de decir que vale más ser de un particular que de un señor?

Pedro	Y aun de un pobre que de un rico; porque como el pobre tiene todo su caudal allí empleado, dales bien de comer y regálalos, y es compañero con ellos, porque no se les mueran, y lo mejor de todo es que por poca ganancia que sienta los da por haber y asegurar su dinero; lo cual el rico no hace, porque ni les habla ni les da de comer, pudiendo mejor sufrir él que los pobres la pérdida de que se mueran. Al que yo conocía que era pobre y hombre de bien le decía: «Compra a éste y a éste, y no te extiendas a dar más de hasta tanto, que yo los fío que te darán cada uno de ganancia una juba de grana que valga quince escudos»; y así hice a uno que comprase tres Comendadores de San Juan por doscientos ducados, y él tenía un hermano cautivo en Malta, y de ganancia cuando le diesen los doscientos ducados, le habían de dar al hermano; y dentro de tres meses se vinieron a su religión bien baratos; a otros dos hice se comprase otro por ciento veinte ducados los cuales sobre mi palabra dejaba andar sin cadenas por la ciudad.
Mata	¿Tanto fiaban de vos?
Pedro	Aunque fueran mil y diez mil no lo hayáis a burla, que uno de los principales y que más amigos tenía allá era yo.
Mata	¿Cómo aquistasteis tantos?
Pedro	Con procurar siempre hacer bien y no catar a quién. Todos los oficiales y gentiles hombres de casa de Zinan Bajá pusieran mil veces la vida por mí, tanto

es lo que me querían, y el mayor remedio que hallo para tener amigos es detrás no murmurar de hombre, ni robarle la fama, antes loarle y moderadamente ir a la mano a quien dice mal de él; no ser parlero con el señor es gran parte para la amistad en la casa que estáis. ¿Sabéis las parlerías que yo a mi amo decía? Que no hubo hombre de bien en la casa a quien no hiciese subir el salario que en muchos años no había podido alcanzar y le pusiese en privanza con el bajá. Tenía esta orden: Que cuando estaba solo con él, siempre daba tras el oficio de que más venía al propósito; unas veces le decía: «Muchas casas, señor, he visto de reyes y príncipes, mas tan bien ordenada como ésta ninguna, por la grande solicitud que el mayordomo mayor trae, del cual todo el mundo dice mil bienes»; y sobre esto discantaba lo que me parecía. Otras veces del tesorero: «Señor, yo soy testigo que en tantos días de vuestra enfermedad no se desnudó ni hubo quien mejor velase». Del cocinero otras veces: «Yo me estoy maravillado de la liberalidad y gana de servir de él, y del gusto y destreza; que tengo para mí que en el mundo hay rey que mejor cocinero mayor tenga; cuando de noche voy a la cocina para dar algún caldo a Vuestra Excelencia, le hallo sobre la misma olla, la cabeza por almohada, no se fiando de hombre nacido, vestido y calzado». Hasta los mozos de despensa y de cocina procuraba darle a conocer y que les hiciese mercedes. Luego veía otro día al uno con una ropa de brocado, al otro con una de martas y con más salario, o mudado de oficio, venirme a abrazar, porque algunos pajes que se hallaban delante les decía: «Esto y esto ha pasado el cristiano con el bajá de vos». Si entraba en el horno, despensa o cocina, todos me besaban la ropa; pues aunque yo tuviera cada día cien combinados no les faltara todo lo que en la mesa del bajá podían tener. Tened por entendido que si dijera mal de ellos, ni más ni menos lo supieran, que las paredes han oídos, y fuera tan malquisto como era de bien, de más del grandísimo deservicio que a Dios en ello se hace. Son gente muy encogida, y aunque se mueran de pura hambre no hablarán en toda su vida al amo, ni unos por otros; y por hablar yo así tan liberalmente con él me quería tanto. El número de los arraeces no es cierto, que pueden hacer los que el bajá de la mar quiere; yo pedía, como supiese que cabía en él, para muchos la merced y la alcanzaba y no les quería llevar blanca, aunque me acometían a dar siempre dineros. Veis aquí, hermanos, el modo de aquistar amigos dondequiera, que, en dos palabras, es ser bien criado y liberal y no hacer mal a nadie, porque donde hay avaricia o interés maldita la cosa hay buena.

Mata   ¿No os aprovechasteis de nada en esos tiempos?

Pedro   Sí, y mucho; deprendí muy bien la lengua griega, turquesca e italiana, por las cuales supe muchas cosas que antes ignoraba, y vine por ellas a ser el cristiano más privado que después que hay infieles jamás entre ellos hubo.

Mata   ¿No digo yo sino de algunos dineros para rescataros?

Pedro	¿Qué más dineros ni riqueza quiero yo que saber? Éstas me rescataron, éstas me hicieron privar tanto que fui intérprete de ellas con Zinan Bajá de todos los negocios de importancia de ellas, y aun con todo se están en pie, y los dineros fueran gastados; cuanto más que, si yo más allá estuviera, no faltara, o si mi amo viviera.
Juan	Volviendo a nuestra almoneda, ¿todos se vendieron?
Pedro	No quedaron sino obra de ciento, para hacer una mezquita en su enterramiento, y acabada también los venderán.
Juan	Pues de las limosnas de España que hay para redención de cautivos, ¿no podían hacer con qué rescatar en buen precio hartos?
Pedro	¿Qué redención? ¿Qué cautivos? ¿Qué limosna? Córtenme la cabeza si nunca en Turquía entró real de limosna.
Mata	¿Cómo no, que no hay día que no se pide y se allega harto?
Pedro	¿No sabéis que no puede pasar por los puertos oro, ni moro, ni caballo? Pues como no pase los puertos, no puede llegar allá.
Mata	Mas no sea como lo de los hospitales..., no digo nada.

Pedro   Tú dijiste. Yo lo he procurado de saber por acá, y todos me dicen que por estar cerca de España Berbería van allá, y de allí los traen; bien lo creo que algunos, pero son tan pocos, que no hay perlado que si quisiese no traería cada año más, quedándole el brazo sano, que en treinta años las limosnas de los señores de salva. No hay para qué decir, pues no lo han de hacer como los otros: sola la medicina dicen que ha menester experiencia; no hay Facultad que, juntamente con las letras, no la tenga necesidad, y más la Teologia. Pluguiese a Dios por quien él es, que muchos de los teólogos que andan en los púlpitos y escuelas midiendo a palmos y a jemes la potencia de Dios, si es finita o infinita, si de poder absoluto puede hacer esto, si es «ab aeterno», antes que hiciese los cielos y la tierra dónde estaba, si los ángeles superiores ven a los inferiores y otras cosas así, supiesen por experiencia medir los palmos que tiene de largo el remo de la galera turquesca y contar los eslabones que tenía la cadena con que le tenían amarrado, y los azotes que en tal golfo le habían dado, y los días que había que no se hartaba de pan cocido sin cerner, un año había, lleno de gusanos, y las arrobas de peso que le habían hecho llevar acuestas el día que se quebró, y los puñados de piojos que iba echando a la mar un día que no remaba; ¡pues qué, si viesen las ánimas que cada día reniegan, mujeres y niños y aun hombres de barba! Pasan de treinta mil ánimas, sin mentir, las que en el poco tiempo que yo allí estuve entraron dentro en Constantinopla: de la isla de Llipar, nueve mil; de la del Gozo, seis mil; de

Tripol, dos mil; de la Pantanalea y la Alicata, cuando la presa de Bonifacio, tres mil; de Bestia, en Apulla, seis mil; en las siete galeras, cuando yo fui preso, tres mil. No quiero decir nada de lo que en Hungría pasa, que bien podéis creer que lo que he dicho no es el diezmo de ellos; pues pluguiese a Dios que siquiera el diezmo quedase sin renegar. Lo que por mí pasó os diré: enviaron de Malta una comisión que se buscasen para rescatar todas las ánimas que en el Gozo se habían tomado, y como yo lo podía hacer, diéronme a mí el cargo; anduve echando los bofes por Constantinopla y no pude hallar, de seis mil que tenía por minuta, sino obra de ciento y cincuenta viejos y viejas.

Mata	¿Pues qué se habían hecho?
Pedro	Todos turcos, y muertos muchos, y éstos que quedaron, por no se lo rogar creo que lo dejaron de hacer. Juzgad así de los demás. ¿Qué más queréis, que se hablan las lenguas de la Iglesia romana, como italiano, alemán y húngaro, y español, tan común como acá y de tal modo que no saben otra? ¿Paréceos que, vistas las orejas al lobo, como ensanchan sus conciencias ensancharían las limosnas y las cuestiones, si es lícito al sacerdote tomar armas, y serían de parecer que no quedase clérigo ni fraile que, puestas sus haldas en cinta, no fuese a defender la santa fe católica, como lo tiene prometido en el bautismo? A vos, como a teólogo, os pregunto: si una fuerza como la de Bonifacio, o Tripol, o Rodas,

	o Buda, o Belgrado la defendieran clérigos y frailes con sus picas y arcabuces, ¿fuéranse al infierno?
Juan	Para mí tengo que no, si con solo el celo de servir a Dios lo hacen.
Mata	Para mí tengo yo otra cosa.
Pedro	¿Qué?
Mata	Que es eso hablar «ad efeseos»: que ni se ha de hacer nada de eso, ni habéis de ser oídos, porque no hay hombre en toda esta corte de tomo, letrado, ni no letrado, que no piense que sin haber andado ni visto nada de lo que vos, porque leyó aquel libro que hizo el fraile del camino de Jerusalem y habló con uno de aquellos bellacos que decíais que fingen haberse escapado de poder de moros, que les atestó las cabezas de mentiras, no les harán entender otra cosa aunque bajase San Pablo a predicárselas; yo os prometo que si mi compadre Juan de Voto a Dios topara con otro y no con vos, que nunca él torciera su brazo, pues conmigo aún no le ha querido torcer en tantos años, sino echome en creer del cielo cebolla.
Pedro	No tengo que responder a todos ésos más de una copla de las del redondillo, que me acuerdo que sabía primero que saliese de España, que dice:

>   Los ciegos desean ver,
>   oír desea el que es sordo,
>   y adelgazar el que es gordo,

> y el cojo también correr;
> solo el necio veo ser
> en quien remedio no cabe,
> porque pensando que sabe
> no cura de más saber.

Mata   Agora os digo que os perdonen cuanto habéis dicho y hecho contra los teólogos, pues con solo un jubón habéis vestido a la mayor parte de la corte.

Pedro   Pocos trances de esos pensaréis que he pasado con muchos señores que así me preguntan de allá cosas, y como no les diga lo que ellos saben, luego os salen con un vos más de media vara de largo: «Engañaisos, señor, que no sabéis lo que decís; porque pasa de esta y de esta manera». Preguntado que cómo lo saben, si han estado allá por dicha, ni aun en su vida vieron soltar una escopeta, y por esto yo estoy deliberado a no contar cosa ninguna jamás si no es a quien ha estado allá y lo sabe.

Mata   ¿Ni del Papa ni nadie nunca fue allá limosna de rescate?

Pedro   Ni del que no tiene capa.

Juan   ¿Y del Rey?

Pedro   No, que yo sepa; porque si algunas había de haber hecho, había de ser en los soldados de Castilnovo, que después que en el mundo hay guerras nunca hubo más valerosa gente ni que con más animo peleasen hasta la muerte, que tres mil y quinientos soldados españoles que allí se perdieron, lo cual, aunque yo no lo vi, sé de los mismos turcos que me lo contaban, y lo tienen en cabeza de todas las hazañas que en tiempos ha habido, y a esta posponen la de Rodas, con averiguarse que les mataron los comendadores mas de cien mil turcos.

Mata   ¿Cuánto tiempo ha eso de Castilnovo?

Pedro   Había cuando yo estaba allá diecisiete años, y conocí muchos pobres españoles de ellos, que aun se estaban allí sin poner blanca de su casa. Podría el Rey rescatar todos los soldados que allá hay y es uno de los consejos «ad efeseos», como vos decíais denantes, que las bestias como yo dan, sabiendo que el Rey ni lo ha de hacer ni aun ir a su noticia; mas, pues no tenemos quien nos dé prisa en el hablar, echemos juicio a montones. Ya habéis oído cómo por antigüedad, o porque quieren, dan los turcos a algunos cristianos cartas de libertad con condición que sirvan tres años, quedándose por todos aquellos tres tan esclavo como antes, y no menos contento, aunque no le dan de comer, que si ya estuviese en su tierra. ¿Cuánto más merced le sería si el rey los sacase y les quitase de cada paga un tercio hasta que se quedase satisfecho de la deuda? Y haría otra cosa: que el escuadrón de mil hombres de esta manera valdría, sin mentir, contra turcos, tanto como un ejército, como primero se consentirían hacer mil pedazos que tornar a aquella primera vida.

Mata	¿Habéis dicho? Pues bien podéis hacer cuenta que no habéis dicho nada, y aunque metáis ese consejo en una culebrina, no hayáis miedo que llegue a las orejas del rey; porque si las dignidades solamente de las iglesias de España, con sus perlados, quisiesen, que es también hablar al aire, no habría necesidad del ayuda del rey para ello; mas ¿no sabéis que dice David: «¿Non est qui faciat bonum, non est usque ad unum?» No se nos vaya, señores, la noche en fallas ¿Qué fue después de la almoneda?

Pedro	Ya que vendieron a todos, yo demandé la carta que tenía de libertad, depositada en el mayordomo mayor del bajá, el cual fue a la sultana y le hizo relación de la venta de los cristianos y que no quedaba más del médico español; si mandaba Su Alteza que se le diese la carta que estaba en depósito. Ella respondió que no, por cuanto Amón Ugli era muerto, el protomédico de su padre, y no había quien mejor lo pudiese ser que yo, ni de quien el Gran Turco mejor pudiese fiarse; por tanto, que me tomasen con dos jenízaros, que son de la guarda del rey, y me llevasen allá, que ella le quería hacer aquel presente.

Mata	¿Dónde estaba el Gran Turco estonces?

Pedro	En Amacia, una ciudad camino de Persia, quince jornadas de Constantinopla; y, como sabéis, no hay mejor cosa que tener donde quiera amigos, un paje de esta sultana, ginovés, que había sido de Zinan Bajá capado, que yo cuando no sabía la lengua era mi intérprete, dio a un barbero que entraba a sangrar una mujer allá dentro, dos renglones, por los cuales me avisaba de todo lo que pasaba; por tanto viese lo que me cumplía. Yo fui luego al Papa suyo y díjele (que era muy grande señor mío, que le había curado) todo como pasaba; digo el depositar de la carta, y cómo no me la daban y el miedo que había que la sultana no hubiese mandado que no me la diesen; ¿qué remedio tenía si la quisiese sacar por justicia; si podría, pues la última voluntad del testador era aquélla, y tenía muchos testigos, y él mismo confesaba tenerla? Respondiome que tenía mucha justicia y me la haría guardar; mas que me hacía saber que había entre ellos una ley que si caso fuese que el cautivo que ahorrasen fuese eminente en una arte, no fuesen obligados a cumplir con él la palabra que le habían dado, por ser cosa que conviene a la república que aquel tal no se vaya. «Si esto —dice— os alegan, no os faltará pleito; mas yo creo que no se les acordará; lo que yo pudiere hacer por vos no lo dejaré».

Mata   ¿Todo eso tenemos a cabo de rato? ¿Pues qué consejo tomaste?

La fuga

Pedro   El que mi tía Celestina, buen siglo haya daba a Pármeno, nunca a mi se me olvidó: desde la primera vez que le oí que era bien tener siempre una casa de respeto y una vieja, a donde si fuese menester tenga acogida en todas mis prosperidades; con el miedo de caer de ellas, siempre, para no menester, tuve una casa de un griego, el cual en necesidad me encubriese a mí o a quien yo quisiese, pagándoselo bien, y dábale de comer a él y un caballo muchos meses, no para más de que siempre me tuviese la puerta abierta.

Mata No creo haber habido en el mundo otro Dédalo ni Ulises, sino vos, pues no pudo la prosperidad cegaros a que no mirásedes adelante.

Pedro ¿Ulises o qué? Podéis creer como creéis en Dios, que yo acabaré el cuento, que no pasó de diez partes una, porque lo de aquél dícelo Homero, que era ciego y no lo vio, y también era poeta; mas yo vi todo lo que pasé y vosotros lo oiréis de quien lo vio y pasó.

Juan Pues, ¿qué griego era aquél? ¿Era libre? ¿Era cristiano? ¿A quién estaba sujeto?

Pedro Presuponed, entre tanto que más particularmente hablamos, que no porque se llame Turquía son todos turcos, porque hay más cristianos que viven en su fe que turcos, aunque no están sujetos al Papa ni a nuestra Iglesia latina, sino ellos se hacen su patriarca, que es Papa de ellos.

Mata ¿Pero cómo los consiente el Turco?

Pedro ¿Qué se le da a él, si le pagan su tributo, que sea nadie judío ni cristiano, ni moro? En España, ¿no solía haber moros y judíos?

Mata	Es verdad.
Pedro	Pues de aquellos griegos hay algunos que viven de espías, de traer cristianos escondidos porque les paguen por cada uno diez ducados y la costa hasta llegar en salvo, que es un mes, y si aportan en Raguza o en Corfó, las ciudades les dan cada otros diez ducados por cada uno.
Juan	La ganancia es buena si la pena no es grande.
Pedro	No es mayor ni menor de empalar, como he visto hacer a muchos: que al cristiano cautivo que se huye, cuando mucho, le dan una docena de palos, mas al que le sacó empálanle sin ninguna redención.
Mata	¿Pues hay quien lo ose hacer con esa pena?
Pedro	Mil cuentos: la ganancia, el dinero, la necesidad e interés, hacen los hombres atrevidos; sé que el que hurta bien sabe que si es tomado le han de ahorcar, y el que navega, que si cae en la mar se tiene de ahogar; mas, no obstante eso, navega el uno y el otro roba. Por cierto, la espía que yo traje había ya hecho diecinueve caminos con cristianos, y con el mío fueron veinte.
Juan	¿Cómo se llamaba?
Pedro	Estamati.

Mata	¿Y qué hacía? ¿De qué os servía?
Pedro	De mostrarme el camino, y servirme en él.
Juan	¿Y trajo a vos solo?
Pedro	Como yo vi la respuesta que el Papa turco me dio, comencé de pensar en mí quién me mandaba tomar pleito contra el rey, valiendo más salto de mata que ruego de buenos hombres; yo determiné de huirme y tomé los libros, que eran muchos y buenos, y dilos envueltos en una manta de la cama a una vecina mía, de quien yo me fiaba, que los guardase, y saqué de una arquilla las camisas y zaragüelles delgados que tenía, labradas de oro, que valdrían algunos dineros, que serían una docena, que me daban turcas porque las curaba, y fuime en casa de la espía y topé en el camino aquel cirujano viejo mi compañero, y contele lo que había pasado, y díjele: «Yo me voy huyendo; si queréis venir conmigo, yo os llevaré de buena gana, y si no, y os viniere por mí algún mal no me echéis la culpa». Fue contento de hacerme compañía, mas quiso ir a casa por lo que tenía, que era cosa de poco precio. Digo yo: «No quiero sino que se pierda; si habéis de venir ha de ser desde aquí, si no, quedaos con Dios». El pobre viejo, que más valiera que se quedara, fuese conmigo a casa del griego, y allí consultamos en qué hábito nos traería. Dijo que el mejor, pues yo sabía tan bien la lengua, sería de fraile griego, que llaman caloiero, que es éste con que espantó a Mátalas Callando, pues teníamos las barbas que ellos usan, que era también mucha parte.

	Yo di luego dineros para que me trajesen uno para mí y otro para mi compañero.
Juan	¿Pues véndense públicamente?
Pedro	No, sino que se los tomase a dos frailes y les diese con qué hacer otros nuevos; y trájolos. Dile luego cinco ducados para que me comprase un par de caballos.
Mata	Tenedle, que corre mucho.
Pedro	¿Qué decís?
Mata	¿Que si corrían mucho?
Juan	No dijo sino una malicia de las que suele.
Mata	Pues cinco ducados dos caballos, ¿quién lo ha de creer? Aunque fueran de corcho.
Pedro	Y aún creo que me sisó la quinta parte el comprador. No entendáis caballos para que rúen los caballeros, sino un par de camino, como estos que alquilan acá, que bastasen a llevarnos treinta y siete jornadas, y éstos no valen más allá de a dos o tres escudos.
Mata	¡Quemado sea el tal barato!
Pedro	Este griego usaba tenerse en casa escondidos los cautivos un mes o dos beborreando, hasta desmentir y que no se acordasen; mas yo no quise estar en aquel

acuerdo, antes aquella noche, a media noche, quise que nos partiésemos, haciendo esta cuenta: como ya ando libre, el primero ni segundo día no me buscarán; pues cuando al tercero me busquen y envíen tras mí, ya yo les tengo ganadas tres jornadas, y no me pueden alcanzar.

Mata Sepamos con qué tantos dineros os hallasteis al salir.

Pedro Obra de cincuenta ducados en oro y una ropa de brocado y otra de terciopelo morado, y las camisas y calzones y otras joyas. El viejo no sé lo que se tenía; creo que lo había empleado todo en piedras, que valen un buen precio. Salimos a la mano de Dios, y la primera cosa que topé en apartándome de las cercas de Constantinopla, que ya quería amanecer, fue una paloma blanca que me dio el mayor ánimo del mundo, y dije a los compañeros: «Yo espero en Dios que hemos de ir en salvamento, porque esta paloma nos lo promete».

Mata Y si fuera cuervo, ¿volviéraisos?

Pedro No penséis que miro en agüero; aquello creía para confirmación de esperanza; pero no lo otro para mal. Íbamos dando la espía lección de lo que habíamos de hacer, como nunca habíamos sido frailes, y es que al que saludásemos, si fuese lego, dijésemos, bajando la cabeza: «Metania», el «Deo gratias» de acá (quiere decir «penitencia»), que es lo que os dije cuando nos topamos, que interpretaba Juan de Voto a Dios tañer tamboril o no sé qué. A esto responde:

«O Theos xoresi», que es el «por siempre» de acá (quiere decir: «Dios te perdone»); si son frailes a los que saludáis, habéis de decir: «Eflogite, pateres»: «Bendecid, padre». Éranme a mí tan fáciles estas cosas, como sabía la lengua griega, que no era menester más de media vez que me lo dijeran.

Mata   ¿Y el compañero, sabía griego?

Pedro   Treinta y cuatro años había que estaba casado con una griega de Rodas, y en su casa no se hablaba otra lengua; y él nunca supo nada, sino entendía un poco; pero en hablando dos palabras se conocía no ser griego, y nunca el diablo le dejó deprender aquellas palabras. Topamos una vez un turco que entendía griego y llégase a él, por decirle «metania», y díjole «asthenia».

Mata   ¿Qué quiere decir?

Pedro   Dios te dé una calentura héctica o, si no queréis, el diablo te reviente. Como el turco lo oyó, airose lo más del mundo y dijo: «¿Ne suiler su chupec?» «¿Qué dijo ese perro?» Yo llegué y digo: «¿Qué había de decir, señor, sino "metania"?» El turco juraba y perjuraba que no había dicho tal; en fin, allá regañando se fue. Yo reprehendile diciendo: «¿Pues una sola palabra que nos ha de salvar o condenar, no sois para deprender?» Habiendo caminado siete leguas no más, llegaron a nosotros a caballo dos jenízaros, que, como diré, son de la guardia del rey, y dijeron: «Cristianos, no quiero de vosotros otra cosa más de que nos deis a beber si lleváis vino»; porque aunque el turco no lo puede beber conforme a su ley, cuando no le ven, muy bien lo bebe hasta emborrachar. Yo llevaba el recado conforme al hábito.

Juan ¿Cómo?

Pedro ¿Habéis nunca visto fraile caminar sin bota y vaso, aunque no sea más de una legua? Yo eché mano a mi alforja, y mandé al compañero que caminase, que aquello yo me lo haría y le alcanzaría, porque no fuese descubierto por no saber hablar, y comencé de escanciarles una y otra, e iban caminando junto conmigo en el alcance de los compañeros; preguntáronme de dónde venía; digo: «Constantinopla».

Juan ¿En qué lengua?

Pedro Cuando griego, cuando turquesco, que todo lo sabían. Dijéronme: «¿Qué nuevas hay en Constantinopla?» Digo: «Eso a vosotros incumbe, que sois hombres del mundo, que yo, que le he dejado, no tengo cuenta con nueva ni vieja; si de mi monasterio queréis saber, es que el patriarca nuestro está bueno y esta semana pasada se nos murió un fraile». Preguntome el uno, llegándose a mí, cuántos años había que era fraile. No me supo bien la pregunta y díjele, haciendo de las tripas corazón, que seis. Preguntome en dónde. Respondí que parte en la mar Negra y parte en Constantinopla. Asiome el otro del hábito y dijo: «Pues, ¿cómo puedes, pobreto, con esta estameña resistir al frío que hace?»

Mata	A fe que metería al asir las cabras en el corral.
Pedro	Yo le dije que debajo traíamos sayal o paño. Fue la pregunta adelante, y dijeron: «¿Dónde vas agora?» Respondí que a Monte Santo.
Juan	¿Qué es Monte Santo?
Pedro	Un monte que tendrá de cerco cuasi tres jornadas buenas, y es cuasi isla, porque por las tres partes le bate la mar, en el cual hay veinte y dos monasterios de frailes de esta mi orden, y en cada uno doscientos o trescientos frailes, y ningún pueblo hay en él, ni vive otra gente ni puede entrar mujer, ni hay en todo él hembra ninguna de ningún género de animal; a este monte son sus peregrinajes, como acá Santiago, y por eso no se echa de ver quién va ni viene tanto por aquel camino. Ya que nos juntamos con los compañeros díjeles: «¿Y vosotros a dónde vais?» Respondió el uno: «En busca de un perro de cristiano que se ha huido a la sultana, el mayor bellaco traidor que jamás hubo, porque le hacían más bien que él merecía y todo lo ha pospuesto y huídose (parece ser que aquella noche le había dado un dolor de ijada, y habíanme buscado, y como supieron que había sacado los libros, luego lo imaginaron)». Digo: «¿Y dónde era?»; que del viejo no se hacía caso que se fuera, que estuviera. Dice: «De allá de las Españas». Tornele a preguntar: «¿Qué hombre era?» Comenzome a decir todas las señales mías.

Juan	Pues, ¿cómo no os conoció?
Pedro	Yo os diré; ¿veis esta barba?, pues tan blanca me la puso una griega como es agora negra, y al viejo la suya blanca, como está esta mía, y toda rebujada como veis, el diablo nos conociera, que ninguna seña de las que traía veía en mí: la caperuza, el sayo, la ropa, todo se había convertido en lo que agora veis. Díjeles: «Pues, señores, ¿a dónde le vais a buscar?» Respondieron: «Nosotros vamos hasta Salonique, que es diez y siete jornadas de aquí, a tomarle todos los pasos, y por mar han despachado también un bergantín para si acaso se huyó por mar». Yo entonces les digo: «Pues ese mismo camino, señores, llevo yo». Ellos dijeron que por cierto holgaban de que fuésemos juntos. La espía y el compañero desmayaron, pensando que ya yo me rendía o estaba desesperado.
Mata	¿Pues no tenían razón?; ¿No era mejor o caminar adelante o quedar atrás?
Pedro	Ni vos ni ellos no sabéis lo que os decís: atrás no era seguro, porque ellos dejaban toda la gente por donde pasaban avisada, y sobre sospecha éramos presos en cada pueblo; adelante, no bastaban los caballos. ¿Qué más sano consejo que, viendo que no me habían conocido, hacer del ladrón fiel, y más la seguridad del camino, que es el más peligroso que hay de aquí allá? Si el rey, por hacerme grande merced, me quisiera dar una grande y segura compañía, no me diera más que aquellos dos de su guarda; es como

si acá llevara un alcalde de Corte y un alguacil para que nadie me ofendiese; ¿no os parece que iría a buen recado? Cuanto más que de otra manera nunca allá llegara, porque los jenízaros tienen tanto poder que por el camino que van toman cuantas cabalgaduras topan, sin que se les pueda resistir, y cuando hacen mucha merced, por un ducado o dos las rescatan; en solas siete leguas me habían tomado ya a mí mis caballos, porque todos los caminos por donde yo iba estaban llenos de jenízaros, y por ir en compañía de los otros nadie me osaba hablar.

Juan — No fue de vos ese consejo. Por vos se puede decir: «Beatus es, Simon Barjona, quia caro nec sanguis non revelavit tibi; sed Pater meus qui in celis est». Agradecédselo a quien nunca faltó a nadie.

Pedro — Llegáronse a mí los dos mis compañeros rezagándose, y comenzaron de decirme que para qué había destruido a mí y a ellos. Yo le respondí que poco sabía para haber hecho tantas veces aquel camino. Respondiome: «Si vos solo fuerais, yo bien creo que fuera bien; ¿mas no veis que por este viejo, que ninguna lengua sabe, somos luego descubiertos? ¿Qué haremos? ¿Dónde iremos?» Consolele diciendo no ser inconveniente, aunque no supiese la lengua; pero que lo que cumplía era que no hablase. Dijo que había necesidad de que se hiciese mudo por todo el camino; donde no, bien podíamos perdonar; lo que más presto, digo, nos echará a perder es eso, porque es cosa tan común que todos lo hacen en donde quiera cuando no saben la lengua, y se está ya en todas estas tierras mucho sobre el aviso, que dirán: «Fraile y mudo, ¿quién le dio el hábito? Guadramaña hay». Él es viejo y estarle ha muy bien que se haga sordo, y cualquiera que le hablare se amohinará de replicar a voces muchas veces lo que ha de decirle, y así responderemos nosotros por él; de esto hay tanta necesidad, que en hacerlo o no está nuestra salvación y con algunas palabrillas que sabe de griego y no tener a qué hablar mucho, será mejor encubierto que nosotros.

Mata   Bien dicen que quien quiere ruido compre un cochino. ¿Qué necesidad teníais vos de salir con nadie sino salvaros a vos?

Pedro   Oiréis y veréis, que aun esto no es nada: mil veces estuve movido para echarle en la mar por salvarme a mí.

Mata   Ya que hicisteis el yerro, urdisteis la mejor astucia de vuestra vida; porque hablar con un sordo es un terrible trabajo; al mejor tiempo que os habéis quebrado la cabeza, os sale con un ¿qué?, puesta la mano en la oreja; y al cabo, por no parecer que no oyó, responde un disparate.

Pedro   Muy bien le pareció al espía; más cosa fue para el viejo que en tres meses de peregrinación nunca la pudo deprender.

Mata   Pues, ¿qué había que deprender?

Pedro	No más de a no hablar; que para un hombre viejo y que había sido barbero es muy oscuro lenguaje y cosa muy cuesta arriba; al mejor tiempo, mil veces que hablábamos en las posadas en conversación, dicho ya que era sordo, como entendía el griego, respondía descuidado, y metía su cucharada que a todos hacía advertir cómo oía siendo sordo. Yendo nuestro camino con los jenízaros, yo les tenía buena conversación, y ellos a mí, como sabíamos bien las lenguas; el espía y el viejo se iban hablando por otra parte; llegamos la noche a la posada, y yo, como sabía las mañas de los turcos, que querían que los rogasen con el vino, hice traer harto para todos, pues ellos no podían ir a la taberna, y para mejor disimular pusímonos a comer un poco apartados de ellos, como que cada uno comía por sí, y el griego nunca hacía sino escanciar y darles hasta que se ponían buenos. Mandele también al griego que los sirviese mejor que a mí y mirase por sus caballos.
Juan	¿Hay por allá mesones como por acá?
Pedro	Mesones muchos hay, que llaman «carabanza»; pero como los turcos no son tan regalados ni torrezneros como nosotros, no hay aquel recado de camas ni de comer, antes en todo el camino no vi «carabanza» de aquéllos que tuviese mesonero ni nadie.
Mata	¿Pues cómo son?
Pedro	Unos hechos a modo de caballeriza, con un solo tejado encima y dentro por un lado y por otro lleno

de chimeneas y altos a manera de tableros de sastres, aunque no es de madera, sino de tierra, donde se aposenta la gente.

Mata   ¿Sin más camas ni recado?

Pedro   Ni aun pesebres para los caballos, sino entre tantos compañeros toman una chimenea de estas con su cadahalso, y allí ponen su hato, sobre el cual duermen, echando debajo un poco de heno. Una ropa aforrada hasta en pies lleva cada turco de a caballo en camino, la cual le sirve de cama.

Juan   ¡Oh de la bestial gente!

Pedro   No es sino buena y belicosa.

Mata   ¿Pues dónde comen las bestias?

Pedro   A los mismos pies de sus amos, en el cadahalso o tablado, le echan heno harto, que en aquella tierra es de tanto nutrimento, que si no trabaja la bestia está gorda sin cebada, y cada una lleva consigo una bolsa que llaman «trasta», que le cuelga de la cabeza como acá suelen hacer los carreteros, y dentro les echan la cebada.

Juan   Pues si no hay huéspedes, ¿quién les da cebada y todo lo que han menester?

Pedro   Mil tiendas que hay cerca del mesón, que de cuanto hay les proveerán, que por la posada no pagan nada, que es una cosa hecha de limosna para cuantos pasaren, pobres y ricos; en entrando a apearse llegan allí muchos con cebada, leña, arroz, heno y lo que más hay necesidad. A las bestias en aquella tierra tienen bien acostumbradas, que nunca comen de día, sino de noche les ponen tanto que les baste.

Mata   ¿De esa manera tampoco se gastará tanto en el camino como por acá?

Pedro   El que cada día gasta dos o tres ásperos en comer él y la bestia es mucho, porque la cebada vale barata, y el pan; y vino no lo bebe la gente, con que menos se les da por el comer. Hicimos nuestras camas y echámonos, no con menos frío que agora hace, todos juntos, la alforja frailesca por cabecera y el tejado por frazada, y a primo sueño comienza a tomar el diablo a mi compañero, y hablar entre sueños, no así como quiera, sino con tantas voces y tanto ímpetu y coces como un endemoniado, y decir levantándose: «¡Mueran los traidores bellacos que nos roban!, ¡Ladrones, ladrones!», y con esto juntamente dar puñadas a una y a otra parte; no solamente despertamos todos, mas pensamos que era verdad que nos mataban; la lengua española en que hablaba escandalizó mucho a los jenízaros que allí dormían y preguntaron qué era aquello y yo le dije cómo soñaba.

Mata   La vida os diera hacer del mudo con tan buena condición.

Pedro	Aun con todo eso no les podía quitar a los turcos de la imaginación el hablar diferentemente de lo que ellos todos, lo cual me dio las más malas noches que en toda mi vida pasé.
Juan	¿En qué?
Pedro	Porque ya no me osaba fiar, sino tenerle de contino asida la mano, para cuando comenzase despertarle presto.
Juan	¿Y soñaba de esa manera cada noche?
Pedro	Y aun de día, si se dormía, y no menos feroces los sueños; que aunque he leído muchas veces de cosas de sueños que los médicos llaman turbulentos, y visto algunos que los tienen no tan continuos y tan bravos; contemplad agora y echad seso a montones: ¿qué sintiera un hombre que venía huyendo y estaba entre sus enemigos durmiendo y por solo él hablar español había de ser conocido, y las noches de enero largas, y echado en el suelo, sin ropa, y no poder, aunque tenía grande gana, dormir, por no le osar dejar de la mano?
Mata	No me dé Dios lo que deseo si no me parece que un tal era mérito matarle si se pudiera hacer secretamente; a lo menos echarle en la mar; yo hiciéralo, porque en fin muchas cosas hacen los hombres por salvarse; más valía que muriera el uno que no todos. ¿Y cuántos días duró ese subsidio?

Pedro — Con los jenízaros trece.

Juan — ¿Pues trece días vinisteis siempre con vuestros enemigos?

Pedro — Y aun que recibía hartos sobresaltos cada día.

Juan — ¿Cómo?

Pedro — Sentándonos a la mesa, hartas veces daba un suspiro el uno de ellos, diciendo: «Hei guidi imanzizis, quim cizimbulur nase mostulu colur»; «¡Ah, cornudo sin fe, quién te topase, qué buenas albricias se habría!» ¿Qué os parece que sintiera mi corazón? No podía ya tener paciencia con el viejo, viendo que de los pensamientos y torres de viento del día procedían los sueños, y llegueme un día a él, apartado de los jenízaros, y preguntele en qué iba pensando, porque con las manos iba entre sí esgrimiendo. «¿Sabéis —digo— qué querría yo que pensaseis? La miseria del trabajo en que vamos y la longura del camino, y que sois un pobre barbero y no capitán ni hombre de guerra, y de setenta años, y cuando llegaréis, si Dios quiere, en vuestra casa, o vuestra mujer será muerta, o ya que viva, como ha tanto que vos faltáis, no podrá dejar de haberos olvidado, y vuestras hijas por casar y cada dos veces paridas. Esto id vos contemplando de día, que no creo yo que escapa de ser verdad, y soñaréis de lo mismo.»

Mata	¡Por Dios, que vos le dabais gentil consuelo! ¿Y vos consolábaisos con eso, o pasabais este rosario que traéis a la cinta muchas veces?
Pedro	Siempre al menos iba urdiendo para cuando fuese menester tejer.
Juan	¿Malicias?
Pedro	No en verdad, sino ardides que cumpliesen a la salvación del camino.
Juan	Pues ése el mejor era ayuno y oración. ¿Cuántas veces pasabais cada día este rosario?
Pedro	¿Queréis que os diga la verdad?
Juan	No quiero otra cosa.
Pedro	Pues en fe de buen cristiano que ninguna me acuerdo en todo el viaje, sino solo le trajo por el bien parecer al hábito.
Juan	Pues, ¡qué herejía es ésa! ¿Así pagabais a Dios las mercedes que cada hora os hacía?
Pedro	Ninguna cuenta tenía con los «pater nostres» que rezaba, sino con solo estar atento a lo que decía. ¿Luego pensáis que para con Dios es menester rezar sobre taja? Con el corazón abierto y las entrañas daba un arcabuzazo en el cielo que me parecía que penetraba hasta donde Dios estaba; que decía en dos

palabras: «Tú, Señor, que guiaste los tres reyes de Levante en Belén, y libraste a Santa Susana del falso testimonio, y a San Pedro de las prisiones y a los tres muchachos del horno de fuego ardiendo, ten por bien llevarme en este viaje en salvamento ad laudem et gloriam omnipotentis nominis tui»; y con esto, algún «pater noster», no fiaría de toda esa gente que trae «pater nostres» en la mano yo mi ánima.

Mata   Cuanto más de los que andan en las plazas con ellos en las manos, meneando los labios y al otro lado diciendo mal del que pasa, y más que lo usan agora por gala, con una borlaza.

Juan   Vosotros sois los verdaderos maldicientes y murmuradores, que por ventura levantáis lo que en los otros no hay.

Mata   Buen callar os perdéis, que vos no sois parte en eso.

Juan   Mejor os le perdéis vosotros, que cuando no tenéis de qué murmurar dais tras una cosa tan santa, buena y aprobada como los rosarios en la mano del cristiano.

Pedro   Pues como no sea de derecho divino, el rosario aunque sea de los que el general de los frailes bendijo, podemos decir lo que nos parece.

Juan   Sí, como no sea contra Dios ni el prójimo.

Mata	Ahora, sus, y con esto acabo. A mí me quemen como a mal cristiano si nunca hombre se fuere al infierno por rezar ocho ni diez «pater nostres» de más.
Juan	¿Pues eso quién lo quita?
Mata	Pues si no lo quita, ¿qué necesidad hay para con Dios de rezar, como dijo Pedro de Urdimalas, sobre taja, habiendo dado Dios cinco dedos en cada mano, ya que queríais cuenta, por los cuales se pueden contar las estrellas y arenas de la mar?
Pedro	Por los dedos puédese contar, sin que la gente lo vea, debajo de la capa, como quien no hace nada, y no andan ellos tras eso; mas ¡qué de veces saltan desde el «qui es in celis» en el «remissionem pecatorum» cuando ven pasar al deudor!
Mata	Yo veo que Juan de Voto a Dios no puede tragar estas píldoras. Vaya adelante el cuento. Al cabo de los trece días ¿dónde aportasteis con los turcos?
Pedro	Llegamos a un pueblo bueno, que se llama la Caballa, que ya es en la mar; porque hasta allí siempre había procurado de no pasar por entre los dos castillos de Sexto y Abido.
Mata	¿Aquellos que cuenta Boscán?
Pedro	Los mismos.
Mata	¿Dónde están?

Pedro	A la entrada de la canal que llaman de Constantinopla, los cuales son toda la fuerza del Gran Señor, porque no puede entrar dentro de Constantinopla ni salir nave, galera, ni barca, que no se registre allí, so pena que la echarán a fondo, porque han de pasar por contadero.
Juan	¿Qué tanto hay del uno al otro?
Pedro	Una culebrina alcanza, que será legua y media.
Juan	¿Y son fuertes?
Pedro	Todo lo posible; al menos están lo mejor artillados que entre muchos que he visto hay, y de gente no tienen mucha, porque cada y cuando fuere menester dentro de dos días acudirán a ellos cincuenta mil hombres.
Juan	Y la Caballa donde llegaste, ¿es de este cabo o del otro?
Pedro	No, sino de éste. De allí a Salonique eran tres jornadas, y a Monte Santo, veinte leguas por mar; yo determiné de no tentar más a Dios, y que bastaban trece jornadas con los enemigos. El camino real es el más pasajero del mundo; yo soy muy conocido entre judíos y cristianos y turcos; no sea el diablo que me engañe, y me conozca alguno; más quiero irme por agua a Monte Santo; y despedime con harto dolor y lágrimas de los jenízaros, que les contentaba la com-

pañía, diciendo que yo quería irme en una barca a mis monasterios, y me pesaba de perder tan buena compañía y los servicios que les había dejado de hacer. Ellos respondieron que por cierto holgaran que el camino y compañía fuera por mucho mayor tiempo, y así se fueron. En la posada bien sabían quién yo era, porque conocían el espía, y había allí un sastrecillo medio remendón, candiote, que también solía ser espía, con los cuales bebimos largo aquella noche.

Juan — ¿Cómo podías sin cama sufrir tanto frío y sin ropa?

El viaje por mar

Pedro — Hartándome de ajos crudos y vino, que es brasero del estómago, aunque no todas veces hallaba la fruta; mas a fe que cuando la podía haber luego iba a la alforja. Tuvimos consejo entre los dos espías y yo con el mesonero griego, cuál sería mejor: pasar adelante siempre por tierra o ir a Monte Santo alquilando una barca. Todos dijeron que ir a Monte Santo y yo lo acepté, estando muy engañado con pensar qué harían a fuer de acá los frailes en recoger a los huidos y malhechores, cuanto más a mí en tal caso; y donde tantos frailes hay, no es menos sino que les agradaré con mis pocas letras griegas y latinas, y tenerme han hasta que pase por ahí alguna nave o galera de cristianos, que como están en la ribera de la mar muchas veces pasan, con la cual me vendría hasta Cicilia. El espía y los compañeros no veían la hora de apartarse de mí, por el peligro en que andaba; y con pensar que en el punto que pusiese el pie en el Monte Santo sería libre, porque así me lo decían los griegos, hice que me alquilasen una barca que me llevase al primer monasterio, y trajéronme una igualada por cinco ducados, para haber de partir otro día por la mañana. Hice cuenta con el espía con pensar que ya no le habría menester, y alcanzome cuarenta ducados venecianos, sin doce que yo le había dado, los cuales le pagué doblados porque tomó mis vestidos de brocado y seda y las camisas de oro y pañizuelos y otras joyas en descuento, al precio que él quiso, y presentele de más de esto un caballo de aquellos y el otro vendí por dos escudos.

Mata   Pues ¿cuánto le dabais cada día al espión?

Pedro   Cuatro ducados venecianos, que son cincuenta y dos reales, y de comer a él y a un caballo.

Juan   Y el viejo, ¿no pagaba su mitad?

Pedro   No me ayude Dios si yo le vi en todo el viaje gastar más de cien ásperos, que el mal viejo todo lo llevaba empleado en piedras, y por no nos parar a venderlas y ser descubiertos, yo no hacía sino gastar largo entre tanto que durase. A la mañana despedí la espía y tomé provisión, y metime en la barca, y aquel sastrecillo griego quiso irse conmigo porque el dueño de la barca le daba parte de la ganancia si le ayudaba a remar. Partimos con un bonico viento y caminamos obra de tres leguas, y allí volvió el viento contrario, y echonos en una isla que se llama Schiatho, dos leguas y media de la Caballa, donde habíamos salido. Díjome el sastrecillo: «Hágoos saber que habemos, gracias a Dios, aportado en parte que por ventura será mejor que Monte Santo, porque ésta es una muy fértil isla de pan y vino, aceite y todas frutas, y en este puerto vienen siempre muchas naves grandes y pequeñas que van al Chío, y a Candia, y a Venecia a tomar bastimento. Estarnos hemos aquí hasta que venga alguna». Y subímonos al pueblo, que estaba en un alto. El marinero pidió dineros de la barca, y yo le daba dos ducados y no quiso menos de todo. Digo: «Hermano, ¿pues cómo? Yo te alquilé para veinte leguas a Monte Santo y no me has traído sino tres, y ¿quieres tanto por éstas como por todo el viaje?» Díjome: «Padre, tornaos con Dios y con el viento, que yo no tengo culpa»; el sastre ayudó de mala, como había de haber la mitad, y dijo: «Dele vuestra reverencia, padre, todo, que aunque no tenga justicia, no os tiene nadie de sentir por ello». Dile sus cinco ducados, y aun en oro pagados, y tomamos en el pueblo una posada donde estaba un mercader que traía sardinas en cantidad, griego, y como nos sentamos a comer, yo eché la bendición sin estar advertido el cómo lo había de hacer, sin pensar que fuese menester. Aquel mercader y otros griegos preguntáronme si era sacerdote. Yo dije que no; luego vieron que yo ni el otro éramos frailes, y llegose a mí el mercader y comenzome de decir en italiano: «Yo conozco a ese sastre, que es un gran tacaño, y os trae engañado; agora esta gente barrunta,

	como creo que es verdad, que no sois frailes y luego os hará prender».
Juan	Pues ¿qué gente era la del pueblo?
Pedro	Cristianos todos, sino solo el gobernador, que era turco.
Juan	Pues, ¿qué miedo teníais de los cristianos?
Pedro	Antes de ésos se tiene el miedo, que del turco ninguno, porque fácil cosa es engañar a un turco que no sabe las particularidades de la fe y lengua, y ceremonias, como el griego. Si conocen aquellos griegos de aquella tierra que el cautivo cristiano va huido, luego le prenden y dan con él en Constantinopla.
Mata	Pues, ¿por qué, siendo cristianos?
Pedro	Por ganar el hallazgo, lo uno; lo otro, porque si después hallan al esclavo, luego pesquisan: con éste habló, aquí durmió, aquel otro le mostró el camino, y destrúyenlos, llevándoles las penas, y aun muchas veces los hacen esclavos. Yo ningún miedo jamás tuve de los turcos; pero de los cristianos, grandísimo, porque recio caso es hacernos un italiano o francés a los tres, como estamos, entender que es español aunque hable muy bien nuestra lengua, que en el pronunciar, que en un vocablo muy presto se descubre no serle natural la lengua, así que dice: «El mejor consejo que vos podéis tomar me parece que luego os bajéis abajo y os metáis en aquel bajel que

va a Sidero Capsa y de allí en un día podréis por tierra iros a Monte Santo». Yo, metidas las cabras en el corral, acepté el consejo, y díjeselo al sastre, el cual dijo que no quería sino quedarse allí, que había mucho que remendar; que si me quería quedar con él, era mejor, y si me quería ir, él concertaría que me llevasen en el bajel.

Mata   ¿Qué llamáis bajel?

Pedro   Es un nombre general que comprehende nave grande y pequeña y galera, en fin cualquiera cosa que anda en la mar. Sidero Capsa es una ciudad pequeña, donde se hunde todo el oro y plata que se saca de las minas que hay en aquella isla del Schiatho, donde yo estaba, y en la Caballa, las cuales son tan caudalosas que dudo si son más las del Perú.

Mata   ¿Qué tanto hay de las minas a donde se hunde?

Pedro   Veinticinco leguas por mar; sirven cien navecillas que llaman «caramuçalides», y acá «corchapines», de llevar solamente de aquella tierra que produce cierto oro finísimo de muchos quilates, y plata, y lo que más es en grandísima cantidad. Pagué por que me llevasen dentro un ducado; y cuando me vi allí, los del bajel imaginaron que, pues tanto les había dado siendo fraile, podrían sacarme más, que debía de tener mucho, y en descargando la tierra de la mina para volver por más, díjome: «Yo os querría echar en tierra; mas quiero que sepáis que el poco camino que tenéis de andar hasta Monte Santo por tierra está lleno de ladrones, que cierto os matarán; dadnos otro ducado y poneros hemos por mar en una "metoxia de los frailes", que es lo que acá llamamos granja». Concerteme con él y dísele, porque me pareció que tenía razón, aunque también estaban con gran sospecha de los sueños del compañero, que yo cierto tengo que estaba espiritado. Desembarcamos junto a la granja, que era una torre donde había un fraile mayordomo y otros seis frailes que le servían y cavaban las viñas. Ya yo pensé estar en España; y como llegamos con nuestro hato acuestas llamamos y no quisieron abrir para que entrásemos, que no estaba allí el «icónomo», que así se nombra en griego. Esperamos, y cuando vino a la tarde saludámosle y respondiome como fraile, en fin, de granja.

Los monasterios del Monte Athos

Mata — Siempre dan esos cargos de mandar a los más cazurros y desgraciados.

Pedro — Luego dije: «En hora mala acá venimos, si todos los frailes son como éste»; ya con las cejas caídas sobre los ojos, a media cara, con sus cabellazos hasta la cinta y barbaza, dijo: «Sube si queréis, padre, a hacer colación, aunque acá todos somos pobres».

Mata — ¿Luego la primera cosa que todos tienen es ésa?

Pedro — ¿Qué?

Mata	Predicar pobreza.
Pedro	Es verdad; y subimos y comenzó de preguntarme y repreguntarme de dónde era. Yo le dije que de la isla del Chío, porque si acaso hablase alguna palabra que no pareciese griego natural no se maravillasen, por respeto que en aquella isla se habla también italiano, y todos los griegos lo saben. Sentámonos a cenar en el suelo sobre una manta vieja y dieron gracias a Dios y comenzaron de servir manjares.
Mata	¡Y aun qué tales debían de ser y qué de ellos!
Pedro	No hubo fruta de principio ninguna.
Mata	Ni aun de medio creo yo.
Pedro	La principal cosa que sacaron fue habas remojadas de la noche antes en agua fría y con unos granos de sal encima, sin moler, tan grandes como ellas, y tras esto un plato de aceitunas sin aceite ni vinagre, que yo cuando las vi pensé cierto que fuesen píldoras de cabra, porque no eran mayores; añadieron por los huéspedes tercero plato, que fue media cebolla.
Juan	¿Y así comen siempre?
Mata	Que son mañas de frailes cuando hay huéspedes forasteros, por comprobar la pobreza que tienen predicada; mas entre sí, yo os prometo que lo pasan bien, y tienen alguna razón, porque luego les acorta-

rían las limosnas por la fama que los huéspedes les darían.

Pedro De los de acá yo bien creo lo que vos decís, mas de aquéllos no, porque lo sé muy bien que hacen la mayor abstinencia del mundo siguiendo siempre ellos y los clérigos griegos la orden evangélica. Llegamos de allí en el primer monasterio de Monte Santo yendo por una espesura muy grande, que es de esclavones, que allá se llaman búlgaros, y el nombre del monasterio Chilandari; y en llegando estaban unos frailes sentados a la puerta de la portería, y encima de todas las puertas hay una imagen de Nuestra Señora, a la cual los que van en romería han de hacer primero oración que hablen a nadie, y en esto tienen grande escrúpulo. Yo, como no sabía aquello, en viendo los frailes los saludé con el grande placer que tenía, pensando hallar la caridad y acogimiento que en Burgos. Ellos respondieron: «Bre, ¿ti camis?» «Padre, ¿qué hacéis?», señalándome la imagen. Yo luego caí en la cuenta, e hice mi oración como ellos usan.

Juan ¿Qué uso es el suyo?

Pedro En toda la Iglesia griega no se hincan de rodillas, y las oraciones particulares, como no sean misa ni horas de la Iglesia, son a la apostólica, muy breves: hacen tres veces una cruz como quien se persina, tan larga como es el hombre, de manera que como nosotros llegamos al pecho con la cruz, ellos a la garganta del pie, y dicen: «Agios o Theos, Agios

	schiros, Agios athanatos, eleison imas». Esto, como digo, tres veces o cuatro, y en la iglesia añaden un «pater noster».
Mata	¿Qué quieren decir aquellas palabras?
Pedro	«Santo Dios, Santo fuerte, Santo inmortal, ten misericordia de nosotros».
Mata	En verdad que es linda oración.
Juan	A vos, porque es breve os agrada.
Pedro	También tienen un «Chirie eleison», la más común palabra: cuando se maravillan de algo, «Chirie eleison»; cuando se ven en fortuna de mar o de tierra, «Chirie eleison». Estarse un griego media hora diciendo: «Chirie eleison»; que es: «Señor, miserere». Entramos ya en el monasterio y fuimos a la iglesia a hacer primero la oración que llaman «prosquinima», cuando me preguntaban a dónde iba o de dónde venía aquellos frailes, con decirles que era «prosquinitis», que quiere decir como peregrino que va a cumplir alguna romería, atajaba muchas preguntas; diéronme luego a beber en la despensa y el prior mostró buena cara.
Mata	Esas siempre las muestran hasta saber si les dan algo o no.
Pedro	De eso estaba bien seguro; y era ya una hora antes que el Sol se pusiese, vinieron luego todos los frailes

	que estaban fuera y tocaron a vísperas, y entramos en el coro donde vi, cierto, una iglesia muy buena y bien adornada de imágenes y cera.
Mata	A todo esto, ¿nunca se hacía caso del compañero, ni hablaba, ni preguntaban cómo no hablaba?
Pedro	Cada paso; mas yo luego respondía que era sordo y no entendía lo que decíamos. ¿Cómo había de hablar?, lo cual veían por la experiencia. Los oficios eran tan largos como maitines de la Nochebuena, y ciertamente, sin mentir, duraron cuatro horas; al cabo salimos, que nunca lo pensé, y fuímonos al refectorio a cenar.
Juan	¿Qué rezan que tanto tardan?
Pedro	El salterio, del primer salmo hasta el postrero.
Juan	¿Cada día?
Pedro	Dos veces, una a vísperas, otra a maitines.
Juan	¿Cantado o rezado?
Pedro	Cantado rezando.
Mata	¿Cómo es eso? ¿Cantar y rezar junto?
Pedro	No, sino que lo cantan tan de corrida, que parece que rezan.

Mata	¡Ah! ¿Cómo acá los clérigos en los mortuorios de los pobres?
Pedro	Así es.
Juan	Largo oficio es ése. ¿Qué tiempo les queda si han de holgar?
Pedro	Lo que pluguiese a Dios sobrase a los frailes todos de acá.
Juan	¿Qué es?
Pedro	Después lo sabréis; dejadme agora. El refectorio tenía las mesas de mármol todas, sin manteles ningunos, mas de la viva piedra y un agujero en medio y algo cóncava, para en acabando de comer lavarla y cae el agua por aquel agujero.
Mata	¿Con qué se limpian?
Pedro	¿De qué?
Mata	De la comida.
Pedro	¿Pues aún no nos hemos sentado a la mesa y ya os queréis limpiar? Era día de Santo Matía, y en cada mesa se sentaban seis y había seis jarrillos de plomo de a cuartillo llenos de un vino que no sabe mal, hecho de orujo y miel con cierta hierba que le echan dentro y un poco de agua de azahar que le da sabor. Verdaderamente salta y emborracha, y si no

os dicen qué es, pareceros ha buen vino blanco, y un platico de queso molido, que en aquellas partes cuajan mucho queso, como manteca de vacas, y métenlo en cueros como la misma manteca, y sécase allí; después está como sal, y esto se come amasando el bocado de pan primero entre los dedos para que adquiera alguna humedad y pegue el queso en ello cuando untare el pan. Teníamos olla de unas como arvejas que llaman «fasoles», y aceitunas como las pasadas y a casco y medio de cebolla. El pan era algo durillo, pero no malo.

Mata	Duro tenerlo han para que no se comiese tanto.
Pedro	Acertaste; luego, a la hospedería a dormir, la cual era, como agora os pintaré, una camaraza antiquísima con muchos paramentos naturales.
Juan	¿Qué son naturales?
Mata	¡Echadle paja! ¿No sabéis qué son telarañas?
Pedro	Las camas, sobre un tablado; una manta que llaman esclavina, que de más de la infinita gente que dentro tenía, habría una carga de polvo en ella. Una almohadilla de pluma que si la dejaran se fuera por su pie a la pila.
Mata	¿Había más?
Pedro	No.

Mata	¿Luego para ir a maitines y madrugar, no había necesidad de despertadores? Y las camas de ellos, ¿son así?
Pedro	Sin faltar punto, salvo la de alguno que se la compra él. Con ser la noche larga, a las dos fuimos a maitines; salimos a las siete: aún estaba confuso qué había de ser de mí; llegueme al prior y díjele que le quería en confesión decir dos palabras: y túvolo por bien. Digo, pues: «Padre santo, yo os hago saber que no somos frailes, ni aun griegos tampoco; somos españoles y venimos huidos del poder de los turcos y para mejor nos salvar hemos tomado este vuestro santo hábito. Apóstoles sois de Cristo: haced conforme al oficio que tenéis, que por solamente querernos hacer renegar somos huidos, y a ser tomados, por no ser maltratados, quizá haremos algún desatino, el cual, no usando vos de piedad y misericordia, seréis causa y llevaréis sobre vos. Yo traigo, gracias a Dios, dineros que gastar estos dos meses, si fuere menester; no quiero más de que me tengáis aquí hasta que venga algún navío que me lleve de aquí, y pagaré cortésmente la costa toda que entre tanto haré».
Juan	Justa petición era por cierto.
Pedro	Tan justa era cuan injusta me respondió. Comenzó de santiguarse y hacer melindres y espantosos escrúpulos, diciendo: "Chirie eleison", ¿y esta traición teníais encubierta? ¿Queréis, por ventura, vos ser el tizón con que toda nuestra casa se abrase, y

aun la orden? Luego, sin dilación, os id con Dios, que a esta mar no viene navío ninguno de los que vos queréis, sino idos a Santa Laura —que era otro monasterio—, que allí hay un portizuelo donde se hallan algunas veces esos navíos: y no os detengáis más aquí, porque como éste es el monasterio más cerca de donde están los turcos, cada día vienen aquí a visitarnos y luego os verán; yo no lo puedo hacer, andá con Dios».

Mata   Pues ¡maldiga Dios el mal fraile! ¿Tan pequeño era el monasterio que, aunque viniesen mil turcos, no os podían esconder, cuanto más sin venir a buscaros?

Pedro   El menor, de veintidós que son, es como San Benito de Valladolid, y mayor mucho, como están en desierto, que parece cada uno un gran castillo; y más que todo es muy espeso monte de castaños y otros árboles, que ya que algo fuera me podía salir al bosque entre tanto que me buscaban.

Mata   ¿Qué buscar? ¿Qué bosque ni espesura? Y, os prometo que si fuerais doncellas, aunque fueran ciento cupieran en casa, con todas sus santidades.

Pedro   Yo le demandé un fraile que me mostrase el camino hasta otro monasterio, renegando de la paciencia, que sería ocho leguas de allí por el más áspero camino que pienso haber en el mundo, y diómele de buena gana, mas con tal condición: que le pagase su trabajo, porque eran pobres; yo lo puse en sus manos y mandó medio ducado; admitilo, aunque era mucho, mas con condición que, porque yo estaba cansado y el viejo no podía, que llevase él las alforjas a cuestas, que de camisas y veinte baratijas pesaban bien; no quiso, sino a ratos él y yo; escogí del mal lo menos, por tener a quien hablar que supiese que no era fraile, para que me avisase de todas las cosas que había de hacer y ceremonias que en la orden había, para mejor saber fingir el hábito, lo cual fue una de las cosas que más me dieron la vida para salvarme, porque yo cierto lo deprendí a saberlo tan bien como cuantos había en el Monte. Pasamos por un monasterio que se llamaba Psimeno sin entrar dentro, y fuimos a dormir en otro muy de los principales que se llama Batopedi, adonde ya sabía yo el modo de las ceremonias de fraile, y no fui conocido por otro, y fuimos huéspedes aquella noche; y dimos con nosotros en otro, que es también principal, que se dice Padocratora, en donde almorzamos, y pasamos a otro, que se llama Hiberico, en donde comimos, y queriendo pasar adelante me preguntaron qué era la causa que pues todos los peregrinos en cada monasterio estaban tres días, nosotros íbamos tan deprisa. Yo respondí porque en Santa Laura tenía nueva que estaba un navío que se partía para Chío, y por llegar antes que se partiese a escribir una carta y enviar cierta cosa que nuestro patriarca me había dado en Constantinopla; mas que luego había de dar la vuelta y hacer mi oración como era obligado; y con esto los aseguré ya; pasé a otro, que se llama Strabonequita, y de allí a Santa Laura, donde pensaba había de haber fin mi esperanza; y hecha la oración y ceremonias fuimos a hablar al prior, al cual hice el mismo razonamiento que al primero, y él los mismos milagros y respuestas que el otro, y dijo que allí jamás había navío semejante, sino de turcos, que me conocerían y sería la ruina de todos. El mejor remedio era ir al Xilandari, que era el primero de todos, allí solían acudir aquellos navíos. Yo digo: «Señor, he estado allá y remitiéronme acá; mirad que conmigo no habéis de gastar nada». No aprovechando, procuré de saber si había algún fraile letrado para comunicar con él y, contentándole, que se me aficionase y rogase por mí, y había uno solo, que se llamaba el papa Nicola, y comencele de hablar en griego, latino y cosas de letras el cual me entendía tanto, que con una ayuda de agua fría le hicieran echar cuanto sabía. En fin, como dice el italiano: «En la terra de li orbi, beato chi ha un ochio»; en la tierra de los ciegos, beato el tuerto; aficionóseme un poco y habló por mí, y lo que pudo alcanzar era que nos quedásemos allí por frailes de veras, y que él nos enviaría adentro el bosque, donde tenían una granja, y yo cavaría las viñas y mi compañero guardaría un hato de ovejas; y si esto no queríamos, desde luego desembarazásemos la casa; yo respondí agradeciéndoselo, que holgara de ello, pero no podíamos por respecto que teníamos mujeres e hijos, que de otra manera Dios sabía nuestro muy buen propósito.

Juan   ¿Pues el fraile mismo había de cavar ni guardar ovejas?

Pedro	Quiéroos aquí pintar la vida del Monte Santo, para que no vais tropezando en ello, y después acordarme dónde quedó la plática.
Mata	Yo tomo el cargo de eso.
Pedro	Los veintidós monasterios que os he dicho, todos, sino dos, están en la misma ribera de la mar, y cada uno tiene una torre y puertas de hierro, y puentes levadizos, no más ni menos que una fortaleza, y no se abre hasta que salga el Sol. Tiene asimismo cada monasterio su artillería, y frailes que son artilleros, una cámara de arcos y espadas.
Juan	¿Para qué esas armas?
Pedro	Para defenderse de los cosarios, que podrían hacer algún salto. La distancia de un monasterio a otro no será de dos leguas adelante. En el punto que sueltan una pieza de artillería, concurrirán al menos tres mil frailes armados, y aun muchos de ellos a caballo, y resistirán a un ejército si fuere menester.
Juan	Si éstos están debajo el Turco, ¿quién les hace mal?
Pedro	Cosarios que no obedecen a nadie; son como salteadores o bandoleros en tierra.
Mata	¿No será mejor a repique de campana?
Pedro	En todo el imperio del Gran Turco no las hay, ni las consiente. Unos dicen que porque es pecado; mas yo

	creo a los que dicen que, como hay tantos cristianos, teme no se le alcen o le hagan alguna traición; porque el repique de campana junta mucha gente; ni órgano tampoco no le hay en ninguna iglesia, que con trompetas se dice en Constantinopla algún día solemne la misa.
Juan	¿Pues cómo tañen los frailes o los clérigos a misa?
Pedro	Campanas tienen de palo y de hierro que tocan como acá.
Mata	Eso no entiendo cómo pueda ser.
Pedro	Una tabla delgada, estrecha y larga cuanto seis varas; por en medio tiene una asa como de broquel, y tráenla en el aire en la una mano, que no toque a ropa ni a nada, y en la otra un macizo, con el cual va repicando en su tabla por todo el monasterio y hace todas las diferencias de sones que acá nosotros con las nuestras.
Juan	¿Como acá los Viernes Santos?
Pedro	Cuasi. Las de hierro son una barra ancha y a manera de herradura o media Luna, colgada de modo que no toque a ninguna parte, y allí, con dos macizos de hierro hacen también sus diferencias de repiquetes los días de fiesta.

Mata — Qué, ¿es posible que en tan grande miseria están los pobres cristianos? Nunca lo pensara. ¿Y tantos hay de esos frailes?

Pedro — Ya os he dicho que en cada monasterio doscientos o trescientos, así como los monasterios de acá y las parroquias; todo es una manera de celebrar allá; dígolo para que los que oyerdes de Monte Santo se entiende de toda Grecia.

Mata — ¿El comer?

Pedro — Ya os he dicho cómo comimos aquellos días de fiesta. Ellos tienen la mayor abstinencia que imaginarse puede. Primeramente no comen carne, ni huevos, ni leche, sino es obra de treinta o cuarenta días en todo el año; ítem tienen cuatro Cuaresmas.

Juan — ¿Los frailes, o todos los griegos?

Pedro — Todos las tienen; pero más abstinencia tienen los frailes. El adviento es la una, en el cual comen pescado si le tienen; luego la nuestra cuaresma, que la llaman ellos grande, la cual toman ocho días antes que nosotros, y en aquéllos bien pueden comer todos huevos y leche y pescado. El domingo de nuestras Carnestolendas las tienen ellos de pescado y huevos y leche, si no fuere pescado sin sangre, como es ostras, caracoles, calamares, pulpos, jibias, veneras y otras cosas. Así, los frailes añaden más abstinencia, que no comen lunes, miércoles y viernes aceite, diciendo que es cosa de gran nutrimento, ni beben

	vino; guisan unas ollas de hinojo y fasoles, con un poco de vinagre; habas remojadas con sal de la noche antes tienen muy en uso y algunas aceitunas.
Juan	¿Pasáis por tal cosa? ¿Y pueden resistir a guardarlo de esa manera?
Pedro	Como testigo de vista os diré lo que pasa en eso. No digo yo fraile, ni en cuaresma, sino un plebeyo en viernes que esté malo, que se purgue, no comerá dos tragos de caldo de ave, ni un huevo, si pensase por ello morir o no morir y aun irse al infierno; en eso no se hable, que entre un millón que curé de griegos jamás lo pude acabar, sino unas pasas o un poco de aquel pan cocto de Italia. El Domingo de Ramos y el día de Nuestra Señora de marzo comen pescado y se emborrachan todos los seglares, y aun de los otros algunos, y darán las capas por tener para aquel día pescado.
Juan	¿Celebran ellos la Pascua como nosotros?
Pedro	Como nosotros y cuando nosotros tienen todas las fiestas del año, y la mañana de Pascua es la mejor fiesta del mundo, que se besan cuantos se topan por la calle y se conocen, unos a otros, y el que primero besa dice: «O Theos aresti». El otro responde: «Allithos anesti». «Cristo resucitó». Y el otro: «Verdaderamente resucitó».
Mata	¿Y a las damas también?

Pedro	Ni más ni menos, si las conocen; aunque yo, para decir la verdad, aquel día, si me parecía bien, aunque no la conociese le daba las pascuas en la calle, y me lo tenía a mucho por ser español, y aun cobraba amistades de nuevo por ello.
Mata	¿Hay hermosas griegas allá?
Pedro	Mucho, como unas deas.
Juan	Dejaos agora de eso; ¡mira adónde salta! ¿Cuál es la tercera cuaresma?
Mata	No querría Juan de Voto a Dios oír hablar de damas burlando más de veras. Dios os guarde de todos los de tal nombre en achaque de santos.
Pedro	Desde principio de junio hasta San Juan; y ésta no hay abstinencia de pescado, aunque tenga sangre. La última, desde primero de agosto hasta Nuestra Señora, y aún hay muchos que tienen otra quinta de veinticinco días, a San Dimitre; mas ésta no es de precepto.
Juan	¿Y en el sacrificar, en qué difieren de nosotros?
Pedro	En el bautizar dicen que somos herejes, porque es grande soberbia que diga un hombre: «Ego te baptizo», sino «Dulos Theu se baptizi»: el siervo de Dios te bautiza. Yo, hablando muchas veces con el patriarca y algunos obispos, les decía que por falta de letrados estaban diferentes su Iglesia y la nuestra ro-

mana, porque esto del bautismo todo era uno decir: «Yo te bautizo en el nombre del Padre, etc.» y «El siervo de Dios te bautiza». No echan el agua de alto, sino tómanle por los pies y zapúzanle todo dentro la pila. En la misa no hay pan cenceño, ni curan de hostia como nosotros, sino un pedacillo de pan algo crecido. Las mujeres que llevan pan a la iglesia para ofrecer hacen una cruz a un lado del panecillo, para que de allí tome el sacristán para sacrificar, y en un platico lo tienen en el altar. La casulla es a manera de manto de fraile hasta en pies, con muchos pliegues; no le verán decir la misa, porque el altar está detrás de una pared a manera de cancel con dos puertas a los lados. El sacerdote, sobre la una, dice la Epístola al pueblo, y muchas oraciones que nuestra Iglesia dice el Viernes Santo, ellos en todas sus misas las tienen. En la otra puerta dice el Evangelio. El credo y el paternóster no le dice el sacerdote, sino un muchacho, a voces, en medio de la iglesia.

Juan   ¿Qué causa dan para que se ha de sacrificar con pan levado?

Pedro   Porque el pan sin levadura es como cuerpo sin ánima, y habiéndose de convertir en Cristo aquello, no puede si no tiene ánima. Son todos una gente cuasi tan sin razón como los turcos.

Juan   Así me parece a mí por lo que de ellos me contáis. ¿Y cómo alzan el sacramento?

Pedro	Tiénele el sacerdote en su plato cubierto con un velo negro, y sale por una puerta, y da vuelta por todo el coro a manera de procesión, y torna por la otra; y otro tanto al cáliz, y de como sale hasta que torna ninguno mira hacia allá, sino todos, inclinadas las cabezas hasta las rodillas, y más si más pueden, están haciendo cruces, y diciendo: «Chirie eleison, Chirie eleison». En fin de la misa el sacerdote da por su mano a todos el pan bendito, que llaman «andidero», y algunos entonces ofrecen algo, y no creáis que habrá griego que almuerce el domingo antes que coma el pan bendito. Las más veces hay en fin de la misa «psichico», que es limosna que algunos dan de pan y sendas veces de vino a toda la gente que hay en misa, sentados por su orden. Como no conocen nuestro Papa, tienen por superior un patriarca, el cual reside en Constantinopla, y éste pone otros dos: uno en Antiochía y otro en Alejandría.
Juan	¿Qué renta tiene?
Pedro	La que tuviesen muchos perlados de acá; solamente aquello que por su persona allega pidiendo seis meses del año limosna en cada pueblo; es verdad que se lo tienen allegado, pero conviene ir en persona; lo que estando yo allá cada año allegaba eran trece mil ducados, de los cuales daba ocho mil al Gran Turco, de tributo porque le deje tener la fe de Cristo en peso y hacer justicia en lo eclesiástico; y de los cinco o seis mil ducados se mantiene a sí y a los otros dos patriarcas.

Juan	¿Y ese es fraile o clérigo?
Pedro	No puede él ni obispo ni ninguno ser clérigo, porque los clérigos todos son casados a ley y a bendición. Ha de ser por fuerza de los de Monte Santo.
Mata	Eso de casados los clérigos, me decid: «¿Cómo casados? ¿Qué cosa es casados?»
Pedro	¿No os tengo dicho que se vive allá a la apostólica y no están debajo de nuestra Iglesia romana? Cada clérigo se llama papa: el papa Juan, el papa Nicola, etc., y su mujer, la paparia.
Mata	¡Cómo se holgaría Juan de Voto a Dios que acá se usase eso: digo a ley y a bendición, que sin ley y a maldición, de las de a pan y cuchillo, no falta, por la gracia de Dios! Tres veces ha parido la señora después que vos faltáis.
Juan	Para éstas, que yo sepa de aquí adelante de quién me guardar.
Mata	No tenéis por qué os picar más vos que los otros, que yo no dije sino de los clérigos y teólogos de acá en comparación de los de allá; sé que vos no sois obligado a responder por todos.
Juan	Ello está bien. ¿Los obispos no tendrán, a esa cuenta, mucha renta?

Pedro	La que les basta para servir a Dios: doscientos o trescientos ducados el que más; y llámanse «metropollitas»; los obispados, como en renta, son pequeños también en jurisdicción; cuasi cada pueblo, como sea de doscientas casas, tiene él su «metropollita», y no puede salir de su obispado si no es a la elección del patriarca, que es por mano de éstos y eligen a uno de ellos.
Juan	¿Y éstos elígelos el mismo patriarca de los de Monte Santo?
Pedro	Sí.
Juan	¿Y los clérigos qué renta tienen? ¿Hay canonicatos o dignidades como acá?
Pedro	Ni aun beneficios tampoco; no penséis que es allá la suntuosidad de las iglesias como acá; son pequeñas, como cosa que está entre enemigos, y herédanse como cosa de patrimonio; es como hay acá ciertas abadías en ermitas o encomiendas de San Juan. Tengo agora yo esta iglesia como cura de ella; tomo cuatro o seis papas que me ayudan, y parto con ellos la ganancia toda que los parroquianos me dieren, que es harta miseria, si no tienen otras cosas de que se sustentar así el cura como los otros.
Juan	¿Confiésanse?
Pedro	Como nosotros; no hay más diferencia entre su Iglesia y la nuestra de lo que os he dicho; en lo

	demás, entended que lo que vos hacéis en latín el otro lo hace en griego.
Mata	Acabemos si os parece a Monte Santo, que después daremos una mano a lo que de esto quedare. En ese monte escabroso, donde ni hay hombre ni mujer ni pueblo en diez leguas alrededor, ¿qué comen?, ¿de qué se mantienen?, ¿quién les da limosna?
Pedro	¿Limosna o qué? ¿Luego a hucia de la limosna se tienen de meter en las religiones teniendo sus miembros sanos? Cada mañana, en amaneciendo, que se abre la puerta y bajan el puente, veréis vuestros frailes todos salir con unos sayos de sayal hasta la espinilla y unos bicoquis como éste; veinte por aquí con sus azadas, a cavar las viñas; otros tantos por acullá, con las yuvadas; por la otra parte otros tantos, con sus hachas, al monte a cortar leña o madera; cincuenta otros están haciendo aquel cuarto de casa, enyesando, labrando tablas, y todo, en fin, que ninguno hay de fuera. Maestros hay de hacer barcas y navíos pequeños; otros van con sus remos a pescar para la casa; otros, a guardar ovejas; los de oficios mecánicos quedan en casa, como zapateros, sastres y calceteros, herreros; de tal manera, que si no es el prior y el que ha de decir la misa, y algún impedido, no queda hasta una hora antes que el Sol se ponga hombre en casa. Yo me espantaba cuando no lo sabía; y caminando de un monasterio a otro veía aquéllos, que cierto parecen hombres salvajes, con aquellos cabellazos y barbas.

Mata	No parecéis vos menos en verdad.
Pedro	Y preguntábanme: «Po pai, ¿iagio sini su pater agiotate?» «Santísimo padre, ¿dónde va vuestra santidad?» Yo, muerto de hambre y con mis alforjazas a cuestas respondía primero entre dientes: «¡La puta que os parió con vuestras santidades!»
Juan	¿Pues por qué os llamaban así?
Pedro	Úsase entre ellos, aunque sea al cocinero y al herrero, llamar santidad.
Mata	¿Y cómo llaman al patriarca?
Pedro	Ni más ni menos. ¿Cómo queréis subir más arriba? Dentro el mismo Monte hay muy buenos pedazos de viñas y olivares y heredades, a donde me querían enviar a mí a trabajar, que son muchos de ellos de particulares, y lo venden.
Juan	Eso no entiendo.
Pedro	Digo que hay caserías, como digamos, con sus viñas y olivares; y el fraile que tiene dineros compra una de aquéllas, y escoge cuatro o cinco compañeros que se lo labren y dales su mesa y mantiénense de aquello.
Juan	¿No comen en refectorio?

Pedro	Esos tales no, si no tienen muchos cuartos en la casa apartados que corresponden a aquellas caserías y son anejos a ellos, y allí se están y van a sus horas como los otros; mas no son obligados a trabajar nada para la casa.
Juan	¿Y ésa quién la vende?
Pedro	El monasterio; porque cuando muere se queda otra vez en el monasterio, aunque en vida bien la puede vender. Así hay muchos labradores que son viudos o de otros oficios, y hacen dinero lo que tienen y métense frailes allí.
Mata	¿Y lo que llevan es nuestro, como acá?
Pedro	No, sino suyo propio, que nadie se lo puede tomar.
Juan	¿Y ésos no saben letras?
Pedro	De diez partes las nueve no saben leer ni escribir, y gramática griega de mil uno, y aquélla bien poca.
Juan	Pocos sacerdotes habrá a esa cuenta.
Pedro	Muy pocos. Cuando a la noche llegaban del trabajo veníanme algunos a hablar; y yo no sabía de qué me conocían. Como venían con sus capas de coro, largas, de chamelote o estameña, y las barbas algo más peinadas, preguntábales quiénes eran o de qué me conocían. Decían: «¿Vuestra santidad no se acuerda que me preguntó por el camino estando yo

cavando en tal parte?» Yo luego le decía: «¿Vuestra santidad es? Ya caigo en la cuenta», si mala pascua le dé Dios.

Mata   ¿Cómo es posible haber pan y vino y todo lo necesario para tantas personas y tan grandes monasterios en solo pedazos del Monte?

Pedro   ¿No dije primero que tenían sus «metoxias» o granjas fuera? Cada monasterio tiene una o dos o más «metoxias» fuera del Monte, junto a Sidero Capsia, y en las islas del archipiélago algunas, como son en la isla de Lemno y del Schiatho, donde yo estuve, y Eschiro, que son de distancia de Monte Santo quince leguas por mar; y en estas «metoxias» tienen sus mayordomos, con tantos frailes que basten a labrar las viñas y heredades, y con aquellos navíos pequeños que hacen van y vienen y venden lo que les sobra, y allí tienen ganado y gallinas para los huevos, porque carne no la comen, y otras granjerías de frailes; de la lana del ganado hacen de vestir para la casa a todos.

Mata   ¿Y ésos trabajan mucho?

Pedro   Como los mayores ganapanes que hay por acá; lo que seis obreros cavarán en un día, ellos largamente lo harán cuatro. ¿Qué pensáis? Antes que fuesen frailes no eran más de eso tampoco; ellos al parecer tienen vida con que se pueden bien salvar, y no piden a nadie nada ni son importunos.

Mata	Si en nuestras fronteras de moros hubiese monasterios de esa manera, no se desverviría Dios ni el Rey; porque a Dios le defenderían su fe y le servirían, y al rey su reino, y que la gente de guerra que allí está se fuese al ejército donde anda su persona.
Juan	Decid vos eso y pelaros han los frailes.
Pedro	No me ayude Dios si no creo que irían de tan buena voluntad la mayor parte de ellos como a ganar los perdones de más indulgencias que la Cruzada concede, y aunque cortase tanto la espada de algunos como las de los soldados.
Mata	Estaba pensando qué se me olvidaba de preguntar, y agora me acuerdo: ¿Qué hábito traen los clérigos griegos o papas?
Pedro	Unas ropas moradas por la mayor parte, aunque algunos las traen negras, y en la cabeza un barretín morado y una venda azul por la frente que le da tres o cuatro vueltas a la cabeza.

El naufragio

Pedro	Ya no tengo memoria en dónde quedó la plática principal.
Mata	Yo sí. Cuando en Santa Laura el prior os dijo que si queríais ir a trabajar con los hermanos, y respondisteis que erais casado.

Pedro Gran deseo es el que Mátalas Callando tiene de saber, pues tiene tanta atención al cuento. Yo determiné, harto falto de paciencia y desesperado de verme traer de Anás a Caifás, de no me descubrir más a ningún hombre ni por pensamiento; sino, pues sabía ya tan bien todas sus ceremonias y vida frailesca, que aquel que vino conmigo los dos días me había enseñado, estarme en cada monasterio los tres días que los otros peregrinos estaban por huéspedes, y hacerles entender que era tan buen fraile como ellos todos; cuanto más que sabía ciertos salmos en griego, de coro, y otras cosillas con las cuales los espantaba y me llamaban «didascalos», que quiere decir doctor; todo el pan que podía ahorrar escondido lo guardaba para tener qué comer en el bosque cuando me quisiese ir a estar algún día para detenerme más, por si acaso en aquel tiempo pasase algún navío que me llevase. Salí de aquel monasterio con otro fraile de guía y fui a otro que se llama Agio Pablo, donde me estuve mis tres días y cantaba con ellos en el coro, y no se contentaban poco, y la comida era como las pasadas. Acabados mis tres días fui al monasterio Rúsico, que es de rusios, cierta gente que confina con los tártaros, y está sujeta a la Iglesia griega, y estuve los mismos, y fui a San Jerónimo, donde pasé un grandísimo trago; porque estaban unos turcos que habían aportado allí, y preguntáronme dónde era, y dije que del Chío; y acertó que el uno era de allá, renegado, y luego me preguntó cuyo hijo y en qué calle; y yo en mi vida había estado allá; pero Dios me dio tal gracia, que estuve hablando con él

	más de una hora, dando razón a cuanto me preguntaba sin discrepar ni ser tomado en mentira, y aún oían la plática otros dos frailes naturales de allá.
Mata	Eso no me lo engargantaréis con una cuchara. ¿Qué razón podíais vos dar de lo que nunca visteis?
Pedro	Andad vos como yo por el mundo y sabreislo. Dábale a todo respuestas comunes; a lo que me preguntó cúyo hijo era, dije que de Verni, que es nombre que muchos le tienen, y si me preguntaba de cuál, decía que del viejo; ¿y cómo está Fulano?, es muerto; el otro no está allí, Fulano, está malo; el Tal armó una barca cargada de limones para Constantinopla; y otras cosas así; ¿paréceos que me podía eximir?, y aun os prometo que quedó bien satisfecho.
Mata	Paréceme que no les faltaba razón a los que decían que teníais demonio, porque tales cosas aun el diablo no las urdiera.
Pedro	Pues hombre que había ya sido dos meses o cerca fraile, ¿no queréis que urda cosas que el diablo no baste? El último monasterio adonde fui se llamaba Sero Potami, estando en el cual dos días, en vísperas vi entrar un marinero griego, y preguntele de dónde venia y díjome que de la isla de Lemno, y tornaba allá. Como no veía la hora de salir de allí, que se me acababa la candela, díjele si desde allí podían ir al Chío, que me iría con él; díjome que muy bien. Igualeme en medio escudo, y embarqueme con mi compañero, y de aquel monasterio donde yo salí se

embarcaron seis frailes, los cuales metieron harto bastimento, principalmente, vino. Comenzamos de alzar vela y navegar, y era cuasi noche y dieciséis de hebrero. Comenzó a avivar el viento y dije al patrón del navío: «Mirad, señor, que es invierno y la noche larga, y el navío, pequeño; mejor será que nos quedemos aquí esta noche, porque el viento refresca y podrá ser que nos veamos en aprieto». Como iban él y los frailes bebiendo y borracheando lo que habían metido, no hicieron caso ninguno de lo que yo decía, antes se rieron, y cuasi todos beodos; a las once de la noche alborotose la mar, no así como quiera, sino la más brava e hinchada que en mi vida la vi; los marineros, parte por lo poco que sabían, parte por el vino, perdieron el tino de tal manera, que no sabían dónde se estaban y no hacían sino vomitar. Quiso Dios que cayeron en la cuenta que echásemos en la mar todo cuanto llevábamos para aliviar el navío; esforzando más el viento llevonos el árbol y antena con sus velas; ya era el día y halláronse menos borrachos, pero perdidos; comenzó de divisarse tierra, y no sabían qué era. Unos decían que Salonique, otros que Lemno, otros que Monte Santo; yo reconocí, como había estado otra vez allí, que era el Sciatho, y díjeselo; mas ya desesperados, viendo que íbamos a dar en unas peñas dijeron: «Agora, por Dios verdadero, nos ahogamos todos; señores, ¿qué haremos sin vela ni nada?» Dejó el patrón el timón ya por desesperado, e hincáronse de rodillas y comenzaron de invocar a San Nicolás, y tornaron a preguntarme a mí: «¿Qué haremos?» Respondí con enojo: «Na mas pari o diávolos olus»: Que nos lleven todos los diablos; y salto donde estaba un pedazo de vela viejo, y hago de dos pedazos una vela chica, y pongo en cruz dos varas largas que acerté a hallar, y díjeles: «Tened aquí, tirá de estas cuerdas, y tirando llamad cuantos santos quisiéredes; no penséis que los santos os ayudarán si vos no os ayudáis también». Comenzó de caminar nuestro navío con aquel trinquete, como la fuerza del viento era tan grande, que cada hora serían bien tres leguas; y fuenos la vida que durase la fortuna, porque si estonces cesara y nos quedábamos en calma, todos perecíamos de hambre, porque estábamos en medio del golfo, y el bizcocho todo había ido a la mar por salvar las vidas, y no podíamos caminar sin viento. Llegamos a distancia de tierra por tres o cuatro leguas y allí avivó de tal modo el viento, que nos llevó el trinquete, que del todo desesperó a todos. Dijo el patrón: «Señores, todo el mundo se encomiende a Dios, porque nuestro navío va a dar en aquellas peñas, adonde todos pereceremos». Y comenzó de mantener cuanto podía el navío, que ni anduviese atrás ni adelante, y decía: «Si alguno tiene dineros delos a estos marineros, que saben muy bien nadar, que por ventura se salvará y hará algún bien por el ánima». Yo les dije, aunque ciertamente no faltaban una docena y dos de ducados, que no tenía blanca; mas aunque la tuviese, ¿qué se me daba a mí, perdiéndome yo, que también la mar se sorbiera el dinero? En esto quiso Dios que nos acercáramos a tierra mucho más; y con la grandísima furia que la mar tenía no se pudo dejar de dar al través en aquella isla, y fuenos llevando la mar; y como yo me vi cuasi en tierra, sin saber nadar, acudicieme a saltar, y si no me sacaran dos marineros, yo me quedaba allí; los demás no quisieron saltar por el peligro, y ensoberbeciose la mar más y dio con el navío más de un cuarto de legua fuera del agua, junto a una ermita de Nuestra Señora que allí estaba, y asentad ésta por cabecera entre todas las mercedes que de Dios he recibido; que aquella isla del Schiatho donde dimos al través, tiene de cerco treinta y cinco leguas y en ninguna parte de todas ellas podíamos dar al través que no pereciéramos todos, porque es por todas partes peña viva, sino adonde dimos, que había un río pequeño que daba en la mar y era arena todo, y allí embocó el navío, que no sería de ancho cien pasos.

Juan — ¿Qué llamáis dar al través? ¿Por ventura es lo que dice San Pablo padecer naufragio?

Pedro — Eso mismo; y éste fue tal, que a la mañana, que la mar había sosegado, el navío estaba hasta medio enterrado en la arena. Cayó aquella noche una nieve de media vara en alto, y todos nos acogimos a la ermita, que estaba llena de unos cepos muy grandes de tea, la cual se embarca desde allí para llevar a Sidero Capsia, donde se hacen el oro y la plata.

Juan — ¿Pues qué, tanto camino teníais aventajado en tanto tiempo que no salíais de esa Sidero Capsia?

Otra vez en la isla de Skiathos

Pedro	¿No os tengo dicho que me volvió la fortuna a la isla donde dejé al sastre, que en mes y medio, con cuanto había caminado y trabajado, no me hallé haber aventajado una legua? Ciento y cincuenta leguas que a pie, cargado de alforjas, había caminado en mes y medio, torné en una noche y un día hacia atrás, con otras tantas más de rodeo, de tal manera que en cincuenta días no me hallé más de cien leguas de Constantinopla. El frío que aquella noche hacía no se puede aquí escribir, pero tomome tan falto de ropa que no tenía sino estameña acuestas, porque una ropa morada que la sultana me había dado, que traía debajo el hábito, con sus martas, troqué en Monte Santo con aquel fraile que habló por mí, a una túnica vieja llena de piojos que tenía al rincón.
Mata	¿A qué propósito el trueco del topo?
Pedro	Porque como iba por aquellas espesuras, alguna mata o retama me asía de la estameña y llevábame un jirón, y por allí se parecía luego lo azul y podía ser descubierto, porque no era cosa decente a fraile.
Mata	¿Y en aquella ermita no podíais encender buen fuego con aquellas teas y calentaros? No fuera mucho con esa poca ropa y con el frío que hacía quedaros allí.
Pedro	Los marineros y los otros frailes eran tan escrupulosos que no osaban llegar a tomar de la tea, diciendo ser sacrilegio, y como ellos no saltaron en la mar como yo, no estaban mojados, y mediano fuego les bastaba, al cual yo no me osaba llegar por no

me arremangar para calentarme, y ser conocido por las calzas que debajo traía, y camisa, que no era de fraile.

Mata

¿No podíais tomar juntamente con el hábito todos los demás vestidos de frailes al principio?

Pedro

Como yo nunca me había huido otra vez, y el espía me engañó, que dijo bastar aquello, me curé más de echarme el hábito sobre la ropa que yo me tenía; si yo fuera plático como agora, tampoco saliera en hábito que fuesen menester tantas hipocresías ni no comiesen carne; en hábito de turco me podía venir cantando.

Juan

O de judío.

Pedro

También, pero es peligroso; que en pudiéndole coger en descampado le roban y le matan por hacerlo. Si no fuera por el peligro que había, siendo tomado, de ser turco, mejor hábito de todos era el turquesco.

Mata

¿Qué remedio tuvisteis aquella noche?

Pedro

Pesábame de haber escapado tan grande peligro y morir muerte tan rabiosa. Como la compañía toda se durmió junto al fuego, yo tomé una hachuela e hice pedazos un cepo de aquellos, y desnudeme y mudé camisa, y hago un fuego tan grande, que quería quemarse la ermita, y con todo no bastaba a tornar en mí. Cuando los otros despertaron dijeron: «Verdaderamente, éste es diablo, y no es posible ser cristiano, pues tan poco temor ha tenido de Dios en hurtar lo ajeno aunque pereciera». Dijo otro: «¿No os acordáis cuando hoy, en la mayor fortuna de la mar, dijo que nos llevasen todos los diablos, y otras veinte cosas que le hemos visto hacer?» Yo estaba tal que no se me daba nada ser descubierto, por no morir así, y no se me dio tampoco de lo que decían. Otro día vinieron allí dos clérigos de la tierra, que para dar gracias a Dios habíamos llamado que dijesen misa, los cuales cerraron la iglesia, poniendo por grandísimo escrúpulo la noche que allí habíamos dormido, y nos hicieron dormir otras dos noches fuera. Los marineros se fueron a dormir al navío, y a mí y el compañero no nos dejaron entrar por el pecado pasado, y fue necesario dormir debajo de un árbol aquella noche.

Mata   ¿Con toda la nieve y frialdad?

Pedro   Y aun hielo harto.

Mata   ¿Y no os vais adonde sirváis a Dios de tal manera que venialmente no le ofendáis, habiendo recibido tan particulares mercedes?

Pedro   Plegue a Él que conforme al deseo que yo de servirle tengo me ayude, para que lo haga. Como estaba el navío enterrado en la arena, los marineros quisieron sacarle y forzáronme que les ayudase, pues también había yo venido dentro, y no osé hacer otra cosa porque eran muchos y cierto me mataran. Comencé con gran fatiga de cavar y hacer lo que me mandaban; entraron todos en una barca para ir a buscar una áncora que se les había caído en la mar, que ya sabían dónde estaba, y mandaron que entre tanto yo y mi compañero cavásemos. Como yo vi el laberinto tan grande y la poca gente que éramos para ello, pregunté a uno de la tierra que descargaba allí tea cuánto había de allí al primer lugar y cuál era el camino, y mostrómelo; dije a mi compañero si sería para seguirme y llevaría yo nuestra alforja y nos les huyésemos. Era un viejo enjuto que caminaba más que yo, y dijo de sí. Voy donde estaba el hato y húrtoles un pedacillo de bizcocho y tomé mi alforja, y metímonos por el bosque, yendo con harto más miedo de ellos que de los turcos; y quiso Dios que llegamos a una aldea, y en la taberna almorzaban unos griegos, y convidáronnos a pan y buen vino, con lo cual Dios sabe el refrigerio que hubimos, y contamos nuestra desventura y pedimos consejo de lo que haríamos para ir a Chío. Dijéronnos que diez leguas de allí, aunque por grandes montañas, estaba el puerto de mar, donde muchas veces había navíos en que pudiésemos ir, y si queríamos nos darían un mozo que por un real no más nos enseñaría todo aquel camino. Respondiles, agradeciéndoselo mucho, que era muy contento de ello aunque lo dejase de comer, y fuimos aquel día tres leguas, y hallamos una «metoxia» de un monasterio de Monte Santo, en la cual nos recibieron aquella noche, como dijo Vasco Figueira, «muyto» contra su voluntad. Todavía hubo pan y vino y sendos huevos, que fue la mayor comida que había hasta allí habido; y a la mañana dijéronnos que fuésemos presto, porque la nieve estaba helada y si ablandaba no era posible pasar. Caminamos con nuestro moco para hacer seis leguas de sierra despoblada que nos faltaban, y caminamos las tres lo mejor del mundo por sobre la nieve; mas estando en medio del camino en un altísimo monte vino una niebla que nos enterneció la nieve y no podíamos ir atrás ni adelante; cayendo y levantando, quiso Dios que anduviésemos una legua más y topamos en un valle una casilla pequeña, donde había dos moradores que labraban ciertas viñas, y diéronnos pan y vino, vinagre y unas nueces e higos, que yo dudo si en el mundo, cuan grande es, las hay mejores, de lo cual hinchimos bien los estómagos; y el mozo determinó de que caminásemos adelante, y yo bien quisiera quedarme allí; en fin, las dos leguas que restaban se caminaron en medio día, con la nieve siempre hasta los muslos, cayendo de cuatro en cuatro pasos, y acabándose cierto la paciencia, que era de lo que más me pesaba; tuvimos consejo mi compañero y yo que valía más ser esclavos que no padecer de aquella manera; y Dios lo permitía así, quizá que se le hacía mayor servicio de serlo; por tanto, en llegando a la villa, preguntásemos por el gobernador turco y le dijésemos cómo éramos dos esclavos de Zinan Bajá y nos habíamos huido, por tanto nos volviese a nuestro dueño, que todo lo hacía cada cien palos y no padecer tantas muertes como habíamos pasado; y lo que más me incitaba para ello era ver que, pues Dios no quería que pasásemos adelante, señal era que se servía más de que volviésemos a Constantinopla, que aun los pecados que en el cautiverio se habían de pasar no debían de ser acabados de purgar; ya llegábamos con esta fatiga al pueblo, y entrando queríamos preguntar por casa del «baivoda», y vi a deshora en una botiquilla el sastrecillo que había llevádome allí desde la Caballa.

Mata — ¿Era ese el pueblo donde el mercader os había dicho que os llevaban engañado y que os fueseis de allí, que estaba en un alto?

Pedro — El mismo.

Mata — Yo digo que, aunque la paciencia se os acababa, si estonces os moríais estabais bien con Dios, porque muy grandes requiebros y labores son esos que os daba.

Pedro — Como yo vi mi sastre, arremetí para abrazarle con grande alegría, y estuve en su botica un grande rato, y dile cuenta de todo lo pasado, y él me dijo que por amor de Dios me fuese de allí, porque él se estaba bien, y buscase una posada y no le hablase como que le conocía. Yo le rogué que me tuviese allí escondido, pues yo tenía qué gastar, que aún duraban los dineros, gracias a Dios. Dijo que en ninguna manera lo haría; por tanto, que luego me saliese de su botica. Viéndome perdido, preguntele dónde vivía el gobernador. Díjome que para qué le quería. Yo le descubrí el consejo que habíamos tomado de querer más ser cautivos que morir muertes rabiosas. Dijo que para qué queríamos levantar la liebre ni desesperarnos así. Digo: «Por ver que en el mundo no hay fe ni verdad; que yo pensaba haber topado la libertad en veros; mas agora que os veo olvidado del bien que os hice y los dineros que os di, yo determino que tan ingrato hombre no viva en el mundo, y pues no habéis querido encubrirme, iremos juntos a Constantinopla, porque yo diré que vos me sacaste, pues sois espía, y vengarme he de vuestra ingratitud, que en fin a mí menester me han y tengo muchos amigos, que no seré muy maltratado; y quedad con Dios de aquí a que el gobernador envíe por vos»; e íbame a salir; él, muy turbado, viendo ya la muerte al ojo, arremetió conmigo para no me dejar salir y echóseme a los pies puestas las manos, rogándome que por amor de Dios le perdonase, y que él se determinaba de tenerme allí y darme de comer hasta que hubiese navíos donde fuese a mi placer, y echaba por rogador a mi compañero. Comenzó a puerta cerrada, que hacía frío, a encender fuego, que estaba bien proveído de leña, y descalzarme y hacerme regalos. Yo le aseguré y dije que le ponía por juez de la razón que yo tenía, y si podía darme libertad ¿por qué lo había de dejar? Y si quería venirse conmigo, le daría más que ganase en toda su vida. Allí estuve y no le dejaba gastar ocho días, hasta que entraron las Carnestolendas, y los de la tierra que iban a cortar ropas y nos veían allí, como no salíamos de casa, comenzaron a murmurar y sospechar lo que era, y avisaron al sastre que se apartase de nuestra compañía si no quería que sus días fuesen pocos. Él les respondió que éramos muy buenos religiosos, y si no salíamos era porque habiendo dado al través el día de la gran fortuna, estábamos desnudos y mojados; no contentos con esto, vinieron, para más de veras tentar, los clérigos del pueblo, y como que venían a visitar, rogáronme que fuésemos el primer día de Cuaresma a la iglesia ayudarles a los oficios. Yo respondí que era sacerdote y letrado, y quería hacerles este servicio al pueblo de confesarlos todos y decir la misa mayor el día de Cuaresma. Como me vieron hablar tan bien y tan osadamente su lengua, creyéronlo, y dijeron, porque era cosa de mucha ganancia lo que aquel día se ofrece, que la misa no era menester, que allí estaba el cura, mas que el confesor, ellos lo aceptaban. Yo dije que no quería sino todo, y la ganancia daría yo al cura. No aprovechó, que aún pensaban que le había de sisar, y rogáronme que confesase mucha gente del pueblo honrada, aunque por tentar creo que; yo concedí lo que demandaban, y aquella noche el sastrecillo me dijo: «Yo os prometo, si acertáis a confesarlos la ganancia será bien grande»; bien quisiera yo deshacer la rueda, aunque me parecía que, según son de idiotas, lo supiera hacer. Y avisáronme que para el segundo día de Cuaresma yo estuviese a punto para ello, y el primer día era de ayuno hasta la noche, que no se podía comer; y yo determiné que nos bajásemos con un pan a la mar y un pañizuelo de higos y nueces, diciendo que íbamos a traer ostras para la noche, y teníamos muchos griegos que querían cenar con el padre confesor; y en la mar metime entre unas peñas, y representándoseme dónde estaba y cómo, y los trabajos pasados, no pude estar sin llorar, y de tal manera vino el ímpetu de las lágrimas a los ojos, que no las podía restañar, sino que parecían dos fuentes;

quedé el más consolado del mundo de puro desconsolado, y otro tanto creo hizo mi compañero, que entrambos nos escondimos a espulgarnos, que había razonables días que no lo habíamos hecho.

Mata ¡Hi de puta, cuál estaría la túnica que os trocó el otro a la ropa!

Pedro Esa yo no la espulgué, porque tenía tanta cantidad que no aprovechara matar un celemín. Los ojos tenía quebrados y deslumbrados de mirar si parecía algún navío donde me meter, como no fuese a Constantinopla, para huir de aquellas calumnias que la gente de aquel pueblo me traía. Como fuese tarde y no parecía nada, fuímonos al pueblo que esperaban para cenar, con la determinación de por no ser descubierto confesar y hacer lo que me mandaran.

Juan ¡Buena conciencia era ésa! Mejor fuera descubriros que cometer tal error.

Pedro ¿No miráis la hipocresía española?

Mata Ruin sea yo si no creo que lo hiciera mejor que vos. Yo al menos antes confesara veinte pueblos que volver a Constantinopla; mas si después fuera sabido, era el peligro.

Pedro ¿Qué peligro? Tornaba a ser esclavo.

Mata No digo sino por haber hecho aquello.

Pedro	Siendo esclavo no estimara cuántos griegos ni judíos había en lo que huello; antes si cogiera alguno de ellos le moliera a palos y me saliera con ello, no me la fueran a pagar al otro mundo los que me descubrieran.
Juan	Como no teníais ya más que perder, yo lo creo.
Pedro	Hízolo Dios mejor, que cenamos bien, aunque de cuaresma, temprano, y pusiéronme en cabecera de mesa para el bendecir del comer y beber.
Juan	¿No es todo uno?
Pedro	No, que primero se bendice la mesa; después cada uno que tiene de beber la primera vez dice con la copa en la mano: «Eflogison eflogimene», «Echad la bendición, padre bendito». Entonces él comienza, entre tanto que el otro bebe, a decir aquella su común oración: «Agios o Theos os», y otro tanto a cuantos bebieron las primeras veces, aunque haya mil de mesa.
Mata	Trabajo es. ¿Y si no hay fraile ni clérigo?
Pedro	Ellos entre sí la gente vulgar, y aun cuando el fraile o clérigo bebe, también echan los otros la bendición. Y acabada la cena, vimos despuntar dos velas por detrás de una montaña y acercáronse, y eran dos navíos cargados de trigo que venían a tomar allí bastimento para pasar adelante. Como yo los vi, Dios sabe lo que me holgué, y luego los patrones subieron

	al pueblo a comprar lo que les faltaba; y yo le hice al uno llamar en secreto, y preguntele adonde iba. Díjome que a la isla de Medellín, a buscar naves de venecianos que venían a buscar trigo, y si no las hallaban allí, que pasarían al Chío. Pediles de merced que nos llevasen allá pagándoles su trabajo.
Juan	¿Eran cristianos o turcos?
Pedro	Cristianos. ¡Ojalá fueran turcos! No querían, por más ruegos, hacerlo, porque cuantos marineros hay tienen esta superstición, que todo el mundo no se lo desencalabazará, acá y allá en toda la mar: que cuando llevan frailes o clérigos dentro el navío, todas las fortunas son por ellos.
Juan	Callad, no digáis eso.
Pedro	Dios no me remedie si no es tan verdad como os lo digo; y no así como quiera, sino en toda la mar cuan espaciosa es; y aun en Barcelona ha menester más favor un fraile para embarcarse que cien legos; y si es clérigo o fraile, sin que tenga favor, así se puede ahorcar que no le llevarán si no los engaña con vestirse en hábito de soldado.
Juan	La cosa más nueva oigo que jamás oí.
Pedro	Preguntádselo a cuantos han estado en la mar y saben de estas cosas. Fue tanta la importunación y ruegos, que lo concedió el uno, y díjome que me embarcase luego, porque se partirían a media noche.

Yo compré de presto una sartaza de aquellos higos buenos, que pesaría media arroba, y obra de un celemín de nueces y pan; y en anocheciendo bajamos a la mar y embarcámosnos, y a media noche comenzamos de caminar. Habiendo andado como tres leguas llegaron dos galeras de turcos, que iban en seguimiento de los navíos, y mandaron amainar.

Juan — ¿Qué es amainar?

Pedro — Quitar las velas para que no camine más; y saltan dentro de nuestros navíos, y prenden los patrones de ellos y pónenlos al remo, y llevábannos a todos.

Mata — ¿Pues cómo o por qué? ¿No había amistad con los turcos?

Pedro — Sí; pero había premática que nadie sacase trigo para llevar a vender, y para eso estaban aquellas dos galeras. Considerad lo que podía el pobre Pedro de Urdimalas sentir. Yo luego hice de las tripas corazón, y como me vi cobré ánimo. Y en verdad que el capitán turco y muchos de los suyos me conocían bien en Constantinopla, pero no en aquel hábito. Yo les dije: «Señores: yo conozco que estos pobres cristianos han pecado contra el mandato de nuestro Gran Señor; pero, en fin, la pobreza incita a los hombres muchas veces a hacer lo que no deben. Obligados sois en vuestra ley a tener misericordia y no hacer mal a nadie. Bien tengo entendido que tomarnos a todos podéis lícitamente, y hacer lo que fuéredes servidos; pero también sé que, idos en Constantinopla, ningún interés se os sigue, porque habéis de dar por cuenta todo lo que los patrones confesaren que traían en sus navíos, y la gente; de manera que solamente os habéis vosotros de ello el hacer mal y pensar que el Gran Turco recibe servicio, y no por eso se le acuerda de vosotros. No sabéis en lo que os habéis de ver. Pídoos por merced, que dándoos con qué hagáis un par de ropas de grana, los dejéis ir y aquello os ganaréis, y tenernos heis a todos como vuestros esclavos». Respondiome sabrosamente que por haberlo tan bien dicho determinaban dejarlos, pero que el dinero que daban era poco. Yo repliqué que no era sino muy mucho para ellos, pues daban lo que tenían todo y eran pobres. Yo lo hice en fin por cincuenta ducados, que no pensaron los otros pobres se hiciera con mil, y soltáronnos y dejáronnos ir. Luego vinieron a mí los patrones entrambos, y me lo agradecieron como era razón.

Mata	¡Mirad cuánto hace hacer bien sin mirar a quién! Tan esclavos eran ésos, si vos no os hallabais allí, como vos lo habíais sido.
Pedro	Eso bien lo podéis creer.
Juan	De allí adelante bien os trataran en sus navíos.
Pedro	Muy bien si durara; mas aína me dieran el pago si Dios no me tuviera de su mano.
Mata	¿También deshicisteis la amistad, como con los turcos y judíos solíais hacer?

En Lemnos

Pedro — Y aún más de veras, porque no hubiera sido la riña de palabra. Caminamos por nuestra mar adelante con razonable viento, y ya que estábamos junto a Medellín, donde iban, revolvió un viento contrario y dio con nosotros en la isla de Lemno, no con menor fortuna que la pasada. Tuvieron consejo para ver cómo podrían salvar las vidas, que se veían ir todos a perecer. Dijeron que si no echaban los frailes en la mar no cesarían jamás, porque no hallaban causa otra por donde se moviese semejante fortuna. Ya todos muy determinados de lo hacer, inspiró Dios en los patrones, y dijeron: «Por el bien que nos han hecho, mátelos Dios, y no nosotros»; ya no se excusa que no demos al través. Cuando si Dios quisiese nos vamos de aquí, los dejaremos y no irán con nosotros; y en esto la mar echó fuera nuestros navíos, y quiso Dios que no peligraron cosa ninguna, más de quedar en seco. La fortuna duró ocho días, en los cuales, con mucho mayor frío, nos hicieron dormir fuera de los navíos, y aun ojalá hubiera alguna mata a donde nos acoger o pan siquiera que comer. Esta isla es muy abundantísima de pan y vino y ganado; pero de árboles no, porque es toda páramo; no tiene en veinte leguas al derredor más de un olmo, que está junto a una fuente.

Mata — ¿Pues con qué se calientan?

Pedro	Por mar traen la leña de otra parte, y los sarmientos que de las viñas tienen y algunas aliagas. El viento que hacía, cierzo que acá llamáis, era terrible, ya que no se podía resistir, porque si no es un rimero de piedras que los pastores tenían hecho para ponerse detrás de ellas, ninguna otra pared, árbol ni mata había allí. Hartos de pacer hierba, nos metíamos a espulgarnos, y lavamos nuestras camisas y zaragüelles; y después de seco, cuando fui por ello, vilo tan manchado como si no lo hubiera lavado, y no sabía qué pudiese ser, pues yo bien lo había fregado, y hallé que eran muchos millones de rebaños de piojos, que como no se había echado agua caliente, cuando estaban las camisas mojadas no se parecían, pero con el Sol habían revivido.
Mata	Grande crueldad era la de aquellos perros, que así se pueden llamar, y el trabajo de no comer sino hierba, no menor.
Pedro	Cuanto más que como era mes de hebrero había pocas y pequeñas, y como el hambre acusaba, comiendo de prisa y no advirtiendo, topaba con alguna que amargaba, otra que espinaba y otra que abrasaba la boca.
Juan	¿Pues no había pueblos en esa isla?
Pedro	Sí; había más de treinta, a cuatro leguas de distancia; pero no osaba apartarme de los navíos, por saber cuándo se iban, que las cosas de mar son inciertas. Dentro de un instante se alza la mar, y se amansa;

y quería probar a ver si usaran de misericordia; ya como la fortuna fue adelante, determinaron los patrones de irse al primer pueblo a borrachear, y nosotros fuímonos tras ellos, por comprar pan que comer. Y era tanto el frío, que, con caminar medio corriendo y cargado, no sentía miembro de todo el cuerpo, y los ojos estaban que no los podía menear, cuasi como paralítico. Llegados al pueblo, en la primera casa de él estaban borracheando muchos griegos en un desposorio, y como yo preguntase si hallaría por los dineros un poco de pan, ellos nos hicieron, movidos a compasión, sentar, y como era cuaresma no tenían sino habas remojadas y pasas; y como vieron que no podía tomar el pan con las manos mandaron sacar a la mesa un poco de fuego, y al primer bocado que comí, luego el escanciador me dio una copa de agua ardiente, que aunque en mi vida lo había bebido, me supo tan bien que no fue menester más brasero, y quedé todo confortado.

Mata	¿Aguardiente a comer? ¿A qué propósito?
Pedro	Tan usado es en todas las comidas de conversación en Grecia y toda Turquía el beber dos o tres veces, las primeras de aguardiente, que lo llaman «raqui», como acá vino blanco.
Juan	¿No los abrasa los hígados y boca?
Pedro	No, porque lo tienen en costumbre, y tampoco es lo primero que es demasiado de fuerte, sino lo segundo que llaman.

Juan	¿Hácenlo a falta de vino blanco?
Pedro	No, por cierto, que no falta malvasía y moscatel de Candia; antes tienen más blanco que tinto; sino porque la mayor honra que en tales tiempos hay es el que primero se emborracha y se cae a la otra parte dormido, y como medio en ayunas, con los primeros bocados, beben el «raqui», luego los comienza a derribar; y aun las mujeres turcas y griegas, cuando entre sí hacen fiestas, luego anda por alto el «raqui».
Mata	¿Tan gente bebedora es la griega?
Pedro	Como los alemanes y más. Salvo que en esto difieren, que los alemanes beberán pocas veces y un cangilón cada vez; mas los griegos, aunque beben mucho, comen muy poco y beben tras cada bocado con pequeñita taza. Podéis creer que de como el que escancia toma la copa en la mano, aunque no sean más de tres de mesa, hasta que se vayan, que no cesará la copa ni pondrá los pies en suelo aunque dure la comida dieciséis horas, como suele.
Mata	¿Que, dieciséis horas una sola comida? Pues aunque tuviesen todos los manjares que hay en el mundo bastaban tres.
Pedro	Por no tener manjares muchos son largas, que si los tuviesen presto se enfadarían. Con un platico de aceitunas y un tarazón de pescado salado, crudo, entre diez, hay buena comida, y antes que se acabe

	beberán cada seis veces; luego, si hay huevos con cada sendos asados, tardándolos en comer dos horas, beberán otras tantas veces.
Mata	¿Pues en qué tardan tanto?
Pedro	Como no va nadie tras ellos, y son tan habladores que con el huevo o la taza en la mano contará uno un cuento y escucharán cuatro.
Mata	¿Parleros son al comer como vizcaínos?
Pedro	Con mucha más crianza, que ésos parlan siempre a troche moche y ninguno calla, sino todos hablan; mas los griegos, en hablando uno, todos callan, y le están escuchando con tanta atención que tendrían por muy mala crianza comer entre tanto; y no os maravilléis de dieciséis horas, porque si es algo de arte el convite, será manteniendo tela dos días con sus noches; agora sacan un palmo de longaniza; de aquí a una hora ostras, que es la cosa que más comen; tras éstas, un poco de hinojo cocido con garbanzos o espinacas; de allí a cuatro horas un pedacillo de queso; luego sendas sardinas; si es día de carne, un poco de cecina cruda, y de esta manera alargan el convite cuanto quieren.
Mata	¿Cómo pueden resistir?
Pedro	Yo os lo diré: uno duerme a este lado, otro a este otro; cuando despiertan comen y levántanse; otros

	que van a mear o hacer de sus personas, y así anda la rueda y nunca para el golondrino.
Mata	¿Qué llaman golondrino?
Pedro	Unos barriles de estaño que en toda Grecia usan por jarros, hechos al torno, muy galanes, de dos asas, que se dan en dotes, y la que lleva cuatro no es de las menos ricas.
Mata	¿Qué fue del convite de la isla de Lemno?
Pedro	El desposado luego me trajo presentado un grande jarro de vino de una pipa que había comenzado, y pan no faltaba; comí hasta que me harté y conteles el cómo había dado al través, y compré en el pueblo una docena de panes; y dije a mi compañero que nos volviésemos a estar junto a los navíos aunque pereciésemos de frío, porque si se iban sin nosotros no teníamos qué comer y en mil años no hallaríamos quien nos llevase. Partímonos a media noche, consolados con el comer y desconsolados de no haber, con el frío que hacía, donde meter la cabeza que se defendiese del aire, y metímonos junto a un arroyo que bajaba a la mar, algo hondo de donde atalayábamos los navíos cuando aparejaban de irse. Como no cesaba la fortuna, los marineros, desesperados, determinaron de irse de allí, porque había nueva de cosarios, adonde la ventura los llevase, y comenzaron a sacar las áncoras. Fuimos presto a que nos tomasen y echáronnos con el diablo. Yo comencé de

	aprovecharme del hábito que traía, que hasta allí no lo había hecho.
Juan	¿Cómo aprovechar? ¿No habíais sido dos meses fraile?
Pedro	Digo a ser importuno, y pedir por amor de Dios.
Mata	También las mata Pedro algunas veces callando.
Juan	Sí, que Ebro lleva la fama y Duero el agua.
Pedro	Ya como no aprovechaba nada y se partían, dije que no quería ir con ellos; pero por el bien que a los patrones había hecho les rogaba que me escuchasen dos palabras. Respondieron que no había qué, porque ellos ya no iban al Chío, sino a buscar naves de cristianos de acá a quien vender su trigo, y que si fueran al Chío holgaran de llevarme. Tanto los importuné, que saltaron en un batel a ver qué secreto les quería decir. Y tómolos detrás de un peñasco y digo: «Señores, la causa por que no queréis que vaya con vosotros es por ser frailes; pues sabed que ni lo soy ni aun querría, sino somos dos españoles que venimos de esta y de esta manera, y para que lo creáis...»; arremangué el hábito y mostreles el jubón y la camisa labrada de oro, que junta con las carnes traía, y unas muy buenas calzas negras que debajo de estos borceguilazos traía. «Y en lo que decís que vais a buscar naos de cristianos, eso mismo busco yo. Hoy podéis redimir dos cautivos; mirad lo que hacéis». Enternecióseles algo el corazón y dijeron:

«¿Por qué no lo habíais dicho hasta agora?» Díjeles que por qué sabía que todos los griegos prendían los cautivos que se huían y no los querían encubrir. Tomáronme entonces de buena gana y metiéronme en sus navíos, y dijeron que no me descubriese a ningún marinero, y caminamos con tanta fortuna que me holgara de haberme quedado en tierra, porque comenzó a entrar tanta agua dentro, que no lo podíamos agotar. Llegamos en Medellín, en un puerto que llaman Sigre, adonde pensaban hallar naos, y como no hubiese ninguna, pasaron con toda su fortuna al Chío.

Mata   ¿No podían esperar en aquel puerto a que pasase la fortuna?

En Chíos

Pedro   Había gran miedo de infinitos cosarios que por allí andan; y también la fortuna, aunque grande, era favorable en llevar hacia allá. A media noche fue Dios servido, con grandísimo peligro, que llegamos en el Delfín, que es un muy buen puerto de la misma isla del Chío, seguros de la mar, mas no de los cosarios, que hay más por allí que en todo el mundo, porque no hay pueblo que lo defienda, y de allí a la ciudad son siete leguas. Rogué a los patrones que nos echasen en tierra, y eché mano a la bolsa y diles obra de un ducado que bebiesen aquel día por amor de mí. Y no le queriendo tomar, les dije que bien podían, porque ido yo a la ciudad sería más rico que ellos. Tomáronlo y avisáronme que, por cuanto había tantos corsarios por allí que tenían emboscadas hechas en el bosque por donde yo había de ir, para coger la gente que pasase, mirase mucho cómo iba. Yo fui por un camino orillas del mar, más escabroso y montañoso que en Monte Santo había visto, y de tanto peligro de los corsarios que había dos meses que de la ciudad nadie osaba ir por él; y aún os digo más, que cuando llegamos al pueblo todos nos dijeron que diésemos gracias a Dios por todos los peligros de que nos había sacado, y más por aquél, que era mayor y más cierto que todos, porque en más de un año no pasó nadie que no fuese muerto o preso.

Mata   ¿Y allí estabais en tierra de cristianos seguros?

Pedro   No mucho, porque aunque es de cristianos, y los mejores que hay de aquí allá, cada día hay muchos turcos que contratan con ellos, y si fuesen conocidos los cautivos que han huido, se los harán luego dar a sus patrones; porque en fin, aunque están por sí, son sujetos al turco y le dan parias cada un año.

Juan   ¿Adónde cae esa isla?

Pedro   Cien leguas más acá de Constantinopla y otras tantas de Chipre, y las mismas del Cairo y Alejandría y Candia; a todas éstas está en igual distancia, y cincuenta leguas de Rodas. Es escala de todas las naves que van y vienen desde Sicilia, Esclavonia, Venecia y Constantinopla al Cairo y Alejandría.

Mata	¿Qué llamáis escala?
Pedro	Que pasan por allí y son obligados a pagar un tanto, y allí toman cuanto bastimento han menester y compran y venden, que la ciudad es de muchos mercaderes.
Juan	¿Qué, tan grande es la isla?
Pedro	Tiene treinta y seis leguas al derredor.
Juan	¿Cúya es?
Pedro	Como Venecia, es señoría por sí, y rígese por siete señores que cada año son elegidos.
Juan	¿De qué nación son?
Pedro	Todos genoveses, gentiles hombres que llaman de casas las principales de Génova, y hablan griego e italiano. Solía esta isla ser de Génova en el tiempo que mandaban gran parte del mundo, y aun agora le conoce esta superioridad, que la ciudad nombra estos siete señores y Génova los confirma.
Juan	¿Hay más de una ciudad?
Pedro	No; mas villas y pueblos más de ciento.
Juan	¿Qué tan grande es la ciudad?

Pedro   De la misma manera que Burgos, y más galana; no solamente la ciudad, pero toda la isla es un jardín, que tengo para mí ser un paraíso terrenal. Podrá proveer a toda España de naranjas y limón y cidras, y no así como quiera, sino que todo lo de la vera de Plasencia y Valencia puede callar con ello. Entrando un día en un jardín os prometo que vi tantas caídas que de solas ellas podían cargar una nao, y así valen en Constantinopla y toda Turquía muy baratas por la grandísima abundancia. La gente en sí está sujeta a la Iglesia romana, y entrado dentro, en el traje y usos, no diréis sino que estáis dentro de Génova; mas difieren en bondad, porque, aunque los genoveses son razonable gente, éstos son la mejor y más caritativa que hay de aquí allá. Aunque saben que serían castigados y quizás destruidos del turco por encubrir cautivos que se huyen de acoger y regalar, y dándoles bastimento necesario los meten en una de las naves que pasan para que vengan seguros. Tienen fuera de la ciudad un monasterio, que se llama santo Sidero, en el cual hay un fraile no más, y allí hacen que estén los que se huyen todos escondidos, y del público erario mantienen un hombre que tenga cuenta de llevarles cada día pan y vino, carne, pescado y queso lo necesario, y el que estando yo allí lo hacía se llamaba maestre Pedro el Bombardero.

Juan   ¿Qué tributo pagan ésos al Gran Turco?

Pedro   Catorce mil ducados le dan cada año, y están por suyos con tal que no pueda en toda la isla vivir ningún turco; sino como venecianos, están amigos

	con todos, y reciben a cuantos pasan sin mirar quién sea, y tratan con todos.
Juan	Estos dineros, ¿cómo se pagan? ¿De algún repartimiento?
Pedro	No, sino Dios los paga por ellos, sin que les cueste blanca.
Mata	¿Cómo es eso?
Pedro	Hay un pedazo de terreno que será cuatro leguas escasas, donde se hace el almástica, y de allí salen cada año 15 o 20 mil ducados para pagar sus tributos.
Mata	¿Qué es almástica? ¿Cómo es?
Juan	¿Nunca habéis visto uno como incienso, sino que es más blanco, que hay en las boticas?
Pedro	Es una goma que llora el lentisco, como el pino trementina.
Mata	Pues de ésos acá hay hartos, mas no veo que se haga nada de ellos, sino mondar los dientes.
Pedro	También hay allá hartos, que no lo traen en lo que mucho se engrandece la potencia del Criador, que en solamente aquel pedazo que mira derecho a mediodía se hace, de tal manera que en toda la isla, aunque está llena de aquellos árboles, no hay señal de ella. Y más os digo, que si este árbol que trae

almástica le quitan de aquí y le pasan dos pies más adelante o atrás de donde comienza el término de las cuatro leguas, no traerá más señal de almástica; y al contrario, tomando un salvaje, que nunca la tuvo, y trasplantándole allí dentro, la trae como los otros.

Mata   Increíble cosa me contáis.

Pedro   Podéisla creer, como creéis que Dios está en el cielo; porque lo he visto con estos ojos muy muchas veces.

Mata   ¿Y cómo lo hacen?

Pedro   El pueblo como por veredas es obligado a labrarlo y tener el suelo limpio como el ojo, porque cuando lloran los árboles y cae no se ensucie; todos los árboles están sajados y por allí sale, y ningún particular lo puede tomar para vender, so pena de la vida, sino la misma señoría lo mete en unas cajas y da con parte de ello a Génova y otra parte a Constantinopla; y tienen otra premática que no se puede vender cada caja, que ellos llaman, menos de cien ducados, sino que antes la derramen en la mar y la pierdan toda.

Juan   ¿Pues no la hay en otra parte?

Pedro   Agora no, ni se escribe que la haya habido, sino allí y en Egipto; mas agora no parece la otra, antes el Gran Señor ha procurado lo más del mundo en todas las partes de su imperio probar a poner los árboles sacados de allí, y jamás aprovecha.

Juan	¡Qué tiene de aprovechar, si en la misma isla aún no basta fuera de aquel término!
Mata	¿De qué sirve?
Pedro	De muchas cosas: en medicina, y a muchos mandan los médicos mascarla para desflemar, y siempre se está junta, y por eso se llama almástica, porque masticar es mascar. Los turcos, como la tienen fresca, la usan mucho para limpiar los dientes, que los deja blancos y limpios.
Mata	Ya la he visto; agora cayó en la cuenta; un oidor nuestro vecino, la mascaba cada día.
Juan	Esa misma es. ¿Y cómo llegasteis en la ciudad? Seríais el bien venido.
Pedro	Llegar me dejaron a la puerta, mas no entrar dentro.
Mata	¿Por qué?
Pedro	Por la grande diligencia que tienen de que los que vienen de parte donde hay pestilencia no comuniquen con ellos y se la peguen; y como yo no pude negar dónde venía, mandáronme ir a santo Sidero, y allí envió la señoría uno de los siete que me preguntase quién era y qué quería; y como le conté el caso, díjome que me estuviese quedo en aquel monasterio y allí se me sería dado recado de todo lo necesario; mas de una cosa me advertía de parte de la señoría:

que no saliese adonde fuese visto de algún turco; porque si me conocían y me demandaban no podían dejar de darme, pues por un hombre no tenía de perderse toda la isla. Llamábase éste Nicolao Grimaldo.

Juan — ¿Qué quiere decir Grimaldo?

Pedro — Es nombre de una casa de genoveses antiguos. Hay tres casas principales en Chío: Muneses, Grimaldos, Garribaldos. Para aquella noche no faltó de cenar, porque mi compañero tenía allí un cirujano catalán pariente, que se llamaba maese Pedro, hombre valeroso así en su arte como por su persona, bien amigo de amigos, y, lo que mejor, tenía bien quisto en toda la ciudad. Yo rogué a uno de aquellos señores que me llamasen allí a uno de los del año pasado que la señoría había enviado por embajador a Constantinopla, para que le quería hablar, el cual a la hora vino.

Juan — ¿Qué tanto es el monasterio de la ciudad?

Pedro — Un tiro de ballesta; y conociome, aunque no a «prima facie»; porque estando yo en Constantinopla camarero de Zinan Bajá, todos los negociantes habían de entrar por mi mano; y como arriba dije, procuraba siempre de estar bien con todos, y cuando venían negocios de cristianos yo me les aficionaba, deseando que todos alcanzasen lo que deseaban. Cada vez que aquel embajador quería hablar con mi amo le hacía entrar. Allende de esto, como yo era intérprete de todos los negocios de cristianos, llevaba una carta de la Señoría de Chío, para Zinan Bajá, y no iba escrita con aquella crianza y solemnidad que a tal persona se requería; y ciertamente, si yo la leyera como iba, él no negociara nada de lo que quería.

Mata — ¿Pues allá se mira en eso?

Pedro — Mejor que acá. En el sobrescrito le llamaban capitán general, que es cosa que ellos estiman en poco, sino almirante de la mar, que en su lengua se dice «beglerbei»; tratábanle de señoría, y habíanle de llamar excelencia; y esto de cuatro en cuatro palabras. Como yo vi la carta, con deseo que alcanzasen lo que pedían, leíla a mi propósito, supliendo como yo sabía tan bien sus costumbres, de manera que quedó muy contento y hubo consejo conmigo de lo que había de hacer, y le hice despachar como quería, avisándole que otra vez usasen de más crianza con aquellos bajás; y él quedó con toda la obligación posible, así por el buen despacho como por la brevedad del negociar; y como me vio y nos hablamos, fue a la ciudad y juntada la señoría les dijo quién yo era y lo que había hecho por ellos, y que me podrían llamar liberador de la patria, y como a tal me hiciesen el tratamiento. De tal manera lo cumplieron, que en 28 días que allí estuve fui el más regalado de presentes de todo el mundo, tanto que no consentían que comiese otro pan sino rosquillas. Podía mantener treinta compañeros con lo que allí me sobraba. Mandaron también, para más me hacer fiesta, que los siete señores se repartiesen de manera que cada día uno fuese a estar conmigo en el monasterio a mantenerme conversación. Pues de damas, como era cuaresma, que iban a las estaciones, tampoco faltó. Allí hallé un mercader que iba en Constantinopla, el cual llevaba comisión de un caballero de los principales de España para que me rescatase, y pedile dineros y no me dio más de cinco escudos y otros tantos en ropa para vestirme a mí y a mi compañero.

Mata   ¿Pues qué vestidos hicisteis con cinco escudos dos compañeros?

Pedro   Buenos, a la marineresca; que claro es que no habían de hacerse de carmesí.

Mata   ¿Y en hábito de frailes os festejaban las damas?

Pedro   Al principio sí; porque un día, el segundo que llegamos, yo estaba al Sol tras una pared, y llegaron cuatro señoras principales en riqueza y hermosura, y como vieron a mi compañero, fueron a besarle la mano. Él, de vergüenza, huyó y no se la dio, sino escondiose. Quedaron las señoras muy escandalizadas, y como yo las sentí, salí y vilas santiguándose. Preguntelas en griego que de qué se maravillaban. Dijo una no sé cuasi, que no le alcanzaba un huelgo u otro: «Estaba aquí un fraile y quisímosle besar la mano y huyó; creemos que no debe de ser digno que se la besemos». Digo: «No se maravillen vuestras mercedes de eso, que no es sacerdote; yo lo soy». En el punto que lo dije, arremetieron a porfía sobre cuál ganaría primero los perdones. Yo a todas se la di liberalmente, y a cada una echaba la bendición, con la cual pensaban ir santificadas, como lo contaron en la ciudad. Ya andaba el rumor que se habían escapado dos cristianos en hábito de frailes y estaban en Santo Sidero. Halláronse tan corridas, que fueron otro día allá, y cuando yo salí a saludarlas y darles la mano, una llevaba un palillo con que me dio un golpe al tiempo que extendí la mano, y armose grande conversación sobre que yo no tenía ojos de fraile; y ningún día faltaron de allí adelante que no fuesen a visitarme con mil presentes y a danzar. Al cabo de un mes partíase una nave cargada de trigo, y el capitán de ella era ciudadano, y había también otros doce cristianos que se habían de los turcos rescatado, de ellos huido, y mandole la señoría que nos trajese allí hasta Sicilia, dándoles a todos bizcocho y queso, pero a mí no nada, sino mandaron al capitán que no solamente me diese su mesa, mas que me hiciese todos los regalos que pudiese, haciendo cuenta que traía a uno de los siete señores del Chío; y así me embarqué y fuimos a un pueblo de Troya, allí cerca, que se llama Smirne, de donde fue Homero, a acabar de cargar trigo la nave para partirnos.

Hacia Italia

Juan	¿De Troya, la misma de quien escriben los poetas?
Pedro	De la misma.
Mata	¿Pues aún es viva la ciudad de Troya?

Pedro	No había ciudad que se llamase Troya, sino todo un reino, como si dijéramos España o Francia; que la ciudad principal se llamaba el Ilio, y había otras muchas, entre las cuales fui a ver una que se llama Pérgamo, de donde fue natural el Galeno, que está en pie y tiene dos mil vecinos; pedazos de edificios antiguos hay muchos; pueblos, muy muchos, pero no como Pérgamo, ni donde parezca rastro de lo pasado. Los turcos, cuando ven edificios viejos, los llaman «esqui Estambol, la vieja Constantinopla»; y para los edificios que el Gran Turco hace en Constantinopla llevan toda cuanta piedra hallan en estas antiguallas.
Juan	¿Era buena tierra aquella?
Pedro	Una de las muy buenas que he visto, abundosa de pan, vino, carne y ganado, y lo que demás quisiéredes.
Juan	Y qué, ¿aquella es la ciudad de Troya?
Pedro	Todo lo demás que oyéredes es fábula.
Mata	¿No decían que tenía tantas leguas de cerco?
Pedro	Es verdad que Troya tiene más de cien leguas de cerco; ¿mas en qué seso cabe que había de haber ciudad que tuviese esto? Solamente el Ileo era la más populosa ciudad y cabeza del reino, y cae en la Asia Menor, y Abido es una ciudad de Troya que la batía la mar, enfrente de Sexto.

Mata	En fin, eso lleva camino, y hase de dar crédito al que lo ha visto, y no a poetas que se traen el nombre consigo. Y, porque viene a propósito, quiero preguntar de Athenas si la viste.
Pedro	Muy bien.
Mata	¿Y es como decían o como Troya? ¿O no hay agora nada?
Pedro	La ciudad está en pie, no como solía, sino como Pérgamo; de hasta dos mil casas, mas labradas no a la antigua, sino pobremente, como a la morisca.
Juan	¿Y hay todavía escuelas?
Pedro	Ni en Athenas ni en toda Grecia hay escuela ni rastro de haber habido letras entre los griegos, sino la gente más bárbara que pienso haber habido en el mundo. El más prudente de todos es como el menos de tierra de Sayago. La mayor escuela que hay es como acá los sacristanes de las aldeas, que enseñan leer y dos nominativos; así, los clérigos que tienen iglesia, tienen encomendados muchachos que, después que les han enseñado un poco leer y escribir, les muestran cuatro palabras de gramática griega y no más, porque tampoco ellos lo saben.
Mata	¿Hay alguna diferencia entre griego y gramática griega?

Pedro	Griego es su propia lengua que hablan comúnmente, y gramática es su latín griego, como lo que está en los libros.
Juan	¿Hay mucha diferencia entre lo uno y lo otro?
Pedro	Como entre la lengua italiana y la latina. En el tiempo del florecer de los romanos la lengua común que en toda Italia se hablaba era latina, y esa es la que Cicerón sin estudiar supo y el vulgo todo de los romanos la hablaba. Vino después a barbarizarse y corromperse, y quedó ésta, que tiene los mismos vocablos latinos, mas no es latina, y así solían llamarse los italianos latinos. En el tiempo de Demóstenes y Eschines, Homero y Galeno y Platón y los demás, en Grecia se hablaba el buen griego, y después vino a barbarizarse y corrompiose de tal manera que no la saben; y guardan los mismos vocablos, salvo que no saben la gramática, sino que no adjetivan. En lo demás, sacados de dos docenas de vocablos bárbaros que ellos usan, todos los demás son griegos. Dirá el buen griego latino: «blepo en aanthropon», «veo un hombre»; dirá el vulgar: «blepo en antropo». Veis aquí los mismos vocablos sin adjetivar.
Juan	De manera que solamente en la congruidad del hablar difieren, que es la gramática. Pregunto: Uno que acá ha estudiado griego, como vos hicisteis antes que os fueseis, ¿entenderse ha con los que hablan allá?
Pedro	No es mala la pregunta. Sabed que no, ni él a ellos ni ellos a él: porque primeramente ellos no le entienden,

por no saber gramática, y tampoco él sabe hablar, porque acá no se hace caso sino de entender los libros; ni éstos entenderán a los otros, porque como no adjetivan y mezclan algunos vocablos bárbaros, paréceles algarabía, y también como no tienen uso del hablar griego, acá no abundan de vocablos. Eso mismo es en la italiana, que los latinos que desde acá van, si no lo deprenden no lo entienden, no obstante que algunas palabras les son claras; ni los italianos que no han estudiado entienden sino cualquier palabra latina. Bien es verdad que el que sabe el griego vulgar deprende más en un año que uno de nosotros en veinte porque ya se tiene la abundancia de vocablos en la cabeza, y no ha menester más de componerlos como han de estar. También el que sabe la gramática deprenderá más presto vulgar que el que no la sabe, por la costumbre que ya tiene de la pronunciación. Yo por mí digo que sin estudiarla más de como fui de acá, por deprender la vulgar me hallé que cada vez que quiero hablar griego latín lo hago también como lo vulgar.

Mata — Debéis de saber tan poco de uno como de otro.

Pedro — De todas las cosas sé poco; mas estad satisfecho que hay pocos en Grecia que hablen más elegante y cortesanamente su propia lengua que yo, ni aun mejor pronunciada.

Mata — El pronunciar es lo de menos.

Pedro	No puedo dejar de daros a entender por solo eso la grandísima falta que todos los bárbaros de España tienen en lo que más hace al caso en todas las lenguas.
Mata	¿Qué, el pronunciar?
Pedro	¡Si vieseis los letrados que acá presumen, idos en Italia, donde es la policía del hablar, dar que reír a todos cuantos hay, pronunciando siempre n donde ha de haber m, b por v y v por b, comiéndose siempre las postreras letras! Ninguna cosa hay en que más se manifieste la barbarie y poco saber que en el pronunciar, de lo cual los padres tienen grandísima culpa y los maestros más. Veréis el italiano decir cuatro palabras de latín grosero tan bien dichas que aunque el español hable como Cicerón parece todo cacefatones; en respecto de él más valen cuatro palabras bien sabidas que cuanto supo Salomón mal sabido. Una cosa quiero que sepáis de mí, como de quien sabe seis lenguas, que ninguna cosa hay para entender las lenguas y ser entendido más necesaria y que más importe que la pronunciación, porque en todas las lenguas hay vocablos que pronunciados de una manera tienen una significación y de otra manera otra, y si queréis decir cesta, diréis ballesta. Tome uno de vosotros en la cabeza seis vocablos griegos, mal pronunciados, y pregúnteselos a un griego qué quieren decir, y verá que no le entiende. La mayor dificultad que para la lengua griega tuve fue el olvidar la mala pronunciación que de acá llevé, y sabía hablar elegantemente y no me

entendían; después, hablando grosero y bien pronunciado, era entendido. Hay en ello otra cosa que más importa y es que si pasando por un reino sabiendo aquella lengua queréis pasar como hombre del reino, a dos palabras, aunque sepáis muy bien la lengua, sois tomado con el hurto en las manos. Estos son primores que no se habían de tratar con gente como vosotros, que nunca supo salir detrás los tizones, mas yo querría que saliese y veríais.

Mata   Yo me doy por vencido en eso que decís todo, sin salir, porque a tan clara razón no hay qué replicar.

Pedro   Si las primeras palabras que a uno enseñan de latín o griego se las hiciesen pronunciar bien sin que supiese más hasta que aquellas pronunciase, todos sabrían lo que saben bien sabido; pero tienen una buena cosa los maestros de España: que no quieren que los discípulos sean menos asnos que ellos, y los discípulos también tienen otra: que se contentan con saber tanto como sus maestros y no ser mayores asnos que ellos; y con esto se concierta muy bien la música barbaresca.

Juan   Cuestión es y muy antigua, principalmente en España, que tenéis los médicos contra nosotros los teólogos, quereros hacer que sabéis más filosofía y latín y griego que nosotros. Cosas son por cierto que poco nos importan. Porque sabemos lógica; latín y griego demasiadamente, ¿para qué?

Pedro	En eso yo concedo que tenéis mucha razón, porque para entender los libros en que estudiáis poca necesidad hay de letras humanas.
Juan	¿Qué libros? ¿Santo Tomás, Escoto y esos Gabrieles y todos los más escolásticos? ¿Paréceos mala teología la de ésos?
Pedro	No por cierto, sino muy santa y buena; pero mucho me contenta a mí la de Cristo, que es el Testamento Nuevo, y en fin, lo positivo, principalmente para predicarse.
Juan	¿Y ésos no lo saben?
Pedro	No sé; al menos no lo muestran en los púlpitos.
Juan	¿Cómo lo veis vos?
Pedro	Soy contento de decirlo: todos los sermones que en España se tratan, que aquí está Mátalas Callando que no me dejará mentir, son tan escolásticos que otro en los púlpitos no oiréis sino santo Tomás dice esto. En la distinción 143, en la cuestión 26, en el artículo 62, en la responsión a tal réplica. Escoto tiene por opinión en tal y tal cuestión que no. Alejandro de Ales, Nicolao de Lira, Juanes Maioris, Gayetano, dicen lo otro y lo otro, que son cosas de que el vulgo gusta poco, y creo que menos los que más piensan que entienden.
Juan	¿Pues qué querríais vos?

Pedro	Que no se trajese allí otra doctrina sino el Evangelio, y un Crisóstomo, Agustino, Ambrosio, Jerónimo, que sobre ello escriben; y esotro déjanselo para los estudiantes cuando oyen lecciones.
Mata	En eso yo soy del bando de Pedro de Urdimalas, que los sermones todos son como él dice y tiene razón.
Juan	¿Luego por tan bobos tenéis vos a los teólogos de España, que no tienen ya olvidado de puro sabido el Testamento Nuevo y cuantos expositores tiene?
Mata	Olvidado, yo bien lo creo; no sé yo de qué es la causa.
Pedro	Las capas de los teólogos que predican y nunca leyeron todos los evangelistas pluguiese a Dios que tuviese yo, que pienso que sería tan rico como el rey, cuanto más los expositores. ¿No acabasteis agora de confesar que no era menester para la Teología, Filosofía, latín ni griego?
Mata	Eso yo soy testigo.
Pedro	¿Pues cómo entenderéis a Crisóstomo y Basilio, Jerónimo y Agustino?
Juan	¿Luego Santo Tomás y Escoto no supieron Filosofía?
Pedro	Pero de la santa mucha.

Juan	No digo sino de la natural.
Pedro	De ésa no por cierto mucha, como por lo que escribieron de ella consta. Pues latín y griego, por los cerros de Úbeda.
Juan	Ya comenzáis a hablar con pasión. Hablemos en otra cosa.
Pedro	¿No está claro que siguieron al comentador Averroes y otros bárbaros que no alcanzaron filosofía, antes ensuciaron todo el camino por donde la iban los otros a buscar?
Mata	¿Qué es la causa por que yo he oído decir que los médicos son mejores filósofos que los teólogos?
Pedro	Porque los teólogos siempre van atados tanto a Aristóteles, que les parece como si dijesen: El Evangelio lo dice, y no cale irles contra lo que dijo Aristóteles, sin mirar si lleva camino, como si no hubiese dicho mil cuentos de mentiras; mas los médicos siempre se van a viva quien vence por saber la verdad. Cuando Platón dice mejor, refutan a Aristóteles; y cuando Aristóteles, dicen libremente que Platón no supo lo que dijo. Decid, por amor de mí, a un teólogo que Aristóteles en algún paso no sabe lo que dice, y luego tomará piedras para tiraros; y si le preguntáis por qué es verdad esto, responderá con su gran simpleza y menos saber que porque lo dijo Aristóteles. ¡Mirad, por amor de mí, qué filosofía pueden saber!

Juan	Ya yo hago como dicen orejas de mercader, porque me parece que jugáis dos al mohíno. Acabemos de saber el viaje.
Pedro	Soy de ello contento, porque ya me parece que os vais corriendo. Acabada de cargar la nave, fuimos en la isla del Samo, adonde nos tomó una tormenta y nos quedamos allí por tres días, que es del Chío veinte leguas, la cual es muy buena tierra, mas no está poblada.
Juan	¿Por qué? ¿Qué comíais allí?
Pedro	Gallinas y ovejas comíamos, que hallábamos dentro. Desde el tiempo de Barbarroja comenzaron a padecer mucho mal todos los que habitaban en muchas islas que hay por allí, que llaman del Archipiélago, y hartos de padecer tanto mal como aquel perro les hacía, dejaron las islas y fuéronse a poblar otras tierras, y como dejaron gallinas y ganados allí, hase ido multiplicando y está medio salvaje, y los que por allí pasan, saltando en tierra hallan bien qué cazar, y no penséis que son pocas las islas, que más he yo visto de cincuenta.
Mata	¿Pues cúyas son esas aves y ganados?
Pedro	De quien lo toma; ¿no os digo que son despobladas habrá quince años?
Juan	¿Y no lo sabe eso el Gran Turco?

Pedro	Sí; pero, ¿cómo pensáis que lo puede remediar? Algunas cosas habrá hecho Andrea de Oria que, aunque las sepa el Emperador, son menester disimular. De allí fuimos a Milo, otra isla, y de allí pasamos una canal entre Micolo y Tino, dos islas pobladas, y con un gran viento contrario no pudimos en tres días pasar adelante a tomar tierra, y dimos al cabo con nosotros en la isla de Delo, que aunque es pequeña, es de todos los escritores muy celebrada, porque estaba allí el templo de Apolo, adonde concurría cada año toda la Grecia.
Juan	¿Esa es la isla de Delo? ¿Y hay agora algún rastro de edificio?
Pedro	Más ha habido allí que en toda Grecia, y hoy en día aún hay infinitos mármoles que sacar y los lleva quien quiere, y antiguallas muchas se han hallado y hallan cada día. De allí fuimos a la isla de Sira, donde hay un buen pueblo, y vi las mujeres que no traen más largas las ropas que hasta las espinillas, y cuando sienten que hay corsarios todas salen valerosamente con espadas, lanzas y escudos, mejor que sus maridos, a defenderse y que no les lleven el ganado que anda paciendo riberas del mar. Dimos con nosotros luego en Cirigo, y de allí a París y Necsia, dos buenas islas, y pasamos a vista de Candia, y echamos áncoras en Cabo de San Ángelo, que llaman Puerto Coalla por la multitud de las codornices que los albaneses toman por allí, que se desembarcan cuando van a tierras calientes y se embarcan para venir a criar acá. Luego nos engolfamos en el

golfo de Venecia, que llaman el Sino Adriático, con muy buen tiempo, y veníamos cazando, con mucho pasatiempo.

Mata   Tened punto; ¿qué cazabais en el golfo?

Pedro   Codornices, tórtolas, de estos pájaros verdes y otras diferencias de aves, que se venían por la mar, siendo mes de abril, para criar acá.

Mata   Bien puede ello ser verdad; mas yo no creo que en medio del golfo puedan cazar otro sino mosquitos, ni aun tampoco creo que tengan tanto sentido las aves que una vez van que tornen a volver acá.

Pedro   No solamente volver podéis tener por muy averiguado, mas aun a la misma tierra y lugar donde había estado, y no es cosa de poetas ni historias, sino que por experiencia se ha visto en golondrinas y en otras muchas aves, que siendo domésticas les hacen una señal y las conocen el año adelante venir a hacer nidos en las mismas casas; pues de las codornices no queráis más testigo de que tres leguas de Nápoles hay una isla pequeña, que se dice Crapi, y el obispo de ella no tiene de otra cosa quinientos escudos de renta sino del diezmo de las codornices que se toman al ir y venir, y no solamente he yo estado allí, pero las he cazado, y el obispo mismo es mi amigo.

Juan   Muchas veces lo había oído y no lo creía, mas agora, como si lo viese. También dicen que llevan cuando pasan la mar alzada el ala por vela, para que, dándoles el viento allí, las lleve como navíos.

Pedro   La mayor parte del mar que ellas pasan es a vuelo. Verdad es que cuando se cansan se ponen encima del agua, y siempre van gran multitud en compañía, y si hay fortunoso viento y están cansadas, alzan, como decís, sus alas por vela; y de tal manera habéis de saber que es verdad, que la vela del navío creo yo que fue inventada por eso, porque es de la misma hechura; las que cazábamos era porque revolviéndose una fortuna muy grande en medio el golfo, todas se acogían a la nao, queriendo más ser presas que muertas, y aunque no hubiese fortuna, se meten dentro los navíos para pasar descansadas; los marineros llevan unas cañas largas con un lacico al cabo con que las pescan, y van tan domésticas. Ende más, si hay fortuna que se dejarán tomar a manos, de golondrinas no se podían valer de noche los marineros, que se les asentaban sobre las orejas y narices, y cabeza y espaldas, que harto tenían que ojear como pulgas.

Mata   No es menos que desmentir a un hombre no creer lo que dice que el mismo vio, y si hasta aquí no he creído algunas cosas ha sido por lo que nos habéis motejado con razón de nunca haber salido de comer bollos; y al principio parecen dificultosas las cosas no vistas, mas yo me sujeto a la razón. ¿De aquel golfo adónde fuisteis a parar?

Pedro	Adonde no queríamos; mal de nuestro grado, dimos al través con la fortuna, tan terrible cual nunca en la mar han visto marineros, un Jueves Santo, que nunca se me olvidará, en una isla de venecianos que se llama el Zante, la cual está junto a otra que llaman la Chefalonia, las cuales divide una canal de mar de tres leguas en ancho.

Mata	¡Oh, pecador de mí! ¿Aún no son acabadas las fortunas?

Juan	Cuasi en todas esas partes cuenta San Lucas que peligró San Pablo en su peregrinación.

Pedro	¿Y el mismo no confiesa haber dado tres veces al través y sido acotado otras tantas? Pues yo he hado cuatro y sido acotado sesenta, porque sepáis la obligación en que estoy a ser bueno y servir a Dios. Ayudáronnos otras tres naves a sacar la nuestra, que quiso Dios que encalló en un arenal, y no se hiciese pedazos, y tuvimos allí con gran regocijo la Pascua, y el segundo día nos partimos para Sicilia, que tardamos otros seis días con razonable tiempo, aunque fortunoso; pero aquello no es nada, que, en fin, en la mar no pueden faltar fortunas a cuantos andan dentro. Llegamos en el Faro de Mecina, donde está Cila y Caribdi, que es un mal paso y de tanto peligro que ninguno, por buen marinero que sea, se atreve a pasar sin tomar un piloto de la misma tierra, que no viven de otro sino de aquello.

Juan	¿Qué cosa es Faro?

Pedro	Una canal de mar de tres leguas de ancho que divide a Sicilia de Calabria, llena de remolinos tan diabólicos que se sorben los navíos, y tiene éste una cosa más que otras canales: que la corriente del agua una va a una parte y otra a otra, que no hay quien le tome el tino, y Cila es un codo que hace junto a la ciudad la tierra, el cual, por huir de otro codo que hace a la parte de Calabria, como las corrientes son contrarias, dan al través y se pierden los navíos.
Juan	¿Y las otras canales no son también así?
Pedro	No, porque todas las otras, aunque tienen corriente, no es diferente, sino toda a un lado. ¿No os espantaría si vieseis un río que la mitad de él, cortándole a la larga, corra hacia bajo y el otro hacia arriba?
Mata	¿Eso es lo de Cilla y Caribdin?
Pedro	Eso mismo.
Juan	Espantosa cosa es y digna que todos fuesen a verla solamente. Dícese de Aristóteles que por solo verla fue de Atenas allá.
Mata	¿Qué, tanto hay?
Pedro	No es mucho, serán trescientas leguas.

Mata   A mí me parece que iría quinientas por ver la menor cosa de las que vos habéis visto, si tuviese seguridad de las galeras de turcos.

Juan   Llegados ya en salvamento en Sicilia, ¿grande contentamento tendríais por ver que ya no había más peligros que pasar?

En Mesina

Pedro   ¿Cómo no? El mayor y más venturoso estáis por oír. En todas las ciudades de Sicilia tienen puestos guardianes, que llaman de la sanidad, y más en Mecina, donde yo llegué; para que todos los que vienen de Levante, adonde nunca falta pestilencia, sean defendidos con sus mercancías entrar en poblado, para que no se pegue la pestilencia que dicen que traen; y éstos, cuando viene alguna nave, van luego a ella y les ponen grandes penas de parte del Virrey que no se desembarque nadie; si tiene de pasar adelante envía por tercera persona a comprar lo que ha menester, y vase. Si quiere descargar allí el trigo, algodón o cueros que comúnmente traen, habida licencia que descargue, lo tiene de poner todo en el campo, para que se oree y exhale algún mal humor si trae, y todas las personas ni más ni menos.

Mata   Cosa me parece esa muy bien hecha, y en que mucho servicio hacen los gobernadores a Dios y al Rey.

Pedro	Muchas cosas hay en que se serviría Dios y la república si fuesen con buen fin ordenadas; mas cuando se hacen para malo, poco merecen en ello. No hay nave que no le cueste esto que digo cuatrocientos ducados, que podrá ser que no gane otros tantos.
Juan	Pues, ¿en qué?
Pedro	En las guardas que tiene sobre sí para que no comuniquen con los de la tierra.
Mata	¿Y esas no las paga la misma ciudad?
Pedro	No, sino el que es guardado.
Mata	Pues, ¿en qué ley cabe que pague yo dineros porque se guarden de mí? ¿Qué se me da a mí que se mueran ni vivan?
Pedro	Ahí podréis ver lo que yo os digo. ¿Ha visto ninguno de vosotros buena fruta de sombrío donde nunca alcanza el Sol?
Mata	Yo no.
Juan	Ni yo tampoco.
Pedro	Pues menos veréis justicia recta ni que tenga sabor de justicia donde no está el Rey, porque si me tengo de ir a quejar de un agravio quinientas leguas, gastaré doblado que el principal y así es mejor perder lo menos. Ante todas cosas tiene de pagar cada día

	ocho reales a ocho moros que revuelvan la mercancía y la descarguen.
Mata	¿Para qué la han de revolver?
Pedro	Para que se oree mejor y no quede escondida la landre entre medias. Tras esto otros dos guardianes, que les hagan hacerlo, a dos reales cada día, que son cuatro, y un escudo cada día a la guarda mayor, que sirve de mirar si todos los demás hacen su oficio.
Juan	¿Y cuántos días tiene esa costa hasta que le den licencia que entre en la ciudad?
Pedro	El que menos ochenta, si trae algodón o cueros; si trigo, la mitad.
Mata	Bien empleado es eso en ellos, porque no gastan cuanto tienen en informar al Rey de ello.
Pedro	También quiero que sepáis que no es mejor guardado el monumento de la Semana Santa, con más chuzones, broqueles y guazamalletas, y aunque alguno quiera desembarcarse sin licencia, éstos no le dejan. No teniendo yo mercancías, ni qué tomar de mí, no me querían dejar desembarcar, y el capitán de mi nao determinó venir a Nápoles con el trigo y otras tres naves de compañía, y como yo había de venir a Nápoles díjome que me venía bien haber hallado quien me trajese cien leguas más sin desembarcarme. Yo se lo agradecí mucho, y comenzaron a sacar las áncoras para nos partir. Pasó por junto

a la nao un bergantín, y no sé qué se me antojó preguntarle de dónde venía. Respondió que de Nápoles. Díjele qué nueva había. Respondió que diez y nueve fustas de turcos andaban por la costa. Como soy razonable marinero, dije al capitán que dónde quería partirse con aquella nueva tan mala. Díjome que donde había cuatro naves juntas qué había qué temer. Conociendo yo que los rogoceses, venecianos y genoveses valían poco para la batalla, y que necesariamente, si nos topaban, éramos presos, hice como que se me había olvidado de negociar, una cosa que mucho importaba en la ciudad, y pedile de merced, sobre todas las que me había hecho, que me diese un batel de la nave para ir en tierra a encomendar a aquellos que guardaban que nadie se desembarcase que los negociasen por mí, y que luego en la hora me volvería sin poner el pie en tierra.

Mata   ¿Qué cosa es batel, que muchas veces he oído nombrar?

Pedro   Como la nave y la galera son tan grandes, no pueden estar sino adonde hay mucho hondo, y cuando quieren saltar en tierra, en ninguna manera puede acercarse tanto que llegue adonde haya tierra firme, y por eso cada navío grande trae dos barcas pequeñas dentro, la una mayor que la otra, con las cuales cuando están cerca de tierra van y vienen a lo que han menester, y éstas se llaman «bateles». Fue tanta la importunación que yo tuve porque me diese el batel, que aunque cierto le venía muy a trasmano, lo hubo de hacer con condición que yo no me detuviese. Sería un tiro de arcabuz de donde la nao estaba a tierra, y dije a mi compañero y a otros dos que habían sido cautivos que se metiesen conmigo dentro el batel, y caminamos; cuando yo me vi tres pasos de tierra no curé de aguardar que nos acercásemos más, sino doy un salto en la mar y luego los otros tras mí; cuando las guardias me vieron, vienen luego con sus lanzones a que no me desembarcase sin licencia, y quisieron hacerme tornar a embarcar por fuerza. Yo dije a los marineros que se fuesen a su nave y dijesen al capitán que le besaba las manos, y por cierto impedimento no podía por el presente partirme, que en Nápoles nos veríamos; como tanto porfiaban las guardas fue menester hacerles fieros, y decir que aunque les pesase habíamos de estar allí. Fueron presto a llamar los jurados, que son los que gobiernan la ciudad, y vinieron los más enojados del mundo, y cuando yo los vi tan soberbios, determiné de hablarles con mucho ánimo; y en preguntando que quién me había dado licencia para desembarcarme, respondí que yo me la había tomado, que siendo tierra del Emperador y yo su vasallo, podía estar en ella tan bien como todos ellos. «Donosa cosa —digo— es que si yo tengo en esta ciudad algo que negociar, que no lo pueda hacer sino irme a Nápoles y dejarlo». Dijeron que estaban por hacerme luego ahorcar. Yo les dije que podían muy bien, mas que sus cabezas guardarían las nuestras; fuéronse gruñendo, y mandaron que so pena de la vida no saliésemos de tanto espacio como dos eras de trillar hasta que fuese por ellos mandada otra cosa, y así estuve allí junto a los otros que tenían sus mercade-

	rías en el campo, con muy mayor guarda y más mala vida y más hambre que en todo el cautiverio.
Mata	¿Cuántos días?
Pedro	Veinte y ocho.
Juan	¿Y en qué dormíais?
Pedro	Dos cueros de vaca de aquellos que tenían los mercaderes me sirvieron todo este tiempo de cama y casa, puestos como cueva, de suerte que no podía estar dentro más de hasta la cintura, dejando lo demás fuera al Sol y al aire.
Mata	¿Pues la ciudad, siquiera por lismosna, no os daba de comer?
Pedro	Maldita, la cosa, sino que padecí más hambre que en Turquía; y para más encubrir su bellaquería, a cuantos traían cartas que dar en Mecina, se las tomaban y las abrían, y quitándoles el hilo con que venían atadas y tendiéndolas en tierra rociábanlas con vinagre diciendo que con aquello se les quitaba todo el veneno que traían, y la mayor bellaquería de todas era que a los que no tenían mercaderías y eran pobres solíanles dar licencia dentro de ocho días; pero a mí, por respecto que los mercaderes no se quejasen diciendo que por pobre me dejaban y a ellos por ricos los detenían más tiempo, me hicieron estar como a ellos y cada día me hacían lavar en la mar el capote y camisa y a mí mismo.

Juan	Si queríais traer algo del pueblo, ¿no había quien lo hiciese?
Pedro	Aquellos guardianes lo hacían mal y por mal cabo, sisando como yo solía.
Mata	¿Qué os guardaban ésos?
Pedro	¿No tengo dicho que no se juntase nadie conmigo a hablar? Si me venía algún amigo de la ciudad a ver, no le dejaban por espacio de doce pasos llegar a mí, sino a voces le saludaba y él a mí.
Juan	¿De modo que no podía haber secreto?
Pedro	Y las mismas guardas tampoco se juntaban a mí, sino tiraba el real como quien tira una piedra y decíale a voces: «Traedme esto y esto». El tercero día que estaba en esta miseria, que voy a la mayor de todas las venturas, vino a mí un hermano del capitán de la nave en que había yo venido, y díjome: «Habéis habido buena ventura». Dígole: «¿Cómo?» Dice: «Porque las fustas de los turcos han tomado la nave y otras tres que iban con ella, y veis aquí esta carta que acabo de recibir de mi hermano Rafael Justiniano, el capitán, que le provea luego mil ducados de rescate». Ya podéis ver lo que yo sintiera.
Mata	Grande placer, por una parte, de veros fuera de aquel peligro, y pesar de ver presos a vuestros amigos, sabiendo el tratamiento que les habían de hacer.

Juan	¡Oh poderoso Dios, cuán altos son tus secretos! Y, como dice San Pablo, tienes misericordia de quien quieres y endureces a quien quieres.
Pedro	Sin San Pablo, lo dijo primero Cristo a Nicodemus, aquel príncipe de judíos: «Spiritus ubi vult, spirat». Luego fue en el Chío y en Constantinopla la nueva de cómo yo era preso, que no dio poca fatiga y congoja a mis amigos, según ellos me contaron cuando vinieron.
Juan	¿Cómo supieron la nueva?
Pedro	Como el capitán era de Chío y la nave también, y me había metido a mí dentro, viendo tomada la nao, señal era que había yo de ser tomado también. ¿Quién había de imaginar que yo me había de quedar en Sicilia sin tener que hacer y dejar de venir en la nave que de tan buena gana y tan sin costa me traía?

El viaje por Italia

Mata	¿Después vinisteis por mar a Nápoles?
Pedro	No, sino por tierra. ¿Por tan asno me tenéis que habla por entonces de tentar más a Dios?
Juan	¿Cuántas leguas son?

Pedro	Ciento, toda Calabria.
Mata	¿A tal anda don García o en la mula de los frailes?
Pedro	No, sino a caballo con el percacho.
Mata	¿No decíais agora poco ha que no teníais blanca?
Pedro	Fiome una señora, mujer de un capitán que había estado preso conmigo, que en llegando a Nápoles pagaría, porque allí tenía amigos.
Mata	¿Qué es percacho?
Pedro	La mejor cosa que se puede imaginar; un correo, no que va por la posta, sino por sus jornadas, y todos los viernes del mundo llega en Nápoles, y parte los martes y todos los viernes llega en Mecina.
Mata	¿Cien leguas de ida y otras tantas de vuelta hace por jornadas en ocho días?
Pedro	No habéis de entender que es uno sino cuatro que se cruzan, y cada vez entra con treinta o cuarenta caballos, y veces hay que con ciento, porque aquella tierra es montañosa, toda llena de bosques y andan los salteadores de ciento en ciento, que allá llaman «fuera exidos», como si acá dijésemos encartados o rebeldes al rey; y este percacho da cabalgaduras a todos cuantos fueren con él por seis escudos cada una, en estas cien leguas, y van con éste seguros de los «fuera exidos».

Juan	¿Y si los roban percacho y todo, qué seguridad tienen?
Pedro	El pueblo más cercano adonde los roban es obligado a pagar todos los daños, aunque sean de gran cuantía.
Juan	¿Qué culpa tiene?
Pedro	Es obligado cada pueblo a tener limpio y muy guardado su término de ellos, que muchos son de los mismos pueblos; y porque saben que sus parientes, mujeres e hijos lo tienen de pagar no se atreven a robar el percacho, y si esto no hiciesen así, no sería posible poder hombre ir por aquel camino.
Mata	¿Qué dan a esos percachos porque tengan ese oficio?
Pedro	Antes él da mil ducados cada año porque se le dejen tener, que son derechos del correo mayor de Nápoles, el cual de solos percachos tiene un cuento de renta.
Juan	¿Tan grande es la ganancia que se sufre arrendar?
Pedro	De solo el porte de las cartas saca los mil ducados, y es el cuento que si no lleva porte la carta no hayáis miedo que os la den, si no dejársela en la posada.
Juan	Grande trabajo será andar a dar tantas cartas en una ciudad como Nápoles o Roma.

Pedro	El mayor descanso del mundo, porque se hace con gran orden, y todas las cosas bien ordenadas son fáciles de hacer; en la posada tiene un escribano que toma todos los nombres de los sobrescritos para quien vienen las cartas y pónelos por minuta, y en cada carta pone una suma de guarismo, por su orden, y pónelas todas en un cajón hecho aposta como barajas de naipes, y el que quiera saber si tiene cartas mira en la minuta que está allí colgada y hallará: Fulano, con tanto de porte, a tal número, y va al escribano y dícele: «Dadme una carta». Pregúntale: «¿A cuántas está?» Luego dice: «A tantas»; y en el mismo punto la halla.
Mata	En fin, acá todos somos bestias, y en todas las habilidades nos exceden todas las naciones extranjeras; ¡dadme, por amor de mí, en España, toda cuan grande es, una cosa tan bien ordenada!
Pedro	No hay caballero ni señor ninguno que no se precie de ir con el percacho, y a todos los que quieren hace la costa, porque no tengan cuidado de cosa ninguna más de cabalgar y apearse, y no les lleva mucho, y dales bien de comer.
Juan	¿Y solamente es eso en Calabria?
Pedro	En toda Italia, de Nápoles a Roma, de Génova a Venecia, de Florencia a Roma, toda la Apulla y cuanto más quisiéredes.

Juan	¿Deben de ser grandes los tratos de aquella tierra?
Pedro	Sí son, pero también son grandes los de acá, y no lo hacen; la miseria de la tierra lo lleva, a mi parecer, que no los tratos.
Juan	¿Mísera tierra os parece España?
Pedro	Mucho en respecto de Italia; ¿paréceos que podría mantener tantos ejércitos como mantiene Italia? Si seis meses anduviesen cincuenta mil hombres dentro la asolarían, que no quedase en ella hanega de pan ni cántaro de vino, y con esto me parece que nos vamos a acostar, que tañen los frailes a media noche, y no menos cansado me hallo de haberos contado mi viaje que de haberle andado.
Juan	¡Oh, pecador de mí! ¿Y a medio tiempo os queréis quedar como esgrimidor?
Pedro	Pues, señores, ya yo estaba en libertad, en Nápoles. ¿Qué más queréis?
Mata	Yo entiendo a Juan de Voto a Dios; quiere saber lo que hay de Nápoles aquí para no ser cogido en mentira, pues el propósito a que se ha contado el viaje es para ese efecto, después de la grande consolación que hemos tenido con saberlo; gentil cosa sería que dijese haber estado en Turquía y Judea y no supiese por dónde van allá y el camino de enmedio; diríanle todos con razón que había dado salto de un extremo a otro, sin pasar por el medio, por alguna

negromancia o diabólica arte que tienen todos por imposible; a lo menos conviene que de todas esas ciudades principales que hay en el camino hasta acá digáis algunas particularidades comunes, entretanto que se escalienta la cama para que os vais a reposar, y yo quiero el primero sacaros a barrera. ¿Qué cosa es Nápoles? ¿Qué tan grande es? ¿Cuántos castillos tiene? ¿Hay en ella muchas damas? ¿Cómo habéis proseguido el viaje hasta allí? ¡Llevadle al cabo!

Pedro   Con que me deis del codo de rato en rato, soy de ello contento.

Mata   ¿Tanto pensáis mentir?

Pedro   No lo digo sino porque me carga el sueño; hallé muchos amigos y señores en Nápoles, que me hicieron muchas mercedes, y allí descansé, aunque caí malo siete meses; y no tenía poca necesidad de ello, según venía de fatigado; es una muy gentil ciudad, como Sevilla del tamaño, proveída de todas las cosas que quisiéredes, y en buen precio; tiene muy grande caballería y más príncipes que hay en toda Italia.

Mata   ¿Quiénes son?

Pedro   Los que comúnmente están ahí, que tienen casas, son: el príncipe de Salerno, el príncipe de Vesiñano, el príncipe de Estillano, el príncipe de Salmona, y muchos duques y condes: ¿para qué es menester tanta particularidad? Tres castillos principales hay en la ciudad: Castilnovo, uno de los mejores que hay en Italia, y San Telmo, que llaman San Martín, en lo alto de la ciudad, y el castillo del Ovo, dentro de la misma mar, el más lejos de todos.

Mata

Antes que se nos olvide, no sea el mal de Jerusalén, ¿llega allí la mar?

Pedro

Toda Nápoles está en la misma ribera, y tiene gentil puerto, donde hay naves y galeras, y llámase el muelle; los napolitanos son de la más pulida y diestra gente a caballo que hay entre todas las naciones, y crían los mejores caballos, que lo de menos que les enseñan es hacer la reverencia y bailar; calles comunes, la plazuela del Olmo, la rúa Catalana, la Vicaría, el Chorillo.

Mata

¿Es de ahí lo que llaman soldados chorilleros?

Pedro

De eso mismo; que es como acá llamáis los bodegones, y hay muchos galanes que no quieren poner la vida al tablero, sino andarse de capitán en capitán a saber cuándo pagan su gente para pasar una plaza y partir con ellos, y beber y borrachear por aquellos bodegones; y si los topáis en la calle tan bien vestidos y con tanta crianza, os harán picar pensando que son algunos hombres de bien.

Mata

¿Qué frutas hay las más mejores y comunes?

Pedro

Melocotones, melones y moscateles, los mejores que hay de aquí a Jerusalén, y unas manzanas que llaman perazas, y esto creed que vale harto barato.

Mata	¿Qué vinos?
Pedro	Vino griego de la montaña de Soma, y latino y brusco, lágrima y raspada.
Mata	¿Qué carnes?
Pedro	Volatería hay poca, si no es codornices, que esas son en mucha cantidad, y tórtolas y otros pájaros; perdices pocas, y aquéllas a escudo; gallinas y capones y pollos, harto barato.
Mata	¿Hay carnero?
Juan	¡Oh, bien haya la madre que os parió, que tan bien me sacáis de vergüenza en el preguntar, agora digo que os perdono cuanto mal me habéis hecho y lo por hacer!
Pedro	No es poca merced que os hace en eso.
Mata	Tampoco es muy grande.
Pedro	¿No? ¿Perdonar lo que está por hacer?
Mata	Con cuantos con él se confiesan lo suele tener por costumbre hacer cuando ve que se le seguirá algún interés.
Pedro	No puede dejar de cuando en cuando de dar una puntada.

Juan   Ya está perdonado; diga lo que quisiere.

Pedro   Pues de esa manera, yo respondo que no solamente en Nápoles, pero en toda Italia no hay carnero bueno, sino en el sabor como acá carne de cabra; lo que en su lugar allá se come es ternera, que hay muy mucha y en buen precio y buenísima.

Mata   ¿Pescados?

Pedro   Hartos hay, aunque no de los de España, como son congrios, salmones, pescados seciales; de éstos no se pueden haber, y son muy estimados si alguno los envía desde acá de presente; sedas valen en buen precio, porque está cerca de Calabria, donde se hace más que en toda la cristiandad, pero paño muy bueno y no muy caro, principalmente raja de damas, es tierra mal proveída.

Mata   ¿Cómo? ¿No hay mujeres?

Pedro   Hartas; pero las más feas que hay de aquí allá, y con esto podréis satisfacer a todas las preguntas.

Mata   ¿Qué iglesias hay principales?

Pedro   Monte Oliveto, Santiago de los Españoles, Pie de Gruta, San Laurencio, y otras mil. De ahí vine en Roma, con propósito de holgarme allí medio año, y vila tan revuelta que quince días me pareció mucho, en los cuales vi tanto como otro en seis años, porque no tenía otra cosa que hacer. De esta poco hay que decir, porque un libro anda escrito que pone las maravillas de Roma. Un día de la Ascensión vi toda la sede apostólica en una procesión.

Mata — ¿Visteis al Papa?

Pedro — Sí, y a los cardenales.

Mata — ¿Cómo es el Papa?

Pedro — Es de hechura de una cebolla, y los pies como cántaro. La más necia pregunta del mundo; ¿cómo tiene de ser sino un hombre como los otros? Que primero fue cardenal y de allí le hicieron Papa. Sola esta particularidad sabed que nunca sale sobre sus pies a ninguna parte, sino llévanle sobre los hombros, sentado en una silla.

Mata — ¿Qué hábito traen los cardenales?

Pedro — En la procesión unas capas de coro, de grana, y bonetes de lo mismo. A palacio van en unas mulazas, llenas de chatones de plata; cuando pasan por debajo del castillo de San Ángel les tocan las chirimías, lo que no hacen a otro ningún obispo ni señor; fuera de la procesión, por la ciudad, muchos traen capas y gorras, con sus espadas.

Juan — ¿Todos los cardenales?

Pedro	No, sino los que pueden servir damas, que los que no son para armas tomare estanse en casa; algunos van disfrazados dentro de un carro triunfal, donde van a pasear damas, de las cuales hay muchas y muy hermosas, si las hay en Italia.
Mata	¿De buena fama o de mala fama?
Pedro	De buena fama hay muchas matronas en quien está toda la honestidad del mundo, aunque son como serafines; de las enamoradas, que llaman cortesanas, hay ¿qué tantas pensáis?
Mata	No sé.
Pedro	Lo que estando yo allí vi por experiencia quiero decir, y es que el Papa mandó hacer minuta de las que había, porque tiene de cada una un tanto, y hallose que había trece mil, y no me lo creáis a mí, sino preguntadlo a cuantos han estado en Roma, y muchas de a diez ducados por noche, las cuales tenían muchos negociantes echados al rincón de puros alcanzados, y haciendo mohatras, cuando no podían simonías; yo vi a muchos arcedianos, deanes y priores que acá había conocido con mucho fausto de mulas y mozos, andar allá con una capa llena y gorra, comiendo de prestado, sin mozo ni haca, medio corriendo por aquellas calles como andan acá los citadores.
Mata	¿Capa y gorra siendo dignidades?

Pedro	Todos los clérigos, negociantes, si no es alguno que tenga largo que gastar, traen capa algo larga y gorra, y pluguiese a Dios que no hiciesen otra peor cosa, que bien se les perdonaría.
Juan	¿De qué procede que en habiendo estado uno algunos años en Roma luego viene cargado de calongías y deanazgos y curados?
Pedro	Habéis tocado buen punto; estos que os digo, que, por gastar más de lo razonable, andan perdidos y cambiando y recambiando dineros que paguen acá de sus rentas, toman allá de quien los tenga quinientos ducados o mil prestados, por hacerle buena obra, y como no hay ninguno que no tenga, juntamente con la dignidad, alguna calongía o curado anexo, por la buena obra recibida del otro le da luego el regreso, y nunca más el acreedor quiere sus dineros, sino que él se los hace de gracia, y cuando los tuviere sobrados se los pagará.
Juan	Esa, simonía es en mi tierra, encubierta.
Mata	¡Oh, el diablo! Aunque estotro quiera decir las cosas con crianza y buenas palabras, no le dejaréis.
Pedro	¿Pues pensabais que traían los beneficios de amistad que tuviesen con el Papa? Hágoos saber que pocos de los que de acá van le hablan ni tienen trabacuentas con él.
Juan	¿Pues cómo consiente eso el Papa?

Pedro	¿Qué tiene de hacer, si es mal informado? ¿Ya no responde: «si sic est fiat»?, más de cuatro que vos conocéis, cuyos nombres no os diré, que tenían acá bien de comer, comerían allá si tuviesen, que yo pensaba que la galera era el infierno abreviado, pero mucho más semejante me pareció Roma.
Mata	¿Es tan grande como dicen, que tenía cuatro leguas de cerco y siete montes dentro?
Pedro	De cerco solía tener tanto, y hoy en día lo tiene; pero mucho más sin comparación es lo despoblado que lo poblado. Los montes es verdad que allí se están, donde hay agora huertas y jardines. Las cosas que, en suma, hay insignes son: primeramente, concurso de todas las naciones del mundo; obispos de a quince en libra sin cuento. Yo os prometo que en Roma y el reino de Nápoles que pasan de tres mil obispos de doscientos a ochocientos ducados de renta.
Mata	¿Esos tales serán de San Nicolás?
Pedro	Y aún menos, a mi parecer; porque si no durase tan poco, tanto es obispo de San Nicolás como cardenal al menos. Ruin sea yo si no está tan contento como el Papa. Las estaciones en Roma de las siete iglesias es cosa que nadie las deja de andar, por los perdones que se ganan.
Juan	¿Cuáles son?

Pedro	San Pedro y San Pablo, San Juan de Letrán y San Sebastián, Santa María Mayor, San Lorencio, Santa Cruz. Bien es menester, quien las tiene de andar en un día, madrugar a almorzar, porque hay de una a otra dos leguas; al menos de San Juan de Letrán a San Sebastián.
Juan	Calles, ¿cuáles?
Pedro	La calle del Pópulo, la plaza In agona, los Bancos, la Puente, el Palacio Sacro, el castillo de San Ángelo, al cual desde el Palacio Sacro se puede ir por un secreto pasadizo.
Mata	¿Es en San Pedro el palacio?
Pedro	Sí.
Juan	Suntuosa cosa será.
Pedro	Soberbio es por cierto, así de edificios como de jardines y fuentes y placas y todo lo necesario, conforme a la dignidad de la persona que dentro se aposenta.
Mata	¿Caros valdrán los bastimentos por la mucha gente?
Pedro	Más caros que en Nápoles; pero no mucho.
Mata	¿Tiene mar Roma o no? Esto nunca se ha de olvidar.

Pedro   Cinco leguas de Roma está la mar, y pueden ir por el río Tíber abajo, que va a dar en la mar, en barcas y en bergantines, que allá llaman «fragatas», en las cuales traen todo lo necesario a Roma.

Juan   Cosa de grande majestad será ver aquellas audiencias. ¿Y la Rota?

Pedro   No es más ni aun tanto que la Chancillería y el Consejo Real. Así, tienen sus salas donde oyen. De las cosas más insignes que hay en Roma que ver es una casa y huerta que llaman la Viña del Papa Julio, en donde se ven todas las antiguallas principales del tiempo de los romanos que se pueden ver en toda Roma, y una fuente que es cosa digna de ir de aquí allá a solo verla; la casa y huerta son tales que yo no las sabré pintar, sino que al cabo de estar bobo mirándola no sé lo que me he visto; digo, no lo sé explicar. Bien tengo para mí que tiene más que ver que las siete maravillas del mundo juntas.

Juan   ¿Qué tanto costaría?

Pedro   Ochocientos mil ducados, dicen los que mejor lo saben; pero a mí me parece que no se pudo hacer con un millón.

Juan   ¿Y quién la goza?

Pedro   Un pariente del Papa; pero el que mejor la goza es un casero, que no hay día que no gane más de un escudo a solo mostrarla, sin lo que se le queda de los

	banquetes que los cardenales, señores y damas cada día hacen allí.
Juan	Pues, ¿cómo no la dejó al Pontificado una cosa tan admirable y de tanta costa? Más nombrada fuera si siempre tuviera al Papa por patrón.
Pedro	No sé; más quiso favorecer a sus parientes que a los ajenos.
Mata	¿Si le había pesado de haberla hecho?
Pedro	Bien podrá ser que sí.
Mata	Cuánto más triunfante entrara el día del Juicio ese Papa con un carro, en el cual llevara detrás de sí cincuenta mil ánimas que hubiera sacado del cautiverio donde vos salís y otras tantas pobres huérfanas que hubiera casado, que no haber dejado un lugar adonde Dios sea muy ofendido con banquetear y borrachear y rufianear. Por eso me quieren todos mal, porque digo las verdades; estamos en una era que en diciendo uno una cosa bien dicha o una verdad, luego le dicen que es satírico, que es maldiciente, que es mal cristiano; si dice que quiere más oír una misa rezada que cantada, por no parlar en la iglesia, todo el mundo a una voz le tiene por hereje, que deja de ir el domingo, sobre sus finados, a oír la misa mayor y tomar la paz y el pan bendito; y quien le preguntase agora al papa Julio por cuánto no quisiera haber malgastado aquel millón, cómo respondería que por mil millones; y si le dejasen volver acá, ¿cómo no

	dejaría piedra sobre piedra? ¿Qué más hay que ver, que se me escalienta la boca y no quiero más hablar?
Pedro	El Coliseo, la casa de Virgilio y la torre donde estuvo colgado; las termas y un hombre labrado de metal encima de un caballo de lo mismo, muy al vivo y muy antiguo, que dicen que libró la patria y prendió a un rey que estaba sobre Roma y la tenía en mucho aprieto, y no quiso otro del Senado romano sino que le pusiesen allí aquella estatua por memoria. Casas hay muy buenas.
Juan	El celebrar del culto divino, ¿con mucha más majestad será que acá y más suntuosas iglesias?
Pedro	Por lo que dije de los obispos habíais de entender lo demás. No son, con mil partes, tan bien adornadas como acá; antes las hallaréis todas tan pobres que parecen hospitales robados; los edificios, buenos son, pero mejores los hay acá. San Pedro de Roma se hace agora con las limosnas de España; pero yo no sé cuándo se acabará, según va el edificio.
Juan	¿Es allí donde dicen que pueden subir las bestias cargadas a lo alto de la obra?
Pedro	Eso mismo. En Sena hay buena iglesia, y en Milán y Florencia, pero paupérrimas; los canónigos de ellas como racioneros de iglesias comunes de acá; pobres capellanes, más que acá.

| Juan | Con solo eso basto a cerrar las bocas de cuantos de Roma me quisieren preguntar. |

| Pedro | Aunque sean cortesanos romanos, podréis hablar con ellos; y no se os olvide, si os preguntaren de la aguja que está a las espaldas de San Pedro, que es de una piedra sola y muy alta, que será como una casa bien alta, labrada como un pan de azúcar cuadrado. Bodegones hay muy gentiles en toda Italia, adonde cualquier Señor de salva puede honestamente ir, y le darán el recado conforme a quien es. Tomé la posta y vine en Viterbo, donde no hay que ver más de que es una muy buena ciudad, y muy llana y grande. Hay una santa en un monasterio que se llama Santa Rosa, la cual muestran a todos los pasajeros que la quieren ver, y está toda entera; yo la vi, y las monjas dan unos cordones que han tocado al cuerpo santo, y dicen que aprovecha mucho a las mujeres para empreñarse y a las que están de parto para parir; hanles de dar algo de limosna por el cordón, que de eso viven. |

| Mata | ¿Y vos no trajisteis alguno? |

| Pedro | Un par me dieron, y diles un real, con lo que quedaron contentas; y díjeles: «Señoras, yo llevo estos cordones porque no me tengáis por menos cristiano que a los otros que los llevan; mas de una cosa estad satisfechas, que yo creo verdaderamente que basta para empreñar una mujer más un hombre que cuantos santos hay en el cielo, cuanto más las santas». Escandalizáronse algo, y tuvimos un rato

de palacio. Dijéronme que parecía bien español en la hipocresía. Yo les dije que en verdad lo de menos que tenía era aquello, y yo no traía los cordones porque lo creyese, sino por hacerlo en creer acá cuando viniese, y tener cosas que dar de las que mucho valen y poco cuestan.

Juan — Pues para eso acá tenemos una cinta de San Juan de Ortega.

Pedro — ¿Y paren las mujeres con ella?

Juan — Muchas he visto que han parido.

Mata — Y yo muy muchas que han ido allá y nunca paren.

Juan — Será por la poca devoción que llevan esas tales.

Mata — No, sino porque no lleva camino que por ceñirse la cinta de un santo se empreñen.

Juan — Eso es mal dicho y ramo de herejía, que Dios es poderoso de hacer eso y mucho más.

Mata — Yo confieso que lo puede hacer, mas no creo que lo hace. ¿Es artículo de fe no lo creer? Si yo he visto sesenta mujeres que después de ceñida se quedan tan estériles como antes, ¿por qué lo he de creer?

Juan — Porque lo creen los teólogos, que saben más que vos.

Mata	Eso será los teólogos como vos y los frailes de la misma casa; pero asnadas que Pedro de Urdimalas, que sabe más de ello que todos, que de eso y sudar las imágenes poco crea; ¿qué decís vos?
Pedro	Yo digo que la cinta puede muy bien ser causa que la mujer se empreñe si se la saben ceñir.
Juan	Porfiará Mátalas Callando en su necedad hasta el día del juicio.
Mata	¿Cómo se ha de ceñir?
Juan	¿Cómo, sino con su estola el padre prior y con aquel debido acatamiento?
Pedro	De esa manera poco aprovechará.
Juan	¿Pues cómo?
Pedro	El fraile más mozo, a solas en su celda, y ella desnuda, que de otra manera yo soy de la opinión de Mátalas Callando.
Juan	Como sea cosa de malicias y ruindades, bien creo yo que os haréis presto a una.
Pedro	Más presto nos aunaremos con vos en la hipocresía. Sabed también que en Viterbo se hacen muchas y muy buenas espuelas, más y mejores, y en mejor precio que en toda Italia, y no pasa nadie que no traiga su par de ellas; tiene también unos baños

naturales muy buenos, adonde va mucha gente de Roma, aunque yo por mejores tengo los de Puzol, que es dos leguas de Nápoles, en donde hay grandísimas antiguallas; allí está la Cueva de la Sibila Cumana y el Monte Miseno, y estufas naturales y la laguna Estigia, adonde si meten un perro le sacan muerto al parecer, y metido en otra agua está bueno, y si un poco se detiene, no quedará sino los huesos mondos; y esto dígolo porque lo vi; sácase allí muy gran cantidad de azufre.

Mata ¿Y eso se nos había pasado entre renglones siendo la cosa más de notar de todas? Pues agora se me acuerda, porque decís de azufre, ¿qué cosa es un monte que dicen que echa llamas de fuego?

Pedro Eso es en Sicilia tres o cuatro montes; el principal se llama Mongibelo, muy alto, y tiene tanto calor que los navíos que pasan por junto a él sienten el aire tan caliente que parece boca de horno, y una vez entre muchas salió de él tanto fuego que abrasó cuanto había más de seis leguas al derredor. De allí traen estas piedras como esponjas, que llaman «púmices», con que raspan el cuero. Hay otros dos que se llaman Estrómboli y Estrombolillo, y otro volcán, que los antiguos llamaban Ethna, donde decían que estaban los cícoplas y gigantes.

Juan ¿Pues de los mismos montes, de la concavidad de dentro, sale el fuego?

Pedro	Perpetuamente están echando humo negro y centellas, como si se quemase algún grandísimo horno de alcalleres, y aquello dicen que es la boca del infierno.
Mata	¿Qué ven dentro subiendo allá?
Pedro	¿Quién puede subir nunca? Nadie pudo, porque ya que van al medio camino, comienzan a hirmar en tierra quemada como ceniza, y más adelante pueden menos, por el calor grandísimo, que cierto se abrasarían.
Mata	¿Qué ciudades nombradas tiene Sicilia?
Pedro	Palermo es de las más nombradas, y con razón, porque, aunque no es grande, es más proveída de pan y vino y carne y volatería y toda caza, que ciudad de Italia; Zaragoza también es buena ciudad, Trapana y Mecina.
Juan	¿Cae Venecia hacia esa parte?
Pedro	No; pero diremos de ella que es la más rica de Italia y la mayor y de mejores casas, y muchas damas; aunque la gente es algo apretada, en el gastar y comer son muy delicados; todo es cenar ellos y los florentines ensaladitas de flores y todas hierbecitas, y si se halla barata, una perdiz la comen o gallina; de otra manera, no.
Mata	¿Es la que está armada sobre la mar?

Pedro   La misma.

Mata   ¿Qué, es posible aquello?

Pedro   Es tan posible que no hay mayor ciudad ni mejor en Italia.

Juan   ¿Pues cómo las edifican?

Pedro   Habéis de saber que es mar muerta, que nunca se ensoberbece, como ésta de Laredo y Sevilla, y tampoco está tan hondo allí que no le hallen suelo. Fuera de la mar hacen unas cajas grandes a manera de arcas sin cobertor, y cuando más sosegada está la mar métenles dentro algunas piedras para que la hagan ir a fondo, y métenla derecha a plomo, y en tocando en tierra comienzan a toda furia a hinchirla de tierra o piedras o lo que se hallan, y queda firme para que sobre ella se edifique como cimientos de argamasa, y si me preguntáis cómo lo sé, preguntadlo a los que fueron cautivos de Zinan Bajá y Barbarroja, que nos hicieron trabajar en hinchir más de cada cien cajas para hacer sendos jardines que tienen, donde están enterrados, en la canal de Constantinopla, legua y media de la ciudad, y con ser la mar allí poco menos fuerte que la de Poniente, quedó tan perpetuo edificio como cuantos hay en Venecia.

Juan   ¿Y qué tantas cajas ha menester para una casa?

Pedro   Cuan grande la quisiere, tantas y más ha menester.

Juan	¿Grande gasto será?
Pedro	Una casa de piedra y lodo no se puede acá hacer sin gasto; mas no cuesta más que de cal y canto y se tarda menos.
Mata	Y las calles, ¿son de mar o tienen cajas?
Pedro	Todo es mar, sino las casas, y adonde quiera que queráis ir os llevarán, por un dinero, en una barquita más limpia y entoldada que una cortina de cama, bien podéis si queréis ir por tierra, por unas cajas anchas que están a los lados de la calle, como si imaginaseis que por cada calle pasa un río, el cual de parte a parte no podéis atravesar sin barca; mas podéis ir río abajo y arriba por la orilla.
Mata	Admirable cosa es esa; ¿quién por poco dinero se querrá cansar?
Juan	Mas ¿quién quisiera dejar de haber oído esto de Venecia por todo el mundo, y entenderlo tan a la clara de persona que tan bien lo ha dado a entender que me ha quitado de la mayor confusión que puede ser? Jamás la podía imaginar cómo fuese cada vez que oía que estaba dentro en la mar.
Mata	¿Acuérdaseos de aquel cuento que os contó el duque de Medinaceli del pintor que tuvo su padre?
Juan	Sí, muy bien, y tuvo mucha razón de ir.

Pedro   ¿Qué fue?

Juan   Contábame un día el duque, que es mi hijo de confesión, que había tenido su padre un pintor, hombre muy perdido.

Mata   No es cosa nueva ser perdidos los pintores; más nueva sería ser ganados ellos y los esgrimidores y maestros de danzar y de enseñar leer a niños. ¿Habéis visto alguno de éstos ganado en cuanto habéis peregrinado?

Pedro   Yo no; dejadle decir.

Juan   Tan pocos soldados habréis visto ganados; y, como digo, fuese, dejando su mujer e hijos, con un bordón en la mano a Santa María de Loreto y a Roma, viendo a ida y a venida, como no llevaba prisa, las cosas insignes que cada ciudad tenía, y en toda Italia, no dejó de ver sino a Venecia; estuvo por allá tres o cuatro años, y volviose a su casa; y el duque dábale de comer como medio limosna, y el partido mismo que antes tenía, y mandole, como daba tan buena cuenta de todo lo que había andado, que cada día mientras comiese le contase una ciudad de las que había visto, qué sitio tenía, qué vecindad, qué cosas de notar. Él lo hacía, y el duque gustaba mucho, como no lo había visto. Y decía: «Señor, Roma es una ciudad de esta y de esta manera; tiene esto y esto». Acabado de comer, el duque le prevenía diciendo: «Para mañana, traed estudiada tal ciudad», y traíala, y aquel día le señalaba para otro. Mi fe, un día díjole: «Para mañana traed estudiada a Venecia». El pintor, sin mostrar flaqueza, respondió que sí haría; y salido de casa viose el más corrido del mundo por habérsela dejado. No sabiendo qué se hacer, toma su bordón, sin más hablar a nadie, y camina para Francia y pásase en Italia otra vez, y vase derecho a Venecia, y mírala toda muy bien y particularmente, y vuélvese a Medinaceli como quien no hace nada, y llega cuando el duque se asentaba a comer muy descuidado, y dice: «En lo que vuestra señoría dice de Venecia, es una ciudad de tal y tal manera, y tiene esto y esto y lo otro». Y comienza de no dejar cosa en toda ella que no le diese a entender. El duque quedose mudo santiguando, que no supo qué se decir, como había tanto que faltaba.

Pedro — El más delicado cuento que a ningún señor jamás aconteció es ese en verdad; él merecía que le hiciesen mercedes.

Juan — Hízoselas conforme a buen caballero que era, porque le dio largamente de comer a él y a toda su casa por su vida.

Mata — Pues a fe que en la era de agora pocos halléis que hagan mercedes de por vida; antes os harán diez mercedes de la muerte que una de vida. De Viterbo ¿adónde vinisteis?

Pedro — A Sena y su tierra, la cual no hay nadie que la vea que no haga los llantos que Jeremías por Jerusalén; pueblos quemados y destruidos, de edificios admirables de ladrillo y mármol, que es lo que más en todo el Senes hay, y no pocos y como quiera, sino de a mil casas y a cuatrocientas y en gran número, que no hallarais quien os diera una jarra de agua; los campos, que otro tiempo con su gran soberbia florecían abundantísimos de mucho pan, vino y frutas, todos barbechos, sin ser en seis años labrados; los que los habían de labrar, por aquellos caminos pidiendo misericordia, pereciendo de la viva hambre, hécticos, consumidos.

Mata ¿Y eso todo de qué era?

Pedro De la guerra de los años de 52, 53, 54, 55, cuando por su propia soberbia se perdieron. La ciudad es cosa muy de majestad; las casas y calles todo ladrillo. Una fortísima fortaleza se hace agora, con la cual estarán sujetos a mal de su grado. Hay que ver en la ciudad, principalmente damas que tienen fama, y es verdad que lo son, de muy hermosas; una iglesia que llaman el Domo, que solo el suelo costó más que toda la iglesia.

Juan ¿Es de plata o de qué?

Pedro De polidísimo mármol, con toda la sutileza del mundo asentado, y todo esculpido de mil cuentos de historias que en él están grabadas, que verdaderamente se os hará muy de mal pisar encima. En Italia toda no hay cosa más de ver de templo.

Mata Pues, ¡qué necedad era hacer el suelo tan galán!

Pedro	Soberbia que reinó siempre mucha en los seneses. Una placa tiene también toda de ladrillo, que dudo si hay de aquí allá otra tal; y una fuente, entre muchas, dentro la ciudad, que sale de una peña por tres ojos o cuatro, que cada uno basta a dar agua a una rueda de molino.
Mata	¿Está junto a la mar?
Pedro	No, sino doce leguas hasta puerto Hércules y Orbitelo. Luego fui en Florencia, ciudad, por cierto, en bondad, riqueza y hermosura, no de menos dignidad que las demás, cuyas calles no se pueden comparar a ningunas de Italia. La iglesia es muy buena, de cal y canto toda, junto a la cual está una capilla de San Juan, donde está la pila del bautismo, toda de obra musaica de las buenas y costosas piezas de Italia, con cuatro puertas muy soberbias de metal y con figuras de culto.
Mata	¿Qué llaman obra musaica?
Pedro	Antiguamente, que agora no se hace, usaban hacer ciertas figuras todas de piedrecitas cuadradas como dados y del mismo tamaño, unas doradas, otras de colores, conforme a como era menester.
Juan	No lo acabo bien de entender.
Pedro	En la pared ponen un betún blanco.

Juan   Bien.

Pedro   Y sobre él asientan un papel agujerado con la figura que quieren, que llaman padrón, y déjala allí señalada. Ya lo habréis visto esto.

Juan   Muchas veces los bosladores lo usan.

Pedro   Así, pues, sobre esta figura que está señalada asientan ellos sus piececitas cuadradas, como los vigoleros las taraceas.

Juan   Entiéndolo agora muy bien. ¿Pero será de grandísima costa?

Pedro   En eso yo no me entremeto, que bien creo que costará.

Mata   Muchas veces había oído decir obra musaica, y nunca lo había entendido hasta agora; y apostaré que hay más de mil en España que presumen de bachilleres que no lo saben.

Pedro   Con cuán ricos son los florentinos, veréis una cosa que os espantará, y es que si no es el día de fiesta ninguna casa de principal ni rico veréis abierta, sino todas cerradas con ventanas y todo, que os parecerá ser inhabitada.

Juan   ¿Pues dónde están? ¿Qué hacen?

Pedro Todos metidos en casa, ganando lo que aquel día han de comer, aunque sean hombres de cuatrocientos mil ducados, que hay muchos de ellos; quién, escarmenando lana con las manos; quién, seda; quién, hace esto de sus manos, quién, aquello, de modo que gane lo que aquel día ha de comer; que tampoco es menester mucho, porque todo es ensaladillas, como dije de los venecianos. De pan y vino, cebada y otras cosas es mal proveída, porque es todo de acarreo y por eso vale todo caro. De sedas, paños y rajas es muy bien bastecida y barato, y otras muchas mercancías. Tiene buen castillo y huertas y jardines. El palacio del duque es muy bueno, a la puerta del cual está una medalla de metal con una cabeza de Medusa, cosa muy bien hecha y de ver. Una leonera tiene el duque mejor que ningún rey ni príncipe, en la cual veréis muchos leones, tigres, leopardos, onzas, osos, lobos y otras muchas fieras. Así en Florencia como en todas las grandes ciudades de Francia e Italia, tienen todos los que tienen tiendas, de cualquier cosa que sea, unas banderetas a la puerta con una insignia, la que él quiere, para ser conocido, porque de otra arte sería preguntar por Pedro en la Corte, y así cada uno dice: «Señor, yo vivo en tal calle, en la insignia del Cisne, en la del León, en la del Caballo», y así.

Juan ¿Es de eso unas figuras que traen todos los libros en los principios, que uno trae la Fortuna, otro no sé qué?

Pedro	Lo mismo; eso significa que donde se vende o se imprimió tienen aquella insignia.
Juan	Agora digo que tiene razón Mátalas Callando, que nos podrían echar acá en España a todos sendas albardas, que no sabemos tener orden ni concierto en nada. ¿Qué cosa hay en el mundo mejor ordenada?
Pedro	Pues aun en el reloj pusieron los florentinos orden, que porque daba veinticuatro y los oficiales se detenían en contar, y perdían algo de sus jornales, hicieron que no diese sino por cifra de seis en seis.
Juan	Eso me haced entender, por amor de Dios, porque algunos de los soldados que de allá pasan, blasonan del arnés: «Fuimos los nuestros a las quince horas a cierta correduría, e hiciéronnos la escolta tantos y volvimos a las veinte». El reloj de Italia y acá, ¿no es todo uno o es diverso Sol el de allá que el de acá?
Pedro	Uno mismo es, como la Luna de Salamanca decía el estudiante; pero Italia, de lo que los antiguos astrólogos tenían y de lo que agora tenemos en España, Francia y Alemania difieren en la manera del contar el día natural, que se cuenta noche y día, son veinte y cuatro horas. Éste, nosotros contamos de medio día a medio día, como los matemáticos; la mitad hacemos hasta media noche y la otra mitad de allí al día, a medio día. Estas veinte y cuatro horas, los italianos las cuentan de como el Sol se pone hasta que otro día se ponga, y así como nosotros decimos a medio día que son las doce, que es la mitad de

veinte y cuatro, así ellos, en el punto que el Sol se pone dicen que son las veinte y cuatro; y como nosotros una hora después de medio día decimos que es la una, y cuando da las cuatro quiere decir que son cuatro horas después de medio día, así en Italia, si el reloj da una significa que es una hora después de puesto el Sol, y si las cuatro, cuatro horas después de puesto el Sol.

Juan ¿Y si da veinte, qué significa?

Pedro Que ha veinte horas que se puso el Sol el día pasado.

Juan Mucha retartalilla es esa.

Pedro Más tiene cierto que el nuestro.

Juan Hoy a las dos del día en nuestro reloj, ¿cuántas serán en el de Italia?

Pedro Las 21.

Juan ¿Por qué?

Pedro Porque agora son quince de enero, y el Sol, a nuestra cuenta, se pone a las cinco; pues de las dos a que el Sol se ponga, ¿cuántas horas hay?

Juan Tres.

Pedro Quitad aquellas de veinte y cuatro, ¿cuántas quedarán?

Juan   Veinte y una.

Pedro   Pues tantas son.

Mata   Yo, con cuan asno soy, lo tengo entendido, y vos nunca acabáis. Si no, preguntadme a mí.

Juan   ¿Qué hora es en este punto que estamos?

Mata   Las siete y media.

Juan   ¿Cómo?

Mata   Porque media hora ha que tañeron los frailes a media noche, y de las cinco que el Sol se puso acá son siete horas y media.

Pedro   Tiene razón.

Juan   Ello requiere, como las demás cosas, ejercicio para ser bien entendido.

Pedro   Aquí no se dice esto sino para que así, en suma, lo sepáis, dando algún rastro de haber estado donde se usa, y para si fuéredes allá tenerlo deprendido.

Mata   ¿Qué os parece, si yo estudiara, de la habilidad del rapaz?

Pedro	Bien en verdad; paréceme que cuando yo me partí comenzabais a estudiar de Menores en el Colegio de Alcántara.
Juan	¿No le quitaron un día la capa por el salario y vino en cuerpo como gentil hombre?
Mata	Nunca más allá volví. Acerté a llevar aquel día, que nevaba, una capilla vieja, y quedose por las costas. Decorar aquel arte se me hacía a mí gran pereza y dificultoso como el diablo, principalmente en aquel «gurges, merges, verres, sirinx et meninx et inx», que parecen más palabras de encantamiento que de doctrina. Tan dificultosas se me hacían después, que me las declaraban, como antes. Parécenme los versos del Antonio como los Salmos del Salterio, que cuanto más oscuros, son más claros; mejor entiendo yo, sin saber latín, los versos del Salterio que en romance. «Dijo el Señor a mi Señor: Siéntate a mi diestra hasta que ponga tus enemigos por escaños de tus pies. En la salida de Israel de Egipto, la casa de Iacob, del pueblo bárbaro»; dice el Antonio: «La hembra y el macho asientan el género sin que ninguno se lo enseñe». Mas parece que enseñen a hacer corchetes que no latinidad. Machos te serán los cuasi machos y hembras las como hembras.
Pedro	Malditos seáis si no me habéis hecho echar tantas lágrimas de risa como esta tarde de pesar con vuestros corchetes.

Mata	¿No os parece que quien tuviese hilo de yerro y unas tenazuelas que podría hacerlos por estos versos?
Juan	¿Qué entendimiento os le daban a esos versos?
Mata	No son ni más ni menos como yo dije vueltos en romance, o el licenciado Alcántara y Pintado mienten.
Juan	El pie de la letra eso es; mas ¿qué inteligencia le daban?
Mata	¿Qué? ¿Por inteligencia tengo yo de estudiar la gramática? ¡Pardiós! La que ellos daban no tenía más que hacer con la significación de los versos que agora llueve.
Pedro	Nunca medre yo sino es más literal sentido el que Mátalas Callando le da, y más arrimado a la letra.
Mata	Pues si por esas inteligencias o fantasmas, o como las llamáis, tengo de entender latín, ¿no es mejor nunca lo saber? Mejor entiendo sin saber latín lo que dice el profeta: «Et tu, Bethlem, terra Juda, nequaquam minima es»; y el otro: «Egrediet virga de radice Jese», que no esas enigmas del Antonio, y aun él mismo las debía de entender mejor.
Pedro	¿Pues todavía se lee la gramática del Antonio?
Juan	¿Pues cuál se había de leer? ¿Hay otra mejor cosa en el mundo?

Pedro   Agora digo que no me maravillo que todos los españoles sean bárbaros, porque el pecado original de la barbarie que a todos nos ha tenido es esa arte.

Juan   No os salga otra vez de la boca, si no queréis que cuantos letrados y no letrados hay os tengan por hombre extremado y aun necio.

Pedro   ¿Qué agravio me hará ninguno de ésos en tenerme por tal como él es? No me tengan por más ruin, que lo demás yo se lo perdono. Gracias a Dios que Mátalas Callando, sin saber gramática, ha descubierto todo el negocio; parece cosa de revelación. Entretanto que está el pobre estudiante tres o cuatro años decorando aquella borrachería de versos, ¿no podrá saber tanto latín como Cicerón? ¿No ha menester saber tanto latín como Antonio cualquiera que entender quisiere su arte? Doy os por ejemplo los mismos versos que agora os han traído delante; ¿qué es la causa que para la lengua latina, que bastan dos años se gastan cinco, y no saben nada, sino el arte del Antonio?

Juan   Antonio dejó muy buen arte de enseñar, y vosotros decid lo que quisiéredes, y fue español y hémosle de honrar.

Pedro   Ya sabemos que fue español y docto, y es muy bien que cada uno procure de imitarle en saber como él; mas si yo lo puedo hacer por otro camino mejor que el que él me dejó para ello, ¿por qué no lo haré?

Juan	No le hay mejor.
Pedro	Esa os niego, y cuantas al tono dijéredes; pregunto: italianos, franceses y alemanes, ¿son mejores latinos que nosotros o peores?
Juan	Mejores.
Pedro	¿Son más hábiles que nosotros?
Juan	Creo yo que no.
Pedro	¿Pues cómo saben más latín sin estudiar el arte del Antonio?
Juan	¿Cómo sin estudiarle?; pues ¿no aprenden por él la gramática?
Pedro	No, ni saben quién es; que tienen otras mil artes muy buenas por donde estudian.
Juan	¿Que no conocen al Antonio en todas esas partes ni deprenden por él? Agora yo callo y me doy por sujetado a la razón. ¿Qué artes tienen?
Pedro	De Erasmo, de Felipo Melanthon, del Donato. Mirad si supieron más que nuestro Nebrisense; cinco o seis pliegos de papel tiene cada una, sin versos ni burlerías, sino todos los nombres que se acaban en tal y tal letra, son de tal género, sacando tantos que no guardan aquella regla, y en un mes sabe muy bien todo cuanto el Antonio escribió en su arte. La gra-

	mática griega ¿teneisla por menos dificultosa que la latina?
Juan	No.
Pedro	Pues en dos meses se puede saber de esta manera, con ser mucho más dificultosa. Lo que más hace al caso es el uso del hablar y ejercitar a leer. Luego los cargan acá de media docena de libros, que de ninguno pueden saber nada.
Juan	¿Y allá?
Pedro	Uno no más les dan, que es Tulio, porque si aquél saben no han menester más latín, y comienzan también por algunos versos del Virgilio, para diferenciar, y poco a poco, en dos años, sabe lo que acá uno de nosotros en treinta; porque su fin no es saber fábulas, como acá, de tantos libros, sino entender la lengua, que después que la saben cada uno puede leer para sí el libro que se le antojare.
Mata	Pluguiera a Dios que yo hubiera estado lo que en Alcalá, en París o en Bolonia, que a fe que de otra manera hubiera sabido aprovecharme.
Juan	Yo estaba engañado por pensar que no hubiese en todo el mundo otra arte sino la nuestra; agora digo que aun del maldecir he sacado algún fruto, apartando lo malo y en perjuicio de partes.

Pedro	¿Qué malo, qué maldecir, qué perjuicio de partes veis aquí? Lo que yo decía el otro día: maldecir llamáis decir las verdades y el bien de la República; si eso es maldecir, yo digo que soy el más maldiciente hombre del mundo.
Mata	¿Por cuánto quisierais dejar de saber esta particularidad?
Juan	Por ningún dinero; eso es la verdad.
Pedro	Nunca os pese de saber, aunque más penséis que sabéis, y haced para ello esta cuenta que sin comparación es más lo que no sabéis vos y cuantos hay que lo que saben, pues cuando os preguntan una cosa y no la sabéis holgaos de deprenderla, y haced cuenta que es una de las que no sabíais.
Mata	¿No sabremos por qué se levantó nuestra plática de disputar?
Juan	Por lo del reloj de Italia.
Mata	¡Válgame Dios cómo se divierten los hombres! Mirad de dónde adónde hemos saltado, aunque no es mucho, que en fin no hemos salido de las cosas insignes de Italia. ¿De manera que los florentines hicieron dar al reloj por cifra?
Pedro	Sí; de seis en seis.
Juan	¿Cómo?

Pedro	Cuando ha de dar veinte y cuatro que no dé sino seis, y cuando ha de dar siete da una; sé que yo no me puedo engañar en seis horas, aunque esté borracho, que si me da una a estas horas no he de entender que es una hora después de puesto el Sol.
Juan	Es verdad. ¿Y Florencia, cúya es?
Pedro	Del duque, que es un grande señor; tiene de renta ochocientos mil ducados, según el común, pero con los tributos que echa a los vasallos bien llega a un millón.
Mata	Más tiene él solo que veinte de acá.
Pedro	Hay muy grandes dictados en Italia: el Ducado de Ferrara, el de Milán, el de Saboya, el de Plasencia y Parma; todos estos son grandísimos.
Juan	¿Y el de Venecia?
Pedro	Ése no es más de por tres años, que es señoría por sí, y eligen a uno de ellos, como en Génova. Todo el tocino, pan y vino que se vende en Florencia dicen que es del duque, lo cual le renta un Perú. De Florencia vine a Bolonia, por un pueblo que se llama Escarperia, donde todos son cuchilleros, y se hacen muy galanos, y muchos aderezos de estuches, labrados a las mil maravillas; y lo que más de todo es que por muy poco dinero lo dan, y no pasa caminante que, apeándose, no lleguen en la posada veinte de aqué-

llos a mostrar muchas delicadezas, y fuerzan, dándole tan barato, a que todos compren. Pasé los Alpes de Bolonia, que son unos muy altos montes, donde está una cuesta que llaman «Descarga el Asno».

Juan ¿Por qué?

Pedro Porque no pueden bajar las bestias cargadas sin grande fatiga, y así todos se apean, y entré en Bolonia, ciudad que no debe nada en grandeza y cuanto quisiéredes a todas las de Italia.

Juan ¿Cuál es?

Pedro Del Papa.

Mata ¿Está junto al mar?

Pedro No, ni Florencia tampoco. Hay que ver el Colegio de los españoles, cosa muy insigne y de toda la ciudad venerada, aunque más mal quieran a los españoles.

Juan ¿Qué hábito traen?

Pedro Unas ropas negras fruncidas, hechas a la antigua, con unas mangas en punta, que acá llamáis, y unas becas moradas. El rector de ellos suele ser también de la Universidad, y estonces trae la ropa de raso y la beca de brocado, que llaman el «capucio», el cual le dan con tanta honra y triunfo como en tiempo de los romanos se solía hacer; gastó, porque lo vi, uno en el capucio, ochocientos ducados, y los que sacaron las

	libreas cada uno la hizo a su costa por honrarle, que de otra manera no lo hiciera con seis mil.
Juan	¿Y qué le dan aquel año que es rector?
Pedro	Cuatrocientos ducados le podrá valer y la honra.
Juan	Y la Escuela, ¿qué tal es?
Pedro	Muy excelente, y donde hay varones doctísimos en todas Facultades.
Juan	¿Qué estudiantes tendrá?
Pedro	Hasta mil y quinientos o dos mil.
Juan	¿Y esa decís que es buena Universidad? Mal lograda de Salamanca, que suele tener ocho mil.
Pedro	No alabo yo la Universidad porque tenga muchos estudiantes ni pocos, sino por los muchos y grandes letrados que de ella salen y en ella están; y el ejercicio de las letras no menos anda que en París, que hay treinta mil y más, ¿deja una casa de ser buena porque no viva nadie en ella?
Juan	¿Todas Facultades se leen allí?
Pedro	Y muy bien y curiosamente.
Juan	¿Es bien proveída?

Pedro	Tanto que la llaman Bolonia la grasa; de cuantas cosas pidiéredes por la boca; lo que por acá se trae de allí y se lleva en toda Italia son jabonetes de manos, de la insignia del melón o del león, que son los mejores, aunque muchos los hacen; son tan buenos que parecen pomas de almizque y ámbar; no se dan manos veinte criados en cada tienda de estas a dar recado. Al Rey se le puede acá presentar una docena de aquéllos.
Mata	¿Cuestan caros?
Pedro	No muy baratos; más de a real cada uno, y dos si son de los crecidos. Hay también guantes de damas, labrados a las mil maravillas y no caros, todos cortados de cuchillo, con muchas labores. No hay quien pueda pasar sin traer algo de esto.
Mata	¿Quién cree que el zurroncillo no trae alguna fiesta de estas?
Pedro	Sí traía; mas todo lo he repartido por ahí, que no me ha quedado cuasi nada. Todavía habrá para los amigos. Una cosa entre muchas tiene excelente: que os podéis ir, por más que llueva, por soportales sin mojaros.
Mata	¿Como la calle Mayor de Alcalá?
Pedro	Mirad la mala comparación. No hay casa de todas aquellas que no sea unos palacios; tan grande y mayor es que Roma; cada casa tiene su huerta o

jardín, empedradas las calles de ladrillo. En aquella plaza son muy de ver las «contadinas» que llaman, que son las aldeanas que vienen a vender ensaladas, verduras, cosas de leche, frutas cogidas de aquella mañana; hasta los gatillos que le parió la gata viene a la ciudad a vender, cuando otra cosa no tenga.

Juan   Cosa real es esa.

Pedro   Yo os diré; cuanto que como todas están puestas en la plaza por su orden, hacen unas calles que toda la plaza, con cuan grande es, hinchen; de trescientos abajo no hayáis miedo de ver; junto a una iglesia está una torre que sale toda ladeada, que si la veis no diréis sino que ya se cae, y es una muy buena antigualla.

Juan   ¿En qué iglesia?

Pedro   En Santo Domingo creo que es, y allí está el cuerpo santo suyo. Pasa un río pequeño por la ciudad, en medio, en el cual hay muchas invenciones de papelerías, herrerías, sierras de agua y, lo mejor, torcedores de seda.

Juan   ¿Cómo puede el agua torcer la seda?

Pedro   Una canal de agua trae una rueda, la cual tuerce a otra grande, que trae puestos más de mil y doscientos husos; y pasa una como mano dando bofetones a todos los husos, y antes que se pare ya le ha dado otro y otro, de tal manera que da bien en que

	entender a quince o veinte hombres en dar recado de anudar si algo se quiebra, que es poco, y quitar y poner husadas; una jerigonza es que yo no la sé explicar, mas de que es un sutilísimo ingenio.
Juan	Yo la medio entiendo así, y me parece tal.
Pedro	¿Pareceos que podréis hablar con esto de Bolonia donde quiera?
Juan	Sí puedo; mas de los grados no hemos hablado.
Pedro	Allá no hay bachilleres ni licenciados; el que sabe le dan el grado de doctor, y al que no echan para asno, aunque venga cargado de cursos; el coste no es mucho.
Mata	Necio fuisteis en no os graduar por allí de doctor, que acá no lo haréis con tanta honra sin gastar lo que no tenéis, y según me parece podéis vivir por vuestras letras tan bien como cuantos hay por acá.
Pedro	¿Qué sabéis si lo hice? Y aun me hicieron los doctores todos de la Facultad mil mercedes, por intercesión de unos colegiales amigos míos; y como yo les hice una plática de suplicacionero, no les dejé de parecer tan bien, que perdonándome algunos derechos, me dieron con mucha honra el doctorado, con el cual estos pocos días que tengo de vivir pienso servir a Dios lo mejor que pudiere; pero avísoos que no me lo llaméis hasta que venga otro tiempo, porque veo

la medicina ir tan cuesta abajo en España, por nuestros pecados, que antes se pierde honra que se gane.

Mata

Sea para bien el grado, y hacerse ha lo que mandáis; mas hago saber que como la gente es amiga de novedades todos se irán tras vos con decir que venís de Italia, aunque no sepáis nada, y las obras han de dar testimonio, aunque acordándose de quien solíais ser, todos no os tendrán por muy letrado, pensando que no os habéis mudado; mas como hagáis un par de buenas curas es todo el ganar de la honra y fama.

Pedro

Subido en una montañica que está fuera de Bolonia, en donde hay un monasterio, se ve el mejor campo de dehesas, grados y heredades, llano como un tablero de ajedrez, a todas partes que miren, que hay en la Europa. Y de Bolonia hasta Susa dura este camino.

Mata

¿Cuántas leguas?

Pedro

Más de ciento. Primeramente vine a Módena, ciudad razonable; de allí a Rezo, otra pequeña, y a dormir en Parma; y por ser español no me dejaban entrar dentro la ciudad. Al cabo entré y la vi: es muy buena y muy grande ciudad, y por estas tierras es menester traer poca moneda, porque de una jornada a otra no corre. De Parma, en un día, vine en Plasencia, que son doce leguas, la cual tiene la más hermosa muralla que ciudad de cuanto he andado; toda nueva, con un gentil foso, que le pueden echar un río caudaloso, que se llama el Po; tiene buena iglesia y es grande ciudad, pero tiene ruines edificios de casas pequeñas y bajas, y posadas para los pasajeros ruines; en Parma y Plasencia, con su tierra se hace el queso muy nombrado placentino, que son grandes como panes de cera, y aunque allí vale barato, en todas partes es caro. Para venir a Milán, que es doce leguas, se pasa el Po en una barca allí cerca, y luego se entra en Lombardía, el mejor pedazo de Italia, que no es más caminar por ella que pasear por un jardín; los caminos, muy llanos y anchos, y por cada parte del camino corre un río pequeño que riega todo aquel campo, donde se coge pan y vino y leña, todo junto.

Juan   ¿Cómo?

Pedro   Las viñas en Italia son de esta suerte: que las heredades están llenas de olmos y por ellos arriba suben las parras, y es tan fértil tierra que aunque la siembren cada año no deja de traer mucho pan, y cada cepa de aquéllas trae tres o cuatro cargas de uva y algunas diez, y los olmos dan harta leña.

Juan   ¿Todo en un mismo pedazo?

Pedro   Todo; y ver aquellos ingenios que tienen para los regadíos, que acontece cuatro ríos en medio el camino hacer una encrucijada y llevar los unos por encima de los otros, unos corriendo hacia abajo y otros hacia arriba y por toda esta tierra podréis llevar los dineros en la mano y caminar solo, que nadie os ofenderá. Vine en Milán, que ya habréis oído su grandeza; ninguna ciudad tan grande en Italia; buena gente, más amiga de españoles que los otros; dos mesones tiene insignes, adonde cualquier príncipe se puede aposentar, que los llaman hosterías: la del Falcón y la de los Tres Reyes; no menos darán de comer a cada uno en llegando que si un señor le hiciese acá banquete, y así, aunque vayan príncipes ni perlados, no comen ni pueden más de lo que el huésped les da.

Juan   ¿Cuánto paga cada día un hombre con su caballo?

Pedro   El ordinario es cuatro reales y medio, y no paga más el señor que el particular, porque no le dan más, sea quien quiera, ni hay más que le dar. En cada uno hay un escribano, que tiene bien en qué entender en tomar dineros y asentar el día y hora a que vino, y así allí como en toda Francia bien podéis descuidaros del caballo, que os le darán todo recado y os le limpiarán, y no os harán la menor traición del mundo; por allá no hay paja, sino heno; ni cebada, sino avena.

Mata   ¿El huésped da de comer al caballo?

Pedro   Tiene seis criados de caballeriza, que en ninguna otra cosa entienden sino en darles de comer, y otros tantos de mesa que sirvan, y otros tantos cocineros, y otros tantos despenseros.

Juan   ¿Y a ésos que les da?

Pedro	¿Qué les ha de dar sino el comer? Por solo esto le sirven, y alzan las manos a Dios de que los quiera tener en casa.
Juan	¿Qué interés se les sigue?
Pedro	Grande. La buena «andada», que llaman; y es que por los servicios que hacen a los huéspedes, quién les da un cuarto y quién una tarja, y habiendo tanto concurso de huéspedes es mucho. No es más ni menos la entrada de la casa que uno de los palacios buenos de España. Pregunté al escribano me dijese en su conciencia cuántos escudos tocaba cada día. Díjome, mostrándome la minuta, que cincuenta, uno con otro.
Juan	Gran cosa es ésa; ¿y no hay más de ésos?
Pedro	Muchos otros; pero éstos son los nombrados, por estar en lo mejor de la ciudad. El castillo es muy fuerte, y poco menos que una ciudad de las pequeñas de acá. Cosas de armas y joyas valen más baratas que en toda Italia y Flandes; espadas muy galanas de atauxia, con sus bolsas y talabartes de la misma guarnición, y dagas, cinco escudos cuestan, que sola la daga se lo vale acá.
Mata	¿Qué es atauxia?
Pedro	Graban el yerro, y en la misma grabadura meten el oro, que nunca se quita como lo que se dora; arneses grabados y muy galanes, 25 escudos, que acá valen

	200; plumas, bolsas y estas cosillas, por el suelo. La plaza de Milán es tan bien proveída, que a ninguna hora llegaréis que no podáis hallar todas las perdices, faisanes y francolines y todo género de caza y fruta que pidiéredes, y en muy buen precio todo.
Mata	¡Válgame Dios! ¿Qué es la causa que en Florencia y por ahí son tantos los ricos?
Pedro	Por la multitud de pobres que hay.
Mata	No lo dejo de creer.
Pedro	En ninguna de todas éstas iréis a misa que seáis señor de la poder oír, que cargarán sobre la persona las manadas de ellos, que no caben en la iglesia, y si acaso sacáis un dinero que dar alguno, cuantos hay en la iglesia vendrán sobre vos que os sacarán los ojos. Ningún remedio tenía yo mayor que no dar a nadie. Cosa muy hermosa es de ver la iglesia mayor, de las mejores de Italia, y harto antigua; vi en ella una particularidad que pocos deben haber mirado: el que dice la misa, primero dice el pater noster que el credo, y después del prefacio, cuando quiere tomar la ostia para alzar, se lava las manos, y otras cosillas que no me acuerdo.
Juan	¿Qué mejor cosa queréis acordaros que de esa, que en verdad nunca tal ceremonia oí?
Pedro	Muchas cosas hay por allá que acá no las usan: todos los clérigos y frailes traen barbas largas, y lo

tienen por más honestidad, y allá no se alza en ninguna parte la hostia postrera.

Juan   Eso de las barbas me parece mal y deshonesta cosa. Dios bendijo la honestidad de los sacerdotes de España con sus barbas raídas cada semana.

Pedro   Más deshonestidad me parece a mí eso, y aun ramo de hipocresía pensar que perjudique al culto divino la barba.

Juan   No digáis eso, que es mal dicho.

Pedro   No es sino bien. Veamos, el Papa y los cardenales y perlados de Italia, ¿no son cristianos?

Juan   Sí son, por cierto.

Pedro   Pues creo que si pensasen ofender a Dios, que no lo harían ni lo consentirían a los otros. Decid que es uso, y yo concederé con vos; pero pecado, ¿por qué? De Milán me vine en Génova, pensando de embarcarme allí para venirme por mar, y no hallé pasaje. Es una gentil ciudad, y muy rica; las calles tiene angostas, pero no creo que hay en Italia ciudad que tenga a una mano tantas y tan buenas casas; la ribera de Génova es la mejor que nadie ha visto en parte ninguna, porque aunque es toda riscos y montañas y no da pan ni vino, cosa de jardines en las vivas peñas hay muchos, que traen naranjas y toda fruta en cantidad, y hay tantas casas soberbias, que los genoveses llaman «vilas», que toda la ribera parece una ciudad.

Juan   ¿Qué tan grande es?

Pedro   Desde Sahona a la Especia, que serán veinte leguas.

Juan   ¿Y todo eso está lleno de casas?

Pedro   Y qué tales, que la más ruin es mejor que las muy buenas de España.

Mata   ¿Por qué lo hacen eso?

Pedro   No tienen en qué gastar los dineros, y a porfía les dio esta fantasía de edificar y hacer aquellas «vilas», donde se ir a holgar. Hacen esta cuenta: «Fulano gastó en su casa cincuenta mil ducados; pues yo he de gastar sesenta mil»; el otro dice «Pues vos sesenta, ¡voto a tal!, yo setenta», y el otro: «Yo ochenta», y así hay de este precio casas muy muchas sin cuento.

Mata   ¿Y en el campo?

Pedro   Y aun cuatro y seis leguas de la ciudad.

Mata   Gran soberbia es esa; nunca se deben de pensar morir.

Pedro   Tierra es bien sana, y adonde hay más viejos que en cuantas ciudades he visto; un capitán de la guarda de la ciudad quiso hacer una casa y no se halló con dineros para ser nombrado, y determinó en una huerta, no de las más galanas que había afuera de la ciudad, de hacer una fuente porque tenía allí el agua, que gastó en ella doce mil ducados, la más delicada cosa que imaginarse puede, y que más honra ganó, porque no hay que ver sino la fuente del capitán en Génova.

Juan   ¿Qué tiene, que costó tanto?

Pedro   No sé sino que si la vieseis con tantos mármoles, corales, nácaras, medallas y otras figuras, parecerá poco lo que costó; unos gigantes hechos todos de unas guijitas como media uña, tan bien formados que espanta verlo, y cuando quieren que manen, por cuantas coyunturas tienen les hacen sudar agua en cantidad, y unos cuervos y otras aves de la misma manera; es imposible saberlo nadie dar a entender.

Juan   ¿Y en qué parte está ésa?

Pedro   Junto a las casas del príncipe Doria. La iglesia mayor, que se llama San Laurencio, no es de las mayores de Italia ni de las buenas, pero tiene dos muy buenas joyas: la una es el plato en que Cristo cenó con sus discípulos el día de la Cena, que es una esmeralda de tanta estima, dejada aparte la grande reliquia, que valdría una ciudad; la otra es la ceniza de San Juan Bautista.

Juan   Reliquias son dignas de ser tenidas en veneración.

Pedro	De las damas de Milán se me olvidó que son feas como la noche.
Mata	¿Está junto a la mar?
Pedro	No, sino bien lejos. Las damas genovesas son muchas y hermosas; tienen grandísima cuenta con sus cabellos; más que en toda Italia; no dejará ninguna semana del mundo, principalmente el sábado, de lavarse y poner los cabellos al rayo del Sol, aunque sea verano, por la vida. Yo les dije hartas veces que si así cumplían los mandamientos como aquello, que bienaventuradas eran. No gastan en tocados nada, porque todas hacen plato de los cabellos: quién los lleva de una manera, quién de otra; menos gastan en vestir, porque ninguna puede traer ropa de seda, con haber allí más seda que en toda Italia; ni anillo, ni arracada, ni otra cosa de oro, sino una cadena que valga de doce ducados abajo.
Juan	Y las viudas, ¿qué traen?
Pedro	Muchas maneras de chamelotes y de diversos colores, y otras telillas, y muy buen paño finísimo y bien guarnecido, aunque tampoco pueden echar toda la guarnición que quieren.
Mata	¿Traen por allá chapines?
Pedro	Ni mantos, si no es en Sicilia.
Juan	¿Con qué van a la iglesia?

Pedro	En cuerpo, y darán por llevar aquel día una clavelina, jazmín o rosa, si es por este tiempo, uno y dos ducados.
Juan	Y las viudas, ¿qué traen?
Pedro	Ni más ni menos andan que las otras en cabello, salvo que una redecica muy rala que las otras traen de oro, ellas negras.
Juan	Deshonestidad parece ésa.
Pedro	Todo es usarse; también andan con vestidos negros, que no traen de color.
Mata	¿Y qué traen calzado?
Pedro	Las piernas no las cubren las ropas más de hasta las espinillas, y las calzas traen de aguja, más estiradas que los hombres, y unas chinelicas.
Juan	Mejor hábito es ese que el de acá.
Pedro	También quiero que sepáis que las mujeres de acá naturalmente son más chicas de cuerpo que las de por allá. Vanse todos los domingos y fiestas a una ribera de un río, que se llama Bisaño, y allí danzan todo el día con cuantos quieren.
Juan	Y los hombres, ¿son buena gente?

Pedro   De todo hay; no son muy largos en el gastar.

Mata   Algo os han hecho, que no parece que estáis muy bien con ellos.

Pedro   Yo os diré: en el cautiverio estaba uno, que era principal, y porque le enviaban a trabajar con los otros encomendóseme, y a pesar de todos los guardianes, le hice que no trabajase más de un año, fingiendo que era quebrado, y para cumplir con ellos mandaba a un barbero que cada día le pusiese en la bolsa una clara de huevo, y al tiempo que se hizo la almoneda de los esclavos de mi amo, yo fui parte para que le diesen por doscientos ducados, que no pensó salir por mil y quinientos. Después un día le topé en su tierra y casa, hombre de cuenta en la ciudad, y llevome a un bodegón y convidome allí, y nunca más me dio nada ni fue para preguntarme si había menester algo.

Mata   Eso hiciéralo él de miedo que le dijerais de sí; mas con todo fue gran crueldad.

Pedro   Otros cuatro o cinco topé también allí en sus casas, que les había yo allá hecho placer, e hicieron lo mismo. Pues éstos son así, de creer es que a quien menos bien hiciéredes, menos os hará.

Mata   Todavía dice el refrán: «Haz bien y no cates a quien; haz mal y guarte».

Pedro　　El día de hoy veo por experiencia, ser mentiroso ese refrán, y muy verdadero al revés: «Haz mal y no cates a quien; haz bien y guarte». Muy muchos males me han venido por hacer bien, y de los mismos a quien lo hacía. No digo yo que es mejor hacer mal, pero el dicho es más verdadero. Salido de Génova, vine a Casar de Monferrar, que es en el Piamonte, y de allí a Alejandría la Palla, y luego a Nohara y de allí a Berse; todas estas son ciudadelas del Piamonte, y de allí a Turín, que está por Francia, una muy fuerte tierra, y pasa por ella el Po, y es llave de todo el Piamonte; di luego conmigo en Susa, y comencé de ir al pie de las montañas, que hasta allí todo era llano, y vi que por aquella tierra las mujeres y muchos de los hombres todos son papudos, y preguntando yo si vivían menos los que tenían aquellos papos, dijéronme que no, porque aquella semana había muerto un hombre de noventa años, y tenía el papo tan grande, que le echaba sobre el hombro porque no le estorbase.

Mata　　Válgame Dios, ¿pues de qué puede venir eso?

Hacia España

Pedro　　Creo que lo hacen las aguas, porque también lo vi en Castrovilla y Cosencia, dos ciudades de Calabria. Vine luego por aquellas montañas de Saboya y por muchos valles bien poblados; pero de pueblos pequeños, con quien no se ha de tener cuenta, hasta que vine en León, de Francia, que en grandeza y provisión y mercadería ya veis el nombre que acá tiene, que mucho más es el hecho; tiene dos muy caudalosos ríos, por los cuales se puede ir a la mar con muchas barcas que van y vienen; casas muy buenas; tratos de mercancías con todo el mundo; libros hay los más y en mejor precio que en la cristiandad, y todos los bastimentos baratos; mesones en Francia todos son como los que os conté de Milán; la ropa y seda me maravillo que con traerla de otras partes vale mucho más barato que en donde se hace; iglesias hay muchas, y muy buenas; arcabucicos, que llaman pistoletes, darán por escudo y medio uno, con todo su aderezo, que valga acá seis. De León vine en Tolosa y a Burdeos, que no hay que decir de ellas más de que son buenas ciudades y grandes, y muy bien bastecidas. Y de Burdeos a Bayona, una villa de hasta seiscientas casas, muy fuerte, adonde hay un río tan caudal, que van las naves por él y sacan mucha pesca, y la mejor es unas truchas muy grandes, salmonadas. Viénese luego a San Juan de Lus y a Fuenterrabía, por toda Guipúzcoa y Álava a Victoria, y de Victoria aquí, y de aquí a la cama si os place.

Juan	Mozos, tomad esta vela y alúmbrenle, vaya a reposar.
Pedro	A la mañana no me llamen, porque tengo propósito hasta comer de no me levantar.
Mata	En buen hora.

Juan	Vámonos nosotros a hacer otro tanto.
Mata	¿Pasáis por tal cosa? Si lo que ha contado es verdad, como creo que lo es, ¡cuántas fatigas, cuántas tribulaciones, cuántos millones de martirios ha padecido y cuán enmendado y otro de lo que solía ser, y gordo y bueno viene!
Juan	¿No sabéis que no en solo pan vive el hombre como dijo Cristo, y que no hay cosa que más engorde el caballo que el ojo de su amo? Mirad cuán a la clara se manifiesta que Dios ha puesto los ojos en él aficionadamente y particularísima, como los puso en una Madalena y en un ladrón y en tantos cuentos de mártires. De cuanto ha dicho no me queda cosa escrupulosa, sino que pondría yo mi mano en una barra ardiendo que antes ha pecado de carta de menos que alargase nada. Conózcole yo muy bien, que cuando habla de veras ni cuando estaba acá no sabía decir una cosa por otra. Allende de esto, tengo para mí que él viene muy docto en su facultad, porque no es posible menos un hombre que tenía la habilidad que acá visteis, aunque la empleaba mal, y que entiende tan bien las lenguas latina y griega, sin las demás que sabe, y buen filósofo, y el juicio asentado, y lo que más le hace al caso haber visto tantas diversidades de regiones, reinos, lenguajes, complexiones; conversado con cuantos grandes letrados grandes hay de aquí a Jerusalén, que uno le daría este aviso, el otro el otro.

Mata	Y habrá también visto muchas cosas de medicinas que por acá no las alcanzan, y certificádose de ellas; y lo que más a mí de todo me contenta es venir escarmentado de haber visto las orejas al lobo, que tiene delante el temor de Dios, que es una bandera que basta para vencer todos los enemigos.
Juan	¿No os parece que es obligado a quien tanto debe, que en aquellas disputas preguntaba por él, respondía por él, prestábale lenguas con que diese razón de sí, sacábale del brazo en los golfos del mar?
Mata	Todos somos obligados a quererle, por quien Él es, sin interés, cuanto más que no hay hora ni momento que no nos hace mil mercedes. ¿No miráis el orden y concierto con que lo ha contado todo?
Juan	Agora me parece que le haría en creer, si quisiese, que he andado todo lo que él, cuanto más a otro.
Mata	Cuanto más que, sabiendo eso, aunque os pregunten cosas que no hayáis visto, podéis dar respuestas comunes: «Pasé de noche»; «No salí de las galeras»; «Como la ciudad es grande, no vi eso». «Esto vi y estotro vi, que era lo que más había que mirar», y con eso os evadiréis.
Juan	Mañana nos contará, si Dios quisiere, qué vida tienen los turcos, y qué gente son, y qué vestidos traen.

Mata	Dejadme vos a mí el cargo de preguntar, que yo os le sacaré los espíritus. ¿Bien no se los he sacado en estotro?
Juan	Muy bien; pero no le habéis de ir a la mano, que creo que se corre.
Mata	Al buen pagador no le duelen prendas. Si lo que dice es verdad, él dará razón de ello, como ha hecho siempre; si no, no queremos oír mentiras, que harta nos cuentan todos esos soldados que vienen del campo de Su Majestad y los indianos.
Mata	Yo estoy tan desvelado, que no sé si podré; pero porfiaré a estarme en la cama hasta las diez, como Pedro, que no le dejaremos estar dos días solos.
Juan	Toda esta semana le haré estar aquí, aunque le pese: la venida ha sido en su mano; la ida, en la nuestra.

• • •

Juan	Contá.
Mata	Siete.
Juan	¿Habéis contado las otras?
Mata	Callad; ocho, nueve, diez dio por cierto.
Juan	Paréceme que llaman: escuchá.

Pedro	¡Ah los de abajo! ¡Es hora!
Juan	¡Ya, ya!
Mata	Volveos del otro lado que no es amanecido.
Juan	Levantémonos y vámosle a tener palacio en la cama.
Mata	Mas no le dejemos levantar, que hace frío, y pues no ha de salir de casa ni ser visto de nadie, mejor se estará allí y podrá también comer como parida en la cama.
Juan	Hacedle llevar una ropa aforrada, para si se quiere levantar.
Mata	Anoche se la hice poner junto a la cama y un bonete. Cogerlo hemos echado y entretanto que se adereza de comer parlaremos.
Juan	¡Buen jorno!
Pedro	Me ricomando.
Juan	¿Qué tal noche habéis llevado? Creo que ruin.
Pedro	No ha sido sino buena, aunque no he podido dormir mucho. En despertando antes que amanezca, una vez, ya puedo volver al ristre.
Juan	¿Debía de estar dura la cama?

Pedro	Antes por estar tan blanda, porque no lo tengo acostumbrado.
Juan	Eso me hace a mí dormir más.
Pedro	Todas las cosas consisten en costumbre. Así como vos no podéis dormir en duro, yo tampoco en blando. También podría suceder enfermedad a quien ha dormido en duro y sin cama, al darle una cama regalada, como a mí me aconteció en Nápoles, que habiendo tres años que no había dormido en cama, sino vestido y en suelo, me dieron una muy buena cama y comenzáronme a hacer regalos, y yo caí en una enfermedad que estuve cuatro meses para morir.
Juan	La causa natural de eso no alcanzo. ¿Por mejorarse uno venirle mal?
Pedro	Sáltase de un extremo en otro sin pasar por medio, que es malo; y como esto se hace, no se puede dormir, y la vela causa enfermedad. Así mismo, con aquella blandura escaliéntanse los riñones, las espaldas, todos los miembros, y la sangre comienza a hervir y alborotarse, y dan con el hombre en tierra. Últimamente, como tenéis costumbre de no os desnudar, no tenéis frío de noche aunque os descubráis; desnudo en la cama, revolveisos, como no estáis acostumbrado a estar cubierto, descubrisos, y entra el sereno y frío y la mala ventura, y penetraos.
Juan	Todas son buenas razones; mas ¿qué remedio?

Pedro — El que dije de pasar por medio: comenzar a no tener más de un colchón y una manta, y a no quitar más de solo el sayo; luego, de allí a unos días, añadir otro colchón y quitar las calzas, y últimamente, la mejor cama que tuviéredes, quitando jubón y todo. Si durmieseis una noche al sereno sin cama, ¿no pensaríais caer malo?

Juan — Y aun morirme.

Pedro — Pues así yo con buena cama.

Juan — Pues quitaremos de aquí adelante, si queréis, de la ropa.

Pedro — No, que ya estoy acostumbrado a camas regaladas otra vez; no lo digo por tanto, que el no dormir más lo ha causado el grande contentamiento que mi espíritu y alma tienen de verme en donde estoy; y el ánima no permite que tan grande placer se pase en sueño sin que se comunique a todos los sentidos, pues el tiempo que dormimos no vivimos ni somos nadie.

Juan — Así dijo el otro filósofo. Preguntado qué cosa era sueño, dijo que retrato de la muerte. La misma causa, en verdad, he tenido yo para no pegar ojo en toda la noche.

Mata — Mirad que la olla esté descocida, y asar no pongáis hasta que os lo mandemos, que yo me subo arriba...

¿Úsase en Turquía madrugar tanto? ¡Buenos días! ¿Cómo lo habéis pasado esta noche?

Pedro — ¿Cómo lo había de pasar, sino muy bien? Que me habéis dado una cama con sábanas tan delgadas y olorosas, y todo lo demás tan a gusto, que me ha hecho perder el regalo con que me vi en el cautiverio que habéis oído, y de momento a momento doy y he dado mil gracias a Dios que de tanto trabajo me libró; y en tanto, con comenzar...

[...]⁵

La vida en Turquía. La religión

Juan — Pues no estamos muy ocupados al presente, me saquéis de una duda en que me tiene puesto mi entendimiento, y es que cuando un turco pide a un cristiano se vuelva a su perversa secta, de qué suerte se lo pide y el orden que tienen, que estarán seguro de él para le tomar y la legalidad y juramento que conforme a su secta le toman.

Pedro — Toda su secta consiste en que, alzado el dedo, diga tres veces estas palabras; aunque no se circuncidase, queda atado de manera que si se volviese atrás le quemaran: «La Illa he hilda da Mahamed resulula».

---

5 Faltan en el primitivo manuscrito unas cuantas páginas en las que se relataría la historia de algunos emperadores turcos, y se hablaría, según testimonia una nota, de los libros de caballería. (N. del E.)

Juan   ¿Qué quiere decir?

Pedro   Que Dios es criador de todas las cosas, y no hay otro sino Él y Mahoma junto a Él, su Profeta, que en su lengua se dice «acurzamam penganber»: «último profeta».

Juan   ¿Y qué confesión tienen?

Pedro   Ir limpios cuando van a hacer su oración, que llaman «zala», y muy lavados; de manera que si han pecado se tienen de lavar todos con unos aguamaniles, arremangados los brazos; y si han orinado o descargado el vientre, conviene que vayan lavadas lo primero las partes bajeras.

Juan   ¿Y si es invierno?

Pedro   Con agua caliente; no puede nadie ir a la necesaria si no lleva consigo un jarro de agua con que se limpie, como nosotros con paño. Si con papel se limpiasen es uno de los más graves pecados que ellos tienen, porque dicen que Dios hizo el papel y es malo hacer poco caso de él; antes si topan acaso un poco de papel en suelo, con gran reverencia lo alzan y lo meten en un agujero, besándolo y poniéndolo sobre su cabeza.

Juan   ¿No hay más fundamento de eso?

Pedro   No cabe demandarles razón de cosa que hagan, porque lo tienen de defender por armas y no disputar. Lo mismo hacen si topan un bocado de pan, diciendo que es la cara de Dios. La boca, brazos y narices y cabeza se han de lavar tres veces y los pies.

Juan   ¿Qué iglesias tienen?

Pedro   Unas mezquitas bien hechas, salvo que ni tienen santos ni altar. Aborrecen mucho las figuras, teniéndolas por gran pecado. Están las mezquitas llenas de lámparas. En lugar de torre de campanas tienen una torrecica en cada una mezquita, muy alta y muy delgada, porque no usan campanas, en la cual se suben una manera de sacerdotes inferiores, como acá sacristanes, y tapados los oídos, a las mayores voces que pueden llaman la gente con este verso: «Exechnoc mach laila he hillala, calezala calezala, etc.». No se les da nada, sino son sacerdotes, ir a las mezquitas como acá, sino donde se hallan hacen su oración, y los señores siempre tienen en sus casas sacerdotes que les digan sus horas.

Juan   ¿Cuántas veces al día lo hacen?

Pedro   Cinco, con la mayor devoción y curiosidad; que si así lo hiciésemos nosotros, nos querría mucho Dios. La primera oración es cuando amanece, que se llama «sala namazi»; la segunda, a medio día, «uile namazi»; la tercera, dos horas antes que el Sol se ponga, «iquindi namazi»; la cuarta, al punto que se pone, «acxam namazi», la postrera, dos horas de noche, «iatsi namazi». De tal manera entendí que oran estas cinco veces, que no queda ánima viva de

	turco ni turca, pobre ni rico, desde el emperador hasta los mozos de cocina, que no lo haga.
Juan	¿Tienen relojes, o cómo saben esos sacerdotes la hora que es para llamar la gente?
Pedro	Para sí tienen los de arena, mas para el pueblo no los hay, como no haya campanas.
Juan	¿Pues cómo sabe la gente qué hora es?
Pedro	Por las oraciones, poco más o menos. Cuando a la mañana oyen gritar, ya saben que amanece; cuando a medio día, también saben qué hora es; y así de las otras horas; de manera que si quiero saber qué hora es, conforme, poco más o menos de día, pregunto: «¿Han cantado a medio día?» Respóndenme: «Presto cantarán» o «Rato ha que cantaron». Y no penséis que cantan en una o dos mezquitas, sino en trescientas y más, que hunden la ciudad a voces más que campanas. Lo mismo hago de las otras horas; pregunto si han cantado al «quindi», que es la oración dos horas antes que el Sol se ponga, y conforme aquello sé la hora que es. Congregados todos en la mezquita, viene el que llamaba y comienza el mismo salmo recado, y todos se ponen en pie muy mesurados, vueltos hacia mediodía, y las manos una sobre otra en la cintura, mirando al suelo. Este sacerdote que canta en lo alto se llama «meizin»; luego se levanta otro sacerdote de mayor calidad, que se llama «imam», y dice un verso, al cual responde el «meizin», y acabado el verso, todos caen de hocicos

en tierra y la besan, diciendo: «Saban Alá, saban Alá, sabán Alá», que es: «Señor, misericordia»; y estanse así sobre la tierra hasta que el «imam» torne a cantar, que todos se levantan, y esto hacen tres o cuatro veces. Últimamente, el «imam» comienza, estando todos de rodillas en tierra, a decir una larga oración por la cual ruega a Dios que inspire en los cristianos, judíos y los otros, a su manera de hablar, infieles, que tornen a su secta, y oyendo estas palabras todos alzan las manos al cielo diciendo muchas veces: «amin, amin»; y tócanse todos los ojos y barba con las manos, y acábase la oración.

Juan   ¿Y cinco veces hacen todo eso cada día?

Pedro   Tantas. Mirad qué higa tan grande para nosotros, que no somos cristianos sino en el nombre.

Juan   ¿Qué fiestas celebran?

Pedro   El viernes cada semana, porque dicen que aquel día nació Mahoma. Tienen también dos pascuas; la mayor de ellas es en la Luna nueva de agosto, que dura tres días, y toda una Luna antes tienen su cuaresma, que dura un mes, y la llaman «ramazán».

Juan   ¿Y ayunan esos días?

Pedro   Todos a no comer hasta que vean la estrella; pero estonces pueden comer carne y cuanto quisieren toda la noche.

Juan — ¿Y qué significa ese «ramazán»?

Pedro — Los treinta días que Mahameto estuvo en ayunos y oraciones esperando que Dios le enviase la ley en que habían los hombres de vivir; y la pascua es cuando bajó del cielo un libro en el cual está toda su ley que llaman «Coraham».

Juan — ¿Con quién dicen que se le envió Dios?

Pedro — Con el ángel Gabriel. Tienen este libro en tanta veneración, que no pueden tocar a él sino estando muy limpios y lavados o con un paño envuelto a las manos. El que le tiene de leer es menester que tenga resonante voz, y cuando lee no le puede tener más abajo de la cintura, y está moviendo todo el cuerpo a una y a otra parte. Dicen que es para más atención. Los que le oyen leer están con toda la posible atención, abiertas las bocas.

Juan — ¿De manera que ellos creen en Dios?

Pedro — Sí, y que no hay más de uno, y solo aquél tiene de ser adorado, y de aquí viene que aborrecen tanto las imágenes, que en la iglesia, ni en casa, ni en parte ninguna no las pueden tener, ni retratos, ni en paramentos.

Juan — ¿Qué contiene en sí aquel «Alcoram»?

Pedro — Muchas cosas de nuestra fe, para mejor poder engañar. Ocho mandamientos: amar a Dios, al prójimo, los padres, las fiestas honrarlas, casarse, no hurtar ni matar y ayunar el «ramazán» y hacer limosna. Así mismo todos los siete pecados mortales les son a ellos pecados en su «Coraham». Y dice también que Dios jamás perdona a los que tienen la maldición de sus padres. Tienen una cosa, que no todos pueden entrar en la mezquita como son: homicidas, borrachos y hombres que tienen males contagiosos, logreros, y lo principal las mujeres.

Juan   ¿Las mujeres no pueden entrar en la iglesia?

Pedro   Muy pocas veces, y éstas no todas. Cantoneras en ninguna manera, ni mujeres que no sean casadas a ley y bendición suya; vírgenes y viudas, después de cinco meses, pueden entrar, pero han de estar en un lugar apartado y tapadas, donde es imposible que nadie las vea, porque dicen que les quitan la devoción.

Juan   Ponerlas donde nadie las pueda ver en ninguna manera, bien hecho me parece; mas vedarles que no entren dentro, no. ¿Y hacen sacrificios?

Pedro   La pascua grande, que llaman «bairam biuc», son obligados todos a hacer cualquier sacrificio de vaca o carnero o camello, y repartirlo a los pobres, sin que les quede cosa ninguna para ellos, porque de otra manera no aprovecha el sacrificio. Cuando están malos mucho, usan, según la facultad de cada uno, sacrificar muchos animales, que llaman ellos «curban», y darlos por amor de Dios. Los príncipes

	y señores, cuando se ven en necesidad, degüellan un camello, y dicen que la cosa que más Dios oye es el gemido que da cuando le degüellan; y en todo dicen que, así como Dios libró a Isach de no ser degollado, quiera librar aquel enfermo.
Juan	¿El mismo «Alcoram» les manda que den limosna?
Pedro	Hallan escrito en él que, si supiesen la obra que es dar limosna, cortarían de su misma carne para dar por Dios, y si los que la piden supiesen el castigo que por ello les está ordenado, comerían primero sus propias carnes que demandarla; porque dice la letra: «Ecsa de chatul balla ah».
Juan	¿Qué quiere decir?
Pedro	Que la limosna quita al que la da los tormentos y tribulaciones que le están aparejados, y caen, juntamente con la limosna, sobre el pobre que la recibe, y por experiencia ven que nunca están sanos los pobres.
Juan	¿Y el matar también lo tienen por pecado?
Pedro	Y de los más graves; porque dice el «Coraham» que el segundo pecado del mundo fue el de Caim, y por eso el primero que irá al infierno el día del juicio será él. Y cuando Dios le echó la maldición, se entendió por él y todos los homicidas.
Juan	¿Confiesan infierno y juicio?

Pedro	Y aun purgatorio.
Juan	¿Quién dicen que ha de juzgar?
Pedro	Dios. Dicen que está un ángel en el cielo que tiene siempre una trompeta en la mano, y se llama Israfil, aparejado para si Dios quisiese que fuera el fin del mundo, tocaría y luego caerían muertos los hombres todos y los ángeles del cielo.
Juan	¿Siendo los ángeles inmortales, han de morir?
Pedro	Cuestión es que ellos disputan entre sí muchas veces, pero concluyen con que dice el «Coraham» que Dios dijo por su boca que todas las cosas mortales han de haber fin, y no puede pasar la disputa adelante, como ni en las otras cosas. Y hecho esto, vendrá un tan gran terremoto, que desmenuzará las montañas y piedras; y luego Dios tornará a hacer la luz, y de ella los ángeles, como hizo la primera vez, y vendrá sobre todo esto un rocío, que se llama «rehemetzu», «lluvia de misericordia», quedará la Tierra tornada a masar, y mandará Dios, de allí a cuarenta días, que torne el ángel a sonar la trompeta, y al sonido resucitarán todos los muertos, desde Abel hasta aquel día; unos con las caras que resplandezcan como el Sol, otros como Luna, otros muy oscuras y otros con gestos de puercos, y gritarán diciendo: «Nesi, nesi». «¡Ay de mí, mezquino!»
Juan	¿Qué significan esas caras?

Pedro	Los que las tienen resplandecientes son los que han hecho bien; los otros, mal; y Dios preguntará por los emperadores, reyes, príncipes y señores que tiranizaban, y no les calerá negar, porque los miembros todos hablarán la verdad. Allí vendrá Moisén con un estandarte, y todos los judíos con él, y Cristo, hijo de María, virgen, con otro, debajo del cual estarán los cristianos; luego Mahoma con otra bandera, debajo la cual estarán todos los que le siguieron. Todos los que de éstos habrán hecho buenas obras tendrán buen refrigerio debajo la sombra de sus estandartes, y los que no, será tanto el calor que habrá aquel día, que se ahogarán de él; no se conocerán los moros de los cristianos ni judíos que han hecho bien, porque todos tendrán una misma cara de divinidad. Y los que han hecho mal todos se conocerán. A las ánimas que entrarán en el paraíso dará Dios gentiles aposentos y muy espaciosos, y habrá muchos rayos del Sol sobre los cuales cabalgarán para andar ruando por el cielo sin cansarse, y comerán mucha fruta del paraíso, y en comiendo un fruto hará Dios dos, y beberán para matar la sed unas aguas dulces como azúcar y cristalinas, con las cuales les crecerá la vista y el entendimiento, y verán de un polo a otro.
Mata	¿Y si comen y beben, no cagarán el Paraíso?
Pedro	Maravillábame como no salíais ya; toda la superfluidad ha de ir por sudor de mil delicados manjares que tienen de comer, y han de tener muchas mozas vírgenes de quince a veinte años, y nunca se tienen

de envejecer, y los hombres todos tienen de ser de treinta sin mudarse de allí.

Juan ¿Han de tener acceso a las vírgenes?

Pedro Sí, pero luego se tienen de tornar a ser vírgenes. Moisés y Mahoma serán los mejor librados, que les dará Dios sendos principados que gobiernen en el cielo.

Juan Pues si tienen que los cristianos y judíos que han hecho buenas obras van al cielo, ¿para qué ruegan a nadie que se haga turco?

Pedro Entienden ellos que todos los judíos que vivieron bien hasta que vino Cristo, y todos los buenos cristianos hasta que vino Mahoma son los que van al cielo.

Juan ¿Mas no los que hay después que vino Mahoma, aunque hagan buenas obras?

Pedro Ésos no. Los que irán condenados llevará cada uno escrito en la frente su nombre y en las espaldas cargados los pecados. Serán llevados entre dos montañas, donde está la boca del infierno; y de la una a la otra hay una puente de diez leguas de largo, toda de hierro muy agudo y llámase «serrat cuplisi», «puente de justicia». Los que no son del todo malos caerán en el purgatorio, donde no hay tanto mal; los otros todos irán la puente abajo al infierno, donde serán atormentados; en medio de todos los fuegos hay un manzano que siempre está lleno de fruta, y cada una parece una cabeza de demonio; llámase «zoacum agach», árbol de amargura, y las ánimas, comiendo la fruta, pensando de refrescarse, sentirán mayor sed y grande amargura que los atormente. Llenos de cadenas de fuego serán arrastrados por todo el infierno. Y los que llamaren a Dios por tiempo al fin saldrán, aunque tarde; los que le blasfemaren quedarán por siempre jamás. Veis aquí todo lo que cerca de esto tienen de fe de su «Alcoram».

Juan   Una merced os pido, y es que, pues no os va nada en ello, que no me digáis otra cosa sino la verdad; porque no puedo creer que, siendo tan bárbaros, tengan algunas cosas que parezcan llevar camino.

Pedro   ¿No sabéis que el diablo les ayudó a hacer esta secta?

Juan   Muy bien.

Pedro   Pues cada vez que quieren pescar es menester que lo haga a vueltas de algo bueno. Si hicieseis juntar todos los letrados que hay en Turquía, no os dirán un punto más ni menos de esto que yo os digo, y fiaos de mí, que no os diré cosa que no la sepa primero muy bien.

Juan   Tal confianza tengo yo. Sepamos del estado sacerdotal. ¿Tienen papa y obispos?

Pedro   Ocho maneras hay de sacerdotes. Primeramente el mayor de todos, como acá el papa, se llama el «cadilesquier»; luego es el «mufti», que no es inferior ni sujeto a este otro, sino como si hubiese dos papas; el tercero es el «cadi»; cuarto, los «moderiz», que son provisores de los hospitales; quinto, el «antipi», que dice el oficio los días solemnes, puesto sobre una escala y una espada desnuda en la mano, dando a entender lo que arriba dije, que no se tiene de poner su ley en disputa, sino defenderla con las armas. El sexto es el «imam», que son los que dicen el oficio al pueblo cada día. El postrero, «mezin», aquellos que suben a gritar en las torres. El «cadilesquier» eligen que sea un hombre el más docto que puedan y de mejor vida, al cual dan grandísima renta, para que no pueda por dinero torcer la justicia; éste es allá como si dijésemos presidente del Consejo real, y de éste y de lo que en el Consejo se hace se apela para el «mufti», que no entiende sino en lo eclesiástico. También tiene éste gran renta por la misma causa.

Juan   ¿Tanta como acá el Papa?

Pedro   Ni aun la mitad. ¿No le basta a un hombre que se tiene de sentar él mismo cada día a juzgar, y le puede hablar quien quiera, cien mil ducados?

Juan   Y sobra. ¿Pero no tienen su Consejo que haga la audiencia y ellos se estén holgando?

Pedro   Eso solo es en los señores de España, que en lo demás que yo he andado, todos los príncipes y señores del mundo hacen las audiencias como acá los oidores y corregidores. En Nápoles, si queréis pedir una cosa

	de poca importancia a algún contrario vuestro, lo haréis delante el mismo virrey, y en Sicilia lo mismo y en Turquía lo mismo.
Mata	Ese me parece buen uso, y no poner corregidores pobres, que en ocho días quieren, a tuerto o a derecho, las casas hasta el techo.
Pedro	El «cadi», que es el inferior a éstos, está como son acá los provisores de los obispos, administrando su justicia de cosas bajas, porque las de importancia van a los superiores. Ante éstos se hacen las cartas de dotes, castiga los borrachos, da cartas de horros a los esclavos, conoce también de los blasfemos.
Juan	¿Qué merece quien blasfema?
Pedro	De Dios, cien palos; de Mahoma, muerte.
Juan	¿Pues en más tienen a Mahoma que a Dios?
Pedro	Dicen que Dios es grande y puede perdonar y vengarse; mas Mahoma, un pobre profeta, ha menester amigos que miren por su honra.
Juan	¿Están dotadas las mezquitas como nuestras iglesias?
Pedro	Todas, pero las dignidades de «cadilesquier», «mufti» y «cadi» el rey lo paga; las otras maneras de sacerdotes tienen sus rentas en las mezquitas; quién tres reales, quién cuatro y quién uno al día;

y si esto no basta, como todos son casados y en el hábito no difieren de los seglares, hacen oficios mecánicos; ganan mucho, como allá no hay imprentas, a escribir libros, como el «Alcoram», el «Musaf» y otros muchos de canciones.

Juan	¿Caros valdrán de esa manera?
Pedro	Un «Alcoram», comúnmente, vale ocho ducados; cuando murió el médico del Gran Turco, Amón, se apreció su librería en cinco mil ducados, por ser toda de mano, y le había costado, según muchas veces le oí jurar, ocho mil, y cierto los valdría, aunque yo para mí no daría cuatro reales.
Mata	Tampoco daría él dos por la vuestra.
Pedro	Cuanto más por la que agora tengo.
Juan	¿Tienen escuelas allá?
Pedro	Infinitas. Los señores, y primeramente el emperador, las tienen en sus casas para los pajes; tienen maestros salariados que van cada día a leerles su «Alcoram», que es en arábigo, y el «Musaf»; de manera que, como a nosotros el latín, les es a ellos el arábigo. Léenles también filosofía, astrología y poesía; verdad es que los que enseñan saben poco de esto y los discípulos no curan mucho de ello; pero, en fin, todavía saben más que los griegos cristianos y armenos, que son todos bestias.

Juan	No me maravillo que sepan algo de eso, que árabes hubo muy buenos astrólogos y filósofos.
Pedro	En aquellas cuatro mezquitas grandes hay también escuelas como acá universidades, muy bien dotadas, y colegiales muchos dentro, y es tan grande la limosna que en cada una se hace, que si tres mil estudiantes quisiesen cada día comer en cualquiera de las mezquitas podrían, y cierto, si fuesen curiosos de saber, habría grandísimos letrados entre ellos; pero en sabiendo hacer cuatro versos se contentan.
Juan	¿Es posible que usan poesía? ¡Por vida de quien nos dijere un par de ellos, por ver cómo son!
Pedro	«Birichen, beg, ori ciledum derdumi, iaradandam iste miscem iardumi, terch, eiledumza anumi gurdumi, ne ileim ieniemejun gunglumi». Esta es una común canción, que cantan ellos, de amores a la diosa Asich, que es diosa de amor.
Juan	¿Qué quieren decir?
Pedro	«Una vez, cinco y diez he estado apasionado, demandando del Criador ayuda; menosprecié el consuelo y placer de mi tierra. ¿Qué haré, que no puedo vencer la voluntad?»
Mata	Buena va.
Pedro	Sabed que para quien las entiende no hay en ninguna lengua canciones más dolorosas que las turquescas;

	mas es la gente que allá sabe leer y escribir, mucha, que no acá.
Mata	Dense prisa, señores; ya saben que ha rato que estoy mudo.
Juan	Callad hasta que yo acabe, que después tendréis tiempo sin que nadie os estorbe.
Mata	Con esa esperanza estoy más ha de una hora.
Juan	Pasemos a las religiones.
Pedro	Cuatro órdenes hay de religión, tal cual: «calender», «derbis», «torlach», «isachi». Los calenderos andan desnudos y en cabellos, los cabellos largos hasta la cintura, llenos de trementina; visten cilicio hecho de cerdas, y sobre las espaldas traen dos cueros de carnero la lana afuera; las ijadas desnudas; en las orejas y brazos traen ciertas sortijas de hierro, y para mayor abstinencia traen colgada del miembro una sortija de metal que pese tres libras; andan de esta manera por las calles, cantando canciones vulgares, y danles limosna, porque ninguna de estas órdenes tiene como acá monasterios, sino como ermitaños. El inventor de éstos, en un libro que escribió, fue más cristiano que moro. La segunda orden, de los «dervises», andan como éstos, en el traer los pellejos, mas los zarcillos son unas sortijas de piedra, la más fina que hallan; piden limosna con estas palabras: «Alá iche», «por amor de Dios». En la cabeza traen una caperuza de fieltro blanco a manera

de pan de azúcar, y en la mano un bastón lleno de nudos tan grueso como pueden. Éstos tienen en la Anotolia un sepulcro de uno por quien dicen que se conquistó la mayor parte de Turquía, y fue de su orden, que llaman Cidibatal, donde habitan una multitud de más de quinientos, y cada año van allí a hacer el capítulo general, donde concurren muchas veces más de ocho mil, y están siete días con grandes fiestas y triunfos. El general de éstos se llama «azan babá», que significa «padre de padres». Entre ellos hay algunos mancebos muy doctos, que traen unas vestiduras blancas hasta en pies; y cada uno de éstos en llegando es obligado a contar una historia, y luego la escriben con el nombre del autor y dánsela al general.

Juan   ¿De qué es la historia?

Pedro   Una cosa de las más de notar que ha visto por donde ha peregrinado, que nunca paran de andar en todo el año. Luego el viernes, que es su fiesta, tienen en un prado un gran banquete, sobre la misma hierba, y siéntase el general entre todos aquellos mancebos, y sobre comida toman ciertas hierbas en polvo, que llaman «aseral»; yo creo que es cáñamo, que los hace estar, aunque no quieran, los más alegres del mundo, como borrachos. También le mezclan opio, que llaman «afion», y toma el general el libro de las historias y hácele leer públicamente que todos le oigan, y a la tarde hacen grandes hogueras, alrededor de las cuales bailan, como todos están borrachos, y cada uno con un cuchillo agudo se da muchas cuchilladas muy largas por los pechos, brazos y piernas, diciendo: «Ésta por amor de Ulana», «ésta por amor de la tal». Otros labran con la punta de una aguja en las manos corazones, o lo que quieren; y las heridas se sanan con un poco de algodón viejo quemado. Tras todo esto piden licencia del general y vanse todos. La tercera orden, de los «torlacos», viste ni más ni menos pellejos de carnero; pero en la cabeza no traen caperuza ni cabello, sino cada semana se raen a navaja, y por no se resfriar untan las cabezas siempre con aceite; y todos, por la mayor parte, por ser apasionados de catarro, se dan unos cauterios de fuego en las sienes con un poco de trapo viejo, porque no carguen los humores a los ojos y los cieguen. Son grandísimos bellacos, chocarreros, y no hay quien sepa entre ellos leer ni escribir; ándanse de taberna en taberna cantando y pegándose a donde ven que les han de dar de comer: salen a los caminos en cuadrilla, y si topan alguno que puedan quitar la capa, no lo dejan por miedo ni vergüenza; en las aldeas hacen como gitanos en creer que saben adivinar por las manos, y con esto allegan queso, huevos y pan y otras cosas; traen los bellacos de tantos en tantos un viejo de ochenta años que haga del santo, y adóranle como a tal, y muchas veces habla mirando al cielo cosas que dice ver allá y a grandes voces dice a sus discípulos: «Hijos míos, sacadme presto de este pueblo, porque acabo de ver en el cielo que se apareja un gran mal para él», y ellos fingen quererle tomar acuestas, y el vulgo les ruega con grandes dádivas que por amor de Dios no les lleven aquel santo de allí, sino que ruegue a Dios alce su ira, pues también está con él, y él comienza luego a ponerse en oración, y aquí veréis que la gente no se da manos a ofrecer, y todos salen cargados como asnos y se van riendo de las bestias que les creían. Son sobre todo esto grandísimos bujarrones. Los «isaches», que es la postrera orden, andan vestidos de lienzo y traen unos tocados turquescos groseros y pequeños, y cada uno una bandera en la mano, andan cantando por las calles pidiendo.

Juan Paréceme que me dijisteis que tenían dos pascuas, y no me declarasteis más de la una, de cuando les envió Dios la ley.

La peregrinación a la Meca

Pedro La otra es en fin de octubre, que llaman de los peregrinos que van a la Meca, la cual ellos celebran allá.

Juan ¿Qué, usan también como nosotros peregrinaje?

Pedro Y muy solemne. Hallan escrito en sus libros que quien una vez va a la Meca en vida, Dios no permite que se condene, por lo cual ninguno que puede lo deja de hacer; y porque es largo el camino se parten seis meses antes para poderse hallar allá a tiempo de celebrar esta su fiesta, y conciértanse muchos de ir juntos, y los pobres, mezclados con los ricos, dan consigo en el Cairo, y de allí van por un camino muy desierto, llano y arenoso en tanta manera, que el viento hace y deshace montañas del arena y peligran muchos, porque los toma debajo, y de aquí se hace la carne momia, según muchos que la traen me contaban, que en Constantinopla todas las veces que quisiéredes comprar doscientos y trescientos cuerpos de estos hombres los hallaréis como quien compra rábanos. Han menester llevar camellos cargados de agua y provisión, porque a las veces en tres días no hallan agua; son los desiertos de Arabia, y ningún otro animal se puede llevar por allí sino el camello, porque sufre estar cuatro y cinco días sin beber ni comer, lo que no hacen los otros animales.

Mata   Por mi vida que estoy por asentar esa; cinco días sin comer ni beber y trabajar.

Pedro   Tiempo del año hay en el invierno que sufren cuarenta días, porque os espantéis de veras; y porque he sido señor de cinco camellos que del Gran Turco tenía para mi recámara, y si fuese menester salir en campo, os quiero contar, pues no es fuera de propósito, qué carguerío es el del camello, y también porque pienso haber visto tantos como vosotros ovejas, que mi amo solo tenía para su recámara dos mil, y no le bastaban.

Mata   Camaleones diréis, de los que se mantienen del viento; porque camellos comerán mucha cebada siendo tantos.

Pedro   No acabaremos hogaño; sea como vos quisiéredes, decídoslo vos todo.

Juan	Dejadle ahora decir.
Mata	Por mí diga lo que quisiese.
Pedro	Ningún carguerío por tierra hay mejor que el del camello, porque tiene estas propiedades: aunque la jornada sea de aquí a Jerusalén, no tenéis de cargarle más de una vez.
Mata	¿Nunca se descarga?
Pedro	Jamás en toda la jornada, sino él se echa a dormir con su carga y se levanta cuando se lo mandaren, pero no le habéis de echar más carga de aquella con que se pueda bien levantar; ni tenéis a qué ir al mesón, sino en el campo se echan cuando se lo mandéis; andan recuas de diez y doce mil, y en casa de los señores, camellero mayor no es de los menores cargos.
Mata	Por cuanto tengo, que no es nada, no quisiera dejar de saber ese secreto.
Pedro	Pues callad y direos otro mayor al propósito que se levantó; si le habéis de dar dos celemines de cebada cada día, y le dais de una vez media hanega, la comerá como vos una pera, y por aquellos tres días no tengáis cuidado de darle nada, y a beber lo mismo, y si queréis probar con una entera, maldito el grano deje, y si dos le saliesen, que no les huirían el campo; allá tienen ciertas bolsas de donde lo tornan a rumiar como cabras; y no habléis más sobre esto, que es

más viejo y común que el repelón entre los que han visto camellos y tratádolos. Llegan por sus jornadas los peregrinos a la Medina, que es una ciudad tres jornadicas de la Meca, y allí los salen a recibir y hay muchos persianos e indios que han venido por las otras partes. Otro día que han llegado y la pascua se acerca, hacen reseña de toda la gente, porque dicen que no se puede celebrar la pascua si son menos de sesenta mil, y la víspera de la pascua o tres días antes van todos a una montaña cerca de la Meca y desnúdanse, y aunque vean algún piojo o pulga no le pueden matar, y llámase la montaña Arafet Agi; y métense en un río, el agua hasta la garganta, y están allí entre tanto que les dicen ciertas oraciones.

Juan   ¿A qué propósito?

Pedro   Porque Adán, después que pecó, en aquel río hizo otro tanto, y Dios le perdonó; y vestidos van a la Meca de mañana, y lo primero tocan los que pueden el «Alcoram» a la sepultura de Mahoma, y dicen sus solemnes oficios, que tardan tres horas, y luego todos los que han podido tocar el sepulcro van corriendo a la montaña como bueyes cuando les pica la mosca.

Juan   ¿Para qué?

Pedro   Porque con aquel sudor caen los pecados, y para dar lugar los que han tocado a los que no.

Juan   ¿Muéstranles el cuerpo?

Pedro	No más del sepulcro, y un zapato dorado suyo, llamado «isaroh», que está colgado, y cada uno va a tirar dos piedras en un lugar redondo, que está allí cerca, donde dicen que el diablo apareció a Ibrahim cuando edificaba aquel templo, por ponerle miedo y que no lo edificase. Y el Abraham le tiró tres piedras y le hizo huir; y encima el monte hacen grandes sacrificios de carneros, y si acaso entrase algún esclavo allí, era libre. Tornaron otra vez a la Meca, y hacen grandes oraciones, rogando a Dios que los perdone y ayude como hizo a Ibrahim cuando edificaba aquel templo; y con esto se parten y van a Jerusalén, que en su lengua dice Cuzum Obarech, y hacen allí otra oración a su modo donde está el sepulcro de Cristo.
Juan	¿Pues qué tienen ellos allí que hacer?
Pedro	¿No os tengo dicho que le tienen también en mucha veneración? No tendrían por acepto el peregrinaje si no fuesen allá.
Juan	¿Abraham dicen que edificó aquel templo?
Pedro	Hallan escrito en sus libros que Dios le mandó a Abraham que le edificase allí una casa donde viniesen los pecadores a hacer penitencia, y lo hizo; y más que las montañas le traían la piedra y lo que era menester. A una esquina de la Meca está un mármol que dicen que mandó Dios a Abraham traer y poner allí, medio blanco medio negro, el cual todos adoran

	y tocan los ojos y algunos librillos a él como reliquias.
Juan	¿Qué misterio tiene?
Pedro	Dicen que es el ángel de la guardia de Adán y Eva, y porque los dejó pecar y no los guardó bien, Dios le convirtió en mármol, y estará allí haciendo penitencia hasta el día del Juicio.
Juan	¿Cómo está el sepulcro?
Pedro	Sus mismos discípulos le hicieron muy hondo, y metido en una caja le pusieron dentro; después hicieron una como tumba de mármol, con una tabla de lo mismo a la cabecera y otra a los pies, escrito en ellas cómo aquélla es su sepultura, y allí adoran todos. Está cubierta encima con un chamelote verde. Los armenos habían una vez hecho una mina de más de media legua para hurtarles el cuerpo, y fueron descubiertos y justiciados, lo cual cuentan por gran milagro que hizo Mahoma.
Juan	Mejor cuento fuera si le cogieran su profeta.
Pedro	Y por esto le hicieron unos hierros que ciñen toda la sepultura por abajo y arriba. Dejó dicho cuando murió que no había de estar allí más de mil años y éstos no había de durar la secta, sino que habría fin, y de allí se había de subir al cielo. De estos que vuelven de la Meca muchos toman por devoción andar con unos cueros muy galanes que hacen aposta, llenos de

	agua, que cabrán dos cántaros, acuestas y con una taza de fuslera muy limpia, dando a beber a todos cuantos topan y convidándolos a que lo quieran hacer por fuerza, porque en acabando de beber digan gracias a Dios.
Mata	¿Qué les dan por eso?
Pedro	No, nada quien no quiere, mas algunos les dan y lo toman.
Juan	¿Hacen cuando mueren, en sus testamentos, mandas grandes como acá, de hospitales, o no saben qué cosa son?
Pedro	No menos soberbias mandas hacen que nosotros, sino más, y en vida son más limoneros. Los cuatro emperadores que ha habido, donde están enterrados han dejado aquellas cuatro mezquitas, tan magníficas, con sus hospitales, como os dije: otros bajás, sin éstos, han hecho muchos hospitales; hacen también mesones por todos los pueblos y desiertos, que llaman «carabanzas», por amor de Dios. Aderezan caminos, traen fuentes adonde ven que hay falta de agua, necesarias para andar del cuerpo las han hecho tan vistosas, que pensaréis ser algunos palacios, diciendo que es limosna si por allí toma la prisa a alguno, hallar donde lo hacer a su placer; y no es posible que no diga después: bien haya quien te hizo. No solamente tienen por mucho mérito hacer bien a los prójimos, pero aun a los animales salvajes, de donde muchos se paran a echar pan a los peces

en la mar, diciendo que Dios lo recibe en servicio. Toda Constantinopla está llena de perros que no son de nadie, sino por detrás de aquellas cercas, junto al palacio del Gran Turco, hay tantos como hormigas; porque si una perra pare tienen por pecado matarle los hijos, y de esta manera multiplican como el diablo. Lo mismo hay de gatos, y todos como no son de nadie, ni duermen en casa, están llenos de sarna. La limosna que muchos hacen es comprar una docena o dos de asaduras o de panes y ponerse a repartírselos. Cuando está alguno malo, meten dentro una jaula muchos pájaros, y para aplacar a Dios ábrenla y déjanlos salir a todos. Otras muchas limosnas hacen harto más que nosotros, sino que como cada uno que viene de la feria cuenta según que le va en ella, disfámanlos si no lo hicieron bien con ellos, y dicen que son crueles y bárbaros y mil males.

Juan	¿Cómo se han en los mortuorios?
Pedro	Ya os dije en el enterramiento de mi amo lo que había. Si es hombre, lávanle hombres; si mujer, mujeres, y envuelto en una sábana limpia le meten en un ataúd y llévanle cantando; y si es pobre, pónenle en una parte donde pasa gente, y allí piden a cuantos pasan limosna para pagar a los que cantan y le entierran en el campo, y como es así, le ponen los mármoles en la sepultura. Las mujeres no van con el cuerpo, mas acostumbran ir muchas veces entre año a visitar las sepulturas, y allí lloran.

Las bodas

Mata   A propósito vendrían tras los mortuorios las bodas, digo si a ellos les parece.

Juan   Sea así.

Pedro   A mí no se me da más uno que otro, si todo se tiene de decir. Llámase en su lengua el matrimonio «eulemet», y es muy al revés de lo que acá usamos; porque él tiene de dar el dote a ella, como quien la compra, y los padres de ella ninguna cosa a él más de lo que heredara, y si tiene algo de suyo que se lleva consigo; y sobre todo esto, no la tiene de haber visto hasta que no se pueda deshacer el matrimonio y haya pagádole todo el dote, el cual recibe el padre de la novia antes que salga de casa, y cómprale a la hija vestidos y joyas de ello. La madre va de casa en casa convidando mujeres para la boda, cuantas su posibilidad basta. Llevan una colación muy grande a casa de la novia, con trompetas y tambores, donde hallan que están llegadas ya todas las mujeres, las cuales salen a recibir el presente que el esposo envía, y otro día de mañana tornan y comen en la boda con la esposa; porque el esposo no se halla allí en ninguna fiesta, sino se está en casa.

Mata   ¿De manera que sin él se hace la boda?

Pedro	Toda mi fe. Acabado el banquete que tienen entre sí las mujeres, la llevan al baño y lávanla toda muy bien, y con haleña le untan los cabellos como hacen acá las colas y crines de los caballos, y las uñas y manos todas labradas de escaques con la misma haleña, y las piernas hasta la rodilla; y las mujeres, por librea, en lugar de guantes, se untan con la haleña el dedo pulgar de la mano derecha, y la media mano que llevan de fuera, que parecen rebaño de ovejas almagradas. Quitada la haleña desde una hora queda un galán color de oro; cuando viene la esposa de la estufa siéntanla en medio y comienzan de cantar mil canciones y sonetos amorosos y tocar muchos instrumentos de música, como harpas y guitarras y flautas, y entended que no puede haber en esta fiesta hombre ninguno.
Mata	¿Pues quién tañe?
Pedro	Ellas mismas son muy músicas; dura esta fiesta de bailar y voltear hasta media noche, y en oyendo el gallo cantar, todas alzan un alarido que dice: «cachialum», «huyamos», y vanse a dormir y vuelven a la mañana a esperar el pariente del novio más cercano, que es el padrino que viene por la esposa para llevarla a casa del marido.
Juan	¿Cómo se llama el padrino en turquesco?
Pedro	«Sagdich», el cual va con grande acompañamiento de caballos, y entre ellos lleva uno vacío, el más gentil de todos y mejor enjaezado, en que ella venga,

y muchas acémilas en que venga su ajuar, que todavía les dan los padres, y las mujeres que están con ella no le dejan entrar en casa si no hace primero cortesía de una buena colación; y toma su novia, acompañada de gran caballería, así de mujeres como de hombres, y muchos instrumentos de músicas. La novia lleva un velo colorado en el rostro, y llegados a casa del esposo se apean sobre alfombras y ricos paños, y déjanla allí y vuélvense a la noche. El «segdich» desnuda a él, y una mujer a ella, y métenlos en la cama; lleva ella unos calzones con muchos nudos, los cuales no se deja desatar si primero no le promete las arras, a la mañana los llevan al baño a lavarse.

Juan   ¿No hay más bendiciones de esas ni cosas eclesiásticas?

Pedro   No más de que el «cadi» hace una carta de dote, en que da fe que Ulano se casó con Ulana tal día, y le da tanto de «chibin» que es el dote, y por esto les pasa un ducado. Los parientes, como se usa acá en algunas partes, les presentan algunos dineros o ropas a los recién casados.

Juan   Paréceme que el esposo hace pocas fiestas.

Pedro   Hasta un día después de la boda es verdad; pero después pone muchos premios y joyas para los que mejor corrieren a pie y a caballo. El padrino hace poner un árbol, como acá mayo, el más alto que halla, a la puerta del novio, y encima un jarro de

	plata, y que todos los que quisieren le tiren con los arcos, y el que le acertare primero con la saeta es suyo.
Juan	¿Permiten divorcio?
Pedro	Habiendo causa manifiesta sí; pero es obligado el marido a darle todo el dote y arras que le mandó y cuanto ella trajo consigo, y vase con esto casa de sus padres; y no puede ser tornada a demandar otra vez de él si no fuere haciendo nuevo dote, y con todo esto, si la quiere, ha de tener un turco primero que hacer con ella delante de él.
Mata	Pocos las querrán de esa manera segunda vez.
Pedro	Entre los mismos cristianos que están allá se permite una manera de matrimonio al quitar, como censo, la cual hallaron por las grandes penas que les llevaban los turcos si los topaban amancebados; y es de esta manera: que si yo me quiero casar, tomo la mujer cristiana que me parece; digo si ella quiere también, y vamos los dos casa del cadi, y dígole: «Señor, yo tomo ésta por mujer y le mando de quibin cincuenta escudos», o lo que quiero, según quien es; y el cadi pregunta a ella si es contenta, y dice que sí; háceles luego su carta de dote y danle un ducado y llévala a casa. Están juntos como marido y mujer hasta que se quieran apartar o se arrepientan, por mejor decir. Si él la quiere dejar, hale de dar aquel dote que le mandó, y váyase con Dios; si ella le quiere dejar a él, pierde aquello y vase sin nada, comido por servido,

y de esta manera están casados cuantos mercaderes venecianos y florentines hay allá, y cristianos muchos que han sido cautivos y son ya libres, viendo que hay mejor manera de ganar de comer allá que acá, luego toman sus mujeres y hacen casa y hogar; hacen esta cuenta, que aunque vengan acá como están pobres, no los conocerá nadie. El embajador de Francia se casó, estando yo allí, de esta manera.

Mata — ¿Y vos, padre, por qué no os casasteis?

Pedro — Porque me vine al mejor tiempo, que de otra manera creed que lo hiciera por gozar del barato, que hartas me pedían.

Mata — ¡Hi de puta, si acá viniese una bula que dispensase eso, cómo suspendería a la Cruzada!

Pedro — Más querría ser predicador entonces que arzobispo de Toledo.

Juan — Pocos son los que las dejarían de tomar, y aun dobladas para si la una se perdiese. ¿Esos cristianos no se casan por el patriarca suyo?

Pedro — Los que se casan a ley a bendición sí, porque lo hacen como acá nosotros; pero los forasteros que están ahí, más lo hacen por las penas que les llevan si los topan que por otra cosa.

La justicia

Juan — Vámonos poco a poco a la justicia, si no hay más que decir del matrimonio.

Pedro — Ni aun tanto. La justicia del turco conoce igualmente de todos, así cristianos como judíos y turcos. Cada juez de aquellos principales tiene en una mesa una cruz, en la cual toma juramento a los cristianos, y una Biblia para los judíos. El «cadilesquier», dejado aparte el Consejo real, es la suprema justicia, medio eclesiástica. Si es cosa clara, examina sus testigos y oye sus partes, y guarda justicia recta; si es caso criminal, remítele al «subaxi», que es gobernador, y así matan al homicida, ahorcan al ladrón, empalan al traidor, y si uno echa mano a la espada para otro, aunque no le hiera, le prenden y, desnudo, le pasan cuatro o cinco cuchillos por las carnes, como quien cose, y le traen a la vergüenza; y de este miedo he visto muchas veces darse de bofetones y tener las espadas en las cintas y no osar echar mano a ellas, y en cerca de cuatro años que estuve en Turquía no vi matar y herir más de a un hombre, que era cristiano y muy principal, llamado Jorge Chelevi. Y este «subaxi» tiene poder sobre todas las mujeres que no son honestas.

Juan — ¿Y si los testigos son falsos, sácanles los dientes?

Pedro	Los dientes no; pero úntanle la cara toda con tinta, y pónenle sobre un asno al revés, y danle por freno la cola, que lleve en la mano, y con esto le traen a la vergüenza, y el asno lleva en la frente un rótulo del delito y vanle tirando naranjas y berenjenas, y vuelto a la cárcel le hierran en tres partes, y no vale más por testigo; en cosas de pena pecuniaria luego os meten en la cárcel; el que debe, de cabeza en un cepo hasta que pague, y otras veces le hacen un cerco con un carbón que no salga de allí sin pagar, so grandes penas. La más común de todas las justicias en casos criminales, como no los hayan de matar ni avergonzar por la tierra, es darles de palos allí luego, frescos, casa del mismo juez; porque riñó, porque se emborrachó, porque blasfemó livianamente, porque de otra manera le queman vivo.
Juan	¿En dónde le dan los palos?
Pedro	En las plantas de los pies. Toman una palanca y en medio tiene un agujero, del cual está colgado un lazo, y por aquél mete los pies; y échanle en tierra, y dos hombres tienen la palanca de manera que los pies tiene altos y el cuerpo en tierra; cada juez y señor tiene una multitud de porteros, que traen, como acá varas, unos bastones en la mano; y éstos le dan uno de un lado y otro de otro los palos que la sentencia manda; por cada palo que les dan han de pagar un áspero a los que les dan, y así se le dejan después de haber pagado.
Juan	Válgame Dios, ¿y no le mancan?

Pedro — Allá va cojeando y le llevan acuestas; por tiempo se sana, pero muchos veréis que siempre andan derrengados, tal vez hay que se quiebren de aquellos bastones, en uno diez y veinte, como dan medio en vago. Cuando Zinan Bajá, mi año, era virrey, no lo tengáis a burla, que por Dios verdadero así venían cada semana cargas de bastones a casa como de leña, y más se gastaba ordinariamente. Hay cada día muchos apaleados en casa de cada juez. Un día que Zinan Bajá me hizo juez, yo ejecuté la misma justicia.

Mata — ¿No había otro más hombre de bien que hacer juez o por qué lo hizo?

Pedro — Era caso de medicina: demandaba una vieja griega cristiana a un médico, el de mejores letras, judío, que allí había, que le pagase a su marido que se le había muerto, lo cual probaba porque un otro médico judío catalán enemigo suyo, decía que él defendería ser así. El bellaco del catalán era el más malquisto que había en la ciudad, y conmigo mismo había reñido un día sobre la cura de un caballero. Por ser muy rico salía con cuanto quería, y todos le tenían miedo. Mi amo remitiome a mí aquella causa, que mirase cuál tenía razón, y senteme muy de pontifical, y llamadas las partes, el catalán alegaba que no sé qué letuario que le había dado era contrario. El otro daba buena cuenta de sí. Como yo vi que iba sobre malicia, mandé llamar a los porteros y un alguacil, que se llama «chauz», y mandele dar cien palos, y que por cada uno pagase un real a los que se los diesen, lo cual fue muy presto ejecutado con la codicia del dinero. Como el bajá oyó las voces que el pobre judío daba, preguntó qué fuese aquello. Dijéronle: «Señor, una justicia que el cristiano ha mandado hacer». Hízome llamar presto, y díjome algo enconado: «¡Perro! ¿Quién te ha mandado a ti dar sentencia?» Yo respondí: «Vuestra Excelencia». Díjome: «Yo no te mandé sino que vieses lo que pasaba para informarme». Yo le dije: «Señor, Vuestra Excelencia, así como así, lo había de hacer, ¿qué se pierde que esté hecho?» Con esto se rio, y quedose con sus palos. Holgáronse tanto los judíos de ver que no había aquel bellaco jamás hallado quien le castigase, que por la calle donde yo iba me besaban los judíos la ropa. En el tiempo que Zinan Bajá gobernaba tenía los mejores descuidos de justicia del mundo todo.

Juan   ¿En qué?

Pedro   Muchas veces se iba disfrazado a los bodegones a comer por ver lo que pasaba; cada noche rondaba toda la ciudad para que no pegase nadie fuego; como las casas son de madera, pequeñas, sería malo de matar; y si después que tocan unos tambores a que nadie salga, topado alguno fuera de casa, luego le colgaba en la misma parte. Hacía barrer las puertas a todos los vecinos; y si pasando por la calle veía alguna puerta sucia, luego hacía bajar allí la señora de la casa, y las mozas y a todas les daba, en medio de la calle, de palos; yendo yo con él un día le vi hacer una cosa de príncipe, y es que vio un judío con unas haldas largas y todo lleno de rabos, como que los tenía del otro año secos, y los zapatos y calzas ni más ni menos, y llamole y preguntole si era vecino del pueblo; dijo que sí; y si era casado; dijo que sí; y si tenía casa; a todo respondió que sí. Dice: «Pues anda allá, muéstrame tu casa que la quiero saber». El judío se fue con él y se la mostró, y mandó llamar a su mujer y preguntole si era aquel su marido; dijo ella: «Sí, señor»; dice: «¿Date de comer y lo que has menester todo?»; respondió: «Por cierto, señor, muy cumplidamente». Volviose después a los porteros, que iban tras él, y díjoles: «Dadle en medio esta calle cien palos a la bellaca, pues dándole todo lo que ha menester su marido, no es para limpiarle las cascarrias». No lo hubo acabado de decir cuando fue puesto por obra.

Mata   Ruin sea yo si de cancillería se cuente punto de más recta justicia ni más gracioso. Y a propósito, ¿esa gente llamáis bárbara? Nosotros lo somos más en tenerlos por tales.

Pedro   Su vicio era andarse todo el día solo por las calles, disfrazado, mirando lo que pasaba para cogerlos en el hurto, visitando muy a menudo los pesos y medidas.

Juan   ¿Y al que lo tiene falso qué le hacen?

Pedro   Toman una tabla como mesa, y alrededor colgados muchos cencerros y campanillas, y hácenle por medio un agujero, cuanto pueda sacar la cabeza, para que la lleve encima de los hombros, y tráenle así por las calles entiznada la cara y con una cola de raposo en la caperuza.

Juan Todas son buenas maneras de justicia esas, y agora los tengo por rectos.

Pedro Mas decidles que no la guarden, veréis cómo les irá; maldito el pecado venial hay que sea perdonado en ningún juez; a fe que allí no aprovechan cartas de favor, y la mejor cosa que tienen es la brevedad en el despachar; no hayáis miedo que dilaten como acá para que, por no gastar, el que tiene la justicia venga a hacer concierto de puro desesperado; en Consejo real y en las otras audiencias hay esta costumbre que ningún juez se puede levantar de la silla si primero no se dice tres veces: «¿quim maz lahatum bar?», «¿quién quiere algo?»

Mata ¿Aunque sea hora de comer?

Pedro Aunque le amanezca allí otro día.

Juan ¿Juzgan por sus letrados y escribanos?

Pedro Sus libros tienen los jueces, y letrados hay como acá; pero no tanta barbarería y confusión babilónica; quien no tiene justicia, ninguno hallará que abogue por él a traer sofísticas razones; pocos libros tienen, lo más es arbitrario.

Mata	¿No habrá allá pleitos de treinta años y cuarenta como acá?
Pedro	No, porque niegan haber más de un infierno; y si eso tuviesen, eran obligados a confesar dos. Cuando el pleito durare un mes, sera lo más largo que pueda ser, y es por el buen orden que en todas las cosas tienen. Si yo quiero pedir una cosa la cual tengo de probar con testigos, es menester que cuando pido la primera vez tenga los testigos allí trabados de la halda, porque en demandando preguntan: ¿tienes testigos?, en el mismo instante se ha de responder: «Sí, señor; helos aquí»; y examínanlos de manera que cuando me voy a comer ya llevo la sentencia en favor o contra mí.
Juan	¿Cómo lleváis los testigos si primero el juez no los manda llamar?
Pedro	Cada uno de aquellos «cadis» o «subaxis» tiene porteros muchos, como os tengo dicho, y llamadores y citadores, y otros que llaman «cazazes», como acá porqueones, y todos éstos tienen poder, como se lo paguéis, de llevar de los cabezones a cuantos le mandaréis, si no quieren ir de grado.
Mata	¡Oh, bendito sea Dios, que sean los infieles en su secta santos y justicieros y nosotros no, sino que nos contentemos con solo el nombre!

El sultán

Juan — ¿Cómo se hace el Consejo Real?

Pedro — En Turquía todos son esclavos, sino solo el Gran Turco, y de éstos, tres más privados hace bajás, que, como dicho tengo, es dignidad de por vida, los cuales tres bajás son los mayores señores que allá hay; tienen de renta para su plato, cada cincuenta mil ducados, sin muchas ciudades y provincias que tienen a cargo, y los presentes que les dan, que valen más de doscientos mil. Dentro el «cerraje» del Gran Turco hay una sala donde se tiene el Consejo, dentro la cual hay un trono, todo hecho de celosías, que cae adentro a los aposentos del emperador, y de allí habla lo que han de hacer, y cuando piensan que está allí no está, y cuando piensan que no está, está. Por manera que ninguno osa hacer otra cosa que la que es de justicia. Los tres bajás son los que gobiernan el imperio, como si dijésemos acá del Consejo de cámara, y con éstos se sientan los dos «cadilesquieres», y a la mano izquierda se sientan los «tephterdes», que es como Contadores mayores, y así hacen su audiencia, que llaman «diván», con toda la brevedad y rectitud que pueden; y si por caso ellos o los otros jueces hacen alguna sin justicia, aguardan a que el Gran Turco vaya el viernes a la mezquita, y ponen una petición sobre una caña por donde ha de pasar, y él la toma y pónesela en la toca que lleva, y en casa la lee y remedia lo que puede, para mal de alguno, y acabado el Consejo se da orden de comer allí donde están, y si acaso hay mala información de algún capitán, mándale presentar el rey una ropa de terciopelo negro, la cual le significa el luto, de manera que sin alboroto en el Consejo secreto le llaman, y el Gran Turco le hace una reprehensión, y para que se enmiende en lo de por venir, luego del pie a la mano le hace cortar la cabeza y envíale a casa. Estos bajás no tienen para qué ir a la guerra sino yendo la misma persona del Gran Señor.

Mata — Soberbia cosa será de ver el palacio del Emperador.

Pedro — No le hay en cristianos semejante. En medio tiene un jardín muy grande, y conforme a tan gran señor; está a la orilla del mar, de suerte que le bate por dos partes y allí tiene un corredorcico todo de jaspe y pórfido, donde se embarca para irse a holgar. Dentro el jardín hay una montaña pequeña, y en ella va un corredor con más de doscientas cámaras, a donde solían posar los capellanes de Santa Sofía. Todo esto cercado como una ciudad, y tiene seis torres fuertes llenas de artillería, y aun de tesoro, que no hay tanto en todo el mundo como él solo tiene; y todo al derredor bien artillado; los aposentos y edificios que hay dentro no hay para qué gastar papel en decirlos.

Mata — Quien tan grande cosa tiene, ¿no podrá dejar de tener gran corte?

Pedro — Esa os contaré brevemente; pero sabed primero que todos los señores, así el rey como bajás, tienen dentro de sus casas toda su corte por gran orden puesta, que el cocinero duerme en la cocina, y el panadero en el horno, y el caballerizo en el establo; y todos los oficios mecánicos de sastre, zapateros, herreros y plateros todo se cierra dentro de casa, juntamente con los gentiles hombres, camareros y tesoreros y mayordomos.

Juan   No deben de ser gente muy regalada, si todos caben dentro una casa cuantos habéis nombrado.

Pedro   Haced cuenta que es un monasterio de los frailes de San Francisco, y aun ojalá tuviesen cada uno su celda, que serían muy contentos. Tres pajes son en la cámara del Gran Turco los más privados de todos. El primero, que le da la capa y siempre cuando sale fuera le lleva un fieltro para si lloviere. El segundo, lleva detrás de él un vaso con agua para que se lave donde quiera que se halle para hacer oración. El otro lleva el arco y la espada. Hácenle de noche, cuando duerme, la guarda con dos blandones encendidos. Hay, sin éstos, quince pajes de cámara, que también se mudan para hacer la guarda y cuarenta guardarropas; hay también tres o cuatro tesoreros y otros muchos pajes, que sirven en la contaduría; los más preeminentes oficios, tras éstos, son: portero mayor, que se llama «capichi baxá»; y su teniente de éste; y sin éstos, otros trescientos porteros; cocinero y despensero mayor son tras esto, en casa del rey y los demás príncipes, preeminentes oficios, y tienen en algo razón, pues por su mano ha de pasar lo que comen todo. El cocinero mayor tiene debajo de sí más de ciento y cincuenta cocineros, entre grandes y chicos, y el despensero otros tantos; y llaman al cocinero «aschi baxi», y al despensero «quillergi baxi». El panadero y caballerizo también son de este arte. El sastre, que llaman «terezibaxa», tiene otros tantos.

Mata   ¿Cómo tienen tantos?

Pedro   Yo os diré: como, por nuestros pecados, cada día llevan tantos prisioneros por mar y por tierra, del quinto que dan al emperador, y de otros muchos que le presentan, los muchachos luego los reparte para que deprendan oficios a la cocina, tantos y a la botillería, tantos, y así; y la pestilencia también lleva su parte cada año, que no se contenta con el quinto ni aun con el tercio veces hay. El principal cargo en la corte, después de los bajás, es «bostangi baxi», jardinero mayor, por la privanza que tiene con el Gran Turco de hablar con él muchas veces; y cuando va por la mar, éste lleva el timón del bergantín; tiene debajo de sí éste doscientos muchachos, que llaman jardineros, a los cuales no les enseñan leer ni escribir sino esto solo, y el que de éstos topa el primer fruto para presentar al Turco tiene sus albricias.

Mata   ¿Qué ha de hacer de tanto jardinero?

Pedro   Estos doscientos entended que son del jardín de palacio, que de los otros jardines más son de cuatro mil.

Mata	¿Jardineros?
Pedro	Sí; bien nos contentaríamos todos tres si tuviésemos la renta que el Gran Turco de solos los jardines. La primera cosa que cada señor hace es un jardín, el mayor y mejor que puede, con muchos cipreses dentro, que es cosa que mucho usan; y como ha cortado la cabeza a tantos bajás y señores, tómales todas las haciendas y cáenle jardines hartos; y de aquellos «agás» grandes que tiene por guarda de las mujeres y pajes hace grandes señores, y como son capados y no pueden tener hijos, en muriendo queda el Turco por heredero universal. Berzas y puerros y toda la fruta se vende como si fuese de un hombre pobre, y se hacen cada año más de cuatro mil ducados de tres que yo le conozco, que el uno tiene una legua de cerco.
Mata	¿De qué nación son esos mozos?
Pedro	Todos son hijos de cristianos, y los privados que tiene en la cámara y en casa también.
Juan	Espántame decir que todos sean allá esclavos, sino el rey.
Pedro	Todos lo son y muchas veces veréis uno que es esclavo del esclavo del esclavo; acemileros, camelleros y gente de la guarda del Gran Turco y otros oficiales necesarios, entended que hay como acá tienen nuestros Reyes, sin que yo los cuente, médicos, y barberos, y aguadores, y estufas.

Juan	¿Cuántos serán aquellos eunucos principales que hay dentro el cerraje?
Pedro	Más de ciento, de los cuales hay diez que tienen cada día de paga cuatro ducados, y otros tantos de a dos, y los demás a ducado, y vestidos de seda y brocado.
Mata	¿Y ésos pueden salir a pasear por la ciudad?
Pedro	Ninguno, ni de cuantos pajes he contado, que son más de doscientos, puede salir ni asomarse a ventana más que las mujeres; porque son celosos, y como creo que os dije otra vez ayer, todos, desde el mayor al menor, cuantos turcos hay son bujarrones, y cuando yo estaba en la cámara de Zinan Bajá los veía los muchachos entre sí que lo deprendían con tiempo, y los mayores festejaban a los menores.
Juan	Y cuando esos pajes son grandes, ¿qué les hacen? ¿Múdanlos?
Pedro	Luego los hacen «espais», que son como gentiles hombres de caballo, y les dan medio escudo al día, y caballo y armas, y mándanles salir del cerraje, metiendo en su lugar otros tantos muchachos. Allí les van cada día los maestros a dar lección de leer y escribir y contar.

El ejército

Juan	He oído que en las cosas de la guerra no gasta dinero como nuestros reyes.
Pedro	¿Ya queréis que entremos en la guerra? Pues sea así. Digamos primero de los señores y capitanes. Tras los tres bajás, la mayor dignidad es «beguelerbai», que es como quien dice señor de señores. Capitán general de éstos hay uno en Grecia, el cual tiene debajo de sí cuarenta «santjaques».
Mata	¿Qué es «santjaque»?
Pedro	Como acá maestres de campo o coroneles: «sangac», en su lengua, quiere decir bandera, y ciento y cincuenta «subagis», que son gobernadores. El «beglerbai» tiene treinta mil ducados de paga, sin sus provechos, que son mucho más. Los «santjaques bais» tienen de cuatro a seis mil ducados; los «subaxis», de mil a dos mil; el segundo «beglerbai» es de la Anotolia, y tiene treinta «santjaques» y cien «subaxis» cuasi de la misma paga. Tiene también ocho mil «espais», y el de la Grecia otros tantos y más. El tercero es el «beglerbai» de la Caramania; no es tan grande como estos otros. Tiene diez «santjaques», y entre «subagis» y «espais», obra de diez mil. El cuarto es el «beglerbai» de Amacia. Tiene como éste la paga y gente. El quinto es el de Arbecha, en Mesopotamia. Danle más partido que a los otros porque está en la frontera del Sofi. Tiene veinte «santjaques» con quince mil caballos; tiene sobre todo esto un virrey en las tierras que tomó al Aduli y otro en el Cairo, que le envían cada año grandes te-

soros. En el campo es preferido el «beglerbai» de la Grecia, y no puede nadie tener las tiendas colocadas ni junto a la del gran señor sino los tres bajás, y éstos, y si hay algún hijo del Gran Turco es obligado a estar debajo de lo que éstos ordenaren, en paz y en guerra. Paga muy bien toda esta gente. Cada Luna veis aquí un ejército. Tras éstos es un señor que es mayor que todos si quiere, que es el «genízaro aga», el general de los genízaros, el cual tiene debajo de sí comúnmente doce mil genízaros, que hacen temblar a toda Turquía y en quien está toda la esperanza del campo y las victorias más que en todo junto, como nuestro rey en los españoles.

Juan   ¿Qué cosas son esos genízaros?

Pedro   Todos son hijos de cristianos tributarios del Gran Turco, como griegos, búlgaros y esclavones en los cuales son obligados los padres a dar de cinco uno, no en todas partes, porque en muchas son privilegiados; y demás de todo esto, aunque os parece que gasta mucho el Turco con tener el ejército en paz y guerra tan grande, hágoos saber que es poco; porque de cada cabeza que hay en la casa de cualquier cristiano o judío, de catorce años arriba, son obligados a pagar un ducado cada año. Mirad cuántos millones salen, y los hijos que le diezman tómanlos pequeños y pónenlos a oficios y a deprender leer y a trabajar, para que se hagan fuertes, y de éstos eligen los genízaros. Llámanse, antes que los hagan genízaros, «axamoglanes». Traen por insignia los genízaros unas cofias de fieltro blanco, a manera de mitras con una cola que vuelve atrás y hasta en medio labrada de hilo de oro, y un cuerno delante de plata tan grande como la cofia, lleno de piedras los que las tienen. Éstos son gente de a pie, y si no es los capitanes de ellos, que son diez principales de a mil, y ciento menores de a cada ciento, no puede en la guerra nadie ir a caballo.

Juan   ¿Qué es la paga de ésos?

Pedro   De real y medio hasta tres cada día, y una ropa larga azul cada año. Los «axamoglanes» tienen de medio real hasta tres cuartillos y otra ropa; su insignia es una cofia de fieltro amarillo, de la misma hechura que un pan de azúcar; también les dan una ropa de paño más grosero y del mismo color cada un año, y de éstos y de los genízaros envían siempre en todos los navíos del gran Señor cada y cuando que salen fuera para el mar Mayor y al Cairo y Alejandría.

Mata   ¿Dónde tienen esos genízaros su asiento?

Pedro   Las fortalezas principales todas están guarnecidas de éstos, porque aunque sean malhechores no los matan, sino envíanlos fuera de Constantinopla, en un lugar apartado de Constantinopla, cuasi en medio de ella, que se llama «Iaibaza». Están más de mil cámaras, donde ellos viven diez por cada cámara, y el más antiguo de aquellos diez se llama «oddobaxi», al cual están los otros sujetos, y cuando van en campo es obligado de buscar un caballo en que lleven sus

	ajuares. Danle a cada cámara un «axamoglán» para que los sirva de guisarles de comer.
Mata	¿Qué tan grande es la cámara?
Pedro	Cuanto puedan caber todos a la larga echados.
Mata	¿Y los que son casados?
Pedro	No puede genízaro ninguno ser casado.
Juan	¿Cómo duermen?
Pedro	En el suelo, como esclavos; no hay hombre de ellos que en paz ni en guerra tenga más cama de una alfombra y una manta en que se envolver, y sin jamás se desnudar, aunque esté enfermo.
Juan	¿Ninguno puede ser casado?
Pedro	Siendo genízaro, no; pero suelen ascender a capitán o a «espai» o algún otro cargo, y salen de aquel monasterio. La más fuerte gente son que en ningún ejército hay de espada, arco y escopeta y partesana, y no creo que les hace cosa ninguna ser fuertes sino el estar sujetos y no regalados.
Mata	Decid, por amor de mí, a un soldado de los nuestros que no duerma en cama, y si es a costa ajena, pudiéndolo hurtar o tomar por fuerza del pobre huésped, que deje de comer gallinas y aun los viernes, y que no ande cargado de una puta.

Juan	Hartas veces duermen también en el campo sin cama.
Pedro	Será por no la tener.
Mata	¿Llevan putas?
Pedro	En todo el ejército de ochenta mil hombres que yo vi, no había ninguna. Es la verdad que, como son bujarrones y llevan pajes hartos, no hacen caso de mujeres.
Juan	¿Ordenan bien su ejército como nosotros?
Pedro	¿Por qué no? Y mejor. No son gente bisoña los que gobiernan, sino soldados viejos, y no tienen necesidad de hacer gente ninguna como acá, sino envía a llamar tal «beglerbai» que venga luego a tal parte; luego éste llama sus «santjaques bais», y los «santjaques» sus capitanes; y en paz están tan apercibidos como en guerra, de manera que dentro de tercero día que el «beglerbai» recibe la carta del emperador tiene allegados veinte mil hombres pagados, que no tiene que hacer otro sino partirse, y el que dentro de tercero día no pareciese le sería cortada sin remisión ninguna la cabeza, diciendo que ha tantos años que el señor le paga y el día que le ha menester se esconde. Ochenta mil hombres vi que se juntaron dentro de quince días de como el Gran Turco determinó la ida de Persia.

Mata	¿No tocan tambores?
Pedro	Para hacer gente, no; mas en el campo traen sus tambores y bien grandes, que no puede llevar un camello más de uno, y tócanle dos hombres, y cierto parece que tiembla la tierra. También hay trompetas y pífanos.
Juan	¿Qué ordenanza llevan cuando el Gran Turco sale en campo?
Pedro	De los genízaros escogen para lacayos trescientos, que este emperador tiene los más gentiles hombres de todos, y muy bien aderezados, que se llaman «solaques»; lo cuales traen en la cabeza una mitra blanca a modo de pan de azúcar, y encima un muy rico penacho y grande de garzotas blanco. Muy soberbia cosa cierto es ver cuando sale en campo, que los genízaros van todos hechos una rueda dentro de la cual va, y los solaques la mitad atrás y la otra delante, y todos los bajás y beglerbais junto a él, delante de los cuales todos los santjaques van con sus banderas cada uno, y no las dan a los mocos, como acá, sino ellos mismos se la llevan. En cuanto os he dicho hay hombre, sino en los genízaros, que vaya vestido menos de seda o brocado hasta en pies. No curéis de más sino que más soberbio príncipe en ese caso no le hay en el mundo ni más rico, porque con cuanta costa tiene en lo que os he dicho, gana y no pierde en las jornadas, agora sea por mar, agora por tierra; porque en queriendo salir, luego echa un repartimiento así a turcos como judíos y cristianos,

	para ayuda de defender sus tierras contra cristianos, y saca más de lo que gasta por más gente que lleve.
Juan	Bien sé que no se puede contar ni saber la renta que tiene de cierto; pero, a lo que comúnmente se dice, ¿qué tanta será?
Pedro	Dejadme acabar el escuadrón de la guerra, que todo se andará para que no dejemos rastro. Estos espais, que son como acá caballos ligeros de la guarda del rey, le hacen siempre, cuando está en el campo, de quinientos en quinientos, la centinela al derredor del pabellón, y los que duermen también tienen de estar allí; detrás de todos estos van los silitarios en escuadrón, que son dos mil, los cuales llevan los caballos del Gran Señor para cuando quisiere trocar caballo, que es como acá pajes de caballeriza; luego van los «ulufagos», que son mil cuasi, como espais, y hacen la centinela al rey de día y noche; luego va el escuadrón de los cazadores, que son tantos como el ejército de algún rey a caballo y a pie.
Juan	De manera que sirven de soldados y cazadores.
Pedro	No cale a nadie decir no soy obligado a pelear, que mozos de cocina y todos van cuando el rey sale. Bien son los cazadores mil de caballo, y más de otros tantos a pie, y tiénelos bien menester, porque tiene gran multitud de halcones, azores y girifaltes que le traen sus tributos y presentes; perros de todas suertes un buen rebaño hay como de ovejas, de más de dos mil. Los lebreles y alanos tienen paga de ge-

nízaro cada día; los podencos, galgos y perdigueros, paga de «axamoglan», y aun mantas cada un año, así para echarse como para traer, porque los usan allá traer enmantados como caballos. Mil genízaros y «axamoglanes» tienen cargo de solos los perros, y no les falta en qué entender.

Mata ¿Y gente de a pie no hay?

Pedro Demás de los genízaros y solaques, que van a pie, hay otro escuadrón que llaman «cariplar», como quien dice el de los pobres, que por la mayor parte es de tres o cuatro mil. El postrero es de azapes, como quien dice libres, los cuales son hijos de turcos y naturales, y éstos se allegan como acá los soldados, y cuando se acaba la guerra los despiden.

Juan Con todo eso no me parece que llega el ejército a ochocientos mil y a cuatrocientos mil, como acá nos cuentan que trae el gran señor en campo.

Pedro Una muy grande cantera o mina habéis descubierto que no os la sabrá nadie soltar si no es muy visto en aquellas partes; y si nuestro invictísimo César tuviese tiempo de poder ir contra este ejército, con solo el diezmo de gente que llevase quebraría los dientes al lobo, sino que, parte él estar impedido en estas guerras de acá, que no le dejan ejecutar su deseo, parte también nuestra cobardía y poco ánimo, por las ruines informaciones que los de allá nos dan sin saber lo que se dicen, les da a ellos ánimo y victorias; de manera que el miedo que nosotros tenemos los hace a ellos valientes, que de otra manera más gente somos de guerra sesenta mil de nosotros que seiscientos mil de ellos, y más son diez mil caballos nuestros que cien mil de los suyos.

Mata   ¿Cómo pueden ser más setenta que ochocientos?

Pedro   Decíroslo he, si estáis muy atentos a oír la cosa, que hallaréis poco o ninguno que os sepa decir ciertamente. Suele haber en el campo del Gran Turco ordinariamente quinientos mil hombres, y no más tampoco, porque siempre se dice más de lo que es, de los cuales ojalá sean el diezmo para armas tomar; cien mil caballos cada vez los lleva sin duda ninguna; mas tened por averiguado que no son treinta mil, ni aun veinte. ¿Pensáis que por caballo se ha de entender un caballo de los hombres de armas de acá? Pues engañado estáis, que de aquéllos pocos hay. ¿Acuérdaseos que os dije ayer cuando me quise huir que compré dos caballos en cinco ducados, razonables?

Mata   Muy bien.

Pedro   Pues haced cuenta que de seis partes de los que hay en el campo del Gran Turco, los cinco son de aquéllos.

Mata   ¿Y de qué sirven?

Pedro   Yo os lo diré: de dos mil espais que hay que tienen a medio ducado de paga al día, cada uno es obligado a tener tres caballos consigo y tres hombres en ellos;

y otros que tienen un ducado de paga son obligados a mantener seis caballos, y cada uno conforme a la paga que tiene; allende de esto, como no son gente regalada ni duermen jamás en poblado, cada uno lleva un caballo cargado con la tienda y una cama en que duerme, y otro con arroz y bizcocho y calderas en que guisar de comer, y otro para los vestidos y ajuar; además de todo esto, en casa no dejan más de las mujeres; no hay quien no tenga media docena de esclavos, pajes y otros cuatro para los caballos, y todo esto que digo mantiene cada día con medio real de pan y otro tanto de arroz; vino no lo beben; pues los caballos los más días comen heno. Finalmente, que cada espai lleva al menos ocho caballos, y entre ellos uno que vale algo, y diez esclavos, y con dos reales de costa al día el que más gasta. Así mismo cada ulofegi otro tanto, y todos cuantos tiran de paga un ducado llevan doce criados y otros tantos caballos; y si tiene de paga dos ducados lleva doblados caballos y esclavos.

Juan   Espántame poder sustentar con tan poco dinero tanta gente.

Pedro   ¿De qué os espantáis? ¿No miráis que son sus esclavos y no les dan salario ninguno ni a beber vino, ni vestido, sino de mil en mil años? También hinchen mucho los que tienen cargo de apacentar los caballos del Gran Turco y llevarlos de diestro, que son cristianos.

Mata   ¿Y van con él a la guerra?

Pedro	Y son los que más provecho le hacen, de Caramania y Blachia, que son tierras de gente medio salvaje, y de Bulgaria. También se dan muchos tributos al Gran Turco entre los cuales cada año tienen estas provincias de enviar dos mil hombres para dar el verde a los caballos del Gran Señor y llevarlos de diestro cuando van en campo.
Juan	¿Y qué paga les dan a ésos?
Pedro	Ninguna; más de que cada uno, cuando se vuelven, que ha servido un par de años, lleva consigo una póliza de cómo sirvió y es exento de no pagar al rey tributo ninguno de un ducado que cada año había de pagar, y cuando viene la primavera traen su capitán y vanse a presentar delante del Gran Turco con una hoz y un haz de heno, cada uno por insignia, y luego les reparten los caballos.
Mata	¿Pues tantos caballos tiene el Gran Turco que son menester dos mil hombres?
Pedro	Y aun más de tres mil también. Es muy rico y tiene granjerías de yeguas y caballos, y os aseguro que pasan de cinco mil los caballos regalados y más de cincuenta mil camellos, por no decir de cien mil. ¿Con qué pensáis que podría dar a todos los de su corte, que son más de veinte mil, los caballos y camellos, sino de esta manera? Que si yo tengo por gentil hombre suyo un escudo de paga, digo de los que sirven en su corte, les da también tantos caballos

y tantos camellos cuando fuere en campo; por manera que, muy bien contado todo, de cuatrocientos mil hombres habrá cien mil que peleen, y aun ojalá ochenta, y esto querría yo que procurasen saber de raíz nuestros príncipes cristianos, y no creer a cada chirrichote que se viene a encalabazarles veinte mentiras, que después no hay quien los saque de ellas. Pues en las cosas de la mar, me decid; que no hacen sino parlar que puede armar doscientas galeras, quinientas galeras; yo le concedo que cada vez que quiera puede echar trescientas en la mar, pero armarlas le es tan imposible como a mí, porque si tiene guerra en Persia, si arma setenta hará todo su poder y más de lo que puede; y si no tiene guerra, ciento y veinte serán las más que pueda.

Mata	¿Cómo no puede con tanto dinero armar las que quisiere?
Pedro	Porque no aprovecha el dinero y la galera sin gente que la gobierne. No hay marineros en todo su estado para más de ciento; y aunque haya marineros no hay quien reme, que tiene menester para cada una ciento y sesenta hombres, y no se pueden haber de tres o cuatro mil adelante, de aquellos mortales y chacales que vienen a Constantinopla para alquilarse a remar.
Juan	¿Qué será la renta del Gran Turco?
Pedro	Lo más conforme a la verdad que pude descubrir es que de solo el tributo de los cristianos tiene cada año millón y medio, sin los presentes, que son más

de otro medio; las alcabalas, un millón escaso; las salinas, medio millón; bien hay otro medio millón al menos de las cosas que vacan antes que él las provea y las haciendas de todos los que mueren sin hijos, y aunque los tengan, si tienen oficios reales, entra por hijo el Gran Turco a la partición. El estado que fue del Carabogdan paga cada año millón y medio y harto más; los venecianos pagan por Chipre y el Zante trece mil ducados, sin lo de las parias que no sé lo que monta. El Chío le da catorce mil; Raguza, medio millón dicen; esto no sé si es tanto. El bajá que está por gobernador del Cairo y Suria y todo el estado que tenía el sultán, da un millón y quince mil hombres pagados. Sobre todo esto tiene aquellas minas que ayer os dije de la Cabala y la isla del Schiato, que pasan de dos millones. Pues sumadme vos lo que valdría la décima de todos los frutos del imperio, que yo no me atrevo.

Juan	¿Los diezmos lleva el Gran Turco?
Pedro	¿Qué pensabais? Todos, así de cristianos como judíos y turcos, y no penséis que le valen menos los judíos del tributo que le dan que los cristianos, que antes es más; porque aunque creo que son más los cristianos, los tributos de los judíos son mayores mucho. Cuando tiene de ir en campo, todos los bajás y beglerbeis y santjaques y los demás oficiales principales a porfía le hacen cada uno un presente, el mejor que puede. Yo vi uno que Zinan Bajá le hizo que valía cien mil ducados de plata y oro y sedas.

Juan	Un mal orden veo en el pagar del tributo de los cristianos que decís.
Pedro	¿Qué es?
Juan	Que paga uno de catorce años arriba un ducado; ¡qué barbarería es tratar a los pobres y a los ricos de una misma forma!
Pedro	No tocáis mal punto, y por eso os tengo dicho que preguntándome me haréis acordar muchas cosas. El pobre y el rico, en tocando los años catorce, es empadronado en el libro que llaman del «aracho», y si es pobre paga un escudo, y el rico tres.
Juan	Eso bien.
Pedro	Y aun hay algunos, particularmente privilegiados, que no pagan nada, mas son obligados de hacer un presente que valga treinta ásperos.
Mata	¿De artillería es bien proveído?
Pedro	No lo solía ser, ni tenía maestros que los enseñasen, principalmente el encabalgar las piezas en carretones, hasta que echaron los judíos de España, los cuales se lo han mostrado, y el tirar de escopetas, y hacer de fuertes y trincheras y todos cuantos ardides y cautelas hay en la guerra, que no eran antes más que unas bestias. Hanse en el campo de esta manera, que si se quema la tienda de alguno, so pena de la vida no puede gritar ni hacer alboroto, sino matarlo

	si puede buenamente, por no de asosegar el campo, y aunque vengan a matar algunos a otro, no puede aquél tal gritar, sino defenderse y callar, so la misma pena, y aunque se le suelte el caballo no puede ir tras él gritando, sino bonicamente si le puede coger, y si no, que se pierda.
Juan	¿Qué maceros lleva el Gran Señor? Porque otros reyes llevan los que hagan lugar para pasar.
Pedro	Llámase el «chauz baxí», un capitán que sirve como de sargento, de poner la gente en orden, y tiene debajo de sí, que tengan el mismo oficio, trescientos «chauzes», que van haciendo lugar por donde ha de pasar.
Mata	¿Hay allá postas como acá?
Pedro	Donde quiera que va el Gran Señor le siguen los correos de a caballo; pero no hay caballos deputados para eso, porque son tan celosos que les podrían dar avisos a los cristianos por donde urdiesen alguna traición.
Mata	¿Pues corren sin caballos?
Pedro	Cada uno es menester que lleve una cédula del Gran Turco para que le den caballos por donde fuere, con la cual hacen dos mil bellaquerías, tomando cuantos topan por el camino sin que se les pueda decir de no, y algunos rescatan por dineros. Verdad sea que no corren allá de noche; los mejores correos son de

a pie, que van siempre donde quiera que va el Gran Señor junto a él cien persianos, que llaman «peics», los cuales dicen por muy averiguado que no tienen bazo. Yo no lo creo, pero ellos mismos me decían que era verdad, y no querían decir el secreto cómo se le sacaban. Éstos van cantando y saltando siempre delante el caballo del señor, sin calzas, vestidos de unas ropas de seda verdes y cortas hasta las espinillas; en la cabeza una mitra como pan de azúcar de terciopelo colorado, llena de muchas plumas y muy galanas, y colgadas de la cinta unas campanillas como de buhonero, de plata, que cuando caminan van sonando; en la una mano un pedazo de azúcar cande y en la otra una redomica de agua rosada, con que van rociando la gente, y en el punto que algo quiere el señor, despachan uno de aquéllos.

Juan	¿Qué tanto caminan cada día?
Pedro	Veinticinco leguas y treinta si fuere menester. Zinan Bajá tenía uno que de Constantinopla a Andrinópoli iba en un día y venía en otro, que son treinta leguas.
Mata	Mucho es; no camina más la posta. ¿Es verdad que cuando el Gran Señor sale fuera siempre lleva diez mil caballos que le acompañan?
Pedro	Más lleva de ochenta mil cuando va a la guerra.
Mata	No digo yo sino a pasear por la ciudad o a su oración.

Pedro	Eso es una gran mentira; porque si tiene de ir a pasear, por la mayor parte va en un bergantín por mar; si tiene de ir a la oración, sabed que lo que ésos dicen en su vida vieron doscientos caballos juntos, porque de otra manera no dirían tan grande necedad; desde el palacio a Santa Sofía, donde se le dice el oficio, habrá cuatrocientos o quinientos pasos. Pues metedme en quinientos pasos diez mil caballos. Aína me haréis decir que diez mil mosquitos no cabrán por el aire, cuanto más caballos. La realidad de la verdad es que cuando sale, así sale como nuestro emperador, con obra de trescientos de a caballo y otros tantos de a pie, y no creáis otra cosa aunque os lo juren; lo que podrán afirmar es que son gente muy lucida todos aquellos, porque traen ropas de brocado y sedas de mil colores, hasta en pies, y muy lucidos caballos, y aquellos «solaques» con sus penachos campean mucho y abultan yendo como van ellos y los genízaros en grande ordenanza.
Juan	¿Santa Sofía tienen los turcos como nosotros?

Santa Sofía

Pedro	Justiniano Magno, duodécimo emperador de Constantinopla, edificó el templo de Santa Sofía, el más magnífico, suntuoso y soberbio edificio que pienso haber en Asia, África ni Europa; y cuando sultán Mahameto tomó a Constantinopla, hízole hacer, quitando todas las imágenes y figuras, mezquita suya, adonde el Gran Señor va todos los viernes a su

	oración, y quedole el nombre de Santa Sofía. Toda la han derribado, que no ha quedado más de la capilla principal y dos claustras, para edificar allí casas.
Juan	¿Qué más había de tener de dos claustras?
Pedro	Más de cuatro villas hay en España menores que solía ser la iglesia; tenía trescientas puertas de metal y una legua pequeña de cerco.
Juan	¿Qué obra tiene? ¿De qué está hecha?
Pedro	Yo quería pintárosla cuando hablase de Constantinopla; pero, pues viene a propósito, dicho se estará; no puedo decir con verdad cómo estaba primero, porque yo no la vi, sino de oídas; mas viendo los cimientos por donde iba y lo que agora hay, se puede sacar lo que estonces era. Las dos claustras son todas de mármol blanco, suelo y paredes, y la techumbre, de obra musaica; tienen dieciocho puertas de metal. El mármol no está asentado como acá, sino muy pulido, a manera de tablero de ajedrez.
Mata	Eso me da a entender que las paredes se hagan de aquella hechura.
Pedro	Los mármoles sierran allá como acá los maderos, y hacen tan lindas y tan delgadas tablas de él como de box, lo cual es uno de los más grandes trabajos que a los cristianos les dan.

Mata	La sierra debe de ser de requesón, porque otra cosa no bastar a hender ni cortar los mármoles, como nos queréis hacer en creer.
Pedro	La sierra, porque hagáis milagros, corta sin dientes ni aguzarla, y porque me habéis detenido mucho en esto os lo quiero presto dar a entender. Con aquellas sierras, en la señal que hacen, echando arena y agua se corta con la misma arena, y es menester que uno esté de contino echando arena.
Juan	Donde sacan el jaspe, en Santo Domingo de Silos, me han dicho que se hace eso.
Pedro	Créolo; de manera que primero hacen de obra gruesa la pared; después asientan encima aquellas losas, no más ni menos que lo escaques en un tablero de ajedrez, o como acá ladrillos. La capilla principal no tiene en toda ella mármol ninguno, sino todo es jaspe y pórfido.
Mata	¿El suelo también?
Pedro	Todo.
Mata	¿No será muy grande de esa manera?
Pedro	Cabrán dentro diecisiete mil ánimas, las cuales cada día de viernes se ven salir, porque solo aquel día se dice el oficio con solemnidad, de que el rey o quien está en su lugar se tiene de hallar presente.

Mata	¡Ay, ojo! ¡Ay, que me ha caído no sé qué! ¿En una capilla de jaspe y pórfido diez y siete mil ánimas? Vos que estáis más cerca tiradle del hábito y paso, porque se le romperéis todo.
Pedro	El contar a bobos como vos tales es causa del admirar. ¿Habéis nunca estado en Salamanca?
Mata	¡Pues no! ¿Por qué lo preguntáis?
Pedro	Qué boquiabierto debíais de estar cuando visteis el reloj, porque para tales entendimientos como el vuestro y otros tales aquella es una sutil invención y grande artificio. Pues más os hago saber, que con ser cuán grande es, que bien tendrá un tiro de arcabuz de parte a parte, en medio no tiene pilar ninguno, sino el crucero, de obra musaica, que parece que llega al cielo; al derredor todo es corredores de columnas de pórfido y jaspe, sobre que se sustenta la capilla, uno sobre otro. Estoy por decir que en solas las ventanas pueden estar más de doce mil ánimas, y es así.
Juan	¿Cómo están esos corredores? ¿Todos al derredor de la capilla?
Pedro	Sí, y unos sobre otros hasta que llega a lo más alto.
Juan	Admirable cosa es ésa. ¿Y dejan entrar a cuantos quieren dentro a verlo?

Pedro Si no son turcos, no puede otro ninguno entrar, so pena que le harán turco, salvo si no es privado, como yo era. Siempre tiene su guarda de genízaros a las puertas, los cuales por dos reales que les den dejarán entrar a los que quisieren, sin pena; pero si entran sin licencia castíganlos como dicho tengo. La capilla tiene nueve puertas de metal que salen a la claustra, todas por orden en un paño de pared, cuatro de una parte y otras tantas de la otra; tienen la mayor en medio y todas son menester, según la gente carga, y son bien grandes; tienen unas antepuertas de fieltro colorado; la cubierta de arriba, en lugar de tejas, es toda plomo, como dije de la casa de Ibrahim Bajá.

Mata Yo callo. Dios lo puede hacer todo.

Pedro Bien podéis, que ello es como yo digo, que no me va a mí nada en que sea grande ni pequeña; mas digo aquello que muchas veces he visto y palpado.

Costumbres ciudadanas

Juan Los galanes, ¿como por acá van a mula y a caballo a ese templo?

Pedro Todos los que las tienen. Verdad es que más se usa cabalgar a caballo que a mula, aunque muchos señores van a mula y los judíos médicos también; tienen por gran deshonestidad cortarles la cola, y por eso no lo hacen sino trénzansela y átansela a la correa del estribo que la lleve de lado.

Juan — ¿Traen gualdrapas?

Pedro — Todos; pero pequeñas, de brocado o de carmesí; las sillas son pequeñitas y muy pulidas, pintadas o de plata, y sobre ellas no les echan gualdrapa ni otra cubierta, porque son así más galanas labradas. El mozo de espuelas o paje lleva un caparazón de paño muy repicado, y en apeándose el amo luego le echa aquél encima a la silla porque no se ensucie.

Mata — ¿Cabalgan bien? ¿Son buena gente de caballo?

Pedro — Los turcos no, sino muy ruin; los estribos son anchos como los de la jineta, y cabalgan largo a la estradiota. Si corren, harto piensan que hacen en tenerse que no los derribe el caballo, sin otra policía, dando mil culadas. Los caballos todos son capados y mejor curados que ninguna nación, sino es aquéllos que quieren para casta, y de aquí viene que están en una caballeriza muchos juntos sin rifar. Por la mayor parte traen todos los galanes el freno de plata y las riendas también. Llevan todos colgada del arzón una maza de hierro y una caja de latón que cabrá dentro un azumbre de vino.

Mata — ¿De qué les sirve aquélla?

Pedro — Cuando pasean por la ciudad llevan en ella una esponja con que se limpian los vestidos en apeándose, como nosotros con escobetas, y cuando van en campo les sirve como a nosotros una barretera o barjuleta de llevar un poco de carne o higos o pan.

Las armas

Mata — ¿No hay allá escobetas?

Pedro — Sí, hartas; pero mucho mejor limpia el paño la esponja, y el cuero para las guarniciones del caballo; que en apeándose, entre tanto que negocia, se las tienen de limpiar los mozos; tanto son de pulidos y limpios. Para los pies del caballo lleva el mozo de espuelas otra en la cinta.

Mata — No hemos dicho de las armas con que pelean.

Pedro — Ellos no usan arneses como nosotros; camisas de malla los que las pueden alcanzar las traen, y unos morriones guarnecidos de plata muy bien hechos, y éstos son pocos los que se los ponen, porque el tocado que ellos traen cada día en lugar de caperuza es tan fuerte como un almete y no le pasará un arcabuz; la gente de caballo también lleva cada uno una lanza medio jineta, con una veleta de tafetán, y como cada caballo tenga una de éstas en la mano parece lo mejor del mundo, y de muy lejos campea.

Mata — No podrá dejar de ser cosa muy de ver cien mil caballos que cada uno tenga su lanza con bandereta; pues ¿no usan lanza en cuja, como éstas de nuestros hombres de armas?

Pedro	¿Para qué las quieren, no usando arneses? La gente de a pie son buenos escopeteros, y traen unas gentiles escopetas que acá son muy preciadas, y con razón, partesanas y sus cimitarras.
Juan	Muchas veces he oído que cuando tiene de llevar la artillería, que la hace desbaratar toda, y a cada uno da tantas libras que lleve y adonde se tiene de asentar la hace hundir.
Pedro	Asiéntese con las otras fábulas que por acá cuentan, y no nos detengamos en eso, que él trae la mejor artillería que príncipe del mundo, y mejor encabalgada en sus carretones y con todo el artificio necesario. Teniendo tantos renegados, por nuestros pecados, que son muchos más que los turcos naturales, ¿queríais que ignorase todos los ardides de la guerra? Aína me haréis decir que es más y mejor la artillería que tiene sobrada en Constantinopla, sin servirse de ella que la que por acá tenemos aunque sea mucha. El Sofi es el que no trae artillería ni escopetería, que si la tuviese, más belicosa gente son que los turcos.
Juan	El Sofi, ¿es turco o qué es?
Pedro	Rey de Persia, donde fue el fin de Mahoma; todos son moros.
Juan	¿Pues a que fin es la guerra entre él y el Gran Turco?

Pedro	Pretende el Sofí que él es el legítimo emperador de Constantinopla, Cairo y Trapisonda, y a él compete la conquista y defensión de Mahoma, como a más antiguos moros, y que el Gran Turco es medio cristiano, y desciende de ellos, y todos sus renegados son hijos de cristianos y malos turcos, como el emperador solía traer contra los alemanes luteranos la guerra.
Juan	¿Qué gente trae en campos ése?
Pedro	Sesenta mil caballos, todos de pelea, y tan acostumbrados al mal pasar que se estarán dos años si es menester sin meter la cabeza debajo de poblado.
Juan	¿Y a pie?
Pedro	Ninguno, ni un tan solo hombre, y por eso es más fuerte que el turco, y las más veces le vence, porque hoy está aquí, mañana amanece acullá, y toma de sobresalto al Gran Señor muchas veces. Por donde quiera que va todo lo asuela; en lo poblado no deja casa ni cimiento; los panes por donde pasa todos los quema; la gente toda la pasa a cuchillo; porque cuando va el Gran Turco por allí no hallen qué comer ni dónde se acoger para hacerse fuerte.
Mata	¿Llevando el Gran Turco mucha más gente que él no le vence? ¿Y más con tanta artillería como decís que tiene y el otro no nada, y la gente de pie que es más?

Pedro   Si el Sofi quisiese esperar batalla campal, no hay duda, sino que le vencería cada vez, porque la gente de a pie mucha cosa es para desjarretarles los caballos.

Juan   Más es la artillería.

Pedro   No os engañéis en eso, que en batalla campal las manos y arcabucería hacen la guerra y en la mar también, que la artillería poco estrago puede hacer. Contra una ciudad es buena, porque derriba un lienzo de una cerca o una torre, o un fuerte de donde les hacen mal, y hace lugar por donde pueda entrar el ejército; pero en lo demás todo es llevar una hila de gente, que en un ejército no es nada y da muchos cincos, unos de corto, otros de largo y otros de calles. Líbreos Dios de las pelotillas pequeñas cuando juega la arcabucería, que parece enjambre de abejas, y si una no os acierta, viene otra y otra que no puede errar. Los persianos cabalgan excelentísimamente, y sesenta mil caballos que el Sofi trae sin duda valen más que un millón del Gran Turco.

Juan   ¿Pues cómo no le quiere esperar la batalla?

Pedro   De miedo de la artillería y gente de a pie, que hacen luego fuertes y trincheras donde se mete la gente de a pie, y los de caballo no pueden entrar allí ni ofenderles.

Juan   De esa manera, ¿cómo decís que por la mayor parte es victorioso el Sofi?

Pedro	Yo lo diré. El Gran Turco le va siempre rogando que le espere la batalla campal, y el Sofi va huyendo y no quiere. Al cabo, concédesela y señalan el lugar donde tiene de ser, y allí cada uno asienta su real, y el Gran Turco planta su artillería y ordena su campo, y el otro pone sus tiendas y comienzan luego de escaramuzar, en las cuales escaramuzas siempre el Sofi gana, porque son lejos de la artillería, y tiénenles ventaja en la caballería. Vienen luego a la batalla, y al mejor tiempo, como se ven ir de vencida, vuelve las espaldas y alza su real y húyese. El Gran Turco va siguiendo la victoria, y acógesele a cualquier montaña, y al mejor tiempo revuelve de noche sobre la retaguardia del turco, que resta a guardar la artillería, y tomándola sobre alto desbarátala y destrúyela.
Juan	Por manera que cuando quiere vencer huye.
Pedro	No puede, si eso no hace, ganar sino perder; la mejor cosa que él trae es venir así a la ligera. Si tuviese este Sofi arcabucería, sin duda ninguna podría conquistarle cuanta tierra tiene, y si nuestros príncipes cristianos fuesen contra el turco, había de ser cuando tuviese guerra con éste, que entonces no tiene fortaleza ninguna.
Mata	Mejor sería hacer del ojo al Sofi, como quien dice; dad vos por allá y yo por acá; tomarle hemos en medio; mas poco veo que ganamos con todas sus discordias, como ellos han hecho con las nuestras.

Pedro	Ganaremos si Dios fuere servido, y si no se tiene de servir no lo queremos.

Las mujeres

Mata	Las bodas turquescas hicimos sin acordársenos del novio, y toda la plática de ayer y hoy hemos hecho sin acordársenos de ellas. ¿Hay mujeres en Turquía?
Pedro	No, que los hombres se nacen en el campo como hongos.
Mata	Dígolo porque no hemos sabido la vida que tienen ni la manera del vestir y afeitarse.
Juan	Media hora ha que vi a Mátalas Callando que estaba reventando por esta pregunta.
Mata	¿Son las mujeres turcas muy negras?
Pedro	Ni aun las griegas ni judías, sino todas muy blancas y muy hermosas.
Juan	¿Cayendo tan allá el Oriente son blancas? Yo pensaba que fuesen como indias.
Pedro	¿Qué hace al caso caer al Oriente la tierra para ser caliente, si participa del Septentrión? Constantinopla tiene 55 grados de longitud y 43 de latitud,

y no menos frío hay en ella que en Burgos y Valladolid.

Mata — ¿Aféitanse como acá?

Pedro — Eso, por la gracia de Dios, de Oriente a Poniente y de Mediodía a Septentrión se usa tanto, que no creo haber ninguna que no lo haga. ¿Quién de vosotros vio jamás vieja de ochenta años que no diga que entra en cuarenta y ocho y no le pese si le decís que no es hermosa? En sola una cosa viven los turcos en razón y es ésta: que no estiman las mujeres ni hacen más caso de ellas que de los asadores, cucharas y cazos que tienen colgados de la espetera; en ninguna cosa tienen voto, ni admiten consejo suyo. De estos ruidos, cuchilladas y muertes que por ellas hay acá cada día están bien seguros. ¡Pues cartas de favor me decid! Más querría el favor del mozo de cocina que el de cuantas turcas hay, sacada la sultana que yo curé, que ésta tiene hechizado al Gran Turco y hace lo que le manda; pero las otras, aunque sean mujeres del Gran Turco, no tienen para qué rogar, pues no se tiene de hacer.

Mata — Ruin sea yo si no tienen la razón mayor que en otra cosa ninguna; y si acá usásemos eso, si no viviésemos en paz perpetua y fuésemos en poco tiempo señores de todo el mundo, de más de que seríamos buenos cristianos y serviríamos a Dios, le tendríamos ganado para que nos ayudase en cuanto emprendiésemos de hacer.

Juan	¿Qué nos estorban ellas para eso? A la fe nosotros somos ruines y por nosotros queda.
Mata	¿No os parece que andaría recta toda la justicia de la cristiandad si no se hiciese caso del favor de las mujeres? Que en siendo uno ladrón, y salteador de caminos, procura una carta de la señora abadesa y otra de la hermana del conde, para que no le hagan mal ninguno, diciendo que el que la presente lleva es hijo de un criado suyo; de tal manera que, siendo ladrón y traidor, con una carta de favor de una mujer deja de serlo. La otra escribe que en el pleito que sobre cierta hacienda se trata, entre Fulano y un su criado, le ruega mucho que mire que aquél es su criado y recibirá de ello servicio. El juez, como no hay quien no pretenda que le suban a mayor cargo, hace una de dos cosas: o quita la justicia al otro pobre que la tenía, o dilátale la sentencia hasta tomarle por hambre a que venga a partir con el otro de lo que de derecho era suyo propio, sin que nadie tuviese parte.
Juan	Ésos serán cual y cual que alcanzan aquel favor; pero no todos tienen entrada en casa de las damas y señoras para cobrar cartas de favor.
Pedro	Engañaisos, aunque me perdonéis, en eso, y no habláis como cortesano. ¿Quién no quiere cartas de favor, desde la reina a la más baja de todas las mujeres, que no la alcanza? Como el hijo de la que vende las berzas y rábanos quiera el favor, no ha menester más de buscar a la comadre o partera con

	quien pare aquella señora de quien quiere el favor, y encomiéndase a ella, y alcanzarle ha una alforja de cartas.
Juan	Y si es monja, ¿qué cuenta tiene con la partera?
Pedro	El padre vicario os hará dar firmado cuanto vos pudierdes notar, aunque no conozcan aquel a quien escriben. Una mujer de un corregidor vi un día, no muy lejos de Madrid, que porque estaba preñada y no se le alborotase la criatura rogó a su marido que no ahorcasen un hombre que ya estaba sobre la escalera, y en el mismo punto le hizo quitar y soltáronle como si no hubiera hecho pecado venial en su vida.
Mata	¿Andan tan galanas como acá y con tanta pompa?
Pedro	Y con más mucha; pero no se pueden conocer fuera de casa ninguna quién sea.
Mata	¿Por qué?
Pedro	Porque no puede ir ninguna descubierta sino tan tapadas que es imposible que el marido ni el padre ni hermano la conozca fuera de su casa.
Juan	¿Tan poca cuenta tiene con ella en casa que no la conoce fuera?
Pedro	Aunque tenga toda la que quisiéredes, porque no son amigas de trajes nuevos, sino todas visten de una

	misma manera, como hábitos de monjas. ¿Conoceríais en un convento a vuestra hermana ni mujer si todas se os pusiesen delante con sus velos?
Mata	¿Quién las ha de conocer?
Pedro	Menos os hago saber que podréis estotras; porque todas van de una manera rebozadas, y los vestidos de una hechura, aunque unas vayan de este color, otras de aquél, unas de brocado, otras de seda y otras de paño. Notad cuanto quisiéredes el vestido y rebozo que vuestra mujer e hija se pone para salir de casa, que como salgáis al umbral de vuestra puerta toparéis cien mujeres entre las cuales las medias llevan el vestido mismo y rebozo que vuestra mujer.
Mata	¿Son celosos los turcos?
Pedro	La más celosa gente son de cuanta hay y con gran razón, porque como por la mayor parte todos son bujarrones, ellas buscan su remedio.
Juan	¿Y sábenlo ellas que lo son?
Pedro	Tan grandes bellacos hay entre ellos que tienen los muchachos entre ellas, y por hacerles alguna vez despecho en una misma cama hacen que se acueste la mujer y el muchacho y estase con él toda la noche sin tocar a ella.
Mata	Sóbrales de esa manera la razón a ellas.

Pedro	Tampoco fiarán que el hermano ni el pariente entre dentro do están las mujeres, como uno que nunca vieron. Cuando yo curaba la hija del Gran Turco, me preguntaba Zinan Bajá, y no se hartaba, cómo era, y cómo estaba, y cómo era posible que yo le tomase el pulso; y siendo mujer de su propio hermano, y estando dentro de una ciudad, me decía que diera un millón de buena gana por verla, y no en mala parte, sino por servirla como a cuñada y a persona que lo merecía. Pero no aprovecha, que se tiene de ir con la costumbre.
Mata	De esa manera, ¿para qué las dejan salir fuera de sus casas?
Pedro	Los que las dejan no pueden menos, porque, como dije atrás, su confesión de ellos es lavarse todos, y los jueves, por ser víspera de la fiesta, van todas al baño aunque sea invierno, y allí se bañan, y de camino hace cada una lo que quiere, pues no es conocida, buscando su aventura; en esto exceden los señores y muy ricos a los otros, que tienen dentro de casa sus baños y no tienen a qué salir en todo el año de casa ni en toda su vida de como allí entran, más que monjas de las más encerradas que hay en Santa Clara.
Mata	¿Cómo pueden estar solas en tanto encerramiento?
Pedro	Antes están más acompañadas de lo que querrían. Mi amo Zinan Bajá tenía sesenta y tres mujeres. Mirad si hay monasterio de más monjas.

Juan	¿Qué quería hacer de tantas mujeres? ¿No le bastaba una, siendo bujarrones como decís?
Pedro	Habiéndose de ir de una manera y de otra al infierno, con el diablo que los lleve, procuran de gozar este mundo lo mejor que pueden. Habéis de saber que los señores ni reyes no se casan, porque no hay con quien, como no tengan linajes ni mayorazgos que se pierdan, sino compran alguna esclava que les parezca hermosa y duermen con ella, o si no alguna que les presentan, y si tiene hijos, aquella queda por su mujer, y hace juntamente, cuando edifica casa para sí, una otra apartada, si tiene posibilidad para ello, y si no un cuarto en la suya sin ventana ninguna a la calle, con muchas cámaras como celdas de monjas donde las mete cuantas tenga, y aun si puede hacer una legua de su cerraje el de las mujeres es cosa de más majestad. Puede tener, según su ley, cuatro legítimas, y esclavas compradas y presentadas cuantas quisiere. Y lo que os digo de Zinan Bajá mi amo entenderéis de todos los otros señores de Turquía; y no estiméis en poco que yo os diga esto, que no hay nacido hombre turco ni cristiano que haya pasado acá que pueda con verdad decir que lo vio, sino hablar de oídas. En aquella casa tenía sesenta y tres mujeres; en cuatro de ellas tenía hijos. La mayor era la madre del hijo mayor, y todas estaban debajo de ésta, como de abadesa. Este cerraje tenía tres puertas fuertes, y en cada una dos negros eunucos que las guardaban y llaman los «agas». El mayoral de éstos tenía la puerta de más adentro, y allí su aposento.

Juan	¿Y capados eran los porteros?
Pedro	No entendáis, a fuer de acá quitadas las turmas, sino a raíz de la tripa cortado el miembro y cuanto tienen, que si de este otro modo fuese, no se fiarían; y de éstos no todos son negros, que algunos hay blancos. Cuando tienen algún muchacho que quieren mucho, luego le cortan de esta manera, porque no le nazca barba, y cuando ya es viejo, sirve de guardar las mujeres o los pajes, que no menos están encerrados. El mayor presente que se puede dar a los príncipes en aquella tierra es de estos eunucos, y por eso los que toman por acá cristianos, luego toman algunos muchachos y los hacen cortar, y muchos mueren de ello. Habiendo yo de entrar en el cerraje de las mujeres a visitar, llamaba en la primera puerta de hierro como los encantamientos de Amadís, y salíame a responder el eunuco, y visto que yo era, mandábame esperar allí, y él iba a dar la nueva en la segunda puerta, que el médico estaba allí. El segundo portero iba al tercero, que era el mayoral; éste tomaba luego un bastón en las manos y a todas las mujeres hacía retirar a sus aposentos y que se escondiesen, y no quedase más de la enferma; y si alguna, por males de sus pecados, quisiera no se esconder por verme, con aquel bastón le daba en aquella cabeza, que la derribaba, aunque fuera la principal.
Juan	¿Superior a todas es ese negro?

Pedro   Más que el mismo señor. En manos de éste, si quiere, está hacer matar a cualquier turco que él dijere que miró por entre la puerta o que quiso entrar allá; tiene de ser creído. Dejadas todas encerradas, venía por mí y llevábame a la cámara donde había de mirar la enferma; y no valía ir mirando las musarañas, sino los ojos bajos como fraile, y cuando veía el pulso tenía las manos revueltas con unos tafetanes para que no se las viese, y la manga de la camisa justa mucho, de manera que no veía otra cosa sino dos dedos de muñeca. Todo el rostro tapado, hasta que me quejé al Bajá y le dije: «Señor, de mí bien sabe Vuestra Excelencia que se puede fiar; este mal negro usa conmigo esto y esto, y por no le ver el rostro pierdo lo más de la cura». El Bajá luego mandó que para mí no se cubriesen ni dejasen de estar allí las otras, que yo las viese. De allí adelante, por despecho del negro, le tomaba el pulso encima el codo y les hacía descubrir entrambos brazos, para ver en cuál parecería mejor la vena, si fuese menester sangrar, y quedamos muy amigos el eunuco y yo, y la mejor amistad en casa de aquellos señores es de aquél, porque es el de más crédito de todos, y no hay quien más mercedes alcance con el señor que él. Yo os prometo que el que guarda a la sultana, que se llama Mahamut Aga, que es mayor señor y más rico que duque de cuantos hay en España, y cuando sale a pasearse por la ciudad lleva cien criados vestidos de seda y brocado.

Mata   ¿No tienen grandes envidias entre sí sobre con cuál duerme el señor y se mesan?

Pedro	Tenía un aposento para sí en aquel cerraje, y cuando se le antojaba ir a dormir con alguna, luego llamaba el negro eunuco y le decía: tráeme aquí a la tal; y traíasela, y dormía con ella aquella noche, y tornábase a su palacio sin ver otra ninguna de cuantas estaban allí, y aun por ventura se pasaba el mes que no volvía más allá.
Juan	¡Oh, vida bestial y digna de quienes ellos son! ¿Y con sesenta y tres tenía cuenta?
Pedro	No se entiende que todas eran sus mujeres, que no dormía sino con siete de ellas; las otras tenía como acá quien tiene esclavas: las que le caían de su parte, las que le presentaban, luego las metían allí como quien las cuelga de la espetera, en donde la señora principal le hacía deprender un oficio de sus manos como ganase de comer, como es asentar oro, labrar y coser; otras sirven de lavar la ropa y otras de barrer, y cuando el señor quiere hacer merced a algún su esclavo, dale una de aquéllas por mujer, y hácele primero la cata él mismo como a melón, y así como ser esclavo de un señor es peor que de un particular y pobre, es también en las esclavas; que el día que de allí las sacan, aunque sea para venderlas, se tienen por libres.
Mata	Paréceme que esos señores estarán muy seguros de ser cornudos.

Pedro	No hay señor allá que lo sea, ni particular que no lo sea, por la grande libertad que las mujeres tienen de irse arrebozadas al baño y a bodas y otras fiestas.
Juan	Por manera que esas que están muy encerradas no sirven a sus maridos.
Pedro	¿Cuál servir? Yo os prometo que en siete meses que Zinan Bajá estuvo malo no le vio mujer, ni él a ella más que le veis agora vosotros, y más que estaban en un cuarto de la casa del jardín donde estaba malo; sino cada día venía el negro mayoral a mí, que decían las señoras que cómo estaba, y llevaba la ropa que había sucia para hacerla lavar, y era también y mejor servido de los pajes y camareros como si estuvieran allí las mujeres.
Mata	Los particulares, como no puedan mantener tantas casas, ¿estarse han juntos con ellas como acá?
Pedro	Es así en una casa; pero de aquélla tendrá una cámara donde se recogen las mujeres, que por más pobre que sea no tiene una sola. ¿Queréis ver cuán estimadas son las mujeres? Que cada día que queráis comprar alguna hallaréis una casa donde, en un gran portal de ella, se venden dos mil de todas naciones y la más hermosa y más de estofa que entre todas haya costará cincuenta escudos, y si llegase a setenta era menester que fuese otra Elena.
Mata	Un asno con jáquima y albarda se vale tanto.

Pedro	Y aun así no hay quien compre ninguna, que cada día sobran dos mil de ellas. Un paje valdrá doscientos escudos.
Juan	En casa de los particulares, ¿comen juntos marido y mujer?
Pedro	Todos, y guisan ellas de comer como es entre nosotros, y mandan, algunas hay aunque pocas, más que los maridos, cuando ven que está pobre y que aunque se quiera apartar no tiene con qué le pagar el dote que tiene de llevar consigo. Todas las calles están llenas de mujeres por donde quiera que vais, muy galanas; y señora hay que lleva tras sí una docena de esclavas bien aderezadas, como es mujeres de arraeces y capitanes y otros cortesanos.
Mata	Dicen por acá que son muy amigas de los cristianos.
Pedro	Como sean los maridos de la manera que os he contado, eran ellas amigas de los negros, cuanto más de los cristianos. Cuando van por la calle, si les decís amores, os responden, y a dos por tres os preguntarán si tenéis casa, y si decís que no, os dirán mil palabras injuriosas; si decís que sí, dirán os que se la mostréis disimuladamente, y métense allí, y veces hay que serán mujeres de arraeces; otras tomaréis lo que viniere, y si os parece tomaréis de allí amistad para adelante, y si no, no querrá deciros quién es.
Mata	De esa manera no hay que preguntar si hay putas.

Pedro	No penséis que tiene de haber pueblo en el mundo sin putas y alcahuetas, y en los mayores pueblos, más. Burdeles públicos hay muchos de cíngaras, que son las que acá llaman gitanas, cantoneras muchas, cristianas, judías y turcas, y muchas que ni están en el burdel ni son cantoneras y son de esas mismas.
Juan	¿No van algunas señoras a caballo?
Pedro	Las más van en unos carros cerrados, a manera de litera; otras van a caballo, no en mulas, sino en buenos caballos, ni sentadas tampoco, sino caballeras, como hombres, y por mozos de espuelas llevan una manada de esclavas; y sabed que allá no se usa que las mujeres vayan sentadas en las bestias, sino todas horcajadas como hombres.
Mata	No me parece buena postura y honesta para mujeres.
Pedro	En toda Levante, digo, en cuanto manda el turco, no hay mujer de condición ni estado ninguno que no traiga zaragüelles y se acueste con ellos, y no se les da nada que las veáis en camisa.
Juan	Ése es buen uso. ¿Traen chapines?
Pedro	No saben qué cosa es.

Los trajes

Mata	¿Qué hábito traen? ¿cómo visten?
Pedro	Yo os tengo dicho que si no es en el tocado, todo lo demás es una misma cosa el vestido de los hombres y de las mujeres, y esto se acostumbra desde el principio que vinieron al mundo hasta hoy, sin andar mudando como nosotros hacemos. En todas las cosas que pueden hacer al revés de nosotros piensan que ganan mérito de hacerlo, diciendo que cuanto más huyere uno de ser cristiano y de sus cosas, más grados de gloria tendrá y mejor cumplirá la secta de Mahoma, y por eso traen las camisas redondas sin collar ninguno, y las calzas cuantas más arrugas hacen son más galanas, y las mangas del sayo también y las ropas largas y estrechas, y si pudiesen caminar hacia atrás lo harían, por no nos parecer en nada, lo cual acostumbran algunos de aquellos sus ermitaños que tienen por santos; cuando van por la calle el pedazo que pueden le caminan hacia atrás. La camisa, como digo, es sin cabezón, bien delgada, de algodón porque no usan otras telas, y sobre la camisa traen un jubón largo hasta las rodillas, estofado, y las mangas hasta el codo.
Juan	¿Por qué tan cortas?
Pedro	Porque se tienen de lavar cada paso para la oración, y es menester arremangar los brazos.
Mata	Mal se podrían atacar siendo tan largo el jubón, que más me parece a mí sayo.

Pedro	No traen esta burlería de calzas con agujetas que parecen tamboriles, como nosotros, sino zaragüelles muy delicados como la camisa.
Juan	¿No han frío con ellos?
Pedro	En invierno buen zaragüelle traen de paño fino encima del otro delgado, por más limpieza; cuasi es a manera de calzas enteras nuestras, sino que arriba se ata como zaragüelles; las medias calzas de los tobillos abajo son de un sutil cordobán amarillo o colorado.
Mata	¿A qué propósito?
Pedro	Porque tienen necesidad de traer contino los pies más limpios que las manos, y en el verano todos traen unos borceguíes muy delgados, cortos hasta la rodilla, morados, colorados o amarillos, y dan al cuero este color allá tan fino como acá a los paños; en lugar de sayo traen una sotana hasta en pies, que llaman «dolamán», y por capa una ropa que llaman «ferxa» o «caftan» larga como digo; de qué sean estas ropas, ya veis que cada uno procurará de traerlas de lo mejor que pudiere. Hácense por aquellas partes unos brocados bajos que son más vistosos y galanes que los de cuatro altos; unos de raso pardo, todos llenos de alcachofas de oro o de granadas; otros terciopelo carmesí con flores y hojas de parra de oro; otros de damasco, y que todos aquellos corazones sean de oro. También los señores

	las tienen de cuatro altos y muy costosas, pero por no ser más galanas no las traen.
Juan	¿Qué tanto cuesta una ropa de ésas?
Pedro	Dejando aparte los muchos altos de estas otras, de veinticinco ducados a cuarenta.
Mata	¿No más? Antes me vestiría de eso que de paño ni otra seda.
Pedro	Cuasi es tan barato, y son tan primos los sastres de allá, que pespuntan de arriba abajo toda una ropa, como parece mejor, y dura doblado.
Mata	¡Así costará caro!
Pedro	Un ducado cuesta el pespuntar no más; porque no penséis tampoco que es como pespunte de jubón, tan menudo, sino tienen unas agujas damasquinas largas un jeme y delgadas como un cabello y con ellas en dos días lo hace un oficial, y aunque sea de bocací de color, si está pespuntada de esta manera, parece bien; las mangas del dolamán son hasta el codo, como las del jubón; pero las de la ropa de encima son largas y estrechas cuan larga es la ropa, y por estar el jubón y sayo sin mangas traen unas postizas y muy largas para que hagan muchas arrugas, como linterna de ésta, que cogen y sueltan sin prender con botón ni agujeta, y cuando se quieren lavar tiran de arriba y sale al ruedo pelo y después de lavado de solo un tirón la viste.

Juan	Deben de ser muy amigos de andarse a su placer sin andar engarrotados como estos nuestros cortesanos.
Pedro	El borceguí y la calza es tan ancho por abajo como por arriba; agujeta no la busquéis en el turco, que no hallaréis ninguna en Turquía. Las ropas todas traen botones con alamares y andan holgadas; los zapatos son tan puntiagudos como las albarcas que usan los de la sierra, pero pulidos por todo extremo, y se calzan como pantuflos y se descalzan, porque el talón está tieso como si fuese de palo, y todo el zapato así mismo, y bruñido, no está menos duro y tieso ni aun pulido que si fuese de vidrio y de esta manera se lava en la fuente como vidrio sin mojarse; así los de los señores como particulares están debajo herrados el calcañar con una herradura pulida, y arriba, debajo de los dedos donde hace fuerza el pie, tiene dos o tres docenas de clavillos.
Juan	¿De hierro?
Pedro	Pensé que de palo.
Juan	¿Y ésa llamáis policía?
Pedro	Eslo y más por donde están los hierros puestos con tanto primor.
Mata	¿No van sonando por las calles de esa manera?

Pedro	Sí van, pero ¿qué se les da a ellos? Si acá se usase que todos sonasen por las calles como se usa el no sonar, nadie se maravillaría. Éste es el hábito de ellos y de ellas; de tal manera que si el marido se levanta primero se puede vestir los vestidos de su mujer, y si ella los de él, y cuando le dan al sastre que haga una ropa no penséis que le están examinando hacedla hasta aquí, gandujadla de esta manera, guarnecedla de estotra; allá no hay guarnición ninguna, salvo que todas las ropas son aforradas en telas delgadas como muy finos bocacíes, y no toma el sastre más medida de sacarla por otra ropa, que no ve la persona para quien es, sino tomad esa ropa y haced a medida de ella otra de aquí.
Juan	Seglares y eclesiásticos, oficiales y soldados, ¿todos visten ropa hasta en pies?
Pedro	Todos, que no queda ninguno, y griegos y judíos, húngaros y venecianos, y en fin, todo Levante.
Mata	¿Y no les estorba algo para la guerra?
Pedro	¿Qué les tiene de estorbar la cosa que desde que nacen acostumbran y cuando es menester ponen haldas en cinta? La más común merced que los señores hacen es dar una ropa de brocado cuando le viene una buena nueva o cuando quieren gratificar una buena obra. Y para esto tienen una multitud en sus casas de sastres esclavos suyos, que están siempre haciendo ropas, y el señor se pone cada día una y luego la da. Cuando yo era camarero, tenía Zinan

Bajá una rima de más de quinientas de brocado, y cuando quería hacer alguna merced mandaba que le vistiesen aquel tal una ropa de aquéllas, y dábasela yo a uno de los pajes que se la vistiese, porque era obligado a darle alguna cosa después que con ella le había besado la mano al señor. Si el Gran Señor envía un capitán proveído en algún cargo, también les da su ropa, con la cual le van a besar la mano por la merced, y de aquí viene una gran mentira que antes que fuese esclavo oía decir por acá, que ninguno podía besar la mano al Gran Señor ni hablarle si no fuese vestido de grana.

Mata — Y agora se dice y se tiene por así.

Pedro — Pues es mentira, que cada uno que tiene que negociar con él, le habla con los vestidos que lleva, si no es como dicho tengo, que las más veces él hace mercedes de estas ropas, y después le van a besar las manos con ellas vestidos. Cuando Zinan Bajá estaba por virrey en Constantinopla y el Gran Turco en Persia, le enviaba desde allá con un correo de mes a mes o de dos en dos la espada que trae aquel día ceñida y el panecillo que le tienen puesto delante para comer, y éste es el mayor favor que le podía dar; la espada dándole a entender que guardase justicia, y el pan, por familiaridad que con él tenía, significando cuán en gracia suya estaba. El día que lo recibía estaba tan contento que era día de pedirle mercedes.

Juan — Aforros de martas y zorras y estas cosas, ¿no lo tendrán tan en uso como nosotros?

Pedro	Más comunes son allá las cebellinas y martas que acá las corderunas. Por maravilla hay en toda Turquía hombre, judío, ni cristiano, ni turco, que no traiga cuando hace frío ropa aforrada lo mejor que su posibilidad sufre. A comprar hallaréis cuantos géneros hay en el mundo de aforros, y en buen precio: martas muy finas cuestan veinte escudos y treinta; cebellinas, ciento, y aun a cincuenta hallaréis las que quisiéredes; turones, a siete escudos que parecen martas; conejos, ratas, que son como felpa parda, a cuatro ducados; raposos, a tres; corderunas, a dos; zacales, que son como raposos, a ducado, y por ser tan bueno el precio, pocos hay ninguno que no los traiga; para de camino tiene cada turco una ropa aforrada de barrigas de lobos que le sirve de cama, y es muy preciada; cuesta diez escudos y no es menos vistosa que marta; hay una cosa en ello, que para aforrar una ropa de las nuestras es menester tanto y medio aforro, porque son más anchas.
Juan	¿No traen gorras ni caperuzas?
Pedro	En eso el tocado, como dije antes, difieren los hombres y mujeres del hábito. Caballeros y gente de guerra y seglares, todos se raen la barba dos veces cada mes, dejando los bigotes; los eclesiásticos traen barba; cada semana se rapan las cabezas a navaja y dejan en la corona los cabellos crecidos cuanto un ducado de a diez de espacio.
Juan	¿Para qué?

Pedro	Porque si los mataren en la guerra y el enemigo le cortare la cabeza no le meta el dedo en la boca, que es vergüenza, sino tenga donde la asir.
Juan	¿Y todos están en esa necedad?
Pedro	Y en otras muy mayores. En la cabeza lo primero traen un bonetico delgado y colchado, de los que se hacen en galera, y sobre aquél uno de seda grueso dos dedos, y lleno de algodón y colchado, para que esté duro y tieso, en el cual revuelven la toca que llaman turbante, y en su lengua «chalma», y éste unos le traen grande, otros menor. El común de los gentiles hombres lleva cuarenta varas de toca de algodón delgada; los que andan en la mar le traen de veinticinco; el bajá, cuando va en Consejo, llévale de otra manera que cuando va por la ciudad; todavía tendrá sus ochenta varas; así mismo le traen el «mufti», el «cadilesquier» y los otros «cadis». No es poca ciencia saberle hacer, y hay hombres que no viven de otro. Blanco y limpio le traen como la nieve, y si sola una mota hay sobre él, luego le deshacen y le lavan.
Juan	¿Cómo pueden traer acuestas esa albardería?
Pedro	El uso hace maestros; enseña hablar las picazas; cava las piedras con el uso la gotera, súfrelo la tierra por ser muy húmeda, y sírveles en la guerra de guardarles las cabezas, que no es más cortar allí que en una saca de lana. Quien nunca vio turcos, si los ve

	de aparte, pensará que son mujeres, con las ropas largas y los tocados blancos.
Mata	El tocado de las mujeres, ¿de qué manera es?
Pedro	Los cabellos por detrás son largos y derramados por las espaldas; por delante los cercenan un poco a manera de los clérigos de acá. La primera cosa que sobre ellos se ponen es un barretín a manera de copa de sombrero, cuadrado, de brocado, y la que más galano puede, más; tieso también es menester, y sobre él, de la media cabeza atrás, un paño delicado, que viene a dar un nudo debajo de la barba, y luego otro encima más delicado, labrado de oro, y una venda de tafetán por la frente a manera de corona, que le da dos o tres vueltas y no se tarda nada en tocar.
Mata	No me deja de contentar el tocado.
Pedro	Paréceles muy bien.
Juan	No lo sepan eso las de acá, si no luego dejarán los tocados que tienen y tomarán ésos.
Pedro	Ahorrarán los alfileres, que no han menester ninguno. Collares de oro, llenos de pedrería, ajorcas y arracadas, por pobre que sea, lo tiene, porque las piedras valen baratas. El día que van al baño he visto muchas señoras mujeres de principales, y cuando van a bodas, que llevan dos mil ducados acuestas de solo oro y pedrería.

| Mata | Debíais de ser ya vos allá un Pedro entre ellas.

| Pedro | Maldita la cosa de mí se guardaba ninguna, sino que me iba a las bodas donde todas estaban destapadas y no se cubrían de mí, y también cuando visitaba alguna señora venían muchas damas a verla, y hacían un corrido y metíanme en medio; unas me hablaban turquesco, otras griego, otras italiano, y aun algunas fino español, de las moriscas que de Aragón y Valencia se huyen cada día con sus maridos y haciendas de miedo de la Inquisición. ¡Pues judíos, me decid que se huyen pocos! No había más que yo no supiese nuevas de toda la cristiandad de muchos que se iban de esta manera a ser judíos o moros, entre los cuales fue un día una señora portuguesa que se llamaba doña Beatriz Méndez, muy rica, y entró en Constantinopla con cuarenta caballos y cuatro carros triunfales llenos de damas y criadas españolas. No menor casa llevaba que un duque de España, y podíalo hacer, que es muy rica, y se hacía hacer la salva; destajó con el Gran Turco desde Venecia, que no quería que le diese otra cosa en sus tierras sino que todos sus criados no trajesen tocados como los otros judíos, sino gorras y vestidos a la veneciana. Él se lo otorgó, y más si más quisiera, por tener tal tributaria.

| Juan | ¿Qué ganaba ella en eso?

Pedro	Mucho; porque son los judíos allá muy abatidos, y los cristianos no; y no les harían mal con el hábito de cristianos, pensando que lo fuesen.
Juan	¿No tienen allá todos los judíos gorras?
Pedro	No, sino tocados como los turcos, aunque no tan grandes, azafranados, para que sean conocidos, y los griegos cristianos los traen azules. Cuando menos me caté vierais a la señora doña Beatriz mudar el nombre y llamarse doña Gracia de Luna «et tota Hierosolima cum illa». Desde a un año vino un sobrino suyo en Constantinopla, que era año de 1554, que en corte traía gran fausto así del Emperador como del Rey de Francia, y merecíalo todo porque era gentil hombre y diestro en armas y bien leído y amigo de amigos; y hay pocos hombres de cuenta en España, Italia y Flandes que no le conociesen, al cual el Emperador había hecho caballero, y llamábase don Juan Micas; y porque aquella señora no tenía más de una hija, a la cual daba trescientos mil ducados en dote, engañole el diablo y circundidose y desposose con ella; llámase agora Iozef Nasi. Los gentiles hombres suyos uno se ponía don Samuel, otro don Abraham y otro Salomón. Los primeros días que el Juan Micas estuvo allí cristiano, yo le iba cada día a predicar que no hiciese tal cosa por el interés de cuatro reales, que se los llevaría un día el diablo, y hallábale tan firme que cierto yo volvía consolado, y decía que no iba más de a ver su tía y se quería luego volver. Cuando menos me caté supe que ya era hecho miembro del diablo. Preguntado

que por qué había hecho aquello, respondió que no por más de no estar sujeto a las Inquisiciones de España; a lo cual yo le dije: «Pues hágoos saber que mucho mayor la tendréis aquí si vivís, lo cual no penséis que será mucho tiempo, y aquel malo y arrepentido». Y no pasaron dos meses que le vi llorar su pecado; pero consolábale el diablo con el dinero.

Juan ¿Qué fiestas y regocijos usan los turcos? ¿Juegan cañas?, ¿justan?, ¿tornean?, ¿corren sortija?

Pedro Ninguna de todas ésas: no justan, ni tornean porque no usan arneses; no corren cañas, porque no saben cabalgar a la gineta; ni sortija, porque no usan lanza en cuja.

Fiestas

Juan ¿En qué se ejercitan? ¿Qué fiestas tienen solemnes además de las Pascuas?

Pedro Ninguna.

Mata El día de San Juan dicen que hacen grandes fiestas.

Pedro Los que dicen esa mentira solamente la fundan por el cantar que dice:

La mañana de San Jua
al tiempo que alboreaba;

pero la verdad es que ninguna fiesta hacen a ninguno de cuantos santos tenemos, porque lo tendrían por pecado festejarlos, aunque los tienen por santos; como son San Pedro, San Pablo, San Juan y otros muchos, cierto los tienen por santos, y buenos; mas de ninguno guardan el día, sino de solo San Jorge, al cual festejan, sin comparación ninguna, más que su propia Pascua, y le guardan el mismo día que nosotros, que pienso que cae a 23 de abril.

Juan   ¿Por qué a San Jorge?

Pedro   Porque fue caballero turco y es santo turco, y nosotros dicen que se le usurpamos a ellos.

Juan   ¿Y en su lengua misma le llaman San Jorge?

Pedro   No, sino Hedrelez, y mucho más le venera la gente de guerra que la plebeya. Si el Gran Señor tiene de ir con su campo a Hungría o contra el Sofí, por dos meses de más a menos no dejará de esperar a partirse aquel día señaladamente, teniendo por averiguado que por solo aquello tiene de haber la victoria. Los otros turcos y turcas le da cada una una escudilla de su sangre, no sabiendo qué otra cosa le dar, y así pocos hay que no se sangren aquella mañana, como usan algunos idiotas acá la mañana de San Juan hacer otro tanto. De camisas y pañizuelos era muy bien proveído yo aquel día para todo el año, que me daban las mujeres del cerraje, de Zinan Bajá porque tuviese cargo de sangrarlas. Tomaba aquella mañana un par de barberos y metíalos dentro, y venían todas tapadas dos a dos, y sin escudilla ni ceremonia, en aquel suelo, o en una medio artesa, caía la sangre a discreción; yo las ataba a todas y les fregaba los brazos, y los barberos no tenían más que hacer de herir, y cada una me ofrecía camisa, zaragüelles o pañizuelos, según lo que podía.

Mata — Pues ¡válgame Dios!, si no hacen fiestas, ¿en qué se les pasa el tiempo? ¿Todo ha de ser jugar?

Pedro — La cosa que menos en el mundo hacen es eso. Ningún género de juego saben qué sea; con cuatro barajas de naipes hay harto para cuantos hay debajo la bandera de Mahoma, si no es algún bellaco renegado que era tahúr cuando cristiano, que éste tal busca a los judíos o venecianos con quien lo hacer; pero una golondrina no hace verano. Algunos hombres de la mar juegan ajedrez, no como nosotros, sino otro juego más claro, y esto por pasatiempo, sin dineros. En un lienzo traen pintados los escaques, y en mil días uno que está más sosegada la mar juegan por su pasatiempo como los niños acá con piedras.

Juan — ¿Qué causa dan para no jugar?

Pedro — La que yo os decía el otro día: ser gran vileza y deservicio de Dios, y tiempo malgastado y daño del prójimo, y homicidio de sí mismo.

Mata — Luego ¡por Dios!, a esa cuenta todo el tiempo se les va en comer, que es tan bellaco vicio como jugar y peor y más dañoso.

Pedro	En todas las naciones que hoy viven no hay gente que menos tarde en comer, ni que menos guste de ello, ni que menos se le dé por el comer. Príncipe, ni rey ni señor hay en Turquía que en dos o tres veces que come gaste hora entera en todas tres.
Mata	Si eso es así, repartidme vos el tiempo en qué le gastan, que por fuerza ha de ser todo dormir.
Pedro	Eso es lo que menos hacen, que a nadie le toma el Sol en la cama; pero soy contento de repartirosles el tiempo en qué lo gastan, como quien se le ayudó cuatro años a gastar. Los oficiales mecánicos todos tienen que hacer en sus oficios toda la vida.
Mata	¿Y las fiestas?
Pedro	Oye el oficio solemne en Santa Sofía, o en otras mezquitas; visita sus amigos; siéntase con ellos; parlan, hacen colación; vanse a pasear, negocian lo que el día de labor los puede estorbar. Los eclesiásticos son como acá los frailes, que no juegan; lo que les sobra de tiempo de sus oficios escriben libros, porque allá no hay imprentas; leen, estudian. Los que administran la justicia, si cada día fuese un año, tendrían negocios que despachar, y no les vaga comer. La gente toda de guerra se está ejercitando en las armas; vase a la escuela donde se tira el arco y allí procura de saber dar en el fiel si puede, teniendo en poco dar en el blanco; procura también saber algún oficio con qué ganar de comer el rato que no está en la guerra. Los caballeros todos pasean a caballo por las calles,

y van a tener palacio a los bajás y santjaques, pretendiendo que les aumenten las pagas y les hagan mercedes. Pues el rey y los bajás, en tan grande imperio bien tendrán que despachar sin que les sobre tiempo para jugar.

Juan   Gran virtud de gente es ésa y muy grande confusión nuestra.

Pedro   No os quebréis la cabeza sobre eso ni creáis a esos farsantes que vienen de allá, y porque los trataban mal en galera dicen que son unos tales por cuales, como los ruines soldados comúnmente dicen mal de sus capitanes, y les echan la culpa de todo, que pocos esclavos de éstos pueden informar de lo que por allá pasa, pues no los dejan entrar en casa, sino en la prisión se están. En lo que yo he andado, que es bien la tercera parte del mundo, no he visto gente más virtuosa y pienso que tampoco la hay en Indias, ni en lo que no he andado, dejado aparte el creer en Mahoma, que ya sé que se van todos al infierno, pero hablo de la ley de natura. Donosa cosa es que porque no jueguen no haya en qué pasar el tiempo.

Juan   ¿A qué hora se acuestan?

Pedro   Invierno y verano tienen por costumbre acostarse dos horas después de anochecido; hacen la oración postrera que llaman «iat namazi», y todos se van a dormir, y levántanse al rayar del alba a la otra oración; ni penséis que unos madrugan y otros no, sino hombres y mujeres, grandes y chicos, todos se levantan aquella hora.

Los muebles

Mata — ¿Qué tales camas tienen, porque he oído decir que duermen en suelo?

Pedro — Razón tienen los que eso dicen, pero más vale la cama suya que la nuestra. No tienen camas de campo, sino sobre unas alfombras tienden unos colchones sin colchar ni bastear, que se llaman duquejes, de damasco, y éstos están llenos de una pluma sutil que tienen los gansos, como flueco, y sobre éste ponen una colcha gruesa doblada, porque todas las camas usan estrechas como para uno no más, y hablo de la cama de un hombre de bien y rico; luego viene una sábana delgada y la sábana de arriba está cosida con la colcha de encima y sirve de aforro de la misma colcha, y cuando se ensucia quitan aquella y cosen otra. Si hace mucho frío tienen unas mantas con un pelo largo, que llaman esclavinas, azules y coloradas; a muy poca costa es la colcha de brocado, porque como la sábana toma la mayor parte, que vuelve afuera por todos cuatro lados, lo que se parece que tiene menester de ser brocado o seda es muy poco.

Mata — ¿Usan tapicerías por las paredes?

Pedro — Si no es rey o hijo suyo, no; y éstos las tienen de brocado de esto mismo de que hacen las ropas; mas la otra gente, como siempre procuran de hacer todas las cosas al revés de nosotros, la tapicería en suelo y las paredes blancas.

Juan — ¿De qué son los tapices?

Pedro — Finísimas alfombras. Así como nosotros tenemos por majestad tener muchos aposentos colgados, tienen ellos de tenerlos de muy buenas alfombras; y esta es la causa porque agora poco ha os dije que traían muy limpios los pies, porque a ningún aposento podéis entrar sino descalzos, no porque sea ceremonia, sino porque no se ensucien las alfombras; y como se tienen de calzar y descalzar a cada paso, es menester que los zapatos entren como pantuflos.

Mata — ¿Dónde se descalzan?

Pedro — A la entrada de cada aposento, y dejan los zapatos a la puerta; y para que mejor lo entendáis, sabed otro secreto, y es que no se sientan como nosotros en sillas, sino en estrados, de la misma manera que acá las señoras, con alfombras y cojines.

Mata — ¿Dónde se sientan?

Pedro — Sobre las almohadas.

Mata — ¿Así bajos?

Pedro — En el mismo suelo.

Mata   ¿De qué manera?

Pedro   Puestas las piernas como sastres cuando están en los tableros, y por mucha crianza, si están delante un superior y los manda sentar, se hincan de rodillas y cargan las nalgas sobre los calcañares, que los que no lo tienen mucho en uso querrían más estar en pie.

Mata   ¿Y de esotra manera no se cansan de estar sentados?

Pedro   Yo, por la poca costumbre que de ello tengo, estaré sin cansarme un día, ¿qué harán ellos que lo mamaron con la leche?

Juan   ¿Luego no tienen sillas los señores?

Pedro   Sí tienen, para cuando los va a visitar algún señor cristiano, como son los embajadores de Francia, Hungría, Venecia, Florencia. A éstos, porque saben su costumbre, luego les ponen una silla muy galana de caderas a nuestra usanza, muy bien guarnecida, y algunas veces ellos mismos se sientan en ella, que no es pecado sentarse, sino solamente costumbre.

Los embajadores

Juan   ¿Tantos embajadores hay en Constantinopla?

Pedro   Del rey de Francia, por la amistad que con el turco tiene, hay siempre uno, que se llamaba Mos de Ramundo, y el de agora Mos de Codoñat; del rey de

Hungría hay otro, que se llamaba Juan María, y deciros he, porque viene a propósito de éste, lo que vi en Constantinopla, por lo cual podréis juzgar cuán cautelosos son los turcos en el consejo de guerra y qué avisados. Este Juan María había estado muchos años por embajador, y rompiose la guerra el año de 52 con el turco, el cual mandó prender y poner en una torre al Juan María. Anduvo un año la guerra, y al cabo vinieron a tratar de conciertos y el Gran Señor envió al Juan María que fuese a tratar la paz, porque tenía necesidad de ir contra el Sofi. Como el Juan María fue en Hungría, trató los capítulos todos que cumplían a la paz y suplicó al rey que, atento que él le había servido muchos años en aquel cargo y estaba enfermo de la orina, que aun yo mismo le había curado en la prisión, le diese de comer en otro cargo, porque aquél no le aceptaba. El rey lo tuvo por bien y envió con los capítulos al obispo de Viena, y como llegó e hizo su embajada al Gran Turco, luego preguntó por Juan María. El obispo le respondió que estaba enfermo y impedido y por eso venía él. Dijo el Gran Turco: «Pues yo no firmaré capítulo de todos esos, y así se lo escribid a vuestro rey, si no viene el Juan María por embajador». El obispo lo escribió así al rey, el cual tornó a responder que no había lugar, pero que él enviaba un embajador muy principal en el obispo y a quien su majestad holgaría conocer y tratar. Tornó a decir que por ninguna manera aceptaría nada si él no venía; por eso, que bien se podía volver. Los bajás le reprehendieron diciendo: «¿Cómo, señor, por una cosa que tan poco importa como que venga aquél o no venga, quiere vuestra majestad dejar de hacer la paz que por el presente tanto le importa, principalmente viniendo un tan cabal hombre como éste, que pocos de tal suerte debe de tener el rey de Hungría en su corte?» A lo cual medio airado, respondió el Gran Turco: «Pésame que tenga yo en mi Consejo gente tan necia como vosotros y que ignore una cosa semejante y que tanto me va. ¿Paréceos, decid, que es bien que en el Consejo de mi enemigo haya un hombre tan plático en nuestros negocios que ha estado tanto tiempo entre nosotros y sabe mejor todos los negocios de acá que nosotros mismos, y de allá guiará hágase la cosa de esta manera y de esta, por tal y tal inconveniente, porque los turcos son de esta suerte y tienen esta costumbre? No me habléis más, que no firmaré capítulo ninguno si no viene Juan María muerto o vivo». Lo que con él se pudo acabar fue que firmase con esta condición, que dentro de un cierto tiempo viniese en Constantinopla por embajador, donde no quedaban las paces por ningunas.

Mata Y aun con eso ganan cada día y jamás pierden. El más alto consejo me parece que fue el del Gran Turco en eso, que de cabeza de ningún príncipe podía salir. Sin más oír del Gran Turco, yo para mí tengo que es hombre de buen juicio y de tal consejo se debe de servir; cosa es ésa que no se mira acá ni se hace caso, sino que por favor hay muchos que alcanzan a ser capitanes y consejeros en la guerra no habiendo en toda su vida oído tambor ni pífano, sino tamboril, guitarra y salterio. ¡Mirad qué consejo puede aquél dar en la guerra!

Juan	Cuando los ciegos guían ¡guay de los que van detrás! De mi voto gente tendría yo de experiencia y no se me daría nada de toda su ciencia.
Pedro	¿No sabéis qué respondió el príncipe Aníbal cuando en Atenas le llevaron andando a ver las escuelas, a oír un filósofo el de mayor fama que allí tenían y más docto?
Juan	No me acuerdo.
Pedro	Estando leyendo aquel filósofo entró el príncipe Aníbal a oír un hombre de tanta fama, y como le avisaron quién era el que le entraba a oír, dejó la plática que tenía entre manos y comenzó de hablar de cosas de la guerra; cómo se habían de haber los reyes, los generales; el modo de ordenar los escuadrones, el arremeter y el retirar; en fin, leyó una lección tan bien leída que todos quedaron muy contentos y satisfechos. Salidos de allí preguntaron al príncipe qué le parecía de un tan eminente varón. Respondió: «Habeisme engañado, que me dijisteis que tenía de oír un gran filósofo, lo cual no es éste, sino grande necio e idiota, que aquella lección el príncipe Aníbal la tenía de leer, que ha vencido tantas batallas, y no un viejo que en toda su vida vio hombre armado, cuanto más ejércitos ni escuadrones». A todos pareció bien la respuesta, como le vieron algo airado y la razón que tenía.

Mata	Y a mí también me satisface, que bien hay entre cristianos algunos que hablan mucho de la guerra y en su vida vieron armados sino el jueves de la cena o en alguna justa.
Pedro	Y aun muchos que justan, y puestos en el escuadrón se les olvida con cuál mano han de tomar la lanza.
Juan	Remédielo Dios, que puede. ¿También los venecianos y florentines tienen su embajador?
Pedro	Todos los reyes, príncipes y señorías que tienen paz con el turco los tienen allá. Los de Venecia y Florencia se llaman «bailos»; éstos son como priores de los mercaderes que están en Galata y allí viven.
Mata	¿Hay muchos mercaderes de ésos?
Pedro	Bien creo que de florentines y venecianos habrá más de mil casas.
Mata	¿Hacen algún bien a los cautivos?
Pedro	Más mal les hacen que bien, y aun a nuestro rey también; en viendo el hombre con cadena, huyen de él y no le hablarán palabra, y si de acá les envían dineros para que los rescaten, tómanlos y tratan con ellos sin darles las cartas ni cosa ninguna, y desde a dos o tres años torna a enviar los dineros diciendo que es muerto o que no le quieren dar por tan poco. No penséis que hablo en esto de oídas, que más de cuatro negocios de estos averigüé yo, y si más allá

estuviera yo los hiciera andar derechos. De tres en tres años estas señorías envían nuevo baile, y siendo yo intérprete con Zinan Bajá y teniendo la familiaridad tan grande con él, vi dos cosas, las cuales os quiero contar: la una es el orden que la señoría de Venecia tiene en proveer un cargo. El «baile» de nuevo que fue llevaba en pergamino la provisión que decía de esta manera: «Marcus Antonius Triuisano, Dei gratia venetiarum dux, etc. Magnífico Illmo. ac potenti domino Zinan baxa potentissimi otomanorum imperatoris beglerbai maris nec non eiusdem locum tenenti Constantinopoli, salutem ac sincere felicitatis affectum. Mandamo bailo lo serenissimo gran signore el dilecto nobil nostro Antonio Herizo in luogo de Dominico Trivissano, il qual fará residentia de lui, si como conviene a la bona amicitia que con la sua imperial magestate habiamo, a le parole dil quale pregamo la magnifiçentia et excellentia vostra sia contenta prestar fede non altrimenti que ela faria a noaitri medesimi. Et li sui ani siano molti et felichi. Datis in hoc ducali palatio anno a Christo nato 1554 mensis aprilis die 16 indictione 12.» Veis aquí cuán brevemente negocia la señoría de Venecia.

Mata   Yo no veo nada ni entiendo esa jerigonza si no habláis más claro.

Pedro   Decid a Juan de Voto a Dios que os lo declare.

Mata   No pasó por Venecia cuando fue a Jerusalén, como el pintor del duque de Medinaceli.

Pedro	Dice así: «Marco Antonio Trivisano, por la gracia de Dios, duque de Venecia, etc. Al magnífico, ilustrísimo y poderoso señor Zinan Bajá, almirante de la mar del potentísimo emperador de turcos, y su lugarteniente en Constantinopla, salud y deseada felicidad. Enviamos "baile" al serenísimo gran señor nuestro querido Antonio Herizo, en lugar de Domingo Trivisano, y residirá en su lugar, así como conviene a la buena amistad que tenemos con su imperial majestad, a las palabras del cual suplicamos a vuestra magnificencia y excelencia dé crédito, no de otra manera que haría a nosotros mismos; y sus años sean muchos y felices. Dada en este ducal palacio a dieciséis de abril, año del nacimiento de Cristo de 1554 y en la indicción duodécima».
Mata	Harto es breve y compendiosa. No había más que decir.
Pedro	Mas pensé que había de llevar, como nosotros usamos, un proceso este «baile», y estadme atentos que no lo saben ni lo alcanzan acá: es obligado cada mes de enviar mensajeros que van por mar y por tierra a Venecia, como acá correos, y en fin del mes, en recibiendo cartas de Venecia va el bajá que está en lugar del Gran Señor cuando no está ahí, y estando a él mismo, y lleva un papel en el cual dice: «El rey de España está en tal parte, con tanta gente; quiere hacer esto y esto. El de Francia está con tanta en tal parte; han habido tal refriega; venció fulano. El papa hace esto y trata estotro, y tal príncipe se ha rebelado», de tal manera, que ninguna cosa pasa

en todos los consejos de acá, secretos y públicos de que no tenga el Gran Señor aviso, y si me preguntáis cómo lo sé pensaréis que de oídas. Yo mismo, cuando el Gran Turco estaba en Persia, se los leía en italiano y lo convertía en turquesco para ir en Persia.

Juan Grande maldad y poca cristiandad y menos temor de Dios usan si así lo hacen.

Mata También deben nuestros reyes tener otros tantos avisos del turco por los mismos venecianos.

Pedro Eso no; más recatados son que tanto los turcos; no hayáis miedo que pueda saber el veneciano lo que se determina en consejo real; tanto se guardan de los mismos turcos como de los cristianos, y otra no menor delicadeza suya os quiero decir que las pasadas, todo de vista. El mismo capitán general de la armada y almirante de toda la mar, habiendo de salir con galera fuera, no sabe cuántas tiene de sacar hasta el día que sale, ni adónde tiene de ir hasta que ya está allá.

Mata ¿Cómo se parte sin saber adónde?

El corsario Dragut

Pedro Eso es el saber. Viste el Gran Turco una ropa de brocado y dícele cuando está de partida: «Toma esta armada y vete a tal parte, y allí abrirás esta carta sellada de mi mano, con tu consejo, y harás lo que en ella se contiene»; y con esto se parte. El ejemplo os doy de Zinan Bajá cuando tomó a Tripol, que le mandó venir hasta Sicilia, y que sobre una ciudadeta que se llama Rigoles hiciese alto, y hasta allí a ninguno hiciese mal; y allí abriese la comisión, la cual decía así: «Enviarás un embajador a Juan de Vega, virrey de Sicilia, y dile que te den la ciudad de África que me han tomado mal tomada y contra la tregua que teníamos; donde no, haz el mal que pudieres». El Juan de Vega respondió que aquella ciudad no era suya, sino de Dargute, al cual se la habían tomado, y muy bien, y en lo demás él no podía hacer nada; que él escribiría al Emperador y haría en ello lo que le mandase. Llevaba así mismo comisión de si topase a Dargute, que era un cosario el cual no estaba sujeto a nadie, que le prendiese e hiciese de él lo que le pareciese. Tardósele la respuesta al Zinan Bajá y determinó de hacer cuanto mal pudiese y lo primero tomó lo que pudo de Rigoles y Calabria, y entre tanto llegó el Dargute, y juntose con él, y recibiole bien porque traía doce galeras y fustas, y aun creo que dieciséis; y como el bellaco es tan buen piloto, le dijo que se fuese con él y le pondría donde ganase honra y provecho, y llevole sobre la isla del Gozo, junto a Malta, y tomáronla, de donde llevó seis mil ánimas, y de allí fueron a Tripol de Berbería, y el gobernador era francés, el cual hizo traición y se dio a pacto con que dejasen salir todos los caballeros de San Juan. Guardóselos, aunque no todos. Llamábase Chambarin el gobernador. De allí perdonó al Dargute y le dijo que se fuese con él a Constantinopla y le pondría en gracia del Gran Turco. Vino en ello el Dargute y fuéronse con mucho triunfo, y fue bien recibido el Dargute del Gran Señor, y diole ciento cincuenta mil ásperos de renta, que serán tres mil escudos y grande crédito de allí adelante. Este bellaco luego se le alzó a mayores a Zinan Bajá, y dijo al Gran Turco que haría él más con sesenta galeras que Zinan Bajá con doscientas, y tuvo razón, porque el año de 53 lo probó a hacer y con sesenta galeras y las de Francia de compañía tomó a Bonifacio y en Sicilia la Alicata y la Pantanalea, y el año de 54, con otras tantas que salió, tomó la ciudad de Bestia, en Apulia. El año de 55 salió con otro nuevo general que sucedió a Zinan Bajá y no tomó nada y quedose en Trípoli; antes perdió, y por eso mandó el Gran Turco que saliese a ser gobernador de Trípoli y tener allí siete galeras.

Juan	¿Conocisteis vos a Guterráez?
Pedro	Este mismo es, y fuimos muy amigos y comí muchas veces con él. Nunca se hartaba de contar de las cosas de cristianos.
Juan	¿Qué sabía él? ¿Había sido cristiano?
Pedro	No era sino turco natural, y había sido esclavo de Andrea Doria, el cual le rescató por tres mil ducados.
Juan	¿Un hombre tan nombrado y que tantos males había hecho en este mundo y hacía, rescataban? ¿Tanto le hacían a un príncipe tan grande como Andrea Doria

	tres mil ducados que dejaba ir un tan grande bellaco por ellos?
Pedro	Y de eso se reía muchas veces conmigo el mismo Dargute, diciendo cómo se había bien esquitado, porque por cada millar de ducados había tomado un millón después que le soltó y aún más.
Juan	Igual fuera haberle luego cortado la cabeza.
Pedro	O tenérsele en prisión toda la vida, tratándole razonablemente, como hace el Gran Señor, que jamás dará capitán ni hombre ninguno de cuenta, aunque le den por él unas Indias; porque hace esta cuenta: yo soy muy poderoso y no me hace al caso mil ni diez mil ducados que éste me dé, el cual en su tierra debe ser hombre de consejo y valeroso, pues tenía cargo; y rescatado, luego tiene de procurar de esquitarse, y por cien ducados que me da me tomará cien mil; y mándale en la torre con los otros cristianos, y darle cada día dos ásperos de que se mantenga y que no le lleven a trabajar. Allí fenece míseramente sus días, que es mejor que sean pocos.
Mata	Tan buen ardid de guerra es ése como esos otros: hombre de guerra codicioso me parece que nunca valdrá un cuarto.
Pedro	Vos estáis en lo cierto, y el día de hoy no veréis en todo el ejército de los cristianos sino codicia y poca victoria.

Juan	¿Cómo queréis que se compadezcan dos contrarios en un sujeto? Yo creo que son muy pocos los que van a la guerra si no es por ganar, y siempre ganan más los que pelean menos.
Pedro	¿Sabéis qué otra cosa hace el turco con los capitanes que tiene prisioneros?
Mata	¿Qué?
Pedro	Si ve que vive mucho, hácele dar un bocadillo, con que nadie se atreve a importunarle de allí adelante, y por justicia no los quiere matar, porque no hagan acá otro tanto de los que tienen presos de los turcos.

Las comidas

Mata	¡Cuán poco nos hemos acordado del comer de los turcos, habiendo pasado por tantas cosas que acostumbran!
Pedro	No penséis que hay menos que decir de eso que de lo que está dicho.
Juan	¿Sírvense con aquella majestad en el comer que nuestros cortesanos, al menos el Gran Turco?
Pedro	Deciros he cómo comía Zinan Bajá, y así entenderéis qué usan todos los príncipes; y con otro ejemplo particular sabréis de la gente común; y sabido acá cómo come un príncipe, podréis pensar que así hace

el rey, añadiendo más fausto. Así como es su usanza sentarse en bajo, acostumbran también comer en suelo, y ponen por manteles, para que las alfombras no se ensucien, un cuero colorado y grueso, como de guadamecí de caballo, y por pañizuelos de mesa una toalla larga al derredor de todos, como hacen en nuestras iglesias cuando comulgan. El cuero del caballo se llama «zofra»; fruta, ni cuchillo, ni sal, ni plato pequeño no se pone en la mesa de ningún señor en aquella tierra.

Mata   ¿No comen fruta?

Pedro   Sí comen harta, pero no a las comidas ni de principio ni postre.

Juan   ¿Con qué cortan?

Pedro   El pan son unas tortas que llaman «pitas». A cada una dan tres cuchilladas en la botillería antes que la lleven a la mesa, y éstas sirven de platos pequeños, porque cada uno toma su pedazo de carne y le pone encima; la sal es impertinente, porque tienen tan buenos cocineros que a todo lo que guisan dan tan buen temple que ni tiene más ni menos sal de la que tiene menester. Tenía Zinan Bajá cuarenta gentiles hombres que llaman «chesineres», y el principal de éstos se llama «chesiner baxa»; sirve de maestre sala, y éstos tienen de paga real y medio cada día, los cuales de ninguna otra cosa servían sino de llevar el plato a la comida del bajá. Vestíanse de pontifical todos para solo llevar el plato, con ropas de sedas y brocados, las cuales el bajá les daba cada año una de seda y otra de grana fina, y en la cabeza se ponen unas cofias de fieltro, como aquellas de los genízaros, con sus cuernos, salvo que son coloradas.

Mata — ¿Qué tanto valdrá cada una de esas?

Pedro — Cincuenta escudos, si no lleva alguna pedrería en el cuerno de plata.

Mata — ¿Y para solo llevar la comida se le ponen?

Pedro — Y para ir algunas veces con el bajá cuando va fuera; llevan demás de todo esto unas cintas que llaman «cuxacas», de plata, anchas de un palmo, y todas de costillas o columnicas de plata a manera de corazas; la que menos de éstas pesa son cincuenta ducados.

Juan — ¿Parecen bien de esa manera?

Pedro — Aunque sea una albarda, si es de oro o de plata parece mucho bien; estos todos iban con su capitán a la cocina y tomaban la comida en unas fuentes.

Mata — ¿De plata?

Pedro — Antes quiero que sepáis que ningún turco, por su ley, puede comer ni beber en plata ni tener salero, ni cuchara de ello, ni el Gran Turco, ni príncipe, ni grande, ni chico en toda su secta cuan grande es.

Mata	¿Qué decís? ¿Estáis en vuestro seso? ¿El Gran Turco no tiene vajilla de plata?
Pedro	Sí tiene, y muy rica y caudalosa, y candeleros bien grandes, no que la haya hecho él, sino que se la presentan de Venecia, Francia y Hungría, y aun de Esclavonia; pero tiénela en la cámara del tesoro, sin aprovecharse de ella. Otro tanto tenía Zinan Bajá de muchos presentes que le habían hecho, mas tampoco se servía de ella ni podía aunque quisiese.
Mata	¿Quién se lo estorbaba?
Pedro	Su ley, que otro no.
Mata	¿En qué se funda para eso?
Pedro	No en más de que si en este mundo comiese en plata, en el otro no comería en ella, y no cale pedirles la razón más adelante de esto.
Mata	Pues, ¿en qué comen? ¿De qué son aquellas fuentes?
Pedro	En cobre, que como ellos lo labran es más lindo que el peltre de Inglaterra; así como nosotros el boj o cualquier otro palo labramos al torno, haciendo de ello cuanto queremos, labran los turcos el cobre, y después lo estañan y queda como plata y las piezas todas hechas de la misma manera que quieren, y en las mesas del Gran Turco y los príncipes cuanto se sirve es en estas fiestas de cobre estañado con sus

cobertores, y en envejeciéndose un poco tórnanlo a poca costa a estañar y parece cada vez nuevo.

Mata — ¿Cómo lo estañan? ¿Como acá los cazos y sartenes?

Pedro — Es una porquería eso; no, sino con muy fino estaño y con sal amoníaco, en cuatro horas estañará un oficial toda la vajilla del gran señor. Como van a la cocina, cada uno de aquellos gentiles hombres tomaba su fuente con su cobertor y con la mayor orden que podían iban todos, unos a una parte y otros a otra, de manera que hacían dos hileras; cada uno iba por su antigüedad, y llegados los primeros todos se paraban quedando la misma ordenanza, y el «chesiner baxa» ponía su fuente en la mesa y tomaba la del que estaba junto a él, para ponerla, y aquél tomaba la del otro y el otro la del otro; de modo que sin menearse nadie de su lugar pasaban las fuentes todas de mano en mano hasta la mesa del bajá, y, dada la comida se volvían, entretanto que era hora de quitar la mesa.

Mata — ¿Qué llevaban en aquellos platos? ¿Qué es lo que más acostumbran comer?

Pedro — Asado, por la mayor parte comen muy poco o nada; todo es cocido y hecho «miniestras», que dicen en Italia, y ellos las llaman «sorbas»; es como acá diríamos potajes, de tal manera que se pueden comer con cuchara.

Mata — ¿De qué era tanto plato?

Pedro   Los manjares que usaban llevarle cada día era arroz hecho con caldo de carnero y manteca de vacas, no nada húmedo, sino seco, que llaman ellos «pilao», o mezcladas con ello pasas negras de Alejandría, que son muy pequeñas y no tienen simiente ninguna dentro; para con esto, en lugar del polvoraduque o miel, hacían otro potaje de pedazos de carnero gordo, y pasas y ciruelas pasas, con algunas almendras; otro modo de arroz guisaban que llevaba al cocer gran cantidad de miel y estaba tieso y amarillo, que se llama «zerde». Tercero plato de arroz es de «tauc sorba», gallina hecha pedazos y guisado el arroz con ella, con pimienta y su manteca. De una cosa os quiero advertir: que ningún guisado hay que hagan sin manteca de vacas; ni asar, ni cocer, ni adobado, ni lentejas y garbanzos, ni otra cosa de cuantas comen, hasta en el pan. El mejor de todos los platos que a la mesa del bajá se ponía era de carnero hecho pedazos de a libra, y guisado con hinojo, garbanzos y cebollas; y otro plato había bueno de espinacas, cosa muy usada entre ellos; otro es de trigo quitados los hollejos, con su carnero y manteca, y otro de lentejas con zumo de limón y guisadas con el caldo de carne, a las cuales les meten dentro unos que llaman acá fideos, que son hechos de masa. Al tiempo de las hojas de parras, usan otro potaje de picar muy menudo el carnero, y meterlo dentro la hoja de la parra y hacerlo a modo de albóndiga, y cuando hay berenjenas o calabazas sácanles lo de dentro y rellénanlas de aquel carnero picado y hácenlas como morcillas; cuando no hay hojas, ni calabazas, hacen de masa una torta delgada como papel, y en ella envuelven el mismo bocadillo del carnero muy picado, y hacen un potaje a modo de cuescos de duraznos. Salsas no se las pidáis, que no las usan, antes por el comer son tan poco viciosos que más creo que comen para solo vivir que por deleite que de ello tengan; como se les parece en el comer que cada uno toma su cuchara y come con tanta prisa que parece que el diablo va tras él y tienen muy buena crianza en el comer, que sin hablar palabra, como esté uno satisfecho, se levanta y entra alguno otro en su lugar. Cuando mucho, dice: «Gracias a Dios»; y son comunes entre ellos los bienes, al menos del comer, porque, aunque no conozca a nadie, si ven comer les es lícito descalzarse y tomando su cuchara ayudarles; no son habladores cuando comen; acabado de comer, el bajá daba gracias a Dios y mandaba quitar la mesa.

Mata   ¿También dan ellos gracias como nosotros?

Pedro   Bien que como nosotros. ¿Cuándo las damos nosotros ni nos acordamos de Dios una vez en el año?

Juan   ¿Qué decían en las gracias?

Pedro   «Helamdurila choc jucur iarabi, Alat, Ala padixa bir guiun bin eilesen». «Bendito sea Dios; mejor lo hace conmigo de lo que merezco. Dios prospere nuestro rey de manera que por cada día le haga mil».

Juan	Muy buena oración en verdad, y que todos nosotros la teníamos de usar, y nos habían de forzar a ello por justicia o por excomunión.
Pedro	Creed que no hay turco que no haga a cada vez que coma esta misma, aunque sean cuatro veces.
Mata	¿Puede cada uno llevar un plato a cuestas o llévanle de cinco en cinco?
Pedro	No os entiendo. ¿Cinco tienen de llevar un plato?
Mata	Dígolo porque dijisteis al principio que los gentiles hombres eran cuarenta, y no habéis contado más de siete o nueve platos.
Pedro	Cuanto habláis siempre tiene de ir fundado sobre malicia. Mirad, por amor de Dios, que estaba aguardando. No se tiene de entender que todos cuarenta se hallen presentes a cada comida, aunque lleven el salario basta la mayor parte; pero del pilao no se pone una fuente sola, sino dos o tres, y del cerdo así mismo, y del carnero otro tanto. Comen a la flamenca, en dejar primero poner toda la comida en la mesa que ellos se sientan.
Mata	¿Qué gente comía con Zinan Bajá?
Pedro	Todos cuantos querían, si no fuesen esclavos suyos, aunque tenía muchos honrados gobernadores de provincias, pero por ser esclavos suyos no lo per-

	miten; si son de fuera de casa, aunque sean los mozos de cocina, se sientan con él.
Juan	¿Y nadie de su casa lo hace, siquiera el contador o tesorero o la gente más de lustre?
Pedro	El mayordomo mayor y el cocinero mayor tienen esta preeminencia de comer cuando el señor de lo mismo que él; mas no a su mesa, sino aparte. Tenía veinte y cuatro criados turcos naturales, que no eran sus esclavos, con cada dos reales de paga al día para que remasen en un bergantín cuando él iba por la mar, los de mayores fuerzas que hallaba, y llamábanlos «caiclar», y solo éstos comían de sus criados con él.
Mata	¿Para remar no fueran mejor esclavos?
Pedro	No se osa nadie fiar de esclavos en aquellos bergantines, porque cuando le tienen dentro pueden hacer de él lo que quisieren, y ha miedo que le traerán a tierra de cristianos. Alzada la mesa, los mismos gentiles hombres toman los platos por la misma orden que los pusieron, y cuasi tan llenos como se estaban, y llévanlos a la mesa del tesorero, camarero, que era yo, y pajes de cámara y eunucos que los guardaban, que en todos seríamos cincuenta, y allí comíamos y dábamos las fuentes, que aun no eran a mediadas, fuera a los gentiles hombres, y comían ellos; y levantados de la mesa, sentábanse los oficiales de casa, como sastres, zapateros, herreros, armeros, plateros y otros así, los cuales ya no hallaban de lo mejor

nada, como aves ni buen carnero, habiendo pasado por tantas manos. El plato del mayordomo mayor andaba también, después de él comido, por otra parte las estaciones, y el del cocinero mayor.

Mata   ¿Qué tanto cabría cada fuente de esas?

Pedro   Un celemín de arroz. ¿Decislo porque sobraba tanto en todas las mesas?

Mata   No lo digo por otro.

Pedro   Sabed, pues, que de cada comida, andado lo que se guisa de comer por toda la casa a no dejar hombre, es menester que sobre algo que derramar para los perros y gatos y aves del cielo, lo cual tendrían por gran pecado y agüero si no sobrase.

Mata   ¿Son grandes las ollas en que aderezan de comer?

Pedro   Tan grandes como baste a cumplir con la casa. Son a manera de caldero sin asas, un poco más estrecha la boca, y llámanse «tenger», de cobre gruesa y labrada al torno, como las fuentes que llaman «tepzi».

Juan   ¿No beben vino?

Pedro   Ni agua cuando comen, sino, como los bueyes se van después de comer a la fuente o donde tienen el agua. En lugar del vino tenía Zinan Bajá muchas sorbetas, que ellos llaman, que son aguas confeccionadas de cocimientos de guindas y albaricoques pasados como ciruelas pasas, y ciruelas pasas, agua con azúcar o con miel, y éstas cada día las hacían, porque no se corrompiesen. Cuando hay algún banquete no dejan ir la gente sin beber agua con azúcar o miel.

Mata — ¿Acostumbran hacer banquetes?

Pedro — Dos hizo Zinan Bajá a Dargute que no se hicieran mejor entre nosotros, donde hubo toda la volatería que se pudo haber y frutas de sartén, cabritos, conejos y corderos.

Mata — ¿Saben hacer manjar blanco?

Pedro — Y aun una fruta de sartén a manera de buñuelos llenos de ello, salvo que no lo hacen tan duro como nosotros, sino quede tan líquido que se come con cuchara, y por comer ellos todas las cosas así líquidas no tienen tanta sed como los señores de España, que por solamente beber más, comen asado, y los potajes llenos de especias que asa las entrañas, y por esto, si miráis en ello, beben poco.

Juan — En ninguna comida ni banquete os he oído nombrar perdices; no las debe de haber.

Pedro — Muchas hay, sino que están lejos y no hay quien las cace, porque en Constantinopla solo el Gran Señor lo puede hacer. Fuera en aquellas islas del archipiélago hay más que acá gorriones; donde yo estuve, en el Schiatho, venían como manadas de gallinas a comer las migajas de bizcocho que se nos caían de la mesa; en la isla del Chío las tienen tan domésticas como las palomas mansas que se van todo el día al campo y a la noche se recogen a casa. Los griegos en estas islas no las matan, porque para sí más quieren un poco de cabiari, y si las quieren vender no hay a quién.

Mata   ¿Qué llamáis cabiari?

Pedro   Una mixtura que hacen en la Mar Negra de los sesos de los pescados grandes y de la grosura, y gástase en todo Levante para comer, tanto como acá aceite y más. Es de manera de un jabón si habéis visto ralo.

Juan   Harto hay por acá de eso.

Mata   ¿Y cómenlo aquéllos?

Pedro   Con un áspero comerá toda una casa de ello. Los griegos son los que lo comen; sabe con ello muy bien el beber, a manera de sardina arencada fiambre y puesta entre pan. En el mar el mejor mantenimiento que pueden llevar es éste, porque se puede comer todos los días sin fuego, aunque sea Cuaresma ni Carnal. Díjele un día a Zinan Bajá que hiciese traer para sí algunas perdices; y como era general de la mar, todas estas islas donde las hay eran suyas, y avisó a sus gobernadores que se las enviasen; y os prometo que comenzaron cada día de venir tantas, que las teníamos más comunes que pollos; llámanse

	en turquesco «checlic», y el capón «iblic», y más de cien turcos no os lo sabrán decir.
Mata	¿No mudan comida, sino todos los días eso mismo que habéis dicho?
Pedro	Muchas veces comen asado y otras adobados, pero lo más continuo es lo que os tengo dicho.
Juan	¿Ningún día dejan de comer carne, habiendo tan buenos pescados frescos, aunque su ley lo permita?
Pedro	Muy enemigos son del pescado. No lo vi comer dos veces en casa del bajá.
Mata	¿Por qué?
Pedro	Como no pueden beber vino, dicen que reviviría en el cuerpo con el agua, y tiénenlo por tan averiguado que todos lo creen. Tampoco son amigos de huevos.
Mata	¿Por qué comen tanto arroz?
Pedro	Dicen que los hace fuertes, así como ello y el trigo lo es. Tabernas públicas muchas hay de turcos donde venden todas aquellas sorbetas para beber los que quieren gastar y bien barato; por un maravedí os hartarán.
Juan	¿En qué bebía Zinan Bajá, que se nos había olvidado?

Pedro	Lo que más usan los señores es porcelanas, por la seguridad que les hacen entender de no poder sufrir el veneno, y vale diez escudos cada una. También hacen de cobre estañado unas como escudillas sin orejas, con su pie de taza, y cabrán medio azumbre y de estas usan todos los que no pueden alcanzar las porcelanas y aun los que pueden.
Juan	¿Y vidrios no?
Pedro	Haylos muy finos de los venecianos; mas por no nos parecer en nada si pudiesen, no los quieren para beber en ellos, y también, quien no tiene de beber vino, ¿para qué quiere vidrio? No los dejan de tener para conservas y otras delicadezas.
Mata	¿Es verdad eso de las porcelanas, que por acá por tal se tiene?
Pedro	A esa hucia no querría que me diesen ninguna cosa que me pudiese hacer mal en ellas a beber; los que las venden que digan eso no me maravillo, por sacar dinero; mas ¿quién no tendrá por grandes bestias a los que dan crédito a cosas que tan poco camino llevan? Eso me parece como las sortijas de uña para mal de corazón, y piedras preciosas y oro molido que nos hacen los ruines físicos en creer ser cosa de mucho provecho.
Juan	¿Las sortijas de uña de la gran bestia me decís? La más probada cosa que en la gota coral se hace son, como sean verdaderas; por mi verdad os juro que

	tenía un corregidor una, que yo mismo la vi más de cincuenta veces hacer la experiencia.
Pedro	¿De qué manera?
Juan	Estando caído un pobre dándose de cabezadas, llegó el corregidor y metiósela en el dedo y tan presto se levantó.
Pedro	Otro tanto se hiciera si le tocara con sus propias uñas el corregidor.
Juan	¿Cómo había de levantarse por eso? ¿Qué virtud tenían para eso sus uñas?
Pedro	¿No acabáis de decir que tiene de ser la uña de la gran bestia?
Juan	Sí.
Pedro	Pues ¿qué mayor bestia que vos y el corregidor, y cuantos lo creyeren? No creo yo que esa gran bestia que decís sea tan grande como ellos. ¿Qué hombre hay de tan poco juicio en el mundo que crea haber cosa tan eficaz y de tanta virtud que por tocarla a los artejos de los dedos haga su efecto? Vemos que el fuego, con cuan fuerte es, no podrá quemar un leño seco, ni un copo de estopa, si no le dan tiempo y se lo ponen cerca, y queréis que una uña de asno haga, puesta por de fuera, lo que no bastan todas las medicinas del mundo.

Juan	¡También es recio caso que me queráis contradecir lo que yo mismo me he visto!
Pedro	Puédolo hacer dándoos la causa de ello.
Mata	De esa manera sí.
Pedro	Habréis de saber que aquel paroxismo le viene de cuando en cuando, como a otros una tertiana, y es burla que venga del corazón ni de aquella gota sobre él, que dicen las viejas, sino es un humor que ocupa el cerebro y priva de todos los sentidos, sino es del movimiento, hasta que le expele fuera, que es aquella espuma que al cabo le veis echar por la boca, y no hay más diferencia entre el estornudar y eso que llamáis gota coral, de que para el estornudo hay poca materia de aquel humor y para esto otro hay mucho, lo cual veréis si miráis en ello claramente en algunos que con dificultad estornudan, que hacen aquellos mismos gestos que a los que le toma la gota coral, que es mal de Luna.
Mata	Es tan clara filosofía esa, que la tengo entendida yo muy bien.
Pedro	Como aquel accidente dura, según su curso, un cuarto de hora y media a lo más largo, acierta a pasar el corregidor ya que comienza a echar la espuma por la boca, y en poniéndole la sortija, señor, luego se levantó de allí a media hora. El probar de ella era que el mismo paciente la trajese de contino y vendría el mal así como así. ¿Vosotros, señores,

pensáis que yo no he visto uñas y la misma bestia de qué son? Un caballero de San Juan, bailío de Santa Femia, conozco, que trae unas manoplas de esas sortijas y otras monedas que dicen que aprovechan, y piedras muy exquisitas, que le han costado mucho dinero; mas al pobre señor ninguna cosa le alivian su mal más que si no lo trajese; y si os queréis informar de esto, sabed que se llama don Fabricio Piñatelo, hermano del conde de Monte León, en Calabria.

Juan   ¿No es cierto que están las virtudes en piedras y en hierbas y palabras?

Pedro   No mucho, que ese refrán es de viejas y de los más mentirosos; porque a los que dicen que están en palabras y salen de las cosas comunes del Evangelio, y de lo que nuestra Iglesia tiene aprobado, ya podéis ver cuáles los para la Inquisición, la cual no castiga lo que es bueno, sino lo que no lo es; y pues pone pena a los que curan por palabras, señal es que no es bueno «latet amus in esca», aunque las veis buenas palabras; «sepe angelus Sathane transfigurat se in angelum lucis», dice la Escritura 18. A los que creen en piedras, mirad cómo los castigan los lapidarios y alquimistas en las bolsas, haciéndoles dar por un diamante o esmeralda ocho mil escudos, y treinta mil, y a las veces es falso; y que sea verdadero, maldita la virtud tiene, más de que costó tanto y no hay otro tal en esta tierra. Dadme uno que por piedras haya sido inmortal, o que estando malo haya por ellas escapado de un dolor de costado, o que por llevar piedras consigo entrando en la batalla no le hayan herido, o que por tener piedras no coma, o que las piedras le excusen de llegarse al fuego el invierno y buscar nieve y salitre el verano para beber frío, o que se excuse de ir al infierno, adonde estaba condenado, por tener piedras. A la fe haced en piedras vivas, si queréis andar camino derecho, y si los otros quieren ser necios, no lo seáis vos.

Juan Decid cuanto quisiéredes, que yo la he visto echar en medicinas y usarlas a médicos tan buenos como vos debéis de ser y mejores, y las loan mucho.

Pedro Hartos médicos debe de haber mejores que yo; pero en verdad que de los que usan esas cosas ninguno lo es, ni merecen nombre de tales; ésos se llaman charlatanes en Italia, porque si leen cien veces los autores todos que hay de medicina, no hallarán receta donde entren esas piedras, y si dicen que sí, serán algunos cartapacios y trapacetas, pero no autores. Corales y guijas son los más usados, y éstos son buenos, y algún poco de aljófar para cuando hay necesidad de desecar algunas humedades; por parecer que hacen algo, siendo un señor, le ordenan esas borracherías, pensando que si no son preciosas cosas las que tiene de tomar no podrá haber efecto la medicina, como si el señor y el albardero no fuesen dos animales compuestos de todos cuatro elementos. Los metales y elementos ningún nutrimento dan al cuerpo, y si coméis una onza de oro, otra echaréis por bajo cuando hagáis cámara, que el cuerpo no toma nada para sí.

Juan ¿El oro no alegra el corazón? Decid también que no.

Pedro Digo que no, sino la posesión de él. Yo, si paso por donde están contando dinero, más me entristezco que alegrarme por verme que no tenga yo otros tantos; y comido o bebido el oro, ¿cómo queréis que lo vea?; ¿el corazón tiene ojos, por dicha? Cuando les echan en el caldo destilado, los médicos bárbaros, doblones, ¿para qué pensáis que lo hacen? Pensando que el señor tiene de decir: dad esos doblones al señor doctor; que si los pesan, tan de peso salen como los echaron, no dejando otra cosa en el caldo sino la mugre que tenían. Si tenéis piedras preciosas, creedme y trocadlas a piedras de molino, que son más finas y de más provecho, y dejaos de burlas.

Mata Tal sea mi vida como tiene razón en eso.

Pedro Cuanto más que un hombre para lo del mundo, más luce con un buen vestido de seda o fino paño que con un anillo en el dedo que valga diez mil ducados. Todas estas cosas que estos médicos bárbaros hacen, ¿dónde pensáis que las sacan?, ¿de los autores? No, sino de las viejas, que se lo dicen, como aquello de que el oro alegra el corazón, y que esté la virtud en piedras y hierbas y palabras. Muy ruinmente estaría la virtud aposentada si no tuviese otra mejor casa que las piedras, hierbas y palabras.

Mata ¿Sabéis qué digo yo, Juan de Voto a Dios?

Juan ¿Y es?

Mata	Que no nos demos a filosofar con Pedro de Urdimalas, que ninguna honra con él ganaremos, por más que hagamos, porque viene hábil como el diablo. Volvamos a rebuscar si hay algo que preguntar que ya no sé qué. ¿Deléitanse de truhanes y músicos los turcos?
Pedro	Algunas guitarras tienen sin trastes, en que tañen a su modo canciones turquescas, y los «leventes» traen unas como cucharones de palo con tres cuerdas, y tienen por gala andarse por las calles de día tañendo.
Juan	¿Qué llaman «leventes»?
Pedro	Gente de la mar, los que nosotros decimos corsarios; truhanes también tienen, que los llaman mazcara, aunque lo que dijo sultán Mahameto, el que ganó a Constantinopla, bisabuelo de este que agora es, es lo mejor de éstos para haber placer.
Juan	¿Qué decía?
Pedro	Dijéronle un día que por qué no usaba truhanes como otros señores, y él preguntó que de qué servían. Dijéronle que para alegrarle y darle placer. Dice: «Pues para eso traedme un moro o cristiano que comience a hablar la lengua nuestra, que aquel es más para reír que todos los truhanes de la Tierra»; y tuvo grande razón, porque ciertamente, como la lengua es algo oscura y tiene palabras que se parecen unas a otras, no hay vizcaíno en Castilla más gracioso que uno que allá quiere hablar la lengua,

lo cual juzgo por mí, que tenían más cuentos entre sí que conmigo habían pasado, que nunca los acababan de reír; entre los cuales os quiero contar dos: Curaba un día una señora muy hermosa y rica, y estaban con ella muchas otras que la habían ido a visitar, y estaba ya mejor, sin calentura. Preguntome qué cenaría. Yo, de puro agudo, pensando saber la lengua, no quise esperar a que el intérprete hablase por mí, y digo: Ya, señora, vuestra merced está buena, y comerá esta noche unas lechugas cocidas y echarles ha encima un poco de aceite y vinagre, y sobre todo esto «pirpara zequier».

Mata   ¿Qué es «zequier»?

Pedro   El azúcar se llama «gequier», y el acceso que el hombre tiene a la mujer, «zequier»; como no difieren en más de una letra, yo le quería decir que echase encima azúcar a la ensalada, y díjole que se echase un hombre a cuestas. Como el intérprete vio la deshonestidad que había dicho, comenzome a dar el codo y yo tanto más hablaba cuanto más me daba. Las damas, muertas de risa, nunca hacían sino preguntarme: «¿ne?», que quiere decir «¿qué?». Yo replicar: «Señora, zequier»; hasta que el intérprete les dijo: «Señoras, vuestras mercedes perdonen, que él quiere decir azúcar, y no sabe lo que se dice». En buena fe, dijeron ellas, mejor habla que no vos. Y cuando de allí en adelante iba, luego se reían y me preguntaban si quería «zequier».

Mata	El mejor alcahuete que hay para con damas es no saber su lengua; porque es lícito decir cuanto quisiéredes, y tiene de ser perdonado.
Pedro	Iba otro día con aquel cirujano viejo mi compañero y entro a curar un turco de una llaga que tenía en la pierna; y teniéndole descubierta la llaga, díjome, porque no sabía la lengua, que le dijese que había necesidad de una aguja para coser una venda. Yo le dije: «Inchir yerec» (el higo se llama «inchir» y la aguja «icne»). Yo quise decir «icne», y dije «inchir»; el pobre del turco levantose y fue con su llaga descubierta medio arrastrando por la calle abajo a buscar sus higos que pensó que serían menester para su mal, y cuando menos me cato hele a donde viene desde a media hora con una haldada de higos, y diómelos. Yo comencé de comer, y como vio la prisa que me daba, dijo: «¿Pues para eso te los traigo?» El cirujano nunca hacía sino por señas pedir la aguja, y yo comer de mis higos sin caer en la malicia; al cabo, ya que lo entendió, quedó el más confuso que podía ser, no sabiendo si se enojar o reír de la burla, hasta que pasó un judío y le hizo que me preguntase a qué propósito le había hecho ir por los higos estando cojo, que si algo quería podía pedirle dineros. Yo negué que nunca tal había dicho, hasta que me preguntaron cómo se llama la aguja en su lengua, y dije que «hinchir», «higos»; y estonces se rieron mucho y me tuvieron por borrico, y con gran razón. Otros muchos cuentos pasaba cada día al tono, y yo mismo se los ayudaba a reír, y me holgaba que se riesen de mí, porque siempre me daban para vino.

Juan	¿Alúmbranse de noche con hachas?
Pedro	Muy poco salen fuera, y los que salen no saben qué cosa es hacha, sino unas linternas de hierro de seis columnas, y vestida una funda encima, de muy delgada tela de algodón, como lo que traen en las tocas; da más resplandor que dos hachas, y llámanla «fener».
Juan	Decíais antes la oración que todos hacen después de comer, mas no la que hacen al principio; ¿o no la hacen?
Pedro	No solo al principio de la comida, sino cuando quieren hacer cualquier cosa dicen estas palabras: «Bismillair rehemanir rehim»: «en nombre de Aquel que crió el cielo y la tierra y todas las cosas». Y a propósito de esto os quiero contar otra cosa que tienen en la mar; no me certifico si también lo hacen en tierra. Todas las veces que tienen propósito de ir algún cabo echan el libro, que dicen, a modo del libro de las suertes de acá, y si les dice que vayan, por vía ninguna dejarán de ir, aunque vean que tienen la mitad menos galeras y gente que los enemigos, y si les dice que no vayan, no irán si pensasen ganar la cristiandad de aquel viaje.
Juan	¿Qué es la causa por que no beben vino?
Pedro	Pocos hallaréis que os la sepan decir como yo, que la procuré saber de muchos letrados, y es que pa-

sando Mahoma por un jardín un día, vio muchos mancebos que estaban dentro regocijándose y saltando, estúvoselos mirando un rato, holgándose de verlos, y fuese a la mezquita, y cuando volvió tornó por allí a la tarde y violos que estaban todos borrachos y dándose muy cruelmente unos con otros tantas heridas, que cuasi todos estaban de modo que no podrían escapar, sin haber precedido entre ellos enemistad ninguna antes que se emborrachasen. Entonces Mahoma lo primero les echó su maldición, y tras esto hizo ley que ninguno bebiese vino pues bastaba hacer los hombres bestias. Solamente lo pueden beber de tres días sacado de las uvas, mas no de cuatro, porque lo primero es zumo de uvas y lo otro comienza de ser vino.

Mata   ¿Déjanles labrar viñas a los turcos?

Pedro   Algunas labran para pasas y para comer en uva; mas el viñedo para hacer el vino, los cristianos mismos se lo labran.

Mata   ¿Y el pan?

Pedro   Eso ellos labran gran parte en la Notolia, y tienen mucho ganado.

Mata   ¿Son amigos de leche?

Pedro   Dulce comen muy poca, pero agra comen tanta que no se hartan.

Mata	¿Qué llamáis agra?
Pedro	Esta que acá tenéis por vinagrada estiman ellos en más que nuestras más dulces natas, y llámanla «yagurt»; hay gran provisión de ella todo el año; cuájase con la misma como con cuajo, y la primera es cuajada con leche de higos o con levadura.
Mata	¿Qué, tan agra es?
Pedro	Poco menos que zumo de limones, y cómense las manos tras ella en toda Levante.
Mata	Pues mal hayan las bestias; ¿no es mejor dulce?
Pedro	Aquello es mejor que sabe mejor; a él le sabe bien lo agro, y a vos lo dulce. Toman en una taleguilla la cuajada, y cuélganla hasta que destila todo el suero y queda tieso como queso y duro, y cuando quieren comer de ello o beber, desatan un poco como azúcar en media escudilla de agua y de aquello beben.
Mata	Ello es una gran porquería.
Pedro	No les faltan las natas nuestras dulces, que llaman «caimac»; mas no las estiman como esto, y cierto os digo que cuando hace calor que es una buena comida, y aun de esto hacen salsas. Algo parece que están los señores atajadillos, y que sabe más un sabio responder que dos necios preguntar; a la oreja os me estáis hablando.

Mata	Yo digo mi pecado, que no sé más qué preguntar, si no pasamos a cómo es Constantinopla.
Pedro	¿Qué, también se tiene de decir eso?
Mata	Y aun había de ser dicho lo primero.
Juan	Primero quiero yo saber si se hacen por allá los chamelotes y si los visten los turcos.
Pedro	No muy lejos de Constantinopla se hacen, en una ciudad que se llama Angora.
Juan	¿De qué son? ¿llevan seda?
Pedro	Chamelotes hay de seda, que se hacen en Venecia.
Juan	No digo sino de estos comunes.
Pedro	No llevan hebra de ello, mas antes son de lana grosera, que acá llamáis, como de cabra, la cual se cría en aquella tierra, y no en toda, sino como la almástica, que en este término paciendo trae lana buena para chamelote y en el otro no.
Juan	¿Cómo está con aquel lustre que parece seda?
Pedro	Si tomáis un pellejo de aquellas ovejas, diréis, aunque es grosera lana, que no es posible sino que son madejas de seda cruda; y los tienen los turcos en sus camas.

Juan — ¿Valen allá baratos?

Pedro — Vale una pieza doble de color doscientos ásperos, que son cuatro escudos, y negra tres.

Juan — ¿Doble?

Pedro — Sí.

Juan — Quemado sea el tal barato; no la hallaréis acá por doce.

Pedro — Hay también uno que llaman mocayari, que es como chamelotes sin aguas, y es vistoso y muy barato.

Juan — Por tan vencido me doy ya yo como Mátalas Callando; por eso bien podéis comenzar a decir de Constantinopla.

Pedro — Muy en breve os daré toda la traza de ella y cosas memorables, si no me estorbáis.

Juan — Estad de eso seguro.

Descripción de Constantinopla

Pedro — En la ribera del Hellesponto —que es una canal de mar la cual corre desde el mar Grande, que es el Eugino, hasta el mar Egeo— está la ciudad de Constantinopla, y podríase aislar, porque la misma canal hace un seno, que es el puerto de la ciudad, y dura de largo dos grandes leguas. Podéis estar seguros que en todo el mar Mediterráneo no hay tal puerto, que podrán caber dentro todas las naos y galeras y barcas que hoy hay en el mundo, y se puede cargar y descargar en la escala cualquier nave sin barca ni nada, sino allegándose a tierra. La excelencia mayor que este puerto tiene es que a la una parte tiene a Constantinopla y a la otra a Galata. De ancho tendrá un tiro de arcabuz grande. No se puede ir por tierra de la una ciudad a la otra si no es rodeando cuatro leguas; mas hay gran multitud de barquillas para pasar por una blanca o maravedí cada y cuando que tuvierdes a qué. Cuasi toda la gente de mar, como son los arraeces y marineros, viven en Galata, por respecto del tarazanal, que está allí, y ya tengo dicho ser el lugar donde se hacen las galeras, y por el mismo caso todos los cautivos están allá; los del Gran Turco en la torre grande una parte, y otra en San Pablo que agora es mezquita; los del capitán de la mar, en otra torre; cada arráez tiene los suyos en sus casas. El tarazanal tiene hechos unos arcos donde puede en cada uno estar una galera sin mojarse. Muchas veces los conté y no llegan a ciento, mas son pocos menos. También me acuerdo haber dicho que será una ciudad de cuatro mil casas, en la cual viven todos los mercaderes venecianos y florentines, que serán mil casas; hay tres monasterios de frailes de la Iglesia nuestra latina, San Francisco, San Pedro y San Benito; en éste no hay más de un fraile viejo, pero es la iglesia mejor que del tamaño hay en todo Levante, toda de obra musaica y las figuras muy perfectas. San Pedro es de frailes dominicos, y tendrá doce frailes. San Francisco bien tendrá veinticuatro. Hallaréis en estos dos monasterios misa cada día, a cualquier hora que llegardes, como en uno de los mejores monasterios de España, rezadas y cantadas; órgano ni campana ya sabéis que no le hay, pero con trompetas la dicen solemne los días de grande fiesta, y para que no se atreva ningún turco a hacer algún desacato en la iglesia, a la puerta de cada monasterio de estos hay dos genízaros con sendas porras, que el Gran Señor tiene puestos que guarden, los cuales cuando algún turco, curioso de saber, quiere entrar le dan licencia y dícenle: «Entra y mira y calla, si no con estas porras te machacaremos esa cabeza». Ningún judío tiene casa en Galata, sino tienen sus tiendas y estanse allí todo el día, y a la noche cierran sus tiendas y vanse a dormir a Constantinopla. Griegos y armenos hay muchos, y los forasteros marineros todos posan allí. Hay de los griegos muchos panaderos, y el pan que allá se hace tiene ventaja cierto a todo lo del mundo, porque el pan común es como lo regalado que comen por acá los señores; pues lo floreado, como ellos lo hacen echándole encima una simiente de alegría, o negrilla romana, que los griegos llaman «melanthio», no hay a qué lo comparar.

Mata   Tabernas pocas habrá, pues los turcos no beben vino.

Pedro   ¿Qué hace al caso si los cristianos y judíos lo beben? Mucho hay en muy buen precio, y muy bueno. Un examen os hará cuando vais por vino en la taberna.

	Si queréis blanco o tinto. Si decís blanco preguntan si malvasía, o moscatel de Candia o blanco de Gallipol. Cualquiera de éstos que pidáis es tercera pregunta: ¿De cuántos años?
Mata	No hay tanta cosa en la corte.
Pedro	¿Queréis comparar las provisiones y mantenimientos de España con Grecia ni Italia?
Juan	¿Y es al cabo caro el vino?
Pedro	El moscatel y malvasía mejor de todo es a cuatro ásperos el golondrino, que será un azumbre; haced cuenta que a real si es de cuatro años; si de uno o dos a tres ásperos, y tenedlo por tan bueno como de San Martín y mejor.
Mata	¿El tinto?
Pedro	El mejor del tinto es el «tópico», que dicen los griegos; quiere decir el de la misma tierra. Es muy vivo, que salta y raspa, y medio clarete. Viene otro más cerrado como acá de Toro, de Medellín, junto al Chío. Lo primero vale a dos ásperos el golondrino, y lo segundo a uno y medio. De Trapisonda carga mucho clarete y de la isla de Mármara. Todos éstos, con lo de Negroponto, haced cuenta que valen a siete maravedís, de lo cual los cautivos cargan por junto, yéndose por él a las barcas que lo traen. La principal calle de Galata es la de San Pedro, que llaman la Lonja, donde los mercaderes tienen sus

tratos y ayuntamientos. El tarazanal está a la puerta que mira a Occidente, y otra puerta, que está hacia donde sale el Sol, que va la canal de mar arriba, se llama El Topana, que quiere decir donde se hunde la artillería. «Top», en turquesco, se dice el tiro. En medio de aquel campo están tantas piezas sobradas, sin carretones ni nada, que algún rey las tomará por principal artillería para todo su ejército; culebrinas muy grandes, y buenas de las que tomaron en Rodas y de las de Buda y Belgrado, y cañones muy gruesos, que se meterá por ellos un hombre, hay muchos.

Juan — ¿Qué hace allí aquello?

Pedro — Está sobrado, para no menester, que no sabe qué hacer de ello. Cuando falta un buen cañón en alguna parte, luego le van a buscar allí.

Mata — ¿Es de hierro todo aquello?

Pedro — No, sino de muy fino metal de campanas.

Mata — ¿Qué tantos tendrá de esos gruesos allí sobrados?

Pedro — Más de cuatrocientos, aunque yo no los he contado.

Mata — Mucho es cuatrocientos tiros de artillería.

Pedro — Más es el estar sobrados, que es señal que tiene muchos y no ha menester aquéllos. Mezquitas y estufas, que llaman baños, no hay pocas por toda la ciudad, y Constantinopla también, e iglesias de griegos, que son más de dos mil; y la realeza de aquellos baños de la una y de la otra parte es muy de notar; parecen por de fuera palacios muy principales y tienen unas capillas redondas a manera de media naranja, cubiertas de plomo. Por dentro todos son mármol, jaspe y pórfido. La ganancia lo sufre, que no hay ninguno de todos que no rinda cada día cincuenta escudos.

Mata   ¿Cuánto paga cada uno?

Pedro   Lo que quiere y como es; unos medio real, y otros uno, y otros dos; los pobres un áspero.

Juan   ¿Cuántos se pueden bañar juntos de una vez?

Mata   Eso quería yo preguntar.

Pedro   En seis capillas que tiene el que menos cabrán juntos bañándose ochenta hombres.

Mata   ¿Cómo se bañan? ¿Métense dentro algunas pilas?

Pedro   Danle a cada uno una toalla azul, que se pone por la cintura y llega a la rodilla; y metido dentro la estufa hallará dos o tres pilicas en cada una, en las cuales caen dos canillas de agua, una muy caliente y otra fría. Está en vuestra mano templar como quisiéredes, y allí están muchas tazas de estaño con las cuales cogéis el agua y os la echáis a cuestas, sin tener a qué entrar en pila. El suelo, como es todo de mármol, está tan limpio como una taza de plata, que no habría pila tan limpia. Los mismos que sirven el baño os lavarán muy a vuestro placer, y esto no solamente los turcos lo usan, sino judíos y cristianos, y cuantos hay en Levante. Yo mismo lo hacía cada quince días, y hallábame muy bien de salud y limpieza, que acá hay gran falta. Una de las cosas que más nos motejan los turcos, y con razón, es de sucios, que no hay hombre ni mujer en España que se lave dos veces de como nace hasta que muere.

Juan	Es cosa dañosa y a muchos se ha visto hacerles mal.

Pedro	Eso es por no tener costumbre; mas decidles que lo usen, y veréis que no les ofenderá. Ningún hombre principal ni mujer se va a bañar, que lo hacen todos los jueves por la mayor parte, que no deje un escudo en el baño por sus criados y por sí.

Juan	¿No se bañan juntos los hombres y las mujeres?

Pedro	¿Eso habían de consentir los turcos siendo tan honestos? Cada baño es por sí, el de los hombres y de las mujeres.

Mata	Mucha agua se gastará en esos baños.

Pedro	Cada uno tiene dentro su fuente, que de eso es bien proveída Constantinopla y Galata, si hay ciudades en el mundo que lo sean, y aun muchos turcos tienen por limosna hacer arcas de fuentes por las calles donde ven que esté lejos el agua, y cada día las hinchen a su costa, poniéndoles una canilla por fuera de estas de tornillo, y el que se la dejare destapada para que se vaya el agua peca mortalmente. Digo que las arcas son artificiales, que no traen allí las fuentes; y esto de Galata baste. Constantinopla, que antes se llamaba Bizancio, tiene el mejor sitio de ciudad que el Sol calienta desde Oriente o Poniente, porque no puede padecer necesidad de bastimentos por vía ninguna, si en alguna parte del mundo los hay.

Juan   Eso me declarad, porque aunque tenga mar no hace al caso, que muchas otras ciudades están junto al mar y padecen muchas necesidades.

Pedro   Si tuviesen dos mares, como ésta, no podrían padecer. La canal de mar tiene de largo, desde el mar Eugino hasta Sexto y Abido, cincuenta y aun sesenta leguas. En la misma canal está Constantinopla, cinco leguas más acá de la mar Negra, que es el mar Eugino. De manera que a la mano izquierda tiene el mar Eugino, que tiene doscientas leguas de largo y más de cuatrocientas de cerco; a la mano derecha está el mar Mediterráneo. Por no haber estado en la mar no creo que gustaréis nada de esto. ¿Pensáis que es todo carretas de vino y recuas de garbanzos? Mas no se me da nada.

Juan   Demasiado lo entenderemos de bien, si no os escurecéis de aquí adelante.

Pedro   Antes iré más claro. O hace viento para que vayan los navíos con bastimento o no; si no hace ningún viento, caminan las galeras y barcas y bergantines con los remos a su placer; si hubiere vientos o son de las partes de Mediodía y Poniente, o de Septentrión y Oriente, porque no hay más vientos en el mundo, andando los primeros, caminan las naos y todos los navíos del Cairo y Alejandría, Suria, Chipre y Candia, y en fin todo el mar Mediterráneo desde el estrecho de Gibraltar allá; si los vientos que corren son de la otra parte, son prósperos para venir de la mar Negra y así veréis venir la manada de navíos de Trapisonda y toda aquella ribera hasta Cafa y el río Tanais, que parece una armada. Tres años estuve dentro que en todos ellos vi subir una blanca el pan, ni vino, ni carne, ni fruta, ni bastimento ninguno.

Mata   ¿Valen caras todas esas cosas?

Pedro   Dos panes, que llaman de «bazar», como quien dice de mercado, que tendrán dos cuartales, valen un áspero; por manera que saldrá a tres y medio el cuartal, y de lo otro muy blanco como nieve y regalado será haced cuenta a siete maravedís el cuartal, que creo llamáis dos libras y media. Carnero es tan bueno como el mejor de Castilla, y dan doscientas dragmas al áspero, que son a cuatro maravedís la libra de doce onzas y media; ternera al mismo precio; vaca a dos maravedís la libra de estas. Más barato sale comprando el carnero todo vivo, que si llegáis en un rebaño y escogiendo el mejor no cuesta sino medio escudo, y cuando más medio ducado, que son treinta ásperos, y tienen cinco cuartos, porque la cola es tan grande que vale por uno.

Mata	¿Qué tanto pesará?
Pedro	Cola hay que pesará seis y siete libras.
Juan	¿De carnero?
Pedro	De carnero, y los más tienen cuatro cuernos.
Mata	Nunca tal oí.
Pedro	Eso es cosa muy común, que todos los que han estado en África y Cerdeña os lo dirán. Cabeza y menudo todo lo echan a mal, que no hacen caso de ello.
Mata	¿De fruta bien proveídos serán?
Pedro	Cuanto es posible, principalmente de seca.
Juan	¿Qué llamáis fruta seca?
Pedro	Higo, y pasa, almendra, nuez, avellana, castaña y piñón. Uvas en grande abundancia hay y muchas diversidades de ellas, sino es moscatel.
Juan	¿Esa fruta es de la misma tierra o de acarreo?
Pedro	Gran parte es de la misma tierra, porque en sí es fertilísima, principalmente las uvas; pero lo más viene de fuera. Cereza hay en cantidad; guindas, pocas y aquéllas no las comen, sino pásanlas como uvas y entre año beben del cocimiento de ellas, que no es de mal sabor; y en Italia hay también muy pocas

guindas, si no es en Bolonia, y las llaman «marascas», y en otra parte de Italia «bignas». Salido de Castilla, no hallaréis camuesa ni ciruela regañada, en parte de las que hay hasta Jerusalén; pero hay unas manzanas pequeñas en Constantinopla, que llaman moscateles, que son tan buenas como las camuesas; pero, manzana y melón grande es la cantidad que hay allá, y todo ello sin comparación más barato que acá. Estando Zinan Bajá por virrey teníamos muchos presentes de frutas, entre los cuales trajeron un día ocho melones de los que al Gran Señor suelen traer de veinte jornadas grandes de Constantinopla por tierra, y aunque os quiera decir el sabor que tenían no sabré; eran como la maná que Dios envió, que sabían lo que querían que supiese. Lo podrido y cortezas que echaban a mal tenía mejor sabor que los mejores de la Fuente del Sauco. La simiente era como almendras peladas, y como vi tan celestial cosa pregunté al que los traía dónde y cómo se hacían, y díjome que junto a Babilonia, en la ribera de un río no sé cómo se le llama. No hacían sino escarbar en la arena y luego salía agua y se hinchía aquel hoyo, y metían allí dos o tres pepitas y tornábanlo a cubrir y de allí se hacían.

Juan	Cosa de maravilla es esa. ¿En la misma agua echaban la simiente?
Pedro	Sí.
Mata	¿Qué vecindad tendrá Constantinopla? ¿Es mayor que Valladolid?

Pedro	Nunca yo los conté para saberlo uno más o menos; mas lo que pude alcanzar por las matrículas que a Zinan Bajá mostraban y de las personas que tenían cuenta con ello, de solos cristianos habrá cuarenta mil casas, y de judíos diez mil; de turcos bien serán más de sesenta mil; de manera que, para no poner sino quitar de nuestra casa, hacedla de cien mil, y creed que no hay quien mejor lo sepa ni lo haya procurado saber; y aun otra cosa más os digo: que no cuento los arrabales, que están dentro de dos leguas de la ciudad, que son más de otros diez mil. Fuera de la cerca en la orilla del puerto, sobre la misma mar, hay más de diez mil casas de griegos y ruines edificios; todo es casillas de pescadores, de madera.
Juan	¿Estando dentro de la mar hacen ruines edificios?
Pedro	Como es puerto aquello, es mar muerta, y están tan dentro que en habiendo fortuna se mete por las ventanas. En cada casa tienen una pesquera de red, y porque se la dejen tener son obligados a pagar cada un año un ducado, pero en sola una noche toman pescado que lo vale.
Juan	¿Cuánto tiene de cerco Constantinopla?
Pedro	Tendrá cinco leguas.
Mata	¿Todo poblado?

Pedro	Todo lo está; mas en unas partes no tanto como en otras. De largo tiene desde el cerraje del Gran Turco hasta la puerta de Andrinópoli, donde están los palacios del emperador Constantino, dos leguas y media.
Mata	Bien se cansará quien tiene que negociar.
Pedro	No hace, porque le llevarán por mar por cuatro ásperos, y le traerán con toda la carga que quisiere llevar o traer. Está la ciudad hecha un triángulo; lo más ancho es a la parte de la canal, donde está el Gran Turco, y lo que está a la puerta de Andrinópoli es una punta muy estrecha.
Juan	¿Qué cosas tiene memorables?
Pedro	Pocas, porque los turcos, con no ser amigos de ellas, las han gastado y derribado todas; muy pocas casas ni edificios hay buenos, sino todo muy común, sacando las cuatro mezquitas principales y los palacios y algunas casas de los bajás. El mejor edificio y la casa que más hay que ver en toda la ciudad es el Baziztan, que es una claustra hecha debajo de tierra, toda de cal y canto, por miedo del fuego; muy espaciosa, en la cual están todos los joyeros que hay en la ciudad y se hacen todas las mercancías de cosas delicadas, como sedas, brocados, oro, plata, pedrerías.
Mata	¿Todos los que venden eso tienen allí dentro sus casas?

Pedro   Menester sería para eso hacer dentro una ciudad. Ninguno tiene otro que la tienda, y este Baziztan tiene cuatro puertas, a las cuales van a dar cuatro calles muy largas y anchas, en las cuales consiste todo el trato, no digo de Constantinopla, sino de todo el imperio; a cualquier hora que quisiéredes pasar os será tan dificultoso romper como un ejército; cuanto por allí caminaredes tiene de ser de lado; no tengáis miedo, aunque nieve, de haber frío.

Mata   ¡Qué buen cortar de bolsas será ahí!

Pedro   Hartas se cortan, pero a los turcos no hay que cortar sino meterles la mano en la fratiquera, que todos la traen, y sacar lo que hay. Las joyas y riquezas que allí dentro hay, ¿quién lo podrá decir? Tiendas muchas de pedrería fina veréis, que a fe de buen cristiano las podréis medir a celemines y aun a hanegas. Hilo de oro y cosas de ello labradas, vale muy barato. Aquella joyería que veis en la plaza de Medina del Campo verlo heis todo en una sola tienda. Platería mejor y más caudalosa que la de nuestra corte, aunque no comen en plata. En fin no sé qué os decir, sino que es todo oro y plata y seda y más seda, y no querrá nadie imaginar cosa de comprar que no la halle dentro. Cosa de paños y telas y armería, y especiería, se vende en las otras cuatro calles. A cada puerta de este Baziztan hay dos genízaros de guarda, que tienen cuenta con los que entran y salen.

Juan   ¿Es grande?

Pedro   Tendrá de cerco media legua.

Juan   Harto es.

Pedro   La mayor grandeza de Constantinopla es que después de vista toda hay otro tanto que ver debajo.

Juan   ¿En qué?

Pedro   Las bóvedas, que cuasi toda se puede andar cuan grande es, con columnas de mármol y piedra y ladrillo dentro, y no tendréis necesidad de bajaros para andar debajo, que bien tiene de alto cada una treinta y cuarenta pies, y hay muchas de estas bóvedas que tienen una legua de largo y ancho y las columnas hacen dentro calles estrechas.

Juan   Cierto que no sé qué haría si pensase que lo decíais de veras.

Pedro   No curéis de más, sino haced cuenta que lo veis todo como os digo.

Juan   ¿A qué propósito se hizo eso?

Pedro   Allí se tuerce la seda e hilo que es menester para el servicio de la ciudad, y tienen sus lumbreras que de trecho en trecho salen a la calle.

Mata   En mi vida tal cosa oí.

Pedro	Oídlo agora. Dos puertas principales sé yo por donde muchas veces entré a verlo, como si fuesen unos palacios.
Juan	¿Qué calles tiene las más principales?
Pedro	No hay turco allá que lo sepa. Todos van poco más o menos como en las horas del reloj. Lo que más cuentan es por las cuatro mezquitas principales. «¿A dónde vive fulano bajá?» Responderos ha: «En soltán Mahameto», por lo cual se entiende media legua de más a menos; o en «Soltán Bayazeto», que es otra mezquita. Si queréis para comprar o vender saber calles, toda las cosas tienen su orden donde las hay: Taucbazar, donde se venden las gallinas; Balucbazar, la pescadería; Coinbazar, donde se venden los carneros, y otras cosas de esta manera.
Mata	¿Valen caras las aves?
Pedro	Una gallina pelada y aderezada vale un real, y un capón, el mejor que hallen, real y medio. En las plazas de aquellas mezquitas hay muchos charlatanes que están con las culebras y lagartos a uso de Italia, herbolarios muchos, y gente que vende carne momia en tanta cantidad que podrán cargar naves de solo ello, y muchas tiendas de viejas que no tienen otra cosa en ellas sino una docena de habas y ganan largo de comer.
Juan	¿A qué?

Pedro A echar suertes con ellas, como las gitanas que dicen la buena ventura. Son tan supersticiosos los griegos y turcos, que creen cuanto aquellas dicen. En Atmaidan, que es la plaza que está enfrente de las casas de Ibraim Bajá y Zinan Bajá, hay una aguja como la de Roma; pero es más alta y está mejor asentada, la cual puso el emperador Teodosio, según dicen unos versos que en ella están, griegos y latinos. Junto a ésta está una sierpe de metal con tres cabezas, puesta derecha, tan alta como un hombre a caballo la toque con la mano. Hay a par de estas otra aguja más alta, pero no de una pieza, como la otra, sino de muchas piedras bien puestas. Lo primero que yendo de acá topamos de Constantinopla se llama Iedicula, las Siete Torres, donde están juntas siete torres fuertes y bien hechas. Dicen que solían estar llenas de dinero. Yo entré en dos de ellas, y no vi sino heno. En aquella parte se mata la mayor parte de la carne que se gasta en la ciudad, y de allí se distribuye a las carnicerías, que me haréis decir que son tantas como casas tiene Burgos. Grande realeza es ver la nieve que se gasta todo el tiempo que no hace frío, y cuán barata vale, de lo cual no hay menos tiendas que carnicerías. Aquellos que tienen las tabernas de las sorbetas que beben los turcos, cada uno tiene un peñón de ello en el tablero, y si queréis beber, por un maravedí os dará la sorbeta que pidiéredes, agra o dulce o agridulce, y con un cuchillo le echará la nieve que fuere menester para enfriarla; la cantidad de un gran pan de jabón de nieve darán por dos maravedís. Toda la que en una casa de señor se puede gastar darán por medio real. Esto dura hasta el mes de septiembre; de allí adelante traen unos tablones de hielo, como lápidas, que venden al precio de la nieve.

Juan   ¿Cómo la conservan?

Pedro   En Turquía hay grandes montañas, y allí tiene el Gran Señor unas cuevas todas cubiertas muy grandes; y cada año las hinchen, y como lo traen por mar, y con poca prisa se deshace, danlo barato, y no se puede vender otro sino lo del Gran Turco, hasta que no haya más que vender de ello. Bien le vale, con cuan barato es, cada año treinta mil ducados. Particulares lo cogen también en Galata y Constantinopla y ganan bien con ello; pero aunque es tierra fría, no nieva todos los años. Los turcos son muy amigos de flores, como las damas de Génova, y darán por traer en los tocados una flor cuanto tienen, y a este respecto hay tiendas muchas de solas flores en el verano, que valdrán quinientos ducados. Mirad la magnificencia de Constantinopla: una columna está muy alta y gruesa, toda historiada al romano, en una parte de la ciudad que se llama Abratbazar, donde las mujeres tienen cada semana un mercado, que yo creo que costó cien mil ducados. Puede por dentro subirse por un caracol. En resolución, mirando todas las cualidades que una buena ciudad tiene de tener, digo que, hecha comparación a Roma, Venecia, Milán y Nápoles, París y León, no solamente es mala comparación compararla a éstas, pero paréceme, vistas por mí todas las que nombradas tengo, que juntas en valor y grandeza, sitio y hermosura, tratos y provisión, no son tanto juntas, hechas una pella, como sola Constantinopla; y no hablo con pasión ni informado de sola una parte, sino oídas todas dos, digo lo que dicho tengo, y si las más particularidades os hubiese de decir, había necesidad de la vida de un hombre que solo en eso se gastase. Si algunas otras cosillas rezagadas se os quedan de preguntad, mirad, señores, que es largo el año, y a todas os responderé. Habed misericordia entre tanto de mí. Contentaos de lo hablado, que ya no me cabe la lengua en la boca, y los oídos me zurrean de llena la cabeza de viento.

Mata — Si más hay que preguntar no lo dejo sino por no saber qué, y desde aquí me aparto dando en rehenes que se me ha agotado la ciencia del preguntar, no me maravillando que estéis cansado de responder, pues yo lo estoy de preguntar.

Juan — En todo y por todo me remito a todo lo que Mátalas dice, que cierto yo me doy por satisfecho, sin ofrecerse otra cosa a que me poder responder.

Pedro — Agora que os tengo a entrambos rendidos, quiero de oficio, como hacen en Turquía, deciros algunas cosas de las que vuestros entendimientos no han alcanzado a preguntar, pasándoseles por alto y no para que haya en ellas demandas y respuestas, sino con suma brevedad, y lo primero sea de una manera de hermandad que usan, por la cual se llaman hermanos de sangre, y es que cuando entre dos hay grande amistad, para perpetuarla con mucha solemnidad se hieren cada uno un dedo de su mano cuanto salga alguna sangre, y chupa el uno la sangre de el otro, y desde aquel punto ya son hermanos y tales se llaman, y no menos obras se hacen; y esto no solo turco con turco, sino turco con cristiano y judío.

Mata ¿Quién cree que no queda Pedro bien emparentado en Turquía, cuanto más si al tiempo del nuevo parentesco había banquetes?

Juan Mas si sufría también ser hermano de las damas, cuántas debe de dejar, y aun plegue a Dios que no las haya engañado, que tan buen alcahuete me parece el chupar de la sangre como el no saber las lenguas.

Pedro También quiero deciros del luto de los cerqueses, que es una gente cristiana tal cual dentro la mar Negra, no lejos del río Tanais, que se venden unos a otros a precio de cosas viles, como los negros, y aun padres hay que venden las hijas doncellas. De éstos hay muchos en Constantinopla que facilísimamente se hacen turcos, y allí vi el luto; que cuando muere el padre se cortan una oreja, y cuando la madre o el hermano la otra, y así no es afrenta grande el estar desorejado.

Mata Bien queda estaba la liebre si no la levantara nadie; mas agora se ofrece la postrera pregunta: ¿Si es hacia esa parte el preste Juan de las Indias, de quien tantas cosas nos dicen por acá los peregrinos de Jerusalén, y más de su elección milagrosa con el dedo de Santo Tomás?

Pedro — Así le ven todos ésos como Juan nuestro compadre a Jerusalén, ni tiene qué hacer con el camino. Sabed en dos palabras que es burla llamarle preste Juan, porque no es sacerdote ni trae hábitos de ello, sino un rey que se llama el preto Juan, y los que le ponen, describiendo la Asia en las tablas de ella, no saben lo que se hacen; por una parte confina con el reino de Egipto y por otra del reino de Melinde; por la parte occidental confina con los etíopes interiores; por la de oriente con la mar Bermeja, y de esto da testimonio el rey Manuel de Portugal en la epístola al papa León décimo. Difiere de la iglesia romana en algunas ceremonias, como la griega. El año de 1534 enviaron a Portugal doctores que aprendiesen la lengua española, los cuales declararon, cuando la supieron, el uso de sus sacramentos. Dicen lo primero que San Filipo les predicó el Evangelio, y que constituyeron los apóstoles que se pudiesen casar los sacerdotes, y si tomaren algún clérigo o obispo con hijo bastardo, pierde por el mismo caso todos sus beneficios. Bautízanse cada año el día de la Epifanía, no porque lo tengan por necesario, sino por memoria y conmemoración del bautismo de Jesucristo: «Et quotidie accipiunt corpus Christi». Tienen su confesión y penitencia, aunque no extremaunción ni confirmación. En el punto que pecan van a los pies del confesor; no comulgan los enfermos, porque a nadie se puede dar el sacramento fuera de la iglesia. Los sacerdotes viven de sus manos y sudor, porque no hay rentas, sino cosa de mortuorios. Dicen una sola misa; santifican el sábado como los judíos; eligen un patriarca de la orden de Santo Antonio Eremita, cuyo oficio es ordenar; no tienen moneda propia, sino peregrina de otros reinos, sino oro y plata por peso.

Juan — Ya, ya comenzaba a hacer de mi oficio como vos del vuestro y cerrar toda nuestra plática, cuando a propósito del preste Juan, el preto Juan, como decía, me vino a la memoria el arca de Noé. Deseo saber si cae a esa parte y qué cosa es, porque todos los que vienen nos la pintan cada cual de su manera.

Pedro — La misma pintura y retrato os pueden dar que los pintores de Dios padre y de San Miguel, a quien nunca vieron. En Armenia la alta, junto a una ciudad que se llama Agorre, hay unas altísimas montañas, donde está; pero es imposible verse ni nadie la vio, tanta es la niebla que sobre ella está perpetuamente, y nieve tiene sobre sí veinte picas en alto. Ella, en fin, no se puede ver ni sabemos si es arca ni armario ni nave; antes mi parecer es que debía de ser barca, y de allí vino la invención del navegar a los hombres, y es cosa que lleva camino serlo, pues había de andar sobre las aguas, y Beroso, escritor antiguo, la llama así; y cierto yo tengo para mí que fue el primero Noé que enseñó navegar. Esta tierra cae debajo el señorío del Sofi, que es rey de Persia. Tiene este reino muy buenas ciudades, principalmente Hechmeazin, donde reside su patriarca, como acá Roma; Taurez, donde tiene su corte el Sofi, que se llama Alaziaquin.

Año de 1558 mató su hijo por reinar; Cara, Hemet, Bidliz tienen cada diez mil casas; Hazu, cinco mil; Urfa, cinco mil casas, y otras mil ciudades. No difiere la Iglesia de los armenios de la romana tanto como la griega, y así nuestro Papa les da licencia que puedan decir por acá misas cuando vienen a Santiago, porque sacrifican con hostia y no con pan levado, como los griegos. Cerca de este está el Gurgistan, que llaman el Gorgi, un rey muy poderoso, cristiano, sujeto a la Iglesia griega, y tiene debajo de sí nueve reinos. En este reino ni en el de el Sofi no consienten vivir judíos. Tampoco me olvido yo de las cosas como Mátalas. Deseo saber qué es lo que apuntasteis de vuestro oficio, que yo ya tengo más deseo de escuchar que de hablar.

Juan   Por tema del sermón tomo el refrán del vulgo: que del predicador se ha de tomar lo que dice, y no lo que hace; y en recompensa de la buena obra que al principio me hicisteis de apartarme de mi mala vida pasada, quiero, representando la venidera, que hagáis tal fin cuales principios habéis llevado, y todo se hará fácilmente menospreciando los regalos de acá que son muy venenosos e infeccionan más el alma que todas las prisiones y ramos de infieles. Puédese colegir de toda la pasada vida la obligación en que estáis de servir a Dios y que ningún pecado venial hay que no sea en vos mortal, pues para conocerlos solo vos bastáis por juez. Simónides, poeta, oyendo un día a Pausanias, rey de Lacedemonia, loarse cuán prósperamente le habían sucedido todas las cosas, y como burlándose preguntó alguna cosa dicha sabiamente, aconsejole que no se olvidase de que era hombre. Esta respuesta doy yo sin demandármela, Filipo, rey de Macedonia, teniendo nueva de tres cosas que prósperamente le habían sucedido en un día, puestas las manos y mirando al cielo dijo: «¡Oh, fortuna, págame tantas felicidades con alguna pequeña desventura!», no ignorando la grande envidia que la fortuna tiene de los buenos sucesos. Teramenes, uno de los treinta tiranos, habiendo solo escapado cuando se le hundió la casa con mucha gente, y teniéndole todos por beato, con gran clamor: «¡Oh fortuna! —dice—, ¿para cuándo me guardas?». No pasó mucho tiempo que no le matasen los otros tiranos. Grande ingratitud usaríais para con Dios si cada día no tuvieseis delante todas esas mercedes para darle gracias por ellas, y aun me parece que no hay más necesidad, para quererle y amarle mucho, de representarlas en la memoria, y será buena oración y meditación, haciendo de este mundo el caso que él merece, habiendo visto en tan pocos años por experiencia los galardones que a los que más le siguen y sirven da, y cómo a los que le aborrecen es de acero que no se acaba, y a los que no de vidrio, que falta al mejor tiempo. Comparaba muy bien Platón la vida del hombre al dado, que siempre tiene de estar deseando buena suerte, y con todo eso se ha de contentar con la que cayere. Eurípides jugó del vocablo de la vida como merecía. La vida, dice, tiene el nombre; mas el hecho es trabajo. ¿Habéis aprendido, como San Pablo, contentaros con lo que tenéis, como dice en la carta a los filipenses? Sé ser humilde y mandar, haber hambre y hartarme, tener necesidad y abundar de todas las cosas; todas las cosas puedo en virtud de Cristo, que me da fuerzas; ¿qué guerra ni paz, hambre o pestilencia bastará a privaros de una quieta y sosegada vida, y que no estiméis en poco todas las cosas de Dios abajo? Mas como hablando San Pablo con los romanos: ¿por ventura la angustia, la aflicción, la persecución, la hambre, el estar desnudo, el peligro? Persuadido estoy ya, dice, que ni la muerte, ni la vida, ni los ángeles, ni los principados y potestades, ni lo presente ni por venir, ni lo alto ni lo bajo, ni criatura ninguna nos podrá apartar del amor y afición que tengo a Dios.

Libros a la carta

A la carta es un servicio especializado para
empresas,
librerías,
bibliotecas,
editoriales
y centros de enseñanza;
y permite confeccionar libros que, por su formato y concepción, sirven a los propósitos más específicos de estas instituciones.

Las empresas nos encargan ediciones personalizadas para marketing editorial o para regalos institucionales. Y los interesados solicitan, a título personal, ediciones antiguas, o no disponibles en el mercado; y las acompañan con notas y comentarios críticos.

Las ediciones tienen como apoyo un libro de estilo con todo tipo de referencias sobre los criterios de tratamiento tipográfico aplicados a nuestros libros que puede ser consultado en Linkgua-ediciones.com .

Linkgua edita por encargo diferentes versiones de una misma obra con distintos tratamientos ortotipográficos (actualizaciones de carácter divulgativo de un clásico, o versiones estrictamente fieles a la edición original de referencia).

Este servicio de ediciones a la carta le permitirá, si usted se dedica a la enseñanza, tener una forma de hacer pública su interpretación de un texto y, sobre una versión digitalizada «base», usted podrá introducir interpretaciones del texto fuente. Es un tópico que los profesores denuncien en clase los desmanes de una edición, o vayan comentando errores de interpretación de un texto y esta es una solución útil a esa necesidad del mundo académico.

Asimismo publicamos de manera sistemática, en un mismo catálogo, tesis doctorales y actas de congresos académicos, que son distribuidas a través de nuestra Web.

El servicio de «libros a la carta» funciona de dos formas.

1. Tenemos un fondo de libros digitalizados que usted puede personalizar en tiradas de al menos cinco ejemplares. Estas personalizaciones pueden ser de todo tipo: añadir notas de clase para uso de un grupo de estudiantes, introducir logos corporativos para uso con fines de marketing empresarial, etc. etc.

2. Buscamos libros descatalogados de otras editoriales y los reeditamos en tiradas cortas a petición de un cliente.

www.ingramcontent.com/pod-product-compliance
Lightning Source LLC
Chambersburg PA
CBHW030235240426
43663CB00037B/471